普通高等教育“十一五”国家级规划教材

新编21世纪法学系列教材

总主编 曾宪义 王利明

中国法律思想史

第七版

主 编 刘 新 王振东

副主编 曹 磊

History of Chinese Legal Thoughts

撰稿人（以撰写章节先后为序）

刘 新 王振东 曹 磊 化国宇

刘 宇 谢 昀 杜钢建 何 琪

中国人民大学出版社

·北京·

内容简介

中国法律思想史以中国历史上的法律思想、理论和学说为研究对象。本教材在结构上采用四编体系，即第一编“夏商西周时期的法律思想”，包括夏商西周时期的神权法思想、周公对夏商神权法思想的继承和发展等，重点围绕中国法律思想的缘起而展开；第二编“春秋战国时期的法律思想”，包括儒家学派的法律思想、墨家学派的法律思想、道家学派的法律思想、法家学派的法律思想、农家学派的法律思想、名家学派的法律思想、阴阳家学派的法律思想等，重点围绕中国传统法律思想的形成和特质展开；第三编“秦至清代（1840年以前）的法律思想”，包括秦汉时期的法律思想、魏晋南北朝时期的法律思想、隋唐时期的法律思想、宋元时期的法律思想、明清时期的法律思想等，重点围绕封建正统法律思想的形成、发展、演化、完善而展开；第四编“近代的法律思想”，以近代法律思想变革的特点、发展阶段、经验教训为总括，通过早期革新派的法律思想、太平天国的法律思想、改良派的法律思想、法律改革派的法律思想、革命派的法律思想等，全景式概括近代法律思想发展演化的多个面向。根据各编内容的特点和学界近年越来越广泛的共识，第一编和第三编各章以朝代为主编排，第二编和第四编各章以学派为主编排。从具体行文上，第一编、第二编、第三编侧重从中国传统法律思想、理论、学说的内容、特点、演变规律等角度进行把握，第四编则主要从传统法律思想近代化变革的角度予以探讨。

主编简介

刘 新（1925—2015），男，著名法律史学家和法学教育家，中国人民大学法律思想史专业奠基人，中国人民大学中国法律思想史学科创办人，中国法律史学会原秘书长，中国法律史学会老庄与中国法律文化研究会原会长。主要著作包括《中国国家法函授学习方法指导》（1961年）、《中国哲学史讲义》（1977年）、《中国政治法律思想史讲义》（1981年）等，主编《中国先秦政治法律思想史》（1986年）、《中国法律思想史简明教程》（1986年）、《中国法律思想通史·春秋战国卷》（1994年）、《梁启超政治法律思想研究》（1996年）、《中国法哲学史纲》（2005年）等，此外，发表有关中国法律思想史和传统中国法律文化方面的论文数十篇。

王振东 男，1964年5月生，1981年入中国人民大学法律系本科学习，1988年中国人民大学法学院研究生毕业后留校任教至今，一直从事法律思想史学和法理学的教学和研究工作。近年来出版的个人专著主要有《自由主义法学》（2005年）、《现代西方法学流派》（2006年）、《韦伯：社会法学理论》（2010年）；主编《西方法律思想史》（2003年）、《中国法律思想史》（2013年、2017年、2019年）；参与编写的著作和教材主要包括《市场经济是法治经济》（1995年）、《马列法学原著选读教程》（1996年）、《法哲学论》（1999年）、《人权：从世界到中国》（1999年）、《社会主义法治论》（2002年）、《法的形成与运作原理》（2003年）、《世界著名十大法学家评传》（2004年）、《中国法哲学史纲》（2005年）、《西方法律思潮源流论》（2008年）、《完善以宪法为核心的中国特色社会主义法律体系研究》（2018年）等。此外，发表相关领域论文多篇。

总序

曾宪义

在人类文明与文化的发展中，中华民族曾作出过伟大的贡献，不仅最早开启了世界东方文明的大门，而且对人类法治、法学及法学教育的生成与发展进行了积极的探索与光辉的实践。

在我们祖先生存繁衍的土地上，自从摆脱动物生活、开始用双手去进行创造性的劳动、用人类特有的灵性去思考以后，我们人类在不断改造客观世界、创造辉煌的物质文明的同时，也在不断地探索人类的主观世界，逐渐形成了哲学思想、伦理道德、宗教信仰、风俗习惯等一系列维系道德人心、维持一定社会秩序的精神规范，更创造了博大精深、义理精微的法律制度。应该说，在人类所创造的诸种精神文化成果中，法律制度是一种极为奇特的社会现象。因为作为一项人类的精神成果，法律制度往往集中而突出地反映了人类在认识自身、调节社会、谋求发展的各个重要进程中的思想和行动。法律是现实社会的调节器，是人民权利的保障书，是通过国家的强制力来确认人的不同社会地位的有力杠杆，它来源于现实生活，而且真实地反映现实的要求。因而透过一个国家、一个民族、一个时代的法律制度，我们可以清楚地观察到当时人们关于人、社会、人与人的关系、社会组织以及哲学、宗教等诸多方面的思想与观点。同时，法律是一种具有国家强制力、约束力的社会规范，它以一种最明确的方式，对当时社会成员的言论或行动作出规范与要求，因而也清楚地反映了人类在各个历史发展阶段中对于不同的人所作出的种种具体要求和限制。因此，从法律制度的发展变迁中，同样可以看到人类自身不断发展、不断完善的历史轨迹。人类社会几千年的国家文明发展历史已经无可争辩地证明，法律制度乃是维系社会、调整各种社会关系、保持社会稳定的重要的工具。同时，法律制度的不断完善，也是人类社会文明进步的显著体现。

由于发展路径的不同、文化背景的差异，东方社会与西方世界对于法律的意义、底蕴的理解、阐释存有很大的差异，但是，在各自的发展过程中，都曾比较注重法律的制定与完善。中国古代虽然被看成是“礼治”的社会、“人治”的世界，被认为是“只有刑，没有法”的时代，但从《法经》到《唐律疏议》《大清律例》等数十部优秀成文法典的存在，充分说明了成文制定法在中国古代社会中的突出地位，唯这些成文法制所体现出的精神旨趣与现代法律文明有较大不同而已。时至20世纪初叶，随着西风东渐、东西文化交流加快，中国社会开始由古代的、传统的社会体制向近现代文明过渡，建立健全的、符合现代理性精神的法律文明体系方成为现代社会的共识。正因为如此，近代以来的数百年间，在西方、东方各主要国家里，伴随着社会变革的潮起潮落，法律改革运动也一直呈方兴未艾之势。

从历史上看，法律的文明、进步，取决于诸多的社会因素。东西方法律发展的历史均充分证明，推动法律文明进步的动力，是现实的社会生活，是政治、经济和社会文化的变迁；同时，法律内容、法律技术的发展，往往依赖一大批法律专家以及更多的受过法律教育的社会成员的研究和推动。从这个角度看，法学教育、法学研究的发展，对于法律文明的发展进步，也有着异常重要的意义。正因为如此，法学教育和法学研究在现代国家的国民教育体系和科学研究体系中，开始占有越来越重要的位置。

中国近代意义上的法学教育和法学研究，肇始于19世纪末的晚清时代。清光绪二十一年（公元1895年）开办的天津中西学堂，首次开设法科并招收学生，虽然规模较小，但仍可以视为中国最早的近代法学教育机构（天津中西学堂后改名为北洋大学，又发展为天津大学）。三年后，中国近代著名的思想家、有“维新骄子”之称的梁启超先生即在湖南《湘报》上发表题为《论中国宜讲求法律之学》的文章，用他惯有的富有感染力的激情文字，呼唤国人重视法学，发明法学，讲求法学。梁先生是清代末年一位开风气之先的思想巨子，在他的辉煌的学术生涯中，法学并非其专攻，但他仍以敏锐的眼光，预见到了新世纪中国法学研究和法学教育的发展。数年以后，清廷在内外压力之下，被迫宣布实施“新政”，推动变法修律。以修订法律大臣沈家本为代表的一批有识之士，在近十年的变法修律过程中，在大量翻译西方法学著作，引进西方法律观念，有限度地改造中国传统的法律体制的同时，也开始推动中国早期的法学教育和法学研究。在20世纪初，中国最早设立的三所大学——北洋大学、京师大学堂、山西大学堂均设有法科或法律学科目，以期“端正方向，培养通才”。1906年，应修订法律大臣沈家本、伍廷芳等人的奏请，清政府在京师正式设立中国第一所专门的法政教育机构——京师法律学堂。次年，另一所法政学堂——直属清政府学部的京师法政学堂也正式招生。这些大学法科及法律、法政学堂的设立，应该是中国历史上近代意义上的正规专门法学教育的滥觞。

自清末以来，中国的法学教育作为法律事业的一个重要组成部分，随着中国社会的曲折发展，经历了极不平坦的发展历程。在20世纪的大部分时间里，中国社会一直充斥着各种矛盾和斗争。在外敌入侵、民族危亡的沉重压力之下，中国人民为寻找适合中国国情的发展道路而花费了无穷的心力，付出过沉重的代价。从客观上看，长期的社会骚动和频繁的政治变迁曾给中国的法治与法学带来过极大的消极影响。直至70年代末期，中国社会开始用理性的目光重新审视中国的过去，规划国家和社会的未来，中国由此进入长期稳定、和平发展的大好时期，以这种大的社会环境为背景，中国的法学教育也获得了前所未有的发展机遇。

从宏观上看，实行改革开放以来，经过二十多年的努力，中国的法学教育事业所取得的成就是辉煌的。首先，经过“解放思想，实事求是”思想解放运动的洗礼，在中国法学界迅速清除了极左思潮及苏联法学模式的一些消极影响，根据本国国情建设社会主义法治国家已经成为国家民族的共识，这为中国法学教育和法学研究的发展奠定了稳固的思想基础。其次，随着法学禁区的不断被打破、法学研究的逐步深入，一个较为完善的法学学科体系已经建立起来。理论法学、部门法学各学科基本形成了比较系统和成熟的理论体系和学术框架，一些随着法学研究逐渐深入而出现的法学子学科、法学边缘学科也渐次成型。1997 年，国家教育主管部门和教育部高校法学学科教学指导委员会对原有专业目录进行了又一次大幅度调整，决定自 1999 年起法学类本科只设一个单一的法学专业，按照一个专业招生，从而使法学学科的布局更加科学和合理。同时，在充分论证的基础上，确定了法学专业本科教学的 14 门核心课程，加上其他必修、选修课程的配合，由此形成了一个传统与更新并重、能够适应国家和社会发展需要的教学体系。法学硕士和博士研究生及法律硕士专业学位研究生的专业设置、课程教学和培养体系也日臻完善。再次，法学教育的规模迅速扩大，层次日趋齐全，结构日臻合理。目前中国有六百余所普通高等院校设置了法律院系或法律本科专业，在校本科学生和研究生已达二十余万人。除本科生外，在一些全国知名的法律院校，法学硕士研究生、法律硕士专业学位研究生、法学博士研究生已经逐步成为培养的重点。

众所周知，法律的进步、法治的完善，是一项综合性的社会工程。一方面，现实社会关系的发展，国家政治、经济和社会生活的变化，为法律的进步、变迁提供动力，提供社会的土壤。另一方面，法学教育、法学研究的发展，直接推动法律进步的进程。同时，全民法律意识、法律素质的提高，则是实现法治国理想的关键的、决定性的因素。在社会发展、法学教育、法学研究等几个攸关法律进步的重要环节中，法学教育无疑处于核心的、基础的地位。中国法学教育过去二十多年所走过的历程令人激动，所取得的成就也足资我们自豪。随着国家的发展、社会的进步，在 21 世纪，我们面临着更严峻的挑战和更灿烂的前景。“建设世界一流法学教育”，任重道远。

首先，法律是建立在经济基础之上的上层建筑，以法治为研究对象的法学也就成为一门实践性很强的学科。社会生活的发展变化，势必要对法学教育、法学研究不断提出新的要求。经过二十多年的奋斗，中国改革开放的前期目标已顺利实现。但随着改革开放的逐步深入，国家和社会的一些深层次问题，比如说社会主义市场经济秩序的真正建立、国有企业制度的改革、政治体制的完善、全民道德价值的重建、环境保护和自然资源的合理利用等等，也已经开始浮现出来。这些复杂问题的解决，无疑最终都会归结到法律制度的完善上来。建立一套完善、合理的法律制度，构建理想的和谐社会，乃一项持久而庞大的社会工程，需要全民族的智慧和努力。其中的基础性工作，如理论的论证、框架的设计、具体规范的拟订、法律实施中的纠偏等等，则有赖于法学研究的不断深入，以及高素质人才，特别是法律人才的养成，而培养法律人才的任务，则是法学教育的直接责任。

其次，21世纪是一个多元化的世纪。20世纪中叶发生的信息技术革命，正在极大地改变着我们的世界。现代科学技术，特别是计算机网络信息技术的发展，使传统的生活方式、思想观念发生了根本的改变，并由此引发许多人类从未面对过的问题。就法学教育而言，在21世纪所要面临的，不仅是教学内容、研究对象的多元化问题，而且还有培养对象、培养目标的多元化、教学方式的多元化等一系列问题，这些问题都需要法学界去思考、去探索。

中国人民大学法学院建立于1950年，是新中国诞生后创办的第一所正规高等法学教育机构。在半个多世纪的岁月中，中国人民大学法学院以其雄厚的学术力量、严谨求实的学风、高水平的教学质量以及丰硕的学术研究成果，在全国法学教育领域处于领先地位，并开始跻身于世界著名法学院之林。据初步统计，中国人民大学法学院已经为国家培养法学专业本科生、硕士生、博士生一万余人，培养各类成人法科学生三十余万人。经过多年的努力，中国人民大学法学院形成了较为明显的学术优势，在现职教师中，既有一批资深望重、在国内外享有盛誉的法学前辈，更有一大批在改革开放后成长起来的优秀中青年法学家。这些老、中、青法学专家多年来在勤奋研究法学理论的同时，也积极投身于国家的立法、司法实践，对国家法制建设贡献良多。

有鉴于此，中国人民大学法学院与中国人民大学出版社经过研究协商，决定结合中国人民大学法学院的学术优势和中国人民大学出版社的出版力量，出版一套“21世纪法学系列教材”。自1998年开始编写出版本科教材，包括按照教育部所确定的法学专业核心课程和其所颁布印发的《全国高等学校法学专业核心课程基本要求》而编写的14门核心课程教材，也包括法学各领域、各新兴学科教材及教学参考书和案例分析在内，到2000年12月3日在人民大会堂大礼堂召开举世瞩目的“21世纪世界百所著名大学法学院院长论坛暨中国人民大学法学院成立五十周年庆祝大会”之时，业已出版了50本作为50周年院庆献礼，到现在总共出版了80本。为了进一步适应高等法学教育发展的形势和教学改革的需要，最近中国人民大学法学院与中国人民大学出版社决定将这套教材扩大为四个系列，即：“本科生用书”、“法学研究生用书”、“法律硕士研究生用书”以及“司法考试用书”，总数将达二百多本。我们设想，本套教材的编写，将更加注意“高水准”与“适用性”的合理结合。首先，本套教材将由中国人民大学法学院具有全国影响的各学科的学术带头人领衔，约请全国高校优秀学者参加，形成学术实力强大的编写阵容。同时，在编写教材时，将注意吸收中国法学研究的最新的学术成果，注意国际学术发展的最新动向，力求使教材内容能够站在21世纪的学术前沿，反映各学科成熟的理论，体现中国法学的水平。其次，本套教材在编写时，将针对新时期学生特点，将思想性、学术性、新颖性、可读性有机结合起来，注意运用典型生动的案例、简明流畅的语言去阐释法律理论与法律制度。

我们期望并且相信，经过组织者、编写者、出版者的共同努力，这套法学教材将以其质量效应、规模效应，力求成为奉献给新世纪的精品教材，我们诚挚地祈望得到方家和广大读者的教正。

2006年7月1日

序言

法学教育是高等教育的重要组成部分，是建设社会主义法治国家、构建社会主义和谐社会的重要基础，并居于先导性的战略地位。在我国社会转型的新世纪、新阶段，法学教育不仅要为建设高素质的法律职业共同体服务，而且要面向全社会培养大批治理国家、管理社会、发展经济的高层次法律人才。近年来，法学教育取得了长足的进步，法科数量增长很快，教育质量稳步提高，培养层次日渐完善，目前已经形成了涵盖本科生、第二学士学位生、法学硕士研究生、法律硕士研究生、法学博士研究生的完整的法学人才培养体系，接受法科教育已经成为莘莘学子的优先选择之一。随着中国法治事业的迅速发展，我们有理由相信，中国法学教育的事业大有可为，中国法学教育的前途充满光明。

教育的基本功能在于育人，在于塑造德才兼备的高素质人才。法学教育的宗旨并非培养只会机械适用法律的“工匠”，而承载着培养追求正义、知法懂法、忠于法律、廉洁自律的法律人的任务。要完成法学教育的使命，首先必须认真抓好教材建设。我始终认为，教材是实现教育功能的重要工具和媒介，法学教材不仅仅是法学知识传承的载体，而且是规范教学内容、提高教学质量的关键，对法学教育的发展有着不可估量的作用。

第一，法学教材是传授法学基本知识的工具。初学法律，既要有好的老师，又要有好的教材。正如冯友兰先生所言：“学哲学的目的，是使人作为人能够成为人，而不是成为某种人。其他的学习（不是学哲学）是使人能够成为某种人，即有一定职业的人。”一套好的教材，能够高屋建瓴地展示法律的体系，能够准确简明地阐释法律的逻辑，能够深入浅出地叙述法律的精要，能够生动贴切地表达深奥的法理。所以，法学教材是学生学习法律的向导，是学生步入法律殿堂的阶梯。如果在入门之初教材就有偏颇之处，就可能误人子弟，学生日后还要花费大量时间与精力来修正已经形成的错误观念。

第二，法学教材是传播法律价值理念的载体。好的法学教材不仅要传授法学知识，更要传播法律的精神和法治的理念，例如对公平、正义的追求，尊重权利的观念。本科、研究生阶段的青年学子，正处在人生观、价值观形成的阶段，一套优秀的法学教材，对于他们价值观的塑造和健全人格的培养具有重要意义。

第三，法学教材是形成职业共同体的主要条件。建设社会主义法治国家，有赖于法律职业共同体的生成。一套好的法学教材，向法律研习者传授共同的知识，这对于培养一个接受共同的价值理念、共同的法律思维、共同的话语体系的法律共同体，具有重要的作用。

第四，法学教材是所有法律研习者的良师益友。没有好的教材，一个好的教师或可弥补教材的欠缺和不足，但对那些没有老师指导的自学者而言，教材就是老师，其重要作用是显而易见的。

长期以来，在我们的评价体系中，教材并没有获得应有的注重，对学术成果的形式优先考虑的往往是专著而非教材。在不少人的观念中，教材与创新、与学术精品甚至与学术无缘。其实，要真正写出一部好的教材，其难度之大、工作之艰辛、影响之深远，绝不低于一部优秀的专著，它甚至可以成为在几百年甚至更长的时间内发挥作用的传世之作。以查士丁尼的《法学阶梯》为例，所谓法学阶梯，即法学入门之义，就是一部教材。但它概括了罗马法的精髓，千百年来，一直是人们研习罗马法最基本的著述。日本著名学者我妻荣说过，大学教授有两大任务：一是写出自己熟悉的专业及学术领域的讲义乃至教科书；二是选择自己最有兴趣、最看重的题目，集中精力进行终生的研究。实际上，这两者是相辅相成的。写出一部好教材，必须要对相关领域形成一个完整的知识体系，还要能以深入浅出的语言将问题讲清楚、讲明白。没有编写教材的基本功，实际上也很难写出优秀的专著。当然，也只有对每一个专题都有一定研究，才能形成对这个学术领域的完整把握。

虽然近几年我国法学教育发展迅速，成绩显著，但是法学教育也面临许多挑战。各个学校的师资队伍和教学质量参差不齐，这就更需要推出更多的结构严谨、内容全面、角度各有侧重、能够适应不同需求的法学教材，为提高法学教学和人才培养质量、保障法学教育健康发展提供前提条件。

长期以来，中国人民大学法学院始终高度重视教材建设。作为新中国成立后建立的第一所正规的法学教育机构，中国人民大学法律系最早开设了社会主义法学教学课堂，编写了第一套社会主义法学讲义，培养了新中国第一批法学本科生和各学科的硕士生、博士生，产生了新中国最早的一批法学家和法律工作者。中国人民大学法律系因此被誉为“新中国法学教育的工作母机”。半个多世纪以来，中国人民大学法学院为社会主义法治建设培养了大批优秀的法律人才，并为法学事业的振兴和繁荣作出了卓越贡献，也因此成为引领中国法学教育的重镇、凝聚国内法律人才的平台和沟通中外法学交流的窗口，并在世界知名法学院行列中崭露头角。为了对中国法学教育事业作出更大的贡献，我们有义务也有责任出版一套体现我们最新研究成果的法学教材。

承蒙中国人民大学出版社的大力支持，我们组织编写了本套教材，其中包括本科生用书、法律硕士研究生用书、法学研究生用书和司法考试用书四大系列，分别面向不同层次法科教育需求。编写人员以中国人民大学法学院教师为主，反映了中国人民大学法学院整体的研究实力和学术视野。相信本套教材的出版，一定能够为新时期法学教育的繁荣发展发挥应有的作用。

是为序。

2006 年 7 月 10 日

第七版修订说明

中国法律思想史的研究对象是中国历史上有关法律的理论与学说。本教材在编写过程中，力求以辩证唯物主义与历史唯物主义为指导，以客观历史为依据，论述、评价中国各个历史时期法学流派及其代表人物的法律思想，目的是总结历史经验，批判地继承我国传统法律文化遗产，为中国特色社会主义法治现代化和实现依法治国服务。

《中国法律思想史》第七版是在前几版，特别是第六版的基础上修订的，结构体例与第六版大致相同。第七版除了对个别错字、漏字和表述不准确的语句以及部分引文进行了订正外，主要修订内容包括：第一，对导言部分内容作了与时俱进的修订，特别是根据习近平总书记关于推动中华优秀传统文化创造性转化、创新性发展的重要论述，重点增加了有关中国法律思想史与中国特色法治现代化相关关系的阐释；第二，在第三编"秦汉时期的法律思想"一章中增加"仲长统"一节；第三，在第四编增加"太平天国的法律思想"作为第十七章；第四，在第四编"改良派的法律思想"一章中增加"严复"一节。

本教材作者分工如下（以撰写章节先后为序）：

刘　新：导言，第一章，第二章，第四章，第五章第二节，第十章；

王振东：导言，第三章，第五章第一、三、四节，第六章，第八章，第九章，第十一章，第十五章，第十八章第三节；

曹　磊：第七章，第十二章，第十三章；

化国宇：第七章；

刘　宇：第八章；

谢　昀：第十四章；

杜钢建：第十六章，第十七章，第十八章第一、二节，第十九章，第二十章；

何　琪：第十八章第三节。

董静姝、于梦华负责全书图片收集和部分资料整理。

由于条件和作者水平的限制，本书疏漏与不妥之处在所难免。我们衷心希望法学界的同行和同学们对本书提出批评和指正。

编著者

2023 年 6 月

第一版编写说明

《中国法律思想史》是中国人民大学法学院与中国人民大学出版社共同组织编写的“21世纪法学系列教材”之一，供高等院校法学专业本科生使用。

中国法律思想史的研究对象是中国历史上有关法律的理论与学说。在编写过程中，我们力求以辩证唯物主义与历史唯物主义为指导，以客观历史为依据，论述与评价各个历史时期代表人物的法律思想，目的是总结历史经验，批判地继承我国传统法律文化遗产，为我国社会主义法制建设和实现依法治国服务。

本书作者分工（以撰写章节先后为序）如下：

刘　新：导言，第一章，第二章，第三章第一、二、三、四节，第四章；

王振东：第三章第五、六节，第五章；

曹　磊：第六章，第七章；

谢　昀：第八章；

杜钢建：第九章。

由于条件和作者水平的限制，疏漏与不妥之处在所难免。我们衷心希望法学界的同行和同学们对本书提出批评和指正。

编著者

1999年12月

目录

导　言 …… 001

第一编
夏商西周时期的法律思想

第一章　夏商西周时期的神权法思想 …… 009
第一节　概　述 …… 009
第二节　夏商西周时期的神权法思想 …… 010

第二章　周公对夏商神权法思想的继承与发展 …… 013
第一节　“明德慎罚”思想 …… 013
第二节　“礼治”思想 …… 018

第二编
春秋战国时期的法律思想

第三章　儒家学派的法律思想 …… 025
第一节　儒家学派概述 …… 025

第二节　孔　子 …… 026
第三节　孟　子 …… 043
第四节　荀　子 …… 055

第四章　墨家学派的法律思想 …… 069
第一节　墨家学派概述 …… 069
第二节　墨　子 …… 069

第五章　道家学派的法律思想 …… 075
第一节　道家学派概述 …… 075
第二节　老　子 …… 076
第三节　庄　子 …… 083
第四节　道家其他派别与代表人物 …… 101

第六章　法家学派的法律思想 …… 106
第一节　法家学派概述 …… 106
第二节　申不害 …… 107
第三节　慎　到 …… 109
第四节　商　鞅 …… 112
第五节　《管子》 …… 119
第六节　韩　非 …… 129

第七章　农家学派的法律思想 …… 140
第一节　农家学派概述 …… 140
第二节　许　行 …… 140

第八章　名家学派的法律思想 …… 147
第一节　名家学派概述 …… 147
第二节　名家学派对各种法律相关概念的正名和界定 …… 148
第三节　名家学派的具体法律思想 …… 152

第九章　阴阳家学派的法律思想 …… 158
第一节　阴阳家学派概述 …… 158
第二节　邹　衍 …… 159

第三编

秦至清代（1840年以前）的法律思想

第十章　秦汉时期的法律思想 …… 165
第一节　概　述 …… 165
第二节　秦始皇与李斯 …… 166
第三节　刘　安 …… 170
第四节　董仲舒 …… 174
第五节　王　充 …… 181
第六节　仲长统 …… 185

第十一章　魏晋南北朝时期的法律思想 …… 190
第一节　概　述 …… 190
第二节　曹　操 …… 192
第三节　诸葛亮 …… 195
第四节　王　弼 …… 197
第五节　嵇　康 …… 199
第六节　杜　预 …… 202
第七节　张　斐 …… 203
第八节　刘　颂 …… 206

第十二章　隋唐时期的法律思想 …… 210
第一节　概　述 …… 210
第二节　杨　坚 …… 211
第三节　李世民 …… 214
第四节　韩　愈 …… 218
第五节　柳宗元 …… 221
第六节　刘禹锡 …… 225
第七节　白居易 …… 228

第十三章　宋元时期的法律思想 …… 232
第一节　概　述 …… 232
第二节　包　拯 …… 233
第三节　王安石 …… 235
第四节　朱　熹 …… 242
第五节　陈　亮 …… 247

第六节　耶律楚材 …… 250

第十四章　明清时期的法律思想 …… 254

第一节　概　述 …… 254
第二节　丘　浚 …… 255
第三节　黄宗羲 …… 259
第四节　顾炎武 …… 265
第五节　王夫之 …… 268
第六节　爱新觉罗 · 玄烨 …… 273

第四编

近代的法律思想

第十五章　近代法律思想变革的特点、发展阶段、经验教训 …… 279

第一节　近代法律思想变革的一般特点 …… 279
第二节　近代法律思想变革的几个主要发展阶段 …… 281
第三节　近代法律思想变革的经验教训 …… 284

第十六章　早期革新派的法律思想 …… 286

第一节　龚自珍 …… 286
第二节　魏　源 …… 290

第十七章　太平天国的法律思想 …… 294

第一节　洪秀全 …… 294
第二节　洪仁玕 …… 297

第十八章　改良派的法律思想 …… 303

第一节　康有为 …… 303
第二节　梁启超 …… 310
第三节　严　复 …… 316

第十九章　法律改革派的法律思想 …… 326

第二十章　革命派的法律思想 …… 337

导　言

一、中国法律思想史的研究对象

中国法律思想史，顾名思义，是以中国历史上的法律思想为研究对象的。法律思想随着国家与法的产生而产生，它作为社会意识的一种形式，是社会经济基础直接的、集中的反映。不同的法律思想体现着不同的阶级、阶层和社会集团的利益和要求。在中国历史上，各阶级、阶层和社会集团的法律思想，通常是由他们的代表人物或学派表现出来的。这些代表人物和学派的法律思想，特别是在当时起过重要作用或对后世有深远影响的代表人物和学派的法律思想，就是中国法律思想史所要研究的主要内容。因此，关于中国法律思想史的研究对象，我们可以用下面一句话来表述：中国法律思想史的研究对象，就是中国历史上各个不同阶级、阶层、社会集团及其代表人物的法律思想的内容、本质、特点、作用、演变的过程和发展规律。

中国法律思想史的研究对象得到明确之后，这门学科和其他邻近学科的界限也就容易被划清了。

和中国法律思想史相邻的学科，首推中国法律制度史。这两门学科的关系极为密切：在历史上，某种法律制度的形成，总有一定的法律思想为指导。统治阶级的代表人物提出的法律思想，也往往体现在一定的法律制度中。因此，研究中国法律思想史，不能不涉及中国法律制度史。同样，研究中国法律制度史，也不能不涉及中国法律思想史。但是，中国法律思想史和中国法律制度史，毕竟是两个不同的学科，二者的研究对象还是有明显的区别的：中国法律思想史的研究对象是中国历史上的法律思想、法律学说、法律理论，具体来说，包括各思想大家关于法律的起源、本质、特点、作用的看法，关于立法、司法和执法方面的理论主张；而中国法律制度史的研究对象则是中国历史上的法律制度，具体来说，包括立法、司法和执法制度，它要研究的是法律制度的产生、内容、本质、特点和作用，以及法律制度的演变过程和发展规律。从研究对象来说，这两门学科的界限还是很清楚的。

和中国法律思想史相邻的学科还有法理学。研究中国法律思想史，必须以法理学为理论指导。研究法理学，也应该联系中国历史上的法律思想。但二者的研究对象并不雷同：法理学着重于横向研究，以研究当代的法学基本原理为中心；中国法律思想史则着重于纵向研究，以研究中国历史上的各种法律思想、理论为中心。从历史的角度研究马克思主义法学理论在中国的传播与发展，属于法律思想史的研究范围；而全面、系统地研究马克思主义法学理论，是法理学的任务。

总之，中国法律思想史虽然与某些学科关系密切，但它作为一门独立的学科，是以它所研究的对象的矛盾特殊性为根据的。它与其他邻近学科的界限不应被混淆。

二、学习中国法律思想史的目的

要学好一门课程，首先要明确学习的目的。我们学习中国法律思想史的目的是什么呢？

1. 学习中国法律思想史，是为了批判地继承我国历史上的法律思想遗产，为中国式现代化法治道路建设和我国社会主义法治建设服务

习近平总书记在党的二十大明确号召要“以中国式现代化全面推进中华民族伟大复兴”，实现中国式现代化就包括实现中国式法治现代化，“法治兴则民族兴，法治强则国家强。”① 为此，加强社会主义法治建设，成为摆在我们面前的一项迫切任务。要完成这项任务，首先要研究现实，总结我国社会主义法治建设的经验。与此同时，也要批判继承我国历史上的法律思想遗产。中国历史上的法律思想，是中国传统法律文化遗产的重要组成部分。我们建设中国特色社会主义法治国家，对这种文化遗产决不能置之不顾。

2021 年 3 月 22 日，习近平总书记在福建武夷山朱熹园考察时指出：“我们走中国特色社会主义道路，一定要推进马克思主义中国化。如果没有中华五千年文明，哪里有什么中国特色？如果不是中国特色，哪有我们今天这么成功的中国特色社会主义道路？”2022 年 10 月 17 日，习近平总书记在参加党的二十大广西代表团讨论时深刻指出：“中国走上这条道路，跟中国文化密不可分。我们走的中国特色社会主义道路，它内在的基因密码就在这里，有中华优秀传统文化这个基因。”习近平总书记进一步指出：“包括儒家思想在内的中国优秀传统文化中蕴藏着解决当代人类面临的难题的重要启示，比如，关于道法自然、天人合一的思想，关于天下为公、大同世界的思想，关于自强不息、厚德载物的思想，关于以民为本、安民富民乐民的思想，关于为政以德、政者正也的思想，关于苟日新日日新又日新、革故鼎新、与时俱进的思想，关于脚踏实地、实事求是的思想，关于经世致用、知行合一、躬行实践的思想，关于集思广益、博施众利、群策群力的思想，关于仁者爱人、以德立人的思想，关于以诚待人、讲信修睦的思想，关于清廉从政、勤勉奉公的思想，关于俭约自守、力戒奢华的思想，关于中和、泰和、求同存异、和而不同、和谐相处的思想，关于安不忘危、存不忘亡、治不忘乱、居安思危的思想，等等。中国优秀传统文化的丰富哲学思想、人文精神、教化思想、道德理念等，可以为人们认识和改造世界提供有益启迪，可以为治国理政提供有益启示。”② 的确，中华优秀传统文化为当代治国理政提供了充分营养，而且中国特色现代化法治的实现离不开传统中国法律思想的滋润。

中国法律思想史的发展，历时约四千年之久，内容丰富，源远流长。在这漫长的岁

① 习近平：《习近平著作选读》，第 2 卷，568 页，北京，人民出版社，2023。

② 习近平：《习近平外交演讲集》，第 1 卷，189 页，北京，中央文献出版社，2022。

月中，出现过许多重要的学派和众多的思想家和政治家，他们在法律思想方面作出过重大贡献，提出过许多很有价值的理论和主张。仅以对后世影响最大的儒法两家为例：以孔子、孟子、荀子为代表的儒家重视道德教化，重视犯罪预防，主张先富后教、德刑结合、德主刑辅、刑罪相称，反对酷刑滥罚、族刑株连和轻罪重罚；以商鞅、韩非为代表的法家重视法律在治国中的作用，主张因时制法、事断于法、以法治国，强调法律的严肃性、统一性和稳定性，主张刑无等级、法不阿贵，反对以私害法。这些主张是在两千多年以前提出的，但时至今日，仍有一定的借鉴意义。

在执法方面，中国传统法律文化素有刚正不阿、执法严明的好传统。诸葛亮“科教严明，赏罚公平”，包拯执法如山、铁面无私、不畏权贵，海瑞清正廉洁、秉公执法，都和这一传统一脉相承。他们的事迹，一直为后人所称颂，时至今日，仍然受到广大群众的崇敬与赞扬。这种刚正清廉、秉公执法的精神，也是我们加强社会主义法治建设和实现中国特色现代法治不可缺少的。

诚然，中国传统法律文化中也有许多消极因素。习近平总书记提出，“传统文化在其形成和发展过程中，不可避免会受到当时人们的认识水平、时代条件、社会制度的局限性的制约和影响，因而也不可避免会存在陈旧过时或已成为糟粕性的东西。这就要求人们在学习、研究、应用传统文化时坚持古为今用、推陈出新，结合新的实践和时代要求进行正确取舍，而不能一股脑儿都拿到今天来照套照用。要坚持古为今用、以古鉴今，坚持有鉴别的对待、有扬弃的继承，而不能搞厚古薄今、以古非今，努力实现传统文化的创造性转化、创新性发展，使之与现实文化相融相通，共同服务以文化人的时代任务”[①]。对于中国法律思想史上一些消极观念和思想，如人治观念，封建等级观念，特权思想，重刑法、轻民法，司法与行政合一，司法从属于行政，义务本位，等等，这些消极因素在当代已成为贯彻依法治国基本方略和实现我国法治现代化的障碍，要进行仔细甄别。对此，我们应认真对待，下大力气消除影响，或者使之创造性地转化。

既然传统法律文化中既有精华，又有糟粕，那么我们就应抱着批判继承的态度，既反对将古代的东西不分青红皂白地一概拿来，又反对否定一切的民族虚无主义。要在揭露中扬弃，在批判中吸收。只有这样才能继承与发扬历史上的法律思想优秀成果，为加强社会主义法治建设，为实行依法治国和建设社会主义法治国家服务。

2. 学习中国法律思想史，是为了总结历史经验，提高我们坚持和维护中国特色社会主义法治道路的自觉性

受急功近利思潮的影响，有的人轻视学习历史，认为“现实的东西还学不完，哪有工夫学历史”，这种把历史与现实对立起来的观点，显然是错误和有害的。我们学习历史，不是与现实无关，而是着眼于现实。如同上面所说，学习中国法律思想史，继承历史文化遗产，是为现实服务的；学习中国法律思想史，吸取历史上治乱兴衰的经验教训，同样是要为现实服务。

习近平总书记指出：“在漫长的历史进程中，中华民族创造了独树一帜的灿烂文化，积累了丰富的治国理政经验，其中既包括升平之世社会发展进步的成功经验，也有衰乱

---

① 习近平：《习近平外交演讲集》，第1卷，190页，北京，中央文献出版社，2022。

之世社会动荡的深刻教训。我国古代主张民惟邦本、政得其民，礼法合治、德主刑辅，为政之要莫先于得人、治国先治吏，为政以德、正己修身，居安思危、改易更化，等等，这些都能给人们以重要启示。治理国家和社会，今天遇到的很多事情都可以在历史上找到影子，历史上发生过的很多事情也都可以作为今天的镜鉴。中国的今天是从中国的昨天和前天发展而来的。要治理好今天的中国，需要对我国历史和传统文化有深入了解，也需要对我国古代治国理政的探索和智慧进行积极总结。”①

在我国，自古以来就有重视历史的好传统。远在三千年以前，周公就重视吸取夏商兴亡的经验教训，一再强调：“我不可不监于有夏，亦不可不监于有殷。”（《尚书·周书·召诰》）唐太宗李世民说：“以铜为镜，可以正衣冠；以古为镜，可以知兴替；以人为镜，可以明得失。”（《贞观政要·卷二·论任贤》）司马光撰写《资治通鉴》，就是要观“前世之迹”、明“治乱之道”，把历史当作一面镜子，来察看当今为政之得失。古人都如此重视历史，我们作为社会主义新中国的主人，就更应该自觉地吸取历史上的经验教训，为现实服务。

从法律思想史的角度来说，在中国历史上确实有许多值得吸取的经验教训。

西汉初期，由于统治者实行“与民休息”的政策，“轻徭薄赋”“约法省刑”，并能“以身守法”，于是出现了“文景之治”。唐初的统治者重视法制，注意以身守法，并能任贤、纳谏、整饬吏治、严惩贪浊，这些当是促成“贞观之治”的重要原因。

历代封建王朝灭亡的原因很多，但仔细分析起来大多与法制败坏有关。《隋书·刑法志》在总结法制和封建王朝兴亡的关系时认为：齐后主的灭亡，是因为“权幸用事，有不附之者，阴中以法。纲纪紊乱，卒至于亡”；隋朝的灭亡，是因为封建统治者任心弃法，以致“宪章遐弃，贿赂公行”，尽管隋炀帝严刑峻法，但是最终还是“百姓怨嗟，天下大溃”。

封建法制和中国特色社会主义民主法治有着本质的区别，不可类比。但封建立法、司法与王朝兴亡关系的历史经验与教训，能给我们以启迪。历史已反复证明，政治状况与法制状况息息相关：清明之世，注重法制，社会安定；腐败之世，法纪荡然无存，天下大乱。学习中国法律思想史，总结这方面的历史经验教训，从历代治乱兴废的历史中找出规律性的东西，可以提高我们关注现实和维护与加强社会主义法制，为社会主义法治事业贡献力量的自觉性。

3. 学习中国法律思想史，还可以扩大我们的知识面，使我们加深对马克思主义法理学和各部门法学的理解

习近平总书记指出：“当代中国是历史中国的延续和发展，当代中国思想文化也是中国传统思想文化的传承和升华，要认识今天的中国、今天的中国人，就要深入了解中国的文化血脉，准确把握滋养中国人的文化土壤——中国人民的理想和奋斗，中国人民的价值观和精神世界，是始终深深植根于中国优秀传统文化沃土之中的，同时又是随着历史和时代前进而不断与日俱新、与时俱进的。中国共产党人是马克思主义者，坚持马克思主义的科学学说，坚持和发展中国特色社会主义，但中国共产党人不是历史虚无主义

① 习近平：《论党的宣传思想工作》，88～89页，北京，中央文献出版社，2020。

者，也不是文化虚无主义者。我们从来认为，马克思主义基本原理必须同中国具体实际紧密结合起来，应该科学对待民族传统文化，科学对待世界各国文化，用人类创造的一切优秀思想文化成果武装自己。”①

法律专业的各个学科都有自己特定的研究对象，各个学科之间有一定的分工。但是，各个学科又是相互联系、相互配合的。拿中国法律思想史来说，它不仅和法理学、法制史非常接近，和中国刑法、民法、行政法等部门法也都有密切联系。因此，我们通过学习中国法律思想史，不仅可以掌握本门课程，而且有益于其他课程的学习。我们学习中国法律思想史，用马克思主义的立场、观点和方法分析研究中国历史上的各种法律思想和理论，既可扩大知识领域，又可加深对马克思主义法学基本理论的理解。前面说过，中国法律思想史和中国法律制度史的关系最为密切，二者可以说是相辅相成的。学习中国法律思想史，研究中国历史上各种法律制度的思想基础，可以使我们对法律制度史的认识更全面、更深刻。学习中国法律思想史要涉及历史上出现过的有关刑法、民法、行政法等的一些基本理论和观点，这都将有助于我们深化对各部门法的理解。

总之，我们学习中国法律思想史的目的，可以归纳为三方面：(1) 批判地继承我国历史上的法律思想遗产，为加强社会主义法治建设和在法治轨道上推进中国式现代化服务；(2) 总结历史经验教训，提高我们坚持和维护中国特色社会主义法治道路和为中国式法治现代化贡献力量的自觉性；(3) 扩大知识领域，加深对马克思主义法学基本理论和其他部门法学的理解。明确学习目的，提高学习的自觉性，是我们学好中国法律思想史课程的必要条件。

① 习近平：《习近平外交演讲集》，第1卷，191页，北京，中央文献出版社，2022。

1 PART ONE

| 第一编 |

夏商西周时期的法律思想

第一章

夏商西周时期的神权法思想

常考知识点

- 中国法律思想的源头
- 夏商西周时期的神权法思想的特点

第一节　概　述

我们伟大的祖国有着悠久的历史，是世界上最早的文明古国之一。中华民族的发展，和世界上其他许多民族一样，也经历了很长一段无阶级的原始社会时期。在公元前2100年左右，原始公社解体，中国历史进入奴隶制时期。中国奴隶社会经历夏、商、周三个朝代。

在中国奴隶社会中，土地和奴隶皆归奴隶主的总代表国王所有，即所谓“普天之下，莫非王土；率土之滨，莫非王臣”（《诗经·小雅·北山》）。国王直接管辖京城附近地区，其余土地连同土地上的奴隶，由国王至诸侯、卿、大夫、士，逐级分配给各级奴隶主贵族。为了计算封地的大小和便于监督奴隶劳动，奴隶主把土地划成“井”字形方块，叫作“井田”。这种井田制就是奴隶主贵族垄断土地、剥削与压迫奴隶和平民的经济基础。

和这种奴隶制的土地所有制相联系，奴隶社会中有两个基本的对立阶级，即奴隶阶级和奴隶主阶级，奴隶主的残酷剥削与压迫，必然要激起广大奴隶的反抗。奴隶主阶级为了镇压奴隶的反抗，首先是依仗暴力，建立与强化国家机器。奴隶主阶级的国家机器在夏朝已初步建立起来，在商朝有了进一步发展。到了西周时期，这套国家机器已相当完备。夏商奴隶制国家的统治者为了维护他们对广大奴隶与平民的统治，还在井田制的基础上建立了一套以血缘关系为纽带、以家族为本位的宗法等级制度。这种宗法等级制度在夏商已具雏形，在西周时得到充分发展。

奴隶主贵族通过这种宗法等级制度，在全国范围内建立起一套宗法组织和国家组织交织在一起的严密的统治网络。而宗法组织和国家组织紧密结合，正是中国奴隶制国家的政治制度的一个显著特点。这一特点对我国奴隶制时期的法律思想的形成与发展影响极大。

夏商时期，在意识形态领域中，神权思想占统治地位。与此相适应，在法律思想方面是“恭行天罚”“代天行罚”（见图1-1）之类的神权法思想占统治地位。

图 1-1　甲骨文中反映夏商时期的天罚思想的记载

到了西周时期，随着宗法等级制度的发展和完备，以宗法思想为核心的“礼治”思想和“明德慎罚”思想逐步形成，成为奴隶主贵族手中与神权法思想并行的另一种思想武器。夏商西周的法律思想曾经历了一个漫长而复杂的发展过程，其具体表现形式不尽相同。但总的说来，神权法和宗法思想占统治地位，始终是这一时期法律思想的基本特点。研究夏商西周时期的法律思想，可加深我们对中国古代社会之特点的认识，有助于我们探索中国传统法律文化的源头。

第二节　夏商西周时期的神权法思想

神权思想是由原始的宗教迷信发展而来的。在原始社会中，由于生产力低下，人们认识世界的能力很差，对周围的事物不能正确地解释，于是就产生了一种幼稚的想法，以为有一种超自然的力量在冥冥之中主宰着一切。不过，在原始社会中，这种宗教迷信思想还没有阶级压迫的性质，只是在进入阶级社会以后，宗教迷信才被打上阶级烙印。夏商奴隶主贵族把原始的宗教迷信加工改造为“君权神授”和“代天行罚”说，使之成为为少数剥削者服务的工具。

关于夏代的思想状况，至今仍无确凿的史料来说明。但从古籍中的一些片段记载来看，夏朝的统治者已开始利用神权思想来维护奴隶主阶级的统治。

《论语·泰伯》说：禹“致孝乎鬼神”。《尚书·周书·召诰》说：“有夏服天命。”《尚书·夏书·甘誓》说：“有扈氏威侮五行，怠弃三正，天用剿绝其命，今予惟恭行天之罚……用命，赏于祖；弗用命，戮于社，予则孥戮汝。”有扈氏上不敬苍天，下不敬官长，上天因此要断绝其命。夏启是奉天之意来惩罚有扈氏。努力执行命令的，就在祖庙前给以奖赏；不努力执行命令的，就在社坛里杀掉（见图1－2）。《尚书·夏书·甘誓》虽为后人追记，但它所记载的内容是符合当时夏朝统治者的思想实际的。天命迷信、“代天行罚”，是早期奴隶主阶级的主要思想武器。

图1－2　征扈誓师图

到了商代，随着奴隶制的发展和王权的加强，神权思想也有所发展。商朝统治者也极力宣扬天命迷信和神权思想。《礼记·表记》说：“殷人尊神，率民以事神。”奴隶主贵族以地上的最高统治者商王为楷模，编造了一个有人格、有意志的“上帝”，并宣称商王就是上帝的子孙。如《诗经·商颂·长发》说：“帝立子生商。”既然商王是上帝的子孙，是根据上帝的旨意来人间实行统治的，那么，商王的统治也就是神圣不可侵犯的。“乃有不吉不迪，颠越不恭……我乃劓殄灭之，无遗育”（《尚书·商书·盘庚中》）。谁要是图谋不轨，不服从统治，谁就该被斩尽杀绝，子孙绝灭。

众所周知，商朝的刑罚极为残酷。统治者为了替这种酷刑辩解，极力宣扬“代天行罚”说。如甲骨文记载：“贞（卜问）：王闻不惟辟，贞：王闻惟辟”（《殷墟文字乙编》）；“兹人井（刑）不?”（《殷契佚存》）通过占卜，以表示他们使用刑罚是根据天意行事。

《尚书·商书·汤誓》说：“非台（我）小子，敢行称乱。有夏多罪，天命殛之……予畏上帝，不敢不正。尔尚辅予一人，致天之罚，予其大赉（赏赐）汝。尔无不信，朕不食言。尔不从誓言，予则孥戮汝，罔有攸（所）赦。”

从这些记载中可以看出，夏商统治者的法律思想有两个显著特点：一是崇尚暴力，专讲刑杀，而不任德教。二是笃信上帝，专事鬼神，而不注重人事。他们赤裸裸地宣扬天罚论，为奴隶主阶级的残暴统治披上一层神圣外衣。夏商统治者宣扬的这种天罚论，虽然仍然是一种粗陋的神权思想，但它和原始的宗教迷信已经有了质的区别。对天神的崇拜，已经被利用来作为奴隶主阶级进行阶级统治的工具。

深度阅读

1.《尚书》。

2. 刘新主编：《中国法哲学史纲》，第一章，北京，中国人民大学出版社，2005。

3. 李光灿、张国华总主编：《中国法律思想通史》，第1卷，太原，山西人民出版社，1998。

4. 马小红：《中国法思想史新编》，一、神权法时代与天之信念，南京，南京大学出版社，2015。

5. 张国华、饶鑫贤主编：《中国法律思想史纲》，上，第一编第一章，兰州，甘肃人民出版社，1984。

问题与思考

1. 中国法律思想的起源有何特点？

2. 中国夏商西周时期的神权法思想与西方的神权法思想有何区别？

第二章

周公对夏商神权法思想的继承与发展

常考知识点

- 周公的“明德慎罚”思想的产生和发展
- 周公的“明德慎罚”思想的主要内容
- “礼治”的基本原则
- “礼治”思想的本质

周公即姬旦，文王之子，武王之弟，是西周时期奴隶主阶级的一位杰出的政治家，也是我国历史上第一个提出一套比较系统的法律主张的思想家（见图2-1）。记载周公的思想与言论的文献有《尚书》中的《大诰》《康诰》《酒诰》《梓材》《召诰》《洛诰》《多士》《无逸》《多方》《立政》，以及《诗经·大雅·文王》等篇。这些篇章中提出了“以德配天”“敬天保民”“明德慎罚”和以宗法思想为核心的“礼治”思想。这些思想的提出，是对奴隶主阶级统治经验的总结，也是对夏商神权法思想的继承与发展。

图2-1 周公

第一节 “明德慎罚”思想

“明德慎罚”思想是周公之法律思想的主要内容。这种思想不是偶然出现的。下面我们就“明德慎罚”思想的由来以及其内容与实质分别加以论述。

一、“明德慎罚”思想的由来

周灭商以后，西周统治者继承了夏商时期的神权思想，仍然把天命迷信作为统治人民的一种思想武器。

《尚书》中记载的周公宣扬天命论和天罚论的言论很多，如“天休（嘉奖）于宁王（文王），兴我小邦周”（《尚书·周书·大诰》）；“天乃大命文王，殪（灭亡）戎殷”（《尚书·周书·康诰》）。《诗经·大雅·文王》也说：“文王在上，于昭于天。周虽旧邦，其命维新。”

周公作为一个奴隶主阶级的政治家和思想家，一再宣扬天命迷信，将神权思想作为自己的精神支柱。这是他的阶级和历史局限性的反映。

但是，在西周初期，周公已经不能照搬夏商旧说，因为周灭商的事实，已使神权说露出破绽。纣王至死仍坚信他是“有命在天”（《史记·殷本纪》），但最终也未能逃脱身死国灭的命运。可见单靠上帝是不行的。严酷的事实促使周公不得不另外寻找思想武器。于是，他在继续宣扬“天命”的同时，又提出一个“德”字来。《尚书·周书》和《诗经·大雅》的一些篇章中记载，他反复强调“敬德”，如“王其疾敬德……王敬作所，不可不敬德”（《尚书·周书·召诰》）；“无念尔祖，聿修厥德”（《诗经·大雅·文王》）。为何如此强调敬德呢？因为“天命靡常”（《诗经·大雅·文王》），“皇天无亲，惟德是辅”（《左传·僖公五年》引《周书》）。天命是有的，但它不是固定不变的。只有有德的人才可承受天命，失德就要失去天命。“殷之未丧师（众），克配上帝”（《诗经·大雅·文王》）。从前，殷的先王能自修其德，所以天命归殷。后来的殷王“不敬厥德，乃早坠厥命”（《尚书·周书·召诰》），即不知敬德，便失去天命。而周文王知道敬德、修德，所以天命就归周而不归殷了。有德者受命，无德者坠命，要想保住天命，就必须敬德。这就是周公提出的所谓的“以德配天”说。

这种“以德配天”说仍然以天命迷信思想为基础。但是，应该看到，在周公的心目中，天命已经打了折扣。他一再强调，光靠天是不行的，只有努力发扬文王之德，才能保住天命。“我民罔尤违，惟人”，民众是不会无故产生怨恨情绪的，一切都在人为。虽然这些都没有离开一个“天”字，但是，在这里，他强调的是“天不可信”，事在人为。可以看出，周公的“以德配天”思想，侧重的是“德”而不是“天”，他的着眼点是人事而不是天命。早在三千多年以前，周公就明确提出“天不可信”和事在人为的思想，应该说这是一种很卓越的见解。

周公正是从这种见解出发，提出了“明德慎罚”的主张。他在《尚书·周书·康诰》中说：“惟乃丕显考文王，克明德慎罚，不敢侮鳏寡，庸庸，祗祗，威威，显民。”意思是，文王为政，能够崇尚德政，慎用刑罚，不侮鳏寡，用可用，敬可敬，刑可刑，以显示于民。他又说：“告汝德之说于罚之行”，言“明德”就在“慎罚”之中。这样，他就在中国法律思想史上，第一次明确地把“德”与“刑”结合起来。

周公提倡“明德慎罚”，意在告诫西周统治者，要把自己的着眼点从天上移到人间，要勤于修德、注意民情、慎用刑罚。这就和夏商统治者的思想有了明显的差别。夏商统治者笃信上帝，专事鬼神，不注重人事；而周公认为“天不可信”，应注重人事而不可专赖天命鬼神。夏商统治者崇尚暴力，专讲刑杀，不任德教；周公则重视德教，主张明德慎罚。正因为如此，我们才说，周公“明德慎罚”思想的提出，标志着我国古代法律思想的发展已进入一个新的阶段。从笃信上帝到“天不可信”，从专事鬼神到注重人事，从专讲刑杀到德刑结合，这不能不说是一个很大的进步。

“明德慎罚”思想为什么会在西周初期出现呢？归根结底，是由当时的经济条件以及由这些条件决定的社会关系和政治关系决定的。商朝末年社会矛盾日益加深，奴隶主贵族的剥削与压迫不断激起广大奴隶和平民的反抗。“小民方兴，相为敌仇”（《尚书·周书·微子》），奴隶与平民群起反抗，民怨像开锅一样沸腾起来。纣王荒淫暴虐，“厚赋税以实鹿台之钱，而盈钜桥之粟……以酒为池，县肉为林，使男女倮相逐其间，为长夜之饮……重刑辟，有炮格之法”（《史记·殷本纪》），以致怨声载道，众叛亲离。牧野之役，商军溃败，纣王自焚，商朝灭亡。

造成商朝灭亡的历史事实犹历历在目，而西周初期统治者所面临的形势也十分严峻。在周王室内部，管叔、蔡叔散布流言蜚语，制造不和。武庚趁机煽动管叔、蔡叔和他一起发动武装叛乱。据《尚书·周书·大诰》记载，当时的情况是“殷小腆，诞敢纪其叙”，“西土人亦不静”，殷商余孽图谋复辟，西土之人也蠢蠢欲动。在这关键时刻，周公毅然率大军东征。武庚军队遇到周兵，不战而溃。周公杀武庚与管叔，流放蔡叔，用了三年时间，平定了叛乱，巩固了西周王朝的统治。

周公很注意总结历史经验，特别是商朝灭亡的教训，一再说：“我不可不监于有殷”（《尚书·周书·召诰》），“宜鉴于殷，骏命不易”（《诗经·大雅·文王》）。他从前朝的灭亡中吸取了不少教训，其中最主要的一条就是劳动人民的力量不可忽视。所以他说：“民之所欲，天必从之”（《左传·周书·襄公三十一年》引《泰誓》），“人无于水监，当于民监”（《尚书·周书·酒诰》），意即当权者应该以民心的向背为一面镜子，来察看自己为政的得失。“欲至于万年，惟王子子孙孙永保民”（《尚书·周书·梓材》），意即周王要想长久保住自己的统治，就必须使子孙永远保住小民。

不过，商朝灭亡的事实也说明，“保民”也并不是一件容易的事情。“民情大可见，小民难保。”（《尚书·周书·康诰》）要想保住小民，既不可像商纣那样行暴政以虐民，而应行“德政”以裕民，也不可专任刑辟，滥刑滥杀，而应德刑并用，恤刑慎杀。只有像文王那样“明德慎罚”，才能保住小民，使国运长久。

由此可见，“明德慎罚”思想的出现并非偶然，它是周公吸取商朝灭亡的教训，适应西周统治者的政治需要而提出来的。它的出现，在客观上反映了劳动人民力量的壮大和神权政治已开始动摇。

二、“明德慎罚”思想的内容与实质

“明德慎罚”包含推崇“德政”和慎用刑罚这两重意思。周公所推崇的“德政”大致有以下几点。

第一，勤政。据各家考证，在西周以前没有出现“德”字。周公提倡德政，就是要求统治者把“心思放端正”，要勤于政事，力戒荒淫。他在《尚书·周书·无逸》中说：“君子所其无逸”，在位者不可贪图安逸。怎样才能做到“无逸”呢？周公认为首先要“知稼穑之艰难”“知小民之依”，要了解农事的艰辛和民间的疾苦。显然这也是吸取了商朝兴亡的经验教训而提出的告诫。商朝初期，由于商王“治民祗惧，不敢荒宁”，能够了解“小民”的疾苦，能够谨慎为政，所以能享国日久。可是，后来的商王只顾自己享乐而不管人民的死活，结果是“罔或克寿”，没有一个能享国长久。西周的统治者应该吸取教训，不要像商纣那样迷恋酒色，而要效法周文王，“自朝至于日中昃（西斜），不遑暇食”，“不敢盘于游田，以庶邦惟正之供”，即从早到晚勤于政事，而不敢把各邦国献来的贡赋耗费于游乐。只有这样，才能“咸和万民”，把国家治理好。

不言而喻，周公提倡勤政，意在使西周王朝国运长久。但他能吸取商朝灭亡的教训，告诫当权者要谨慎为政，不可荒淫，要了解农事的艰辛和民间的疾苦。这些思想还是有积极意义的。

第二，惠民。周公认为，要想国运长久，统治者不仅要谨慎为政，而且要给予“小民”们一些实际的恩惠，要爱惜人力与物力，不可过度地压榨。“继自今嗣王，则其无淫于观、于逸、于游、于田，以万民惟正之供”（《尚书·周书·无逸》），今天的周王，要效法文王，且不可把国贡民赋耗费于穷奢无度的游乐上。“即康功田功。徽柔懿恭，怀保小民，惠鲜鳏寡”（《尚书·周书·无逸》），即要亲自耕作，温良恭俭，施惠于民。

第三，裕民。周公还认为，要保持周王朝的统治，必须宽以待民。“彼裕我民，无远用戾”（《尚书·周书·洛诰》），如能宽以待民，则远近都会归附。

要做到宽以待民，就必须正确对待民怨。周公认为，产生民怨的根源，在官不在民。当权者“变乱先王之正刑”（《尚书·周书·无逸》），随意变乱法度，民众无所适从，民怨就会产生。因此，当权者听到民众的怨言时，应当像古圣先王那样，“不啻（不但）不敢含怒”，“则皇自敬德。厥愆（过错），曰‘朕之愆’”（《尚书·周书·无逸》），即不仅不敢发怒，而且要认真反省为政的得失，承认自己的错误。如果不是这样，而是一听到怨言，就火冒三丈，“乱罚无罪，杀无辜”（《尚书·周书·无逸》），那么其结果必然是“怨有同，是丛于厥身”，万民同怨，民众就要把愤怒的情绪都聚集在你的身上。

周公提倡“惠民”“裕民”，并不是出于对“小民”的仁慈，而是想以此来平息民怨，使民心归附，即所谓的“平易近民，民必归之”（《史记·鲁周公世家》）。但他反对过度压榨人民，要求当权者严于律己、宽以待民。这种见解是明智可取的。

第四，任贤。周公认为，无德者当权，就要荒政而虐民。只有有德者当权，才能勤政、惠民和裕民。因此，他强调任贤的重要性。《史记·鲁周公世家》记载，周公“一沐三捉发，一饭三吐哺，起以待士，犹恐失天下之贤人”。曹操在他的诗篇《短歌行》中颂扬说：“周公吐哺，天下归心。”这些话可能有溢美的成分，但从《尚书》的记载来看，周公主张任贤是无疑的。《尚书·立政》中，总结了夏商两代兴亡的经验教训，并指出：夏商初期政治之所以兴隆，就是因为夏初的贤王和商汤能够任用贤人；夏桀和商纣时期政治之所以昏暗，就是因为桀纣不任用有德之士，专门任用刑暴之人。

周公对夏初和商汤任贤的赞颂、对桀纣任暴的谴责，意在告诫西周统治者为政必须任贤，在设立官长时，千万不要任用奸佞之人，只有贤人吉士才能辅佐周室把国家治理好。在西周的宗法制度下，用人的基本原则是“任人唯亲”，“任贤”的原则并没有多大的回旋余地。不过，周公总结历史经验，意识到任贤才能够治国，奸佞足以乱国，并明确提出了任贤的主张。这表明，周公不愧是奴隶主贵族中的一位有远见卓识的人物。

“明德慎罚”的第二层意思就是主张慎用刑罚，其具体内容可归纳为以下几方面。

第一，提倡刑当其罪。周公在《尚书·周书·立政》中说：“司寇苏公，式敬尔由狱，以长我王国。兹式有慎，以列用中罚。”这是告诫司法官员，要认真对待治狱之事，要十分谨慎地使用“中罚”。所谓“中罚”，是说用刑不可偏重，也不可偏轻，要使刑当其罪。这是我国法律思想史上最早出现的“刑罪相称”思想。

第二，区分故意和过失、一贯和偶然犯罪。“人有小罪，非眚（故意），乃惟终（一贯）自作不典（法）；式尔，有厥罪小，乃不可不杀。乃有大罪，非终，乃惟眚灾；适尔，既道极厥辜，时乃不可杀。”（《尚书·周书·康诰》）意思是，对犯罪要进行具体分析，应根据不同情况，区别对待。如果是故意和一贯犯罪，那么罪虽小，也应从重处罚；如果是过失和偶然的犯罪，那么罪虽大，也应从轻处罚。早在三千年前，周公就明确提出对犯罪要进行具体分析，区分故意和过失、一贯和偶然。这在古代法律思想史上，无疑是一重大贡献。

第三，提倡慎重断案。要想做到“刑当其罪”，断案时就必须慎重。因此，周公提出：“要（考察）囚（犯人），服念（考虑）五六日至于旬时，丕蔽要囚”（《尚书·周书·康诰》），即听讼时，一定要慎重地审查犯人的供词，三思而后定断。

第四，对狱讼之事不可乱加干涉。《尚书·周书·立政》载：“文王罔攸兼于庶言。庶狱庶慎，惟有司之牧夫是训用违。庶狱庶慎，文王罔敢知于兹。”大意是：周文王自己并不包揽一切，不代替官员发布教令。治狱之事由牧夫处理，文王不乱加干预。由于《尚书·周书·立政》的文字古奥，旧时的注家对这段话的注解很不一致，因而，我们不可妄加议论。特别是，我们不可把今人的思想强加于古人，硬说三千年前的周公已经有“司法不受干预”的思想。但有一点还是比较明确的，即周公主张最高当权者不可包揽一切，应该勤于求贤、善于任贤，狱讼之事应该让有关人员掌管，自己不可乱加干预。这种主张和周公的“明德慎罚”和任贤的思想是一致的。

第五，重视教化。周公认为，使用刑罚并不是单纯为了惩罚人，而是为了劝民为善、防止犯罪。《尚书·周书·多方》说：“罔不明德慎罚，亦克用劝。要囚殄戮多罪，亦克用劝。开释无辜，亦克用劝。”意思是，推崇德政，慎用刑罚，惩罚有罪，释放无辜，都是为了劝民为善。《尚书·周书·酒诰》说：“群饮，汝勿佚，尽执拘以归于周，予其杀”，对群饮者不可放纵，要把他们尽行拘捕起来，并把他们杀掉。“又惟殷之迪，诸臣惟工，乃湎于酒，毋庸杀之，姑惟教之”，殷商的旧臣与百工沉湎于酒，是因商纣时的积习造成的，对他们要加强教化，而不要轻易杀掉。这说明，周公已开始注意教化问题，尽管他还没有像后来的孔丘那样，有一套系统的关于“德化”与“礼教”的主张，但“明德慎罚”中已含有重视教化的思想是肯定无疑的。

应当指出，周公提倡“明德慎罚”，并不是要削弱刑罚，更不是要放弃刑罚，而是为了更有效地适用刑罚，以维护西周王朝的统治。劳动人民一旦起来反抗奴隶主阶级的统治，他们就会毫不迟疑地使用刑杀手段。如果“小民淫用非彝”，不守法度，“亦敢殄戮”（《尚书·周书·召诰》），那么就要坚决杀掉。用刑罚镇压人民的反抗，用德教消除人民的反抗意识，以维护奴隶主阶级的统治，这就是“明德慎罚”思想的实质所在。但是和商纣时期统治者专任刑辟、滥刑滥杀相比，“明德慎罚”思想的提出，不能不说是一个历史性的进步。

第二节 “礼治”思想

周公很重视“礼”的作用。他把“礼”视为治国的根本依据。这种“礼治”思想是西周的宗法等级制度在思想领域中的体现。

一、周礼的来源与内容

相传西周初期，周公为了巩固周王朝的统治，曾经制礼作乐。其实，周礼不可能出于周公一人之手，西周之礼是在奴隶社会的经济与政治的长期发展过程中逐步形成的。孔子曾经说过：“殷因于夏礼，所损益，可知也；周因于殷礼，所损益，可知也。”（《论语·为政》）所谓周公制礼作乐，是指周公主持，对夏、商以来传统的礼仪习俗进行整理、修订和补充，使之成为一整套以宗法等级制度为核心的典章制度和礼仪规范。

“礼”字在殷商时期已经出现。甲骨文作“豊”“珏”等形，象征用器皿盛玉，以祭祀上帝和祖先。这种祭祀时所用的仪式就叫作“礼”。可见，“礼”起源于祭祀。后来，随着奴隶制度的发展，“礼”的含义也逐渐扩展和演变。

所谓的“周礼”，已经不是专指礼节仪式这种狭义上的“礼”，而是指广义上的“礼”。《礼记·曲礼上》说：“道德仁义，非礼不成；教训正俗，非礼不备；分争辩讼，非礼不决；君臣上下，父子兄弟，非礼不定；宦学事师，非礼不亲；班朝治军，莅官行法，非礼威严不行；祷祠祭祀，供给鬼神，非礼不诚不庄。”这表明，周礼的内容十分广泛，它包括政治、军事、司法、行政、道德教化、丧葬嫁娶、宗教祭祀各个方面。它是体现奴隶主阶级意志的各种行为规范的总和。周礼中有许多规范是靠国家强制力来保证执行的，具有法律性质，甚至具有根本大法的性质，是奴隶主贵族“经国家、定社稷”的最高准则，是维护奴隶主阶级专政的重要工具。

二、“礼治”的基本原则

“礼治”的基本原则是“亲亲”与“尊尊”。“亲亲”与“尊尊”既是奴隶主阶级最基本的道德信条，又是带有政治强制性的行为规则。“亲亲”的要求是父慈、子孝、兄友、弟恭。“尊尊”的要求是小宗服从大宗，下级贵族忠于上级贵族而不许犯上作乱，奴隶与平民必须服从奴隶主贵族的统治而不得反抗。在宗法制度下，“亲亲”与“尊尊”是相互结合的。如果在贵族内部，父子兄弟之间能够做到父慈、子孝、兄友、弟恭，那么犯上作乱之事自可避免。如果父不慈、子不孝、兄不友、弟不恭，那么，小宗也就不会服从大宗，下级贵族也就不会忠于上级贵族，犯上作乱之事就会发生。正因为如此，周公对于违反“亲亲”与“尊尊”原则的行为深恶痛绝。《尚书·周书·康诰》说：“元恶大憝，矧惟不孝不友……乃其速由文王作罚，刑兹无赦。”意思是，“不孝不友”罪大恶极，必须依据文王所制定的刑罚严加惩处，不得宽恕。

主张对违反宗法伦理道德者处以严刑，把伦理道德和法律规范合为一体，这正是周公的宗法“礼治”思想的集中体现。

“礼不下庶人，刑不上大夫”是从“亲亲”与“尊尊”原则派生出的另一项原则，也是西周“礼治”的基本特征。所谓“礼不下庶人”，是指“礼”主要是用来调整奴隶主阶级内部关系的，“礼”所赋予各级贵族的特权，奴隶与平民不得享受。所谓“刑不上大夫”，是指刑罚主要是用来对付奴隶和平民的。这种“礼”与“刑”的分野，充分体现了西周的“礼”与“刑”的特权性与阶级性。

“礼不下庶人，刑不上大夫”的原则，在《尚书》所记载的周公的思想与言论中有明显的反映。周公制礼，就是为了规定不同的等级名分，赋予各级贵族以相应的特权。西周之刑的矛头主要是指向广大奴隶和平民的。周公主张对劳动人民的反抗要用严刑镇压。他把侵犯奴隶主贵族的财产与人身安全的行为视为最严重的犯罪，要严惩不赦。他说：“凡民自得罪，寇攘奸宄，杀越人于货，暋不畏死，罔弗憝。”（《尚书·周书·康诰》）意思是，民众犯罪，攘夺为乱，杀人越货，还强横不怕死，这样的盗贼，是人人都痛恨的。对于大批已经奴隶化的殷商遗民，周公也一再以刑杀相威胁。《尚书·周书·多方》说：“尔乃自作不典……我乃其大罚殛之。”周公手中刑罚的锋芒所向是十分清楚的。

不过，所谓的“刑不上大夫”，并不是说在任何情况下对犯罪的大夫都不用刑。《周礼·夏官·司马》说：“放弑其君则残之”，“贼杀其亲则正之”。这说明，对于贵族中严重破坏宗法等级秩序的人，也要处以刑罚，甚至处以断裂躯体的酷刑。周公从奴隶主阶级的长远利益出发，主张对违抗王命、侵害王权的官吏也要处以重刑。他说：“不率大戛，矧惟外庶子、训人惟厥正人越小臣、诸节。乃别播敷，造民大誉，弗念弗庸，瘝厥君，时乃引恶，惟朕憝。已，汝乃其速由兹义率杀。”（《尚书·周书·康诰》）意思是，官吏中有不守国家的法度、擅自为政、欺惑民众、沽名钓誉、煽动民众仇恨国君、助众为恶者，应迅速依照国法把他们杀掉。不过，在“礼不下庶人，刑不上大夫”的原则指导下，西周刑法对贵族处刑又有许多特殊照顾，如王族犯罪不处宫刑，处死刑时不公开执行等。

所谓“礼不下庶人”，也不是说“礼”对奴隶和平民没有约束力。上面说过，周公把父慈、子孝、兄友、弟恭这些行为规则都称作“民彝”。既然是“民彝”，那么其适用范围就是很广的，既适用于奴隶主贵族，也适用于奴隶和平民。不管是什么人，只要不慈、不孝、不友、不恭，就既是礼之所禁，也为刑所不容。这就叫作“出于礼，入于刑”。

由此可见，西周的礼与刑的适用范围虽有所不同，但“礼不下庶人，刑不上大夫”的原则并不是绝对的。礼对奴隶和平民也具有约束力，礼所规定的义务，奴隶和平民必须无条件遵守，严重破坏宗法等级秩序的贵族也要受刑罚的制裁。礼与刑并非对立，二者都是为维护宗法等级制度服务的。周公制礼作乐和实行“礼治”的根本目的，就是巩固奴隶主贵族的统治，使西周王朝能“于万斯年，受天之祜”（《诗经·大雅·下武》）。

不过，从思想发展史来看，“礼治”思想的提出，也应该算作一个进步。殷商的统治者“率民以事神”（《礼记·表记》），以尊神事鬼为政。而周公在讲天命的同时，又主张以“礼”为政。这表明，在新的历史条件下，奴隶主贵族已不能单靠神权来威吓人民，而必须着眼于人事，用人间的道理来论证自己统治的合理性。

三、周公的“明德慎罚”与“礼治”思想的影响

由其阶级本质所决定，西周统治者不可能长期坚持“明德慎罚”的主张。成康以后，西周王朝走上下坡路。统治者把“治民祗惧，不敢荒宁”的告诫逐渐丢到脑后，对奴隶与平民的压榨越来越重。相传周穆王时司寇吕侯制定《吕刑》。“周道既衰……命甫侯度时作刑，以诘四方。墨罚之属千，劓罚之属千，髌罚之属五百，宫罚之属三百，大辟之罚其属二百，五刑之属三千。”（《汉书·刑法志》）西周后期，其刑罚之酷烈，一如商末。厉王时，国人议论周王便要处死刑。幽王重蹈商纣覆辙，荒淫暴虐，内外交困，众叛亲离，终于被申侯和犬戎杀死，西周灭亡。周公的“礼治”并没有使西周王朝永世长存。

但是，“明德慎罚”与“礼治”思想作为一种社会意识，一经出现，就具有相对独立性。它并不因为统治阶级统治方法的改变和王朝的兴替而立即消逝。周公的“明德慎罚”及“礼治”思想对后世有明显而深远的影响。

从基本内容来看，《吕刑》深受周公“明德慎罚”思想的影响。举例如下。

其一，周公认为，刑罚的目的是劝民为善，而不是单纯地惩罚。《吕刑》也说：“典狱非讫于威，惟讫于富。”治狱的目的不是杀人立威，而是惩一劝百、制止犯罪，从而转祸为福。

其二，周公提倡“刑罚相称”，主张用“中罚”。《吕刑》也反复强调一个“中”字：“士制百姓于刑之中”；“乃明于刑之中”；“罔非在中”；“明启刑书胥占（揣度），咸庶中正”。意思都是强调用刑要适中。

其三，周公主张断狱要怀有同情心，要视民有罪，若己有疾。《吕刑》也标榜“哀敬折狱”，“非佞折狱，惟良折狱”。意思是：要怀着哀伤和怜悯的心情处理案件。断狱不靠巧言善辩，而要靠公正不偏、处理得当。

其四，周公提倡慎重断案，要详察案情与供词。《吕刑》也说：“明清（明察）于单辞（无佐证之辞），民之乱（治），罔不中听狱之两辞。无或私家于狱之两辞。”断案时应明察与兼听诉讼双方的供词，不可偏听偏信，更不可受贿营私。

其五，周公主张对犯罪要进行具体分析，区分故意和过失、一贯和偶然。《吕刑》也说：“上刑适轻，下服。下刑适重，上服。”罪行较重，但属于偶然犯罪，可以从轻处罚。罪行较轻，但属于一贯或故意犯罪，就应从重处罚。“轻重诸罚有权。刑罚世轻世重。”（《尚书·周书·吕刑》）刑罚是轻是重，要根据犯罪的具体情况和社会的客观形势来决定，其目的是要达到刑罪相称。

主张根据客观形势因时司法，根据犯罪的具体情节定罪量刑，是我国古代法律思想史上的一项重要成果。

其六，周公重视对不法官吏的惩治，而《吕刑》又把这种思想进一步具体化。《吕刑》说："狱货（罚金）非宝，惟府辜功，报以庶（众）尤（怨恨）。"意思是，刑狱的罚金是为了惩罚犯罪，而不是为了肥私。如果官吏把它据为己有，那么必然会招致民怨。"五过之疵，惟官，惟反，惟内，惟货，惟来。其罪惟均"（《尚书・周书・吕刑》），执法官吏在审案过程中如果犯有仗势营私、挟怨报复、内亲用事、勒索财物、受赇枉法等罪过，那么要和犯人一样受到惩罚。

其七，周公重视教化，主张德刑并用。《吕刑》在讲"刑"的同时，也反复强调"德"字。如"穆穆在上，明明在下，灼于四方，罔不惟德之勤，故乃明于刑之中"。意思是，国王有美德在上，大臣能明察于下，政治清明光照四方，人们都勤勉于德行，用刑得当，臣民归附。又说："惟敬五刑，以成三德"，谨慎地使用五刑，以成就三德。所谓"三德"，即《尚书・周书・洪范》所说的"正直"、"刚克"与"柔克"，其基本精神就是主张德刑并用、软硬兼施。

可见，《吕刑》受周公思想的影响是十分明显的。可以说，《吕刑》的法律思想是周公的"明德慎罚"思想的继续与发展。

不过，周公思想的影响，并不止于西周。纵观先秦诸子，他们几乎是异口同声地称道周公，都或多或少地吸取了周公的思想。以孔子为首的儒家代表人物，对周公更是推崇备至。儒家的思想归根结底是春秋战国时期的经济与政治关系的产物，但它的形成与发展深受周公思想的影响。可以说，儒家的礼治、德治、人治思想，德主刑辅、先教后诛、宽猛相济、刑罪相称等思想大多发端于周公。从思想继承关系来说，周公的法律思想是儒家法律思想的源头。

深度阅读

1.《尚书》。

2. 李光灿、张国华总主编：《中国法律思想通史》，第1卷，太原，山西人民出版社，1998。

3. 刘新主编：《中国法哲学史纲》，第一章第二节，北京，中国人民大学出版社，2005。

4. 孟天运：《先秦社会思想研究》（上），第四、五章，北京，人民出版社，2012。

5. 杨鸿烈：《中国法律思想史》，第二章，北京，中国政法大学出版社，2004。

问题与思考

1. 周公的"明德慎罚"思想的内容是什么？

2. 为什么说周公的法律思想是儒家法律思想的源头？

3. "礼治"思想对中国传统法文化的形成有何意义？

PART TWO

| 第二编 |

2 春秋战国时期的法律思想

春秋时期（公元前770年—公元前476年）是中国社会形态初步确立的时期。春秋时期的社会动荡与变革反映到思想领域，就是各阶级、阶层和社会集团都针对当时社会变革中出现的问题提出自己的主张和见解，从而揭开了我国先秦时期“百家争鸣”的序幕。

春秋时期，在法律思想方面争论的焦点，主要集中在神权与反神权、公布成文法与反对公布成文法、礼与法、德与刑等问题上。与夏商周时期相比，这一时期的法律思想有三个显著特点：第一，随着奴隶制的瓦解和王权的失坠，神权法思想进一步动摇，重民轻神思想兴起；第二，社会动荡不安，弑君灭国、僭越违礼与革旧立新之事不断发生，宗法“礼治”思想衰弱，“法治”思想开始萌发；第三，随着人民力量的壮大和劳动者身份的变化，“折民惟刑”的传统思想受到打击，重视“德化”和“以德服人”的思想有所发展。

战国时期（公元前476年—公元前221年）是我国封建制的形成时期。这一时期，随着生产力的发展，封建生产关系逐步取代奴隶制的生产关系。在秦、齐、楚、燕、韩、赵、魏这七国中，新兴地主阶级先后取得政权。为了适应封建生产关系发展的需要，封建统治者利用政权的力量推行社会改革，通过变法，以法律的形式肯定了新兴地主阶级的胜利，宣告了由奴隶制向封建制过渡的完成。

封建制度确立后，社会矛盾仍然错综复杂，地主阶级虽已取得政权，但全国统一的封建政权尚未形成，各诸侯国之间相互征伐，战争连年不断，社会仍处于动荡之中。

社会存在决定社会意识。当时各阶级、阶层和社会集团的矛盾，必然要反映到意识形态领域中。春秋时期开始的“百家争鸣”，到了战国时期达到高潮，从而形成了一个学派林立、学术繁荣、思想活跃的生动局面。在战国的百家中，与法律思想关系密切的主要是儒家、道家、墨家、法家、阴阳家、名家、农家等。它们的争论主要是围绕着对待礼、法、德、刑的态度而展开的。当时各家的主要代表人物在“争鸣”的过程中，“各引一端”，互不相让，争论激烈。但各家的学说并非绝对对立，它们是“相灭亦相生”“相反而相成”，既有相互责难的思想斗争，也有相互吸收的思想融合。该时期因而成为我国古代学术思想史上最辉煌的时期。

第三章

儒家学派的法律思想

常考知识点

- 孔子的法律思想的理论基础
- 孔子的“礼治”思想及其损益
- 孔子的正名理论
- 孔子的中庸思想在法律思想中的体现
- 孔子的德主刑辅思想
- 孔子的诚实信用法律原则
- 孔子的父子相隐思想
- 孔子的无讼思想
- 儒家的为政在人思想
- 孔子的法律思想的总体特点
- 孟子的“仁政之法”的理论基础
- 孟子的“仁政之法”的来源和主要内容
- 孟子关于法、礼、孝三者关系的论述
- 孟子的民贵君轻说
- 孟子的“执中权时”法学方法论
- 荀子的法律思想的理论基础
- 荀子的“礼治”思想
- 荀子关于法律原理、法律条文、判例关系的论述
- 荀子的隆礼重法的原因
- 荀子的刑事、经济、环境法律思想

第一节　儒家学派概述

儒家是春秋战国时期以孔丘为创始人的一个学派，也是当时“百家争鸣”中最早形成的最大的一个学派。先秦时期并没有明确的所谓学派的划分，儒家的最早称谓大概来自汉代司马谈所著《论六家之要旨》一书。古代所谓的“儒”，主要指掌握一定文化知识、懂得周礼、以“襄礼”为业的人。孔子早年曾经从事这一职业，因而，他所创立的

学派被称为儒家。

据汉代《说文解字》解释，“儒，柔也，术士之称”。这里，“柔”是“儒”的声训，而不是义训。而“术士”是指通晓《诗》《书》《礼》《乐》《易》《春秋》六部经典即“六艺”的饱学之士。所以，“儒”的原始意义是指有知识的研习经艺者。在西周时期，由于“学在官府”，因而儒是政府官吏的一种，也就是专管教化和为天子襄礼的学官，正如班固在《汉书·艺文志》中所说：“儒家者流，盖出于司徒之官，助人君、顺阴阳、明教化者也。”到了春秋以后，随着周天子权力式微，官学旁落，儒也流落于社会，一些儒者开始以教育和襄礼为业。《墨子·非儒》曾经嘲笑挖苦这些儒者说：“富人有丧，乃大说喜曰：此衣食之端也。”可见，这时，儒者已经沦落为靠“襄礼”混饭吃的“下九流”的群体了。

然而，孔子使“儒”发生了划时代的变化。孔子通过办私学、整理典籍，把仅仅以“襄礼”为业混饭吃的“儒”发展成了声势浩大的儒家学派。

儒家学派产生以后，中国思想历史经历了三个大的发展阶段，这就是先秦儒家、封建正统儒家和所谓的现今的儒家第三期发展。本章只研究先秦儒家。

儒家自孔子开宗立派以后，迅即成为“显学”。孔子去世后，儒分为八。《韩非子·显学》载：“有子张之儒，有子思之儒，有颜氏之儒，有孟氏之儒，有漆雕氏之儒，有仲良氏之儒，有孙氏之儒，有乐正氏之儒。”

但先秦儒家在孔子以后最有影响的实际上是两派：一是以战国中期的孟轲为代表的一派，二是以战国末期的荀况为代表的一派。他们对孔子的思想做了重大发展，孟子的特点是仍然沿袭孔子的体系，秦汉以后，人们往往把孟子看作孔子的正宗继承者，孟子被视为“亚圣”，有所谓的“孔孟之道”；荀子对孔子思想发展更大，且有部分质变，荀子实际上是儒法合流、礼法统一的先行者。可以这么说，先秦儒家以孔子为创立者，以孟子为发展者，以荀子为集大成者。

第二节　孔　子

一、孔子与《论语》

孔子（公元前 551 年—公元前 479 年）名丘，字仲尼，儒家学派创始人（见图 3-1）。根据《史记·孔子世家》记载，“孔子生鲁昌平乡陬邑。其先宋人也，曰孔防叔。防叔生伯夏，伯夏生叔梁纥。纥与颜氏女野合而生孔子，祷于尼丘得孔子。鲁襄公二十二年而孔子生。生而首上圩顶，故因名丘云。字仲尼，姓孔氏”。

孔子 3 岁时，父亲病故。母亲带孔子迁居到曲阜城内的阙里。母亲含辛茹苦，靠做保姆挣钱供养孔子生计，并促孔子学礼。孔子自己说：“吾少也贱，故多能鄙事。”（《论语·子罕》）“吾不试，故艺。”（《论语·子罕》）孔子 17 岁时，与孔子相依为命的母亲去世，孔子费尽心机，将饱受非议的母亲与父亲合葬于防（今日之梁公林）。同年，孔子前往季孙氏家赴宴受辱，孔子发誓以“襄礼”为业。孔子 19 岁娶妻，20 岁生长子孔鲤，

图 3-1　孔子

21 岁做了看管仓库和牛羊的小官，并兼做会计等记账工作，边工作边学习，26 岁时其博学已经闻名鲁国。

孔子 30 岁时第一次收徒办学，自称“三十而立”（《论语·为政》）。孔子 33 岁见老子问礼。35 岁那年，鲁国因“斗鸡之变”发生内乱，孔子逃到齐国。齐景公欲重用孔子，但齐相晏婴认为儒者不可用，于是作罢。孔子并不怨恨晏子，并称“晏平仲善与人交，久而敬之”（《论语·公冶长》）。孔子 37 岁返回鲁国，39 岁对晋国铸刑鼎发表议论。

在孔子 47 岁时，阳货劝孔子出仕做官，孔子表面答应，实则退而修《诗》《书》《礼》《乐》等书以教弟子，孔子说：“不义而富且贵，于我如浮云。”（《论语·述而》）孔子在 51～54 岁期间，终于在鲁国出仕为官，4 年中先后担任三个职务：中都宰、小司空、大司寇。在当大司寇时，孔子办理了两个重要案件即杀少正卯案和父子争讼案，提出“无讼”理想。

孔子 55 岁时看透官场腐败，毅然辞职［直接原因是齐国赠送鲁国女乐之事：“齐人归女乐，季桓子受之，三日不朝，孔子行”（《论语·微子》）］，率弟子开始 14 年的“周游列国”之旅。虽然颠沛流离、到处碰壁，但他毫不气馁，虔诚宣扬他所创立的儒家学说。

孔子 68 岁返回鲁国，专心整理典籍，修《春秋》，授业讲学，为中华文明千年传袭做了文化典籍保存工作。

司马迁高度评价孔子对文化典籍的整理，他说：“《诗》有之：‘高山仰止，景行行止’。虽不能至，然心乡往之。余读孔氏书，想见其为人……天下君王至于贤人众矣，当时则荣，没则已焉。孔子布衣，传十余世，学者宗之。自天子王侯，中国言六艺者折中于夫子，可谓至圣矣！”（《史记·孔子世家》）

现今研究孔子法律思想的主要资料是《论语》一书（见图 3-2）。《论语》是孔子的弟子或者再传弟子对孔子言行的记录。但对于到底是哪些人参与了记录，历史上争论不休，有人说是子夏，有人说是子张，有人说是子思，有人说是曾子和有子，有人说是子夏、仲弓合著，有人说是子游、子夏、子张等 64 人合著。

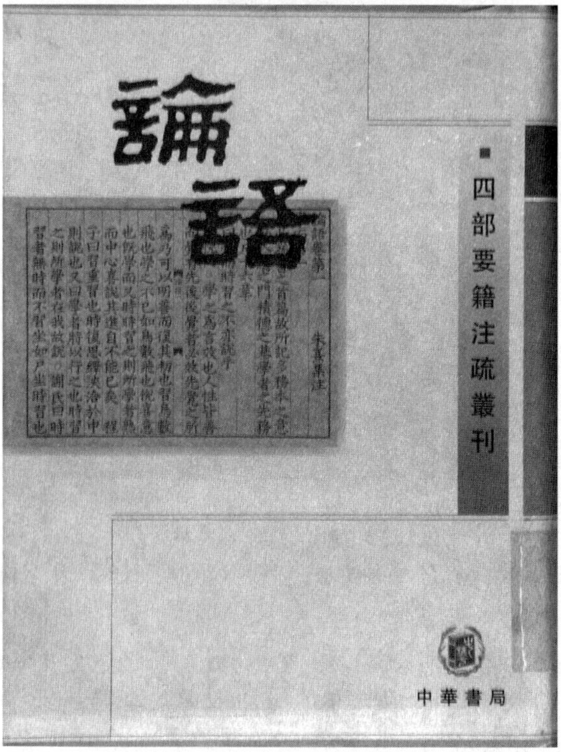

图 3-2　中华书局版《论语》一书

《论语》的原始版本在秦始皇焚书坑儒以后，已经不可考。流传于世的有《鲁论》《齐论》和自孔子古宅夹墙中发现的《古论》。汉代张禹结合前二者编纂的版本较为流行，后来，郑玄作注，魏朝何晏撰《论语集解》，南宋朱熹撰《论语集注》。今人杨伯峻的《论语译注》较为权威。

关于《论语》的命名，据《汉书·艺文志》称，《论语》即为"语言的论纂"之意；东汉刘熙认为，《论语》就是有条理地叙述自己的话；章太炎在《国故论衡·文字总略》中认为，《论语》只是将师弟问答的话编成为一册而已。

历代学者对《论语》评价甚高。汉代赵岐说："《论语》者，《五经》之管辖，'六艺'之喉衿也"；汉代董仲舒认为《论语》是司法断案的主要依据；宋代赵普说，半部《论语》治天下；近代辜鸿铭说，半章《论语》可以振兴中国。

研究孔子法律思想的主要资料除了《论语》以外，还有《礼记》《左传》《国语》《孟子》《荀子》等对孔子的一些言论和思想的记载。

二、"仁"是孔子的法律思想的理论基础

对于孔子的法律思想的理论基础是什么，自孟子、荀子以后一直争论不休。当今学

界多数学者认为，“仁”不仅是孔子整个思想体系的总纲领，而且是孔子之法律思想的理论基础，孔子伦理主义的法律思想可以被认为是以“仁”为核心而展开的。

中国最早的文化典籍《尚书》第一次提到“仁”字，但只有1次，后来《诗经》提到2次，《国语》提到24次，《左传》提到33次，而短短的一部高度浓缩的《论语》，其499段文字中，竟然有58段讨论“仁”的问题，共计109次谈论“仁”。

孔子关于“仁”的理论，是在教学过程中对弟子们阐发的。孔子教学的最大特点是“有教无类”（《论语·卫灵公》）和“因材施教”，因此，孔子对“仁”的解释是根据弟子的不同特点而有所区别的。

颜渊问仁，子曰：“克己复礼为仁。”（《论语·颜渊》）仲弓问仁，子曰：“出门如见大宾，使民如承大祭；己所不欲，勿施于人。”（《论语·颜渊》）樊迟问仁，子曰，“爱人”（《论语·颜渊》）。子曰：“泛爱众而亲仁。”（《论语·学而》）子曰：“刚、毅、木、讷，近仁。”（《论语·子路》）原宪问仁：“克、伐、怨、欲不行焉，可以为仁矣？”子曰：“可以为难矣，仁则吾不知也。”（《论语·宪问》）子夏曰：“博学而笃志，切问而近思，仁在其中矣。”（《论语·子张》）子张问仁于孔子。子曰：“能行五者于天下为仁矣。”请问之。曰：“恭、宽、信、敏、惠。恭则不侮，宽则得众，信则人任焉，敏则有功，惠则足以使人。”（《论语·阳货》）“孝弟也者，其为仁之本与。”（《论语·学而》）子曰：“巧言令色，鲜矣仁。”（《论语·学而》）子曰：“富与贵，是人之所欲也，不以其道得之，不处也；贫与贱，是人之所恶也，不以其道得之，不去也。君子去仁，恶乎成名？君子无终食之间违仁，造次必于是，颠沛必于是。”（《论语·里仁》）

综合来看，孔子的“仁”可以分为四类：第一类，孔子将一切美好的品德看作“仁”，如孝、悌、忠、信、恭、敏、宽、惠、刚毅、温、良、俭、让、忠恕、中庸等；第二类，孔子将管仲、子产、颜回、比干、伯夷、叔齐、箕子等“志士仁人”的行为看作“仁”；第三类，孔子将“仁”解释成“爱人”和“泛爱众”；第四类，孔子将实现“仁”的方法看作“仁”，如“己所不欲，勿施于人”“己欲立而立人，己欲达而达人”。孔子对“仁”的解释集中在政治、社会和法律领域，其核心理念正如“仁”本身所表明的那样，是关于二人以上之间社会关系的问题。法律是调整特定的人与人之间的关系的行为规范，所以，“仁”不仅是孔子的整个思想体系的核心内容，而且是孔子的法律理论的基础。

三、法的稳定性与继承性：“礼治”及其“损益”和“正名”理论

（一）维护礼、法的稳定性

首先要特别指出的是，孔子谈法律的继承性，实际上是谈论礼与法的继承性。当然，在孔子那里，礼、法还没有像后来在荀子那里那样成为一个专有法律术语，但是，孔子所谈之“礼”，是指广义的“礼”，它包括西周以来所形成的整套典章制度和礼仪习俗，其基本内容是以血缘关系为纽带、以“君君、臣臣、父父、子子”为核心的宗法等级制度，包含后人所说的法的本体之义。

“礼治”思想是孔子之法律思想的一个方面，而且是很重要的一个方面。事实上，孔子对礼、法的稳定性的维护是不遗余力的（见图 3-3）。

图 3-3　孔子与弟子抚琴谈礼

孔子继承了周公的“礼治”思想，主张“为国以礼”（《论语·先进》）。他说：“能以礼让为国乎？何有？不能以礼让为国，如礼何？”（《论语·里仁》）“安上治民，莫善于礼。”（《礼记·经解》）他要求人们的一举一动都不要违礼，即所谓的“非礼勿视，非礼勿听，非礼勿言，非礼勿动”（《论语·颜渊》）。

在《论语》一书中，孔子反复赞美西周和西周之礼。他说：“周监于二代，郁郁乎文哉。”（《论语·八佾》）“如有用我者，吾其为东周乎！”（《论语·阳货》）尽管他口头上讲他很久不曾“梦见周公”，但实际上他天天在“梦见周公”。他赞美西周，连做梦都想见到周公。这都是出于其对周礼的向往和维护。春秋时期，周礼有许多东西已经过时，已逐渐成为社会前进的绊脚石。而孔子对它如此向往，这明显地反映了孔子维护礼、法的稳定性的坚定态度。

孔子维护礼、法稳定性的态度还表现在他反对铸刑鼎一事中：孔子在 39 岁那年，对晋国铸刑鼎持强烈的反对态度。

后世对于孔子批评晋国铸刑鼎的事实本身不存在争议，但关于对孔子这一行为的评价，无数学者争吵得天翻地覆，归纳起来有两种基本看法：一是孔子反对晋国铸刑鼎就是反对公布成文法，是落后、倒退的奴隶主阶级意识的体现；二是孔子反对铸刑鼎并不是反对公布带有封建色彩的成文法，孔子只是对晋国的政治纷争发表了议论。

我们认为，孔子反对晋国铸刑鼎是从保守的立场出发，针对当时礼崩乐坏、“天下无道”的局面，试图为礼“正名”。但是，并不能因此就决然地认为孔子的言行是企图用旧的等级名分来匡正已经向前发展了的社会现实，不能因此认为“孔子反对当时新兴封建势力所采取的改革措施”，更不能认为孔子的行为就是反对公布成文法。最恰当的判断是：孔子的真实目的是维护礼和法的稳定性。

中国文化典籍中最先记录孔子反对铸刑鼎这一事件的是《左传》，人们后来的争论主要是片面地引用原文、断章取义的结果，如果把原文引用全面，那么完全可以看出，孔子反对铸刑鼎实际上是为了维护礼、法的稳定性。

《左传·昭公二十九年》完整记载了孔子反对铸刑鼎的来龙去脉：

> 冬，晋赵鞅、荀寅帅师城汝滨，遂赋晋国一鼓铁，以铸刑鼎，著范宣子所为刑书焉。仲尼曰："晋其亡乎！失其度矣。夫晋国将守唐叔之所受法度，以经纬其民，卿大夫以序守之，民是以能尊其贵，贵是以能守其业。贵贱不愆，所谓度也。文公是以作执秩之官，为被庐之法，以为盟主。今弃是度也，而为刑鼎，民在鼎矣，何以尊贵？贵何业之守？贵贱无序，何以为国？且夫宣子之刑，夷之蒐也，晋国之乱制也，若之何以为法？"蔡史墨曰："范氏、中行氏其亡乎！中行寅为下卿，而干上令，擅作刑器，以为国法，是法奸也。又加范氏焉，易之，亡也。"

可见，孔子一直强调的是维护既有法度和既有法律秩序，他反对的只是范宣子所著刑书的形式和程序不合礼、法，并不能由此推导出孔子反对公布成文法。实际上，孔子是在极力维护法律的稳定性。

（二）法律的变革与继承

孔子强调维护法律的稳定性，但他并不认为周礼和既有法律十全十美，一点儿也改动不得。他既维护礼、法之稳定性，又主张对周礼及旧法有所改动。他说："殷因于夏礼，所损益可知也；周因于殷礼，所损益可知也；其或继周者，虽百代可知也。"（《论语·为政》）意思是，殷因袭夏代的礼、法制度，又对夏代的礼、法制度有所增减；周代因袭殷代的礼、法制度，又对殷代的礼、法制度有所增减；后代继承前代的法律制度，又要对前代的法律制度有所修改，以后一百代也是如此。

孔子认为，在对旧有礼、法进行"损益"的过程中，有些可以继承性地发展，有些则要创新，也就是进行彻底的法律变革。对于前者，他说："麻冕，礼也；今也纯，俭，吾从众。"（《论语·子罕》）用麻制作冠冕，原是周代礼、法的要求，如今人们都用丝料制作，这样俭省些，孔子表示愿跟从大家的做法。对于后者，最典型的例子就是孔子主张彻底变革原有的人殉立法，他说："始作俑者，其无后乎！"（《孟子·梁惠王上》）

最后，需要指出，孔子对周代礼、法的实质性损益，在于他提出了"仁"的学说。

（三）法律变革的途径和方法

孔子的法律变革思想是通过正名的方法来实现的。孔子的正名思想提出的背景是：公元前 491 年，卫灵公去世，卫灵公的孙子辄即位，是谓出公，出公任用子路、子贡等孔子的弟子。但此时，被卫灵公驱逐到晋国的卫灵公的儿子蒯聩在晋国的武装护送下准备夺回王位。出公和蒯聩各自发布法令，导致君臣父子无序。公元前 488 年，出公打算请孔子协助主持国政，于是派子路迎接孔子由负函（今河南信阳）返卫，路上，孔子对子路发表了他的正名理论："子路曰：'卫君待子而为政，子将奚先？'子曰：'必也正名乎！’子路曰：‘有是哉，子之迂也！奚其正？’子曰：‘野哉，由也！君子于其所不知，盖阙如也。名不正，则言不顺；言不顺，则事不成；事不成，则礼乐不兴；礼乐不兴，则刑罚不中；刑罚不中，则民无所措手足。故君子名之必可言也，言之必可行也。君子于其言，无所苟而已矣。”（《论语·子路》）

此外，孔子在《论语》中关于“觚”的议论，表面上是孔子对“觚”这种酒器发表议论，实际上也是在谈论名实相符和正名的问题。原文是：“子曰：‘觚，不觚，觚哉？觚哉！’”（《论语·雍也》）直译为：“孔子说：‘觚，不像个觚的样子，还能算是觚吗？这哪里是觚啊！’”表面上孔子是针对原来“形状上圆下方、腹部有棱角、能装二升酒的”觚变为“去掉棱角仍然装二升酒”的觚发表看法，实际上是通过观一物而发天下之慨。孔子在这里是在强调名与实相依存、形与质相表里即名实相符的问题。在孔子看来，制器需有形制，治国必立法度。天下之器，皆有规矩；治国用法，必须名实相符。

孔子的正名理论在中国法律思想发展史上具有超越具体事件的恒久理论意义。“名正言顺”中的“言”，在孔子那里就包括礼乐刑罚。在后来中国两千多年的法律文化发展史上，“名正言顺”成为重要的立法原则，而且，孔子“礼乐征伐自天子出”的君主主义立法思想要求法律变革必须首先正名，所以，名实相符的正名理论成了中国传统法律文化变革的必要途径和逻辑。

四、中庸的法学方法论

在中国法律思想发展史上，中庸思想是由孔子创立并且被他论证为一种法学世界观和法学思维方法论的（见图3-4）。

图3-4　孔子与弟子探讨中庸理论

（一）《论语》《中庸》等关于中庸的论述

“中庸”一词在《论语》中仅出现一次，这也是它在中国法律思想史上的首次出现。“子曰：‘中庸之为德也，其至矣乎！民鲜久矣。’”（《论语·雍也》）

《论语》中有关中庸思想的言论还有：

子贡问：“师与商也孰贤？”子曰：“师也过，商也不及。”曰：“然则师愈与？”子曰：“过犹不及。”（《论语·先进》）

季文子三思而后行。子闻之，曰：“再，斯可矣。”（《论语·公冶长》）

子曰：“不得中行而与之，必也狂狷乎！狂者进取，狷者有所不为也。”（《论语·子路》）

子曰：“吾有知乎哉？无知也。有鄙夫问于我，空空如也。我叩其两端而竭焉。”（《论语·子罕》）

子曰：“质胜文则野，文胜质则史。文质彬彬，然后君子。”（《论语·雍也》）（译文：孔子说：“质朴多于文饰，就会显得粗野。文饰多于质朴，就会显得虚浮。文饰与质朴搭配得宜，才是君子的修养。”）

子钓而不纲，弋不射宿。（《论语·述而》）（译文：孔子钓鱼但不用渔网捕捞，射猎飞禽但不捕捉夜间归巢的鸟。）

君子周急不继富。（《论语·雍也》）

子曰：“君子和而不同，小人同而不和。”（《论语·子路》）

孔子认为，中庸不是无原则的折中主义和调和主义，也不是媚世求荣、明哲保身，更不是貌似公正、不偏不倚，实则与世俗同流合污的好好先生。这种只能称作“乡愿”，而孔子说：“乡愿，德之贼也。”（《论语·阳货》）

此外，儒家经典《中庸》一书对中庸的解释是：“舜其大知也与！舜好问而好察迩言，隐恶而扬善，执其两端，用其中于民。其斯以为舜乎！”

（二）中庸法学方法论的应用

1. 宽猛相济

孔子主张在对人采取法律行动之前先要进行道德教化，但他并不否认刑杀的必要性。《左传·昭公二十年》记载：“郑国多盗”，郑国的统治者出兵镇压，“尽杀之”。孔子听说以后，不仅没有谴责郑国的统治者，反而赞扬说：“善哉！政宽则民慢，慢则纠之以猛；猛则民残，残则施之以宽；宽以济猛，猛以济宽，政是以和。”《礼记·杂记》也记载，孔子说：“张而不弛，文武弗能也；弛而不张，文武弗为也。一张一弛，文武之道也。”这表明，孔子在法学上强调要对人们的行为采取中庸的办法，既重教化，也不能不要刑罚，主张“宽猛相济”，“德”与“刑”两手交替使用。

2. “五德四恶”体现中庸

“子张问于孔子曰：‘何如斯可以从政矣？’子曰：‘尊五美，屏四恶，斯可以从政矣。’子张曰：‘何谓五美？’子曰：‘君子惠而不费，劳而不怨，欲而不贪，泰而不骄，威而不猛。’子张曰：‘何谓惠而不费？’子曰：‘因民之所利而利之，斯不亦惠而不费乎？择可劳而劳之，又谁怨？欲仁而得仁，又焉贪？君子无众寡，无小大，无敢慢，斯不亦泰而不骄乎？君子正其衣冠，尊其瞻视，俨然人望而畏之，斯不亦威而不猛乎？’子张曰：‘何谓四恶？’子曰：‘不教而杀谓之虐；不戒视成谓之暴；慢令致期谓之贼；犹之与人也，出纳之吝谓之有司。’”（《论语·尧曰》）

3. “敛从其薄”与反对贫富悬殊

孔子反对统治者所采取的竭泽而渔的办法，主张“敛从其薄”。《论语·先进》记载：“季氏富于周公，而求也为之聚敛而附益之。子曰：非吾徒也。小子鸣鼓而攻之，可也。”孔子还反对滥用民力，主张“敬事而信，节用而爱人，使民以时”（《论语·学而》）。

从中庸思想出发，孔子反对贫富悬殊：“丘也闻有国有家者，不患寡而患不均，不患贫而患不安。盖均无贫，和无寡，安无倾。”（《论语·季氏》）

4. “中罚”

孔子继承了周公的“中罚”思想，主张用刑要适中，即适用刑罚时要“允执其中”（《论语·尧曰》）。“爱百姓故刑罚中，刑罚中故庶民安。”（《礼记·大传》）“刑罚不中则民无所措手足矣。”（《论语·子路》）

五、德刑关系理论

（一）力主德治

孔子在治国的手段和方法上，力主德治。孔子特别重视“德”的作用，主张“为政以德”。他说：“为政以德，譬如北辰，居其所而众星共之。”（《论语·为政》）用“德”来治理国家，就会像北极星一样，自己处在一定位置上，别的星星都会环绕着它转。如果当政者能“为政以德”的话，那么四方之民自然会归附。

孔子德治的核心是提倡“仁政”，反对暴政。而仁政的核心是重视道德教化。在春秋战国诸子百家之中，儒家最重视道德教化的作用。《论语》一书记载了孔子在这方面的大量言论，例如，“季康子问政于孔子曰：‘如杀无道，以就有道，何如?’孔子对曰：‘子为政，焉用杀？子欲善而民善矣。君子之德风，小人之德草，草上之风必偃。’”（《论语·颜渊》）意思是，当权者的作风好比风，老百姓的作风好比草，风往哪边吹，草往哪面倒。只要当权者能以德行事，老百姓自然会好起来。他还说：“上好礼，则民莫敢不敬；上好义，则民莫敢不服；上好信，则民莫敢不用情；夫如是，则四方之民襁负其子而至矣。”（《论语·子路》）如果统治者能以礼、德为治，那么不仅本国人民会服从他，远方的人民也会背负着自己的儿女来投奔他。

孔子认为，实行德治有两个前提：其一，统治者不能太贪婪：“季康子患盗，问于孔子。孔子对曰：‘苟子之不欲，虽赏之不窃。’”（《论语·颜渊》）其二，先富再教后刑。“子适卫，冉有仆。子曰：‘庶矣哉!’冉有曰：‘既庶矣，又何加焉?’曰：‘富之。’曰：‘既富矣，又何加焉?’曰：‘教之。’”（《论语·子路》）在这里，孔子已经意识到改善人民的生活条件对于治国安民和预防犯罪的重要性，他认为“贫而无怨难”（《论语·宪问》)，意思是贫穷却没有怨恨，这很难做到。在民穷财尽的情况下，还想使老百姓安分守己，这是不可能的。只有使人民富裕起来再施行教化，才能收到预防犯罪和稳定社会秩序的效果。

（二）德主刑辅

礼德与刑罚相比，孔子强调的是礼德而不是刑罚。他说："道之以政，齐之以刑，民免而无耻；道之以德，齐之以礼，有耻且格。"(《论语·为政》) 用政令和刑罚这种强制手段来治民，只能使人民暂时免于犯罪，却不能使人民感到犯罪可耻；只有以礼德为治，才能使人民有羞耻之心，从内心归服。

从这段名言中，不能得出孔子主张放弃刑罚手段的结论，恰恰相反，从现代法理学的角度来解释，孔子这里实际上提出了弥补法律空白和漏洞的完整理论。即使从孔子中庸主义的德刑关系理论角度来理解，也只能说孔子偏重于礼德。

首先，刑罚与礼德相比，孔子认为礼德是根本。他曾说过："礼乐不兴，则刑罚不中"(《论语·子路》)。意思是，刑罚必须以礼乐为依据，否则就不会得当。

其次，从使用效果来说，孔子认为，刑罚不如礼德，刑罚只能惩办于犯罪之后，而"德化"与"礼教"能防患于未然，即所谓的"礼之教化也微，其止邪于未形，使人日徙善远罪而不自知也"(《礼记·经解》)。

最后，从使用顺序来说，孔子主张先教后诛、先德后刑，反对"不教而杀"，认为"不教而杀谓之虐，不戒视成谓之暴，慢令致期谓之贼"(《论语·尧曰》)，所以在一般情况下，孔子总是强调道德教化，主张以德为主、以刑为辅。这就是他首倡的"德主刑辅"说。这种主张对中国的传统法律思想有很深远的影响。

（三）刑杀存在的必要性

孔子主张宽猛相济、德主刑辅，但这并不意味着孔子反对刑杀，他只是认为最好的是以德治国，次之先教后杀。实在不得已的话，孔子也并不反对"深于用法，果于杀人"。这一点从孔子为司寇七日而诛杀少正卯一案中可见一斑。

关于孔子诛杀少正卯一案，最早记述于《荀子》一书：

> 孔子为鲁摄相，朝七日而诛少正卯。门人进问曰："夫少正卯，鲁之闻人也，夫子为政而始诛之，得无失乎?"孔子曰："居！吾语女其故。人有恶者五，而盗窃不与焉：一曰心达而险；二曰行辟而坚；三曰言伪而辩；四曰记丑而博；五曰顺非而泽。此五者，有一于人，则不得免于君子之诛，而少正卯兼有之。故居处足以聚徒成群，言谈足以饰邪营众，强足以反是独立，此小人之桀雄也，不可不诛也。是以汤诛尹谐，文王诛潘止，周公诛管叔，太公诛华仕，管仲诛付里乙，子产诛邓析、史付，此七子者，皆异世同心，不可不诛也。《诗》曰：'忧心悄悄，愠于群小。'小人成群，斯足忧也。"(《荀子·宥坐》)

孔子诛杀少正卯一案，自《荀子》最初记述以后，《吕氏春秋》《说苑》《孔子家语》《史记·孔子世家》《论衡》等都有记载。主张孔子诛杀了少正卯的历代学者有：荀子、刘安、司马迁、刘向、王充、班固、应劭、《尹文子》作者、刘昼、孔颖达、苏轼、郑樵、梁启超、顾准、蔡尚思等。在中国几千年的历史发展过程中，虽然也有个别学者怀疑孔子诛杀少正卯一案的真实性，如朱熹在《舜典象刑说》中对孔子诛杀少正卯提出过怀疑，但朱熹也只是说“若少正卯事，余尝疑之”（《舜典象刑说》）。因此，我们认为，孔子诛杀少正卯一事为真的概率更大一些，况且，这同孔子论证刑杀的必要性以及其德主刑辅的整体理论是一致的。

朱熹在《舜典象刑说》中最早对孔子诛杀少正卯提出怀疑。此后，清代颜若璩、崔述、梁玉绳、江永，今人钱穆、匡亚明、俞荣根等，均持否定说。否定说的观点是：孔子诛杀少正卯这样的大事件在《论语》《左传》《春秋》等儒家经传中不留一点记载痕迹，无论如何都说不过去；孔子担任司寇七日就以一大夫（孔子）而杀另一大夫（少正卯），这样的事情发生在孔子身上是不可设想的，因为孔子的核心思想是“仁”，他不可能轻易杀人。朱熹怀疑：“若少正卯事，余尝疑之。盖《论语》所不载，子思、孟子所不言……乃独荀况言之。是必齐鲁陋儒，愤圣人之失职，故为此说，以夸其权耳；吾又安敢信其言，而遽（音‘巨’，迅速、就、惶恐）稽以为决乎？聊并记之，以俟来者。”（《舜典象刑说》）

我们赞成历代多数学者的观点，具体理由是：其一，荀子是离孔子时代最近且非常崇拜孔子的思想家，他的记述的可信程度高于不可信程度。而且，《荀子》一书并不是像《庄子》一书那样主要是寓言，学界公认《荀子》一书是严肃的学术争鸣论著。

其二，自战国至南宋一千四百余年，没人质疑孔子诛杀少正卯，至南宋时朱熹也只是怀疑。此时，孔子已经被神圣化，朱熹的思想倾向又是所谓正统的“尊孟抑荀”。朱熹提出怀疑时并没有拿出充足的证据，他也只是说靠后人证明。

其三，孔子诛杀少正卯虽然未必像东汉王充在《论衡》中所说是为了与同为收徒办学的少正卯争夺生源，但孔子从政成为当时的“最高法院院长”以后，其思考问题的角度不能完全等同于他当教师时思考问题的角度。况且，从孔子指控少正卯的五项大罪来看，少正卯的确该杀，这与孔子尽量少用刑杀，但“不得不杀，然后杀之”的思想是一致的。

其四，有现代学者担心一旦认定孔子诛杀少正卯是事实，孔子可能成为“言论罪的创始人”，或者承认孔子同意惩罚思想犯罪。[①] 这种顾虑大可不必。不用说孔子的时代没有“言论罪”“思想犯罪”的概念；即使如此，也无损孔子的形象。

六、法律与正直的关系及父子相隐的诉讼原则

（一）正直的含义

1. 正直是人的必备品质

“子曰：‘人之生也直，罔之生也幸而免。’”（《论语·雍也》）意思是：孔子说，一个

① 参见俞荣根：《关于“七日而诛杀少正卯”的再辨析——兼论孔子不是言论罪的创始人》，载俞荣根：《儒家法思想通论》，186～192页，南宁，广西人民出版社，1992。

人能够活在世上，要凭借正直的人品。那些不正直的人虽然也能活着，但只不过是侥幸躲过了灾祸。

“子曰：‘狂而不直，侗而不愿，悾悾而不信，吾不知之矣。’”（《论语·泰伯》）意思是：孔子说，狂躁而不正直，无知而又不谨慎，貌似真诚而不守信用，我不知道这种人将来的结果会怎么样。图 3－5 为孔子与弟子探讨儒家理论。

图 3－5　孔子与弟子探讨儒家理论

2. 正直不是迂腐

“子曰：‘孰谓微生高直？或乞醯焉，乞诸其邻而与之。’”（《论语·公冶长》）意思是，孔子说，谁说微生高这个人正直？有个人向他借醋，明明自己没有，他却不说自己没有，到邻居家要了点醋给了借醋的人。这种人不是正直，实在是有点迂腐。

（二）司法“直道”观与父子相隐的诉讼原则

孔子在论述法律与正直的关系时，表现出两种倾向：一方面，他极力赞赏司法“直道”，高度评价司法官吏史鱼、柳下惠、叔向等人公正、直道执法；另一方面，他在具体诉讼问题上，又提出“直而无礼则绞”（《论语·泰伯》），进而阐发了对中国法律文化影响深远的父子相隐的诉讼原则。

1. 孔子赞扬史鱼、柳下惠、叔向直道执法

史鱼，卫国大夫。卫灵公不用贤臣蘧伯玉，而重用佞臣弥子瑕，史鱼数谏，卫灵公不听。史鱼临死，命子以自己尸体劝谏。卫灵公终于用蘧伯玉而退弥子瑕。孔子赞扬史鱼正直：“子曰：‘直哉史鱼！邦有道，如矢；邦无道，如矢。君子哉蘧（音渠）伯玉！邦有道，则仕；邦无道，则可卷而怀之。’”（《论语·卫灵公》）

柳下惠在鲁国做司法官时公正处理案件，得罪了权贵，多次被罢官。有人劝柳下惠离开鲁国，柳下惠表示，即使丢掉乌纱帽也决心在鲁国直道执法。《论语》记载：“柳下惠为士师，三黜。人曰：‘子未可以去乎？’曰：‘直道而事人，焉往而不三黜！枉道而事人，何必去父母之邦？’”（《论语·微子》）孔子大赞“知柳下惠之贤”（《论语·卫灵公》）。

叔向是掌管晋国司法的“最高法院院长”，叔向有一个同父异母的弟弟叔鱼，他曾经代叔向处理过一个案件。案情是：晋国有两个贵族——邢侯和雍子——因为争夺田产所有权而成讼，雍子为胜诉而将自己的女儿献给代理司法官叔鱼进行贿赂，叔鱼徇私枉法、曲法裁判，致使邢侯败诉。而邢侯目无国法，擅杀叔鱼和雍子。叔向对这一案件，并不因为叔鱼是自己的同父异母的弟弟而有所宽恕。叔向引“皋陶之刑”定罪判刑，主张“三人同罪，施生戮死”，即处死邢侯，也将已死的叔鱼和雍子戮尸示众。孔子对于叔向的裁判大加赞赏：“叔向，古之遗直也。治国制刑，不隐于亲……杀亲益荣，犹义也夫。”（《左传·昭公十四年》）

2. 父子相隐的诉讼原则

孔子赞赏司法“直道”，但是，孔子的“直”在诉讼中是有条件的，孔子认为“直而无礼则绞”（《论语·泰伯》），所以，在诉讼制度方面根据“礼”的要求，孔子公开主张父子相隐，对于司法“直道”又作出了自己的另一种解释。《论语·子路》记载：“叶公语孔子曰：‘吾党有直躬者，其父攘羊，而子证之。’孔子曰：‘吾党之直者异于是：父为子隐，子为父隐，直在其中矣。’”“父为子隐，子为父隐”，这是“亲亲”原则的要求，它合礼而不合法。“其父攘羊，而子证之”，这是法的要求，它合法而不合礼。这样，就出现了“亲亲”原则与法律原则的矛盾。在这种矛盾面前，孔子不惜以礼屈法，主张“父为子隐，子为父隐”。这种主张无疑是孔子法律思想中的糟粕。

孔子“父子相隐”的诉讼原则为中国后代法律所继承。受孔子这一思想的影响，后世许多朝代立法中都有“父子相隐”的规定，甚至到后来发展成为“同居者相为隐”。这同现代证据学理论是相悖的。

七、无讼理论

（一）无讼释义

虽然孔子对司法实践不是特别感兴趣，但是，在鲁国任司寇时，孔子还是积累了一些司法经验的，他尤其擅长将司法工作提高到整个哲学的高度来理解。为此，他从周礼的原则出发，结合自己的政治法律实践，就诉讼问题发表了又一影响中国社会几千年的重要见解，即无讼原则或无讼说。孔子的表述是：“子曰：‘听讼，吾犹人也。必也，使无讼乎！’”（《论语·颜渊》）

南宋朱熹对孔子的无讼说的解释是：“圣人不以听讼为难，而以使民无讼为贵。”（《论语·颜渊·听讼章·朱熹集注》）明代丘浚的解释是：“圣门教人，不以听讼为能，而必以使民无讼为至。”（《大学衍义补》卷一百六）

（二）无讼的理论基础与渊源

关于孔子的无讼说的理论基础与渊源可以从三个角度来看。

（1）孔子的无讼说是其德主刑辅理论在司法领域的继续和发展。孔子强调教化，主张尽量少用刑杀，自然要教导人们少打官司。

（2）孔子的无讼思想同其中庸哲学及法学方法论是相互联系的。孔子的学生有若说，“礼之用，和为贵。先王之道，斯为美，小大由之”（《论语·学而》）。后人认为，这是进一步发展孔子的中庸之意。基于此，孔子提倡人们之间要“和而不争”，不要为一点儿小事就争讼不休。在孔子看来，最理想的社会就是无讼的社会。

（3）孔子的无讼思想与儒家传统及其经典是相通的。儒家经典除了正面赞赏无讼的美好之外，还从反面阐发诉讼的坏处。《周易·讼卦》说：“讼……终凶”，“凡讼之体，不可妄兴”，“讼不可长”。

（三）无讼的历史影响

（1）对立法的影响。为了达到无讼的目的，历代在立法中多有限制民众诉讼的法律规定。一些朝代的立法严格限制自诉，规定受理诉讼的短暂时间。如唐代规定每年 10 月 1 日至第二年 3 月 30 日，南宋规定每年 10 月 1 日至第二年 2 月 1 日为受理诉讼的期间，并规定有“词诉日”，其他时间概不受理，如果硬要告状，那么严惩不贷。

传统中华法系的这种立法对于保护公民权利显然是不利的。

（2）对司法的影响。在司法领域，孔子的无讼说影响更大。据《荀子》记载，孔子曾经亲自以无讼原则指导司法实践：“孔子为鲁司寇，有父子讼者，孔子拘之，三月不别。其父请止，孔子舍之。”（《荀子·宥坐》）

圣人的示范作用是巨大的，自此以后，历代官吏并不以受理诉讼为官府大事，新官上任“首在安民，安民之道，首先息讼”（《汝东判语》卷一）。历朝历代，司法官吏往往以无讼为借口，拒绝受理案件。即使像林则徐那样备受人们褒扬的官吏，也认为“告奸之人总非善类”（《林则徐集·奏稿·复议遵旨体察漕务慎刑通盘筹划折》）。

（3）律师业不发达。春秋时期的邓析——中国最早的“律师”，因教人诉讼，并收取代理费，被历代正统观点鄙视，认为其“不法先王，不事礼义”，“以非为是，以是为非”，因此被处死。邓析是中国历史上第一个因为打官司而被处死的“律师”，从此以后，“律师”“讼师”在中国变成了“讼棍”。

（4）对人们的思维方式与法律文化的影响。无讼、忌讼、厌讼，导致人们从心理和思维上对法律和诉讼不信任。

八、诚实信用法律原则与法律面前男女不平等原则

（一）诚实信用法律原则

孔子论诚实信用法律原则，主要关注的是作为立法者、执法者的人应当遵循的原则。

“子曰：‘人而无信，不知其可也。大车无輗，小车无軏，其何以行之哉？’”（《论语·为政》）“子贡问政。子曰：‘足食，足兵，民信之矣。’子贡曰：‘必不得已而去，于斯三者何先？’曰：‘去兵。’子贡曰：‘必不得已而去，于斯二者何先？’曰：‘去食，自古皆有死，民无信不立。’”（《论语·颜渊》）“樊迟请学稼。子曰：‘吾不如老农。’请学为圃。曰：‘吾不如老圃。’樊迟出。子曰：‘小人哉，樊须也！上好礼，则民莫敢不敬；

上好义，则民莫敢不服；上好信，则民莫敢不用情。夫如是，则四方之民襁负其子而至矣，焉用稼？’”（《论语·子路》）“子曰：‘道千乘之国，敬事而信，节用而爱人，使民以时。’”（《论语·学而》）“与朋友交，言而有信。”（《论语·学而》）“君子信而后劳其民；未信，则以为厉己也。信而后谏；未信，则以为谤己也。”（《论语·子张》）“言必信，行必果。”（《论语·子路》）“信近于义。”（《论语·学而》）

应该说，诚实信用原则是在市场经济条件下规范市场主体的重要法律原则，这尤其在现代民法中得到了集中体现，现代各国民法大多将诚实信用原则确立为民事法律基本原则。这一原则对于今日中国民事法律规范的实施和实现有着世人皆知的意义，怎么强调都不过分。孔子生活在两千多年前的春秋时代，在那时的自然经济条件下不可能有今天意义上的诚实信用法律原则，但是，孔子用他自己的语言，为今日之诚实信用法律原则厘定了大致的意涵。

（二）法律面前男女不平等原则

孔子提出了法理学和婚姻法学上一个重要的法律原则，即法律面前男女不平等原则。“子曰：‘唯女子与小人为难养也！近之则不孙，远之则怨。’”（《论语·阳货》）“舜有臣五人，而天下治。武王曰：‘予有乱臣十人。’孔子曰：‘才难，不其然乎？唐虞之际，于斯为盛。有妇人焉，九人而已。’”（《论语·泰伯》）

有当代学者指出，孔子提出男女不平等原则的直接原因有二：一是孔子与夫人吵架，二是因为“子见南子”。我们认为，孔子提出法律面前男女不平等原则的真正原因是孔子的男尊女卑及礼治思想。

九、人与法的关系

孔子没有使用过“人治”这个词，按照《荀子·君道》的说法，孔子至多使用的是“治人”。按照《礼记·中庸》的记载，孔子真正使用的词语是“为政在人”（见图 3－6）。因此，从绝对严格的意义上说，孔子在人与法的关系问题上所表达的思想不能称为“人治”，只能称为“贤人之治”，或干脆就是“为政在人”。但是，以今天的观点来看，尤其是以人治与法治对立的观点来看，人们往往将孔子关于人与法关系的主张归结为“人治”。在不太严格或者宽泛的意义上，这种说法姑且是成立的，只不过我们必须说明，孔子的人治思想是有其特定含义的。

孔子的人治思想主要包括这样三方面的内容：一是“贤人之治”，二是强调为政者要严于律己，三是极力夸大当权者个人的作用。

（一）贤人之治

孔子认为，“礼治”与“德治”，都要靠“贤者”来实行。因此，他在提倡“礼治”与“德治”的同时，还极力主张贤人治国。《论语》中记载的有关孔子尚贤的言论很多，如“仲弓为季氏宰，问政。子曰：‘先有司，赦小过，举贤才。’”（《论语·子路》）又如“樊迟……问知。子曰：‘知人’。樊迟未达。子曰：‘举直错诸枉，能使枉者直’。樊迟

图 3-6　孔子与弟子探讨“为政在人”

退，见子夏曰：‘乡也吾见于夫子而问知，子曰举直错诸枉，能使枉者直，何谓也?’子夏曰：‘富哉言乎！舜有天下，选于众，举皋陶，不仁者远矣；汤有天下，选于众，举伊尹，不仁者远矣。’”（《论语·颜渊》）这是说，当权者如能知人善任，重用贤才，则邪恶的人就难得逞，国家也就可以治理好。再如“哀公问曰：‘何为则民服?’孔子对曰：‘举直错诸枉，则民服；举枉错诸直，则民不服。’”（《论语·为政》）意思是，把正直的人选拔出来，放在邪曲的人之上，百姓就会服从；把邪曲的人选拔出来，放在正直的人之上，百姓就不会服从。可见，孔子的人治，首先是“贤人之治”。

（二）强调为政者要严于律己

孔子提倡贤人治国，特别重视当权者个人的表率作用。他要求当权者必须严于律己，以身作则。他对鲁国大夫季康子说：“政者，正也。子帅以正，孰敢不正?”（《论语·颜渊》）“政”字的本意就是要求人们的行为端正。如果当权者带头端正自己，那么别人自然会端正。“不能正其身，如正人何?”（《论语·子路》）意思是：当权者自己行为不端正，怎能去端正别人？“季康子患盗，问于孔子。孔子对曰：‘苟子之不欲，虽赏之不窃。’”（《论语·颜渊》）意思是：如果当权者不贪得无厌，那么就算是奖励偷盗，人们也不会干。在这里，孔子已经意识到当权者为政的好坏与人民守法和犯罪之间的联系，犯罪的增加是当权者贪得无厌造成的。“其身正，不令而行；其身不正，虽令不从。”（《论语·子路》）意思是：当权者本人行为端正，不发布命令，事情也好办；当权者本人行为不端正，纵然三令五申，老百姓也不会信从。因此，孔子一再强调“君子求诸己”（《论语·卫灵公》），当权者应该“修己以安百姓”（《论语·宪问》）。

（三）极力夸大当权者个人的作用

在治国方法上，孔子重德而轻刑，主张贤人治国。与此相适应，在对“人”与“法”的看法上，他重“人”而轻“法”，极力夸大当权者个人的作用，相对贬低法律的作用。《礼记·中庸》记载，鲁哀公问政于孔子，孔子说：“为政在人”，“其人存，则其政举，其人亡，则其政息”。这就是说：政事的兴废，取决于当权者个人是否贤明。贤者当政，政治自然会清明。奸邪当道，政治必然昏暗。要想把国家治理好，只能寄希望于道德高尚的当权者。孔子认为国家的治乱，全系于当权者是否贤明，而不在于法律制度的好坏和有无，这是孔子的“贤人治国”论或“人治”思想的基本特征。这种思想在历史上曾起过反对暴君酷吏的积极作用，但是，其消极作用也是显而易见的。

最后，需要指出的是，孔子所说的“为政在人”中的“人”，并不是指一般人。他说：“民可使由之，不可使知之。”（《论语·泰伯》）“小人学道则易使也。”（《论语·阳货》）显然，在孔子眼里，平民百姓是无知的“小人”，只能供统治者役使，根本没有资格“为政”。他认为可以“为政”的“人”，是尧、舜、禹、汤、文、武之类的大人物。他说：“大哉尧之为君也，巍巍乎！唯天为大，唯尧则之。荡荡乎，民无能名焉。”（《论语·泰伯》）显然，他赞颂的这类人物，是一种被神化了的救世主般的特殊人物，至少是孔子所说的“君子”，而且必须是“有道”的君子。

十、小结：孔子法律思想体系及其历史影响

如果说孔子以仁为核心的整个思想体系是一个博大精深的母体系，那么，孔子的法律学说便是从这个母体系中派生出来的子系统。孔子的法律学说与其母体系特点一致，性质相同，内容上也有若干重叠和交错。不过，孔子的法律学说毕竟是一个独立的结构。孔子的法律思想体系结构是存在明显的层次的：它通过仁与礼、仁与孝、仁与忠恕、仁与中庸、仁与大同、礼与法、德与刑、仁与君民关系、仁与君臣关系等环节，展开以仁为基础的多层次理论结构。这就是：仁是孔子法律思想体系的逻辑起点和价值本体；民本位、家族伦理、相对的君权主义、中庸主义以及大同的理想法观念是孔子法律思想的基本原则和法学方法论，这构成孔子法律思想体系的中间层次。最后一个层次是孔子有关立法、司法、执法、守法以及具体民事、刑事、经济、行政等方面的具体主张和法律观点，如导德齐礼、先富后教、恤刑慎杀、中罚、父子相隐、宽猛相济、司法直道、司法诚信、无讼、为政在人等。

孔子的法律理论同其整个思想体系一样，存在着内在的矛盾，这突出表现在民本位与家族伦理的互相冲突上。孔子提出的以仁为基础的民本位原则要求为民请命、直道执法、不隐于亲，但家族伦理的孝道又要求“父子相隐”，结果必然是以孝屈法、以礼屈法。所以，孔子的法律学说中既有我们今天需要倍加珍视的民主性精华，也有体现家族伦理和君主主义的糟粕。图 3－7 为孔子雕塑。

孔子的法律学说中的无论是精华还是糟粕，都给整个中华民族的法律价值观、法学方法论、法律行为模式以极大的影响。可以说，没有任何人的法律理论像孔子的那样对

图 3-7　中国人民大学校园内的孔子雕塑

整个民族的法律文化心理产生了如此久远的影响。孔子的法律理论经过约 400 年的肯定与否定以后，终于在西汉中期成为封建正统法律思想的主要模板。从此中华法系就是在以孔子为主导的儒家法律思想指导下传承的。这可以说是民族的选择、历史的选择、法律文化的选择！

第三节　孟　子

一、孟子与《孟子》

孟子名轲，战国时期邹国（今山东邹县）人。他的先世已不可考，东汉赵岐在《孟子题辞》中说，孟子是鲁国公族孟孙氏的后代，所以他将母亲归葬于鲁。《春秋演孔图》和《阙里志》说他父亲名激，字公宜，他母亲姓仉，所以，孟子是“激仉氏”的后代（图 3-8 为孟子像）。

孟子的生卒年月不详，古今都有各种推断。元代程复心的《孟子年谱》说他生于周烈王四年（前 372 年），卒于周赧王二十六年（前 289 年），享年 84 岁；今人杨伯峻则认为孟子生于公元前 385 年，卒于公元前 304 年。尽管如此，孟子生活的相对年代还是清楚的。

孟子早年丧父，虽然家道逐渐衰败，但作为鲁国公族后裔，孟子从小就受到了良好的教育。特别是他的母亲对他的教育非常严格。西汉韩婴的《韩诗外传》记载了孟母“断织”的故事，刘向的《烈女传·母仪》也记载了孟母“三迁”的故事。后世孩童读物《三字经》中说：“昔孟母，择邻处；子不学，断机杼”，讲的就是这两则故事。

图 3-8　孟子

关于孟子的师承，有三种说法：第一种说法认为孟子是孔子的孙子子思的弟子，班固在《汉书·艺文志》、赵岐在《孟子题辞》中都主此说。但这种说法很不可靠，因为子思的年龄比孟子大得太多，孟子赶不上与子思谋面并向其学习。第二种说法以《孟子外书》为代表，认为孟子是子思的儿子子上的弟子。但多数学者认为《孟子外书》是伪书，而且子上的年寿也不高，未必能做孟子的老师。第三种说法是司马迁的观点，认为孟子是子思的再传弟子。现代学者大多认为这种说法比较可靠。

孟子的生平与孔子有很多相似之处：周游列国，到处宣传自己的学说。最风光的时候有从车数十乘、侍从数百人；所到之处，国君都赠送黄金、供给衣食，听取他的议论。从《孟子》一书中可以看出，他到过的国家有齐、宋、邹、鲁、滕、魏等。但总的说来，他的游说是不成功的，各国国君都不能接受和实行他的“仁政”学说，这是由时代所决定的。所以孟子在年老的时候，也和孔子一样不再出游，而是和弟子们从事著书立说的工作。

关于孟子的人格特征和品行修养，应该说，孟子具有强烈的自尊自强精神和一定程度的独立人格。孟子的名言是：“养吾浩然之气。”（《孟子·公孙丑上》）孟子平生以顶天立地、“至大至刚”的大丈夫自居，他认为，人活着要豪放大气，主张“万物皆备于我”（《孟子·尽心上》），君子不能因为外在环境变化而改变自我的道义准则。他说：“居天下之广居，立天下之正位，行天下之大道；得志与民由之，不得志独行其道；富贵不能淫，贫贱不能移，威武不能屈：此之谓大丈夫！”（《孟子·滕文公下》）所以，孟子是一位修养品性极高，同时又有点桀骜不驯、自负高傲的人。尤其在政治上，孟子藐视一切人。他曾经夸下海口：“如欲平治天下，当今之世，舍我其谁也？”（《孟子·公孙丑下》）孟子虽然如此狂妄，但对孔子佩服得五体投地，他赞美孔子：“出乎其类，拔乎其萃，自生民以来，未有盛于孔子也。”（《孟子·公孙丑上》）他说：“乃所愿，则学孔子也。”（《孟子·公孙丑上》）孟子一生的确时时处处以孔子为榜样：他不但标榜以“得天下英才而教之”为人生三大乐事之一（这一点与孔子一样），而且，与孔子走了相同的人生道路——

教书、游历、著述，目的是救世，恢复儒家的正统地位。

《孟子》一书是儒家“四书”之一，它在儒家典籍中占有极为重要的地位。

关于《孟子》一书的作者，历来有三种观点：第一种观点认为它是孟子自己的著作。东汉赵岐在《孟子题辞》和清代焦循在《孟子正义》中持这种观点。第二种观点认为《孟子》是孟子死后由其门人弟子万章、公孙丑之徒记述的。唐代韩愈、宋代晁公武等人主张这种观点。第三种观点认为《孟子》一书是由孟子和弟子们合著的。司马迁在《史记·孟荀列传》中说：“退而与万章之徒序《诗》《书》，述仲尼之意，作《孟子》七篇。”朱熹的观点与司马迁的相近：他一方面认为孟子必定亲自下手，所以才“首尾文字一体”，少有瑕疵；另一方面又认为有些内容是“其徒所记”，由孟子加以删定。现代大多数学者认为司马迁的观点是最为可信的。

《史记·孟荀列传》中说《孟子》共有 7 篇，赵岐将这 7 篇分为上、下两卷。但应劭的《风俗通·穷通篇》和班固的《汉书·艺文志》说《孟子》有 11 篇。赵岐认为，其中多出来的《外书》4 篇即《性善辨》《文说》《孝经》《为政》，全部是伪作，后来也渐渐亡佚了。

《孟子》一书对于儒家的重要意义在于，它继承并发展了孔子的思想。宋代理学家程颐说：“孟子有功于圣门，不可胜言。仲尼只说一个‘仁’字，孟子开口便说‘仁义’；仲尼只说一个‘志’，孟子便说许多养气出来。只此二字，其功甚多。”又说：“孟子有大功于世，以其言性善也”，“孟子性善、养气之论，皆前圣所未发”（朱熹：《孟子序说》引）。

二、“仁政之法”的理论基础

孟子良法理论即“仁政之法”的理论基础是性善论。关于人性问题，早在春秋时期已经被提出来了，到了孟子时代其已经成为诸子百家进行理论论战的一个重大课题。孔子主张“性相近”说；春秋以来，有些人主张“人性好利”说，这一说法被法家接受和发展；慎到明确提出人的本性是“自为”；告子主张“性无善无不善”说，或者叫“性可以为善，可以为不善”说（《孟子·告子上》记载，告子曰：“性犹湍水也，决诸东方则东流，决诸西方则西流，人性之无分于善不善也，犹水之无分于东西也”）；公都子主张“有人性善，有人性不善”说等。面对上述种种理论，孟子别开思路，提出要行“仁政之法”，必须以性善论作为理论基础。

孟子认为，人的本性是善的。他说：“人性之善也，犹水之就下也。人无有不善，水无有不下。”（《孟子·告子上》）具体说，“人性善”是指人生来就有仁、义、礼、智等善良的道德观念。他说：“恻隐之心，人皆有之；羞恶之心，人皆有之；恭敬之心，人皆有之；是非之心，人皆有之。恻隐之心，仁也；羞恶之心，义也；恭敬之心，礼也；是非之心，智也。仁、义、礼、智，非由外铄我也，我固有之也。”（《孟子·告子上》）也就是说，仁、义、礼、智这些道德观念，不是由外人给予我的，是我本来就具有的。他举例说：“今人乍见孺子将入于井，皆有怵惕恻隐之心，非所以内交于孺子之父母也，非所以要誉于乡党朋友也，非恶其声而然也。”（《孟子·公孙丑上》）人下意识地救起小孩完全是出于人性本善。孟子说，人与禽兽的区别就这一点点了。“人之所以异于禽兽者几希？”（《孟子·离娄下》）又说：“孩提之童，无不知爱其亲者，及其长也，无不知敬其兄也。亲亲，仁也；敬长，义也。”（《孟子·尽心上》）他以此来论证，人生来就有善良的本性，每个人都能接受人伦道德教化。

孟子的“仁政之法”就是以其性善论为理论基础的。他认为，所谓“明君圣主”更是保持了善性，具有“不忍人之心”。而有“不忍人之心”，就能施行仁政：“先王有不忍人之心，斯有不忍人之政矣。以不忍人之心，行不忍人之政，治天下可运之掌上。”（《孟子·公孙丑上》）只要“明君圣主”把这种“不忍人之心”推而广之、扩而充之，就可天下大治，“仁政”理想也就可以实现了。很明显，这是一种“迂远而阔于事情”的幻想。

三、“仁政之法”的来源和内容

（一）“仁政之法”的来源是“先王之法”

孟子认为，良法即“仁政之法”主要来源于“先王”，所以，孟子的良法又被称为“先王之法”。孟子所说的良法意义上的“先王之法”主要是指尧、舜、禹、汤、文王、武王、周公之法。图 3 - 9 为尧帝。

> 遵先王之法而过者，未之有也。（《孟子·离娄上》）
>
> 规矩，方员之至也；圣人，人伦之至也。欲为君，尽君道；欲为臣，尽臣道。二者皆法尧舜而已矣。不以舜之所以事尧事君，不敬其君者也；不以尧之所以治民治民，贼其民者也。（《孟子·离娄上》）
>
> 言必称尧舜。（《孟子·滕文公上》）
>
> 诸侯有行文王之政者，七年之内，必为政于天下矣。（《孟子·离娄上》）
>
> 师文王，大国五年，小国七年，必为政于天下矣。（《孟子·离娄上》）
>
> 为政不因先王之道，可谓智乎？（《孟子·离娄上》）

图 3 - 9　尧帝

可见，孟子持续不断地宣传他的良法主张，也就是他自认为的“先王之法”。孟子对为政者经常说的一句话是：“我非尧舜之道，不敢以陈于王前。”（《孟子·公孙丑下》）其实，孟子在这里论证良法来源时，不自觉地坚持了儒家一贯的历史退化论的主张。

（二）“仁政之法”的主要内容

孟子周游列国，应约到处给人出主意，给梁惠王出的点子最多。孟子给梁惠王出的最重要的点子是行“仁政之法”，只有行“仁政之法”，才能做到“仁者无敌”（《孟子·梁惠王上》）。

孟子的良法理论自然是承继孔子的仁学，不过孟子在新的时代背景下进一步将其丰富成了仁政学说。仁政思想是孟子的整个法律思想体系的核心。孟子对法的各种思考，都是其仁学的一个方面。孟子的“仁政之法”，依附于仁政，服务于仁政。孟子一生四处游说，就是要劝各诸侯国君实行仁政，因为在他看来“离娄之明，公输子之巧，不以规矩，不能成方圆；师旷之聪，不以六律，不能正五音；尧、舜之道，不以仁政，不能平治天下”（《孟子·离娄上》）。

孟子“仁政之法”具有以下主要内容。

1.“省刑罚”的刑事立法

第一，“省刑罚”。孟子认为，“仁政之法”首先要做到“省刑罚”，也就是尽量少用刑罚。他说：“地方百里而可以王。王如施仁政于民，省刑罚……夫谁与王敌?”（《孟子·梁惠王上》）孟子的“省刑罚”主张体现了惩办与宽大相结合的原则。他认为，对于那些犯了“不仁不义”之罪的人要重点打击，一定要“诛不仁”。在这一点上孟子对舜的行为非常赞赏：“舜流共工于幽州，放驩兜于崇山，杀三苗于三危，殛鲧于羽山，四罪而天下咸服，诛不仁也。”（《孟子·万章上》）除此之外，对于其他类犯罪，尤其对于一般的“贼民”犯罪，尽量做到能省则省，这样才能做到以德服人。

第二，“不嗜杀人”。孟子坚决反对滥杀无辜，他说：“杀一无罪非仁也。”（《孟子·尽心上》）杀错一个人都不能容忍，死刑复核权必须收归最高司法机构。为了表达对当时统治者滥杀无辜的强烈抗议，孟子甚至毅然指出：“无罪而杀士，则大夫可以去；无罪而戮民，则民可以徙。”（《孟子·离娄下》）

第三，“生道杀民”。“生道杀民”是孟子提出的“省刑罚”的重要原则。他的原话是：“以生道杀民，虽死不怨杀者。”（《孟子·尽心上》）

对于孟子的这一“生道杀民”理论，历代学者包括东汉赵岐、北宋欧阳修、南宋朱熹、明代丘浚等有诸多解释。其实，孟子所提出的“生道杀民”的含义无非就是立法或者掌握刑罚的人应以“求其生”之道来审慎处理，如果确系罪大恶极，求其生而不得，为了更多人的生存，不得已而将其处死，那么，其死也是罪有应得，无从怨恨了。

第四，对杀人罪定性强调结果不强调方法。《孟子·梁惠王上》记载：“梁惠王曰：‘寡人愿安承教。’孟子对曰：‘杀人以梃与刃，有以异乎?’曰：‘无以异也。’‘以刃与政，有以异乎?’曰：‘无以异也。’”

孟子这里借梁惠王之口，提出了他对杀人罪的定性主张。他认为，用木棒杀人与用刀杀人，或者用刀杀人与政治谋杀，在定性上没有区别，统统都是杀人罪。也就是说，犯罪工具或者犯罪手段不决定犯罪的性质。手持大刀的人杀人，但他笑话手持木棒的人杀人，或者操弄政治的人杀人，但他笑话手持大刀的人杀人，那完全是“五十步笑百步”。正所谓：“孟子对曰：‘王好战，请以战喻。填然鼓之，兵刃既接，弃甲曳兵而走。或百步而后止，或五十步而后止。以五十步笑百步，则何如？’曰：‘不可，直不百步耳，是亦走也。’”（《孟子·梁惠王上》）

2. “罪人不孥”的刑事法律原则

《孟子·梁惠王下》记载，孟子主张实行“罪人不孥”的刑事法律原则。这一原则的内容是：对于犯罪的人，刑罚只及于犯罪者本人，不能牵连犯罪者的妻子儿女。孟子这一“罪人不孥”的刑事法律原则首先同法家主张株连的理念是针锋相对的；其次，它与近代罪责自负原则也有某种相通之处。但也要注意，孟子“罪人不孥”的刑事法律原则与近代罪责自负原则的理论基础并不完全一样。如果说近代罪责自负原则是从保护个体人权出发的，那么，孟子“罪人不孥”的刑事法律原则是从他的“仁政”理论出发的。这一点可以从孟子提出“罪人不孥”思想的原文中得到解释：

> 齐宣王问曰：“人皆谓我毁明堂，毁诸？已乎？”孟子对曰：“夫明堂者，王者之堂也。王欲行王政，则勿毁之矣。”王曰：“王政可得闻与？”对曰：“昔者文王之治岐也，耕者九一，仕者世禄，关市讥而不征，泽梁无禁，罪人不孥。老而无妻曰鳏，老而无夫曰寡，老而无子曰独，幼而无父曰孤。此四者，天下之穷民而无告者。文王发政施仁，必先斯四者。”（《孟子·梁惠王下》）

可见，孟子论述“罪人不孥”是从他一贯的仁政理论出发的。他不仅把“罪人不孥”这一刑事法律原则同减轻赋税、官员薪俸、鼓励渔业等联系起来，而且将其同养老育幼、扶持弱势群体等仁政具体做法联系起来。这表明，孟子“罪人不孥”的刑事法律原则在总体上是服从他的仁政大原则的。

3. “制民之产”的物权法制定原则

孟子提出了“为民治产”的思想。他告诫齐宣王：只有首先制定物权法，让百姓拥有足够的固定产业，百姓才不会走上犯罪的道路。不过，孟子的物权法概念主要是“定经界”，也就是所有权意义上的物权法。孟子并没有详细研究物权法的其他方面如用益物权等，只是详细论证了制定物权法必须首先从确定所有权开始。他说：“夫仁政，必自经界始。经界不正，井地不均，谷禄不平，是故暴君污吏必慢其经界。经界既正，分田制禄可坐而定也。”（《孟子·滕文公上》）孟子认为，用物权法规定所有权界限，让老百姓先富起来，他们就不会进行违法犯罪活动了，对君主来说也能赚取一个行仁政的好名声。

孟子认为，制定物权法就是要“制民之产”。《孟子·梁惠王上》中用了非常大的篇幅详细论证了为什么要“制民之产”以及如何“制民之产”：

> （齐宣）王曰：“吾惛，不能进于是矣。愿夫子辅吾志，明以教我。我虽不敏，请尝试之。”（孟子）曰：“无恒产而有恒心者，惟士为能。若民，则无恒产，因无恒心。苟无恒心，放辟邪侈，无不为已。及陷于罪，然后从而刑之，是罔民也。焉有仁人在位，罔民而可为也？是故明君制民之产，必使仰足以事父母，俯足以畜妻子，

乐岁终身饱，凶年免于死亡。然后驱而之善，故民之从之也轻。今也制民之产，仰不足以事父母，俯不足以畜妻子；乐岁终身苦，凶年不免于死亡。此惟救死而恐不赡，奚暇治礼义哉？王欲行之，则盍反其本矣！五亩之宅，树之以桑，五十者可以衣帛矣。鸡豚狗彘之畜，无失其时，七十者可以食肉矣。百亩之田，勿夺其时，八口之家可以无饥矣。谨庠序之教，申之以孝悌之义，颁白者不负戴于道路矣。老者衣帛食肉，黎民不饥不寒，然而不王者，未之有也。”

4. “薄税敛”的财税立法

中国几千年的历史表明，财税立法是关乎社会稳定的天大问题。这个问题早在先秦时期道家和儒家都预见到了，所以道家老子发出“民之饥，以其上食税之多”（《老子·七十五章》）的感叹，儒家孟子在财税立法上也是坚决反对聚敛、重赋，而主张“薄税敛”。孟子把“薄税敛”看作能否使民富裕的大问题，他说：“易其田畴，薄其税敛，民可使富也。”（《孟子·尽心上》）

孟子“薄税敛”的主张主要涉及三方面内容：其一，规定较低税率，并且城乡实行不同税率标准。孟子主张应该实行九分取一或者十分取一的税率，他说：“耕者九一。”“野九一而助，国中什一使自赋。”（《孟子·滕文公上》）也就是说，在乡村农业税按九分取一收取，而在城内和近郊按十分取一收取。其二，避免重复征税。“有布缕之征，粟米之征，力役之征。君子用其一，缓其二。用其二而民有殍，用其三而父子离。”（《孟子·尽心下》）其三，减免工商税，打击车匪路霸滥收费。“市，廛而不征，法而不廛，则天下之商皆悦，而愿藏于其市矣；关，讥而不征，则天下之旅皆悦，而愿出于其路矣。”（《孟子·公孙丑上》）

四、法、理、孝的关系

作为“亚圣”，加之受自己“养吾浩然之气”的桀骜不驯性格的影响，孟子是一个对任何事情都要刨根问底“讲理”的人。“仁政”是孟子认为的最大的“法”“理”。不过，孟子在面对法与理的关系的时候，虽然仍发挥他一贯“舍生取义”和追根究底的思维性格，但他也同时引入了“孝”的概念。孟子在《孟子·尽心上》中设计了一个“窃父而逃”的故事，详细论证了法、理、孝之间的关系。

这个故事是这样的：有一天，孟子的弟子桃应向孟子请教说：在舜当天子的时候，皋陶是大法官，如果舜的父亲瞽瞍杀人犯了法，那么，皋陶应该怎么办呢？孟子回答说，皋陶应该毫不犹豫地把瞽瞍抓起来。桃应又问：难道舜不会加以阻止和干涉吗？孟子说：舜为什么要阻止呢？皋陶抓人是有法律根据的。桃应追问：那么，舜该怎么办呢？孟子说，舜应该抛弃天子之位，就像丢弃一只破烂的草鞋那样毫不足惜，然后，偷偷地把父亲背出监狱，逃到远远的东海之滨，照顾父亲快快活活地过一辈子，享尽天伦之乐，把曾经贵为天子享有天下的事忘得干干净净。

桃应问曰：“舜为天子，皋陶为士，瞽瞍杀人，则如之何？”孟子曰：“执之而已矣。”“然则舜不禁与？”曰：“夫舜恶得而禁之？夫有所受之也。”“然则舜如之何？”

曰："舜视弃天下犹弃敝屣也。窃负而逃，遵海滨而处，终身䜣然，乐而忘天下。"（《孟子·尽心上》）

孟子的回答，至少有这么几点意思：其一，有罪必罚。即使天子之父瞽瞍杀人也不例外，必须"执之"。其二，司法官吏必须尽职尽责、严格执法，不能徇私枉法。其三，最高统治者不能干预司法。只要于法有据，任何人不能随意破坏法律。其四，以孝屈法，孝高于法。

上面四点说明了孟子如何对待法、理、孝三者的关系。其中前三点，孟子都是在论证法与理的关系，即使按现代观点来看，孟子的论证也非常到位。这表明孟子非常娴熟于法、理。然而，孟子的思考并不止于此。孟子对法、理冠冕堂皇的看法都是做给别人看的，法律一旦涉及自己，特别是涉及天子之父，法、理就应该让位了。这就是第四点即以孝屈法、孝高于法。孟子的这个主张，为几千年的传统中国法律文化确立了一个重要原则，那就是家族血缘伦理高于国家法律。孟子关于法、理、孝关系的思考的指向是：法、理固然重要，但是，当法、理与孝等家族伦理观念相互冲突的时候，应该以孝率法、以伦理屈法。既然法的理念要屈于伦理之下，那么法律制度的贯彻和落实当然也要向伦理低头了。正如遇到孔子，孟子只能屈居"亚圣"一样，当法、理遇到伦理，法、理精神在孟子那里也只能屈居次位了。

五、民贵君轻说与立法目的论

孟子的立法目的论完全是一种重民意义上的民本主义法律学说。孟子继承与发展了春秋时期兴起的重民思想，特别重视民心的向背。他从当时严酷的现实中看到人民的力量不可忽视，认为统治者在制定法律时，只有得到民心才能利用法律巩固自己的统治。孟子把人民、土地和政事视为"诸侯之三宝"（《孟子·尽心下》），认为尧舜之法之所以能够赢得天下，就是因为争得了民心，而桀纣之法之所以失去天下，就是因为失去了民心。他说："桀纣之失天下也，失其民也；失其民者，失其心也。得天下有道，得其民斯得天下矣；得其民有道，得其心斯得其民矣。"（《孟子·离娄上》）因此，他明确提出："民为贵，社稷次之，君为轻。"（《孟子·尽心下》）这是典型的中国古代意义上的民本主义法律理念。

孟子的民贵君轻理论并不到此为止，他进而主张：暴君可以诛杀。他认为，得民心者可以为天子，天子失去民心就是独夫。他痛斥桀纣为独夫民贼，认为对这种独夫民贼，人人可得而诛之。有一次，齐宣王问孟子："汤放桀，武王伐纣，有诸？"孟子回答说："于传有之。"齐宣王说："臣弑其君，可乎？"孟子斩钉截铁地回答："贼仁者谓之贼，贼义者谓之残，残贼之人谓之一夫，闻诛一夫纣矣，未闻弑君也。"（《孟子·梁惠王下》）他认为，诛杀独夫暴君是为民除害，是"救民于水火"，是完全合乎道义的行为。孟子认为君权固然十分重要，但君权不应该是无限的，君主立法应顺应民心，而不可偏听偏信、为所欲为。

孟子的立法目的论实际上是分为表面目的和实质目的的，其表面目的的确是"重民"和"民本"，但真实目的是"重君"。孟子表面上说立法的目的和标准是"民为贵，社稷次之，君为轻”，实际上，他是想以此真正达到维护君主统治地位的“君为重”的实质目的。孟子的民贵君轻说不过是一种具有古代特色的重民思想，这种重民思想的论证角度或者说出发点是君主而不是民主，是君权而不是民权。之所以这么说，是因为孟子的法律追求就是王道统治，孟子的整个理论都是为诸侯国的国君稳定统治服务的。基于战国时代连年发生战争，孟子深刻认识到“得乎丘民而为天子”的道理。正是为了使诸侯成为天子，孟子一再强调要“重民、保民、以民为本”，所以，这不是民主，而是君主。孟子的重民思想可能导致的最佳后果是“为民做主”，然而“为民做主”与“民主”实在是相距太远。所以，“民贵君轻”与“民主”的根本不同在于它隐含的立法目的不同。

六、法律适用过程中慎选司法官吏与慎重对待死刑

在法律适用层面，孟子强调两点：一是慎选司法官吏，二是慎重对待死刑。孟子在论证这两点主张的理由时，除了从“恤刑慎杀”这一儒家传统理念和他自己一贯坚持的仁政角度外，他还把二者与“选贤任能”相提并论，并且是从尊重民意的角度来论述的。

《孟子·梁惠王下》这样记载：有一天孟子见到了齐宣王，就对齐宣王说，我们平日所说的法律秩序很好的国家，并不是那个国家有高大树木的意思，而是有数代建立功勋的司法官吏的意思。大王您现在已经没有得力亲近的司法官吏了，过去所用的好的司法官吏今天想不到都被您罢免了。齐宣王问：怎样才能识别那些缺少才能的司法官吏而不用他们呢？孟子回答说：“国君进贤，如不得已，将使卑逾尊，疏逾戚，可不慎与？左右皆曰贤，未可也；诸大夫皆曰贤，未可也；国人皆曰贤，然后察之。见贤焉，然后用之。左右皆曰不可，勿听；诸大夫皆曰不可，勿听；国人皆曰不可，然后察之。见不可焉，然后去之。左右皆曰可杀，勿听；诸大夫皆曰可杀，勿听；国人皆曰可杀，然后察之。见可杀焉，然后杀之。故曰国人杀之也。如此，然后可以为民父母。”

在这里，孟子无论是强调慎选司法官吏，还是强调慎重对待死刑，主要是为了获得民心。他说：“如有不嗜杀人者，则天下之民皆引领而望之矣。诚如是也，民归之，由水之就下，沛然谁能御之？”（《孟子·梁惠王上》）

需要指出的是，孟子在法律适用问题上主张慎重对待死刑，这无论是从刑罚人道主义还是从社会进步的角度来讲，都是值得提倡的。当然，从根本上说，孟子提出这一理论是为了不让君主蒙受随意杀人的恶名，而不得不求助于“民意”，所以，孟子津津乐道的是让人们感觉杀人这一为人们所不齿的行为是全体“国人”的共同意思，到时候大家也就不会把杀人的恶名归结到君主身上，最高统治者杀人只是“借刀杀人”而已。

七、“治人”与“治法”的关系：“尊贤使能”与“徒法不能以自行”

梁启超说儒家人治、法家法治，这完全是在比附的意义上使用人治和法治的概念。这里先不论法家的“法治”，只说儒家所谓的“人治”。其实，儒家从来没有人使用过“人治”一词，后期的荀子说过“有治人，无治法”，所以我们研究孟子也用“治人”“治法”这样本出的概念。

在人、法关系问题上，孟子的名言是："徒善不足以为政，徒法不能以自行。"（《孟子·离娄上》）总体上，孟子重视良法或者"治法"的作用，但他认为，只有"良法"是远远不够的，这就引出了孟子"尊贤使能"的"治人"论。孟子对于人、法关系的论述，择其要者包括：

惟仁者宜在高位。不仁而在高位，是播其恶于众也。上无道揆也，下无法守也，朝不信道，工不信度，君子犯义，小人犯刑，国之所存者幸也。（《孟子·离娄上》）

贤者在位，能者在职……尊贤使能，俊杰在位。（《孟子·公孙丑上》）

贵德而尊士，贤者在位，能者在职。（《孟子·公孙丑上》）

君仁莫不仁，君义莫不义，君正莫不正，一君正而国定矣。（《孟子·离娄上》）

文王一怒而安天下之民。（《孟子·梁惠王下》）

虞不用百里奚而亡，秦穆公用之而霸。（《孟子·告子下》）

五百年必有王者兴。（《孟子·公孙丑下》）

圣人既竭目力焉，继之以规矩准绳，以为方员平直，不可胜用也；既竭耳力焉，继之以六律正五音，不可胜用也；既竭心思焉，继之以不忍人之政，而仁覆天下矣。（《孟子·离娄上》）

八、守法思想

孟子在守法问题上，表现出非常矛盾的思维取向：一方面，他从君主应为臣民作表率的角度论证守法标准统一、与民同乐的必要性；另一方面，一旦最高统治者不守法，孟子则极力为之辩护。

（一）与民同乐与守法标准统一

《孟子·梁惠王下》记载：齐国的臣子庄暴来见孟子，对孟子说："我去朝见齐宣王，齐宣王告诉我，他爱好音乐，我不知道该怎么回答。请问孟老夫子，爱好音乐，究竟好不好呢？"孟子说："如果齐王爱好音乐，那齐国便会很不错了。"过了些时日，孟子去谒见齐宣王，对齐宣王说："您曾经告诉庄暴，说您爱好音乐，有这回事吗？"齐宣王很不好意思地说："我并不是爱好古典音乐，我只是爱好目前流行的音乐罢了。"孟子说："只要您非常爱好音乐，那齐国便会很不错了，不论是现在流行的音乐还是古典音乐。"齐宣王说："这个道理可以说给我听听吗？"于是，孟子天南地北地给齐王讲了一大通道理，最后，孟子归结说：只要您不是自己一个人在奢华的国家大剧院欣赏音乐，而是与民同乐，那么无论您欣赏什么音乐，是古典的，或是现代的，是高雅的，或是通俗的，百姓都会称颂大王您的。原文如下：

庄暴见孟子，曰："暴见于王，王语暴以好乐，暴未有以对也。"曰："好乐何如？"孟子曰："王之好乐甚，则齐国其庶几乎！"他日，见于王，曰："王尝语庄子以好乐，有诸？"王变乎色，曰："寡人非能好先王之乐也，直好世俗之乐耳。"曰："王之好乐甚，则齐其庶几乎！今之乐犹古之乐也。"曰："可得闻与？"……曰："此

无他，与民同乐也……今王与百姓同乐，则王矣。”（《孟子·梁惠王下》）

孟子用上面这个故事是要说明：无论是执政者、立法者还是执法者，只要能够以与老百姓同样的标准要求自己，法律就没有什么难以执行的，否则的话，老百姓就不会拥护和称颂统治者。

在《孟子·梁惠王下》中，孟子还以人人都“爱财”“好色”来论证守法标准应该统一的问题。齐宣王说：“寡人有疾，寡人好货。”“寡人有疾，寡人好色。”孟子说：“王如好货，与百姓同之，于王何有？”“王如好色，与百姓同之，于王何有？”针对齐宣王说自己有一个很大的毛病，那就是既爱财又好色，孟子说，爱财没什么不好，好色也没什么不好，人人都爱财、好色，大王爱财、好色也不是什么大毛病，大王不必过于自责，只不过大王不能只是自己爱财、好色，而是要“与百姓同之”。只要守法标准统一了，百姓自然就拥护。

接下来，孟子用反面的例子对齐宣王进行了开导。齐宣王问孟子说：“听说周文王有一处狩猎场，纵横各长七十里，真有这回事吗？”孟子回答说：“在史籍上有这样的记载。”齐宣王说：“真有这么大吗？”孟子说：“老百姓还觉得太小呢。”齐宣王说：“我的狩猎场纵横只有四十里，老百姓还认为太大，这又是为什么呢？”孟子说：“文王的狩猎场纵横各七十里，老百姓割草打柴的可以去，打鸟捕兽的也可以去，文王同老百姓一同享用，老百姓认为太小，这不很自然吗？（然而，您的狩猎场与此相反）我刚到齐国边界的时候，问明白了齐国最严重的禁令后，才敢入境。我听说在齐国首都的郊外，有一个狩猎场，纵横各四十里，老百姓要是杀害了里面的麋鹿，就等于犯了杀人罪，那么，这方圆四十里的地面，对百姓来说，就是在国内布置了一个陷阱（大王您对老百姓和自己不能一视同仁），百姓认为这个狩猎场太大了，不也应该吗？”原文如下：

> 齐宣王问曰：“文王之囿方七十里，有诸？”孟子对曰：“于传有之。”曰：“若是其大乎？”曰：“民犹以为小也。”曰：“寡人之囿方四十里，民犹以为大，何也？”曰：“文王之囿方七十里，刍荛者往焉，雉兔者往焉。与民同之，民以为小，不亦宜乎？臣始至于境，问国之大禁，然后敢入。臣闻郊关之内，有囿方四十里，杀其麋鹿者，如杀人之罪。则是方四十里为阱于国中，民以为大，不亦宜乎？”（《孟子·梁惠王下》）

如此看来，非常讲究等级秩序的孟子，在涉及守法标准的时候，也偶尔谈到“国民待遇”的问题。不过需要强调的是，孟子这种“与民同乐”、守法标准统一的理念完全是出于劝谏的口气，一旦在现实中最高统治者不守法，孟子也无可奈何。

（二）最高当局守法：顾左右而言他

中国传统法理念是法律只是针对百姓的，最高统治当局不应该在法律的管辖范围之内。法家说：“夫生法者，君也；守法者，臣也；法于法者，民也。”（《管子·任法》）这话的意思是说，君主制定法律，大臣执行法律，老百姓遵守法律，反正守法跟最高当局没有多大关系。虽然儒家没有像法家那样明说，但其实儒家也是持这套主张的。

《孟子·梁惠王下》记载：有一天，孟子对齐宣王说：“您的一个臣子把妻子儿女托付给朋友照顾，自己到楚国去游玩。等他回来的时候，妻子儿女却在挨饿受冻。对这个朋友该怎么办呢？”齐宣王说：“与他断绝往来。”孟子接着说：“如果法官管不好他的下级，对这样的法官该怎么办呢？”齐宣王说：“将他撤职。”孟子又说：“如果一个国家被最高君主搞得一团糟，对这样的君主，又该怎么办呢？”齐宣王左顾右盼，把话题扯到别的方面去了。原文如下：

> 孟子谓齐宣王曰：“王之臣，有托其妻子于其友，而之楚游者，比其反也，则冻馁其妻子，则如之何？”王曰：“弃之。”曰：“士师不能治士，则如之何？”王曰：“已之。”曰：“四境之内不治，则如之何？”王顾左右而言他。（《孟子·梁惠王下》）

虽然孟子这里没有直接以自己的语言，而是以齐宣王的语言和行为来阐发理念，但孟子的思路是清楚的：朋友要守信，官吏要守则，君主未必一定要守法！在遇到君主必须面对的其需不需要守法的问题时，君主只要东拉西扯、装疯卖傻就可以了。

九、“执中权时”的法学方法论

孟子的法学方法论思想非常丰富。其中，孟子最为推崇的是源自孔子“中庸理论”的“执中权时”法学方法论。

孟子在《孟子·尽心上》中说：杨朱这个人主张什么事情都为自己考虑，拔一根汗毛有利于天下都不肯做。而墨子这个人主张兼爱，磨秃头顶，走破脚跟，只要有利于天下，一切事情都干。子莫这个人则主张中道。主张中道便差不多了，但是主张中道如果没有灵活性，不懂得变通的办法，那么便是执着于一点。为什么要反对执着于一点呢？因为它有损根本的道理和方法，只是关注了一点而废弃了其余。原文如下：

> 杨子取为我，拔一毛而利天下，不为也。墨子兼爱，摩顶放踵利天下，为之。子莫执中。执中为近之。执中无权，犹执一也。所恶执一者，为其贼道也，举一而废百也。（《孟子·尽心上》）

孟子在这里谈到了一个重要的法学方法论原则：在法学思考当中，反对“执一”的死板固执、不知变通的机械论和形而上学的思想方法，主张“执中”的朴素辩证的思维方法。同时，在坚持原则的基础上保有“权时而变”的灵活性。

孟子“执中权时”法学方法论的应用体现在如下方面。

其一，对杀人罪定罪处刑时换位思考的法学方法。孟子曰：“吾今而后知杀人亲之重也。杀人之父，人亦杀其父；杀人之兄，人亦杀其兄。然则非自杀之也，一间耳。”（《孟子·尽心下》）

其二，对待人们的一般行为时坚持原则与尊重个性相互结合的法学方法。“曾皙嗜羊枣，而曾子不忍食羊枣。公孙丑问曰：‘脍炙与羊枣孰美？’孟子曰：‘脍炙哉！’公孙丑曰：‘然则曾子何为食脍炙而不食羊枣？’曰：‘脍炙所同也，羊枣所独也。讳名不讳姓，姓所同也，名所独也。’”（《孟子·尽心下》）

其三，“执中权时”法学方法论在婚姻法中的体现。在《孟子·万章上》中，孟子的弟子万章向孟子请教说，依据中国古代的婚姻法，娶妻必告父母，这是婚姻成立的一大必备要件，但是为什么舜娶妻就能够不告诉父母呢？孟子回答说，娶妻告诉父母的确是婚姻成立的要件，但是，舜的后母“妒”，父亲瞽瞍“昏”，自己的异母弟弟象又天天想着杀害舜，所以，舜娶妻“告则不得娶”，舜“不告而娶”，这是“权”。在《孟子·离娄上》中，孟子进一步论证说：“不孝有三，无后为大。舜不告而娶，为无后也，君子以为犹告也。”

其四，“执中权时”法学方法论在“礼”与生命权相互冲突时的价值选择。“淳于髡曰：‘男女授受不亲，礼与？’孟子曰：‘礼也。’曰：‘嫂溺，则援之以手乎？’曰：‘嫂溺不援，是豺狼也。男女授受不亲，礼也。嫂溺，援之以手者，权也。’”（《孟子·离娄上》）

孟子“执中权时”的法学方法论，对立法和法律执行有重要意义，但它也为破坏“治法”留下了隐患。

第四节　荀　子

一、荀子与《荀子》

荀子名况，字卿，战国时赵国人。据传荀子是周郇伯公孙后裔，故又有人称荀子为孙卿。关于荀子的生卒年月，据《史记》及其他史料记载，大致为公元前 328 年—公元前 235 年（一说为公元前 313 年—公元前 238 年）。

据应劭在《风俗通议》中记载，荀子“年十五”游学于齐国稷下学宫。稷下学宫在战国时期的相当长时间内是颇为有名的文化学术中心，战国时期许多知名的学者如孟子、慎到、淳于髡、环渊、宋钘等都先后在此讲学。荀子自称是孔子和孔子的门徒子弓的继承人。事实上，荀子在稷下学宫不仅师从宋钘，而且聆听过多家教诲。这为荀子学说以儒为主，并且吸收其他各家长处打下了坚实基础。

在齐国稷下学宫游学期间，荀子曾经北上燕国，但未被重用，于是又回到稷下学宫。

公元前 286 年，荀子看到齐国险象环生，向齐相进谏献策，未被采用，于是到了楚国。公元前 284 年，燕、秦、楚、韩、魏五国联合攻齐，燕国乐毅攻入齐国，齐闵王被杀，稷下学宫解散。

公元前 275 年，齐国收复失地，齐襄王重整稷下学宫，荀子应召返回齐国。此时，由于慎到等老一辈学者先后辞世，因而在学术上已经有相当地位的荀子“最为老师”，并且“三为祭酒”。荀子因此成为稷下学宫新一代的学术宗师。

公元前 266 年，荀子应邀入秦。当秦相范雎问荀子“入秦何见”时，荀子除了对秦国的山川、习俗大加赞赏之外，还特别赞赏秦国的国势，认为秦国接近“治之至也”。同时，荀子指出，秦之所短是“无儒”，并且是“无大儒”，他建议秦国任用“儒者”，“止力术”，“行义术”，用王道而不是霸道统一中国。然而，他的主张未被采用，荀子只好返回齐国。

公元前 262 年，春申君任楚相，荀子到达楚国，被春申君委以兰陵令，后遭谗言中伤排挤，于是返回故乡赵国。

在赵国，荀子与弟子李斯、韩非等人论学，并曾经受到平原君和赵孝成王礼遇，但未被重用。

公元前251年，在赵国平原君死后，楚国春申君又请荀子复任兰陵令。公元前238年，春申君被害，司马迁在《史记》中说："春申君死而荀卿废，因家兰陵……序列著数万言而卒，因葬兰陵。"

荀子一生著述颇丰，据说《荀子》一书在先秦有三百多篇，西汉刘向整理校订，编著为32篇，定名为《荀卿新书》。唐代杨倞订正注解，把32篇分为20卷，改名为《荀卿子》，简称《荀子》，今本《荀子》，仍为20卷、32篇。图3-10为中华书局版《荀子》。

图3-10　中华书局版《荀子》一书

据历代学者考证，《荀子》一书大部分为荀子自作。而《儒效》《强国》《议兵》似为其弟子的笔记；《大略》《宥坐》《子道》《法行》《哀公》《尧问》6篇疑为其弟子所记其语录及杂录传记。

荀子弟子众多，除了韩非、李斯之外，还有毛亨、浮丘伯、张苍、陈器等，贾谊是荀子的再传弟子。

《荀子》一书有两大特点：一是在批评诸子百家的同时吸收百家之长，二是在继承孔子思想的同时着重发展孔子的外王思想。

荀子作为战国末期杰出的思想家，是当时儒家学派最有影响的人物。他学识渊博，不仅集儒家思想之大成，而且批判地吸收了其他各家的学说。在法律思想方面，他继承了儒家的"礼治"思想传统，又批判吸收了各家的思想，特别是吸收了前期法家思想，主张王霸并用、礼法结合。"隆礼尊贤而王，重法爱民而霸"（《荀子·大略》），这两句话集中地概括了荀子法律思想的内容与特点。正因为如此，近代大学问家章太炎认为"荀况学过孔子"。谭嗣同在《仁学》中也说："二千年来之学，荀学也。"虽然这话是出于对几千年来特别是宋明理学“扬孟抑荀”的愤慨，未免言过其实，但是，荀子在中国学术史乃至中国法律思想史上，的确是一位开创儒法两家思想大合流的先驱人物。

二、性恶论是荀子的法律思想的理论基础

荀子在法与人性的关系问题上，在我国儒家法理学史上开创了以性恶论阐述法律理论的先河。换言之，荀子法律思想的理论基础是性恶论，或者更进一步说，是“化性起伪”的性恶论。荀子的性恶论直接针对孟子的性善论。他的《荀子·性恶》开宗明义，第一句话就是：“人之性恶，其善者伪也。”意思是，人的本性是恶的，所谓“善”是人为的结果。

荀子首先详细论证了人性的概念：“生之所以然者谓之性。性之和所生，精合感应，不事而自然谓之性。”（《荀子·正名》）“凡性者，天之就也，不可学，不可事。”（《荀子·性恶》）可见，在荀子看来，人性是与生俱来的人的自然本性。

为什么人性是恶的呢？关键是“性”与“情”和“欲”是联系在一起的：“性者，天之就也；情者，性之质也；欲者，情之应也。”（《荀子·正名》）也就是说，“情”是“性”的实际内容，“欲”是“情”的外在表现。

那么，什么是“情”或者“情性”呢？“性之好、恶、喜、怒、哀、乐谓之情。”（《荀子·正名》）“若夫目好色，耳好声，口好味，心好利，骨体肤理好愉佚，是皆生于人之情性者也。”（《荀子·性恶》）“今人之性，饥而欲饱，寒而欲暖，劳而欲休，此人之情性也。”（《荀子·性恶》）“人之情，目欲綦色，耳欲綦声，口欲綦味，鼻欲綦臭，心欲綦佚。此五綦者，人情之所必不免也。”（《荀子·王霸》）

荀子认为，人的情性都是一样的，不因人的高低贵贱有所区别：“故千万人之情，一人之情是也。”（《荀子·不苟》）“凡人之性者，尧、舜之与桀、跖，其性一也；君子之与小人，其性一也。”（《荀子·性恶》）

如果到此为止，那么人性也就无所谓善恶了。但问题是人的“性”、“情”与“欲”是不可分的，而人的欲望是无止境的，这就导致了人性必然转向恶的方向。“人之情，食欲有刍豢，衣欲有文绣，行欲有舆马，又欲夫余财蓄积之富也；然而穷年累世不知不足，是人之情（欲）也。”（《荀子·荣辱》）“名声若日月，功绩如天地，天下之人应之如景向，是又人情之所同欲也，而王者兼而有是者也。故人之情，口好味而臭味莫美焉，耳好声而声乐莫大焉，目好色而文章致繁妇女莫众焉，形体好佚而安重闲静莫愉焉，心好利而谷禄莫厚焉，合天下之所同愿兼而有之，睾牢天下而制之若制子孙。”（《荀子·王霸》）“重色而衣之，重味而食之，重财物而制之，合天下而君之，饮食甚厚，声乐甚大，台榭甚高，园囿甚广，臣使诸侯，一天下，是又人情之所同欲也。”（《荀子·王霸》）

所以，人的无休无止的色欲、财富欲、权力欲等“好利恶害”的品质就是“恶”，是人性的“偏险悖乱”：“所谓恶者，偏险悖乱也。”（《荀子·性恶》）由此发展下去，人们必然无休无止地争夺损害：“今人之性，生而有好利焉，顺是，故争夺生而辞让亡焉；生而有疾恶焉，顺是，故残贼生而忠信亡焉；生而有耳目之欲，有好声色焉，顺是，故淫乱生而礼义文理亡焉。然则从人之性，顺人之情，必出于争夺，合于犯分乱理而归于暴。

故必将有师法之化，礼义之道，然后出于辞让，合于文理，而归于治。用此观之，然则人之性恶明矣，其善者伪也。”（《荀子·性恶》）意思是，人生来就好利、好声色，如果任其发展而不加约束，那么必然会发生争夺、淫乱而犯分乱理。只有经过教化，才能改恶从善，使自己的行为合于礼义的要求。可见，人性是恶的，善是人为的。

荀子认为，人性天生是恶的，但是可以对人性进行改造，即通过后天人为的礼仪教化和法律规制，对人性“化性起伪”，这样，荀子就提出了“伪”的概念。“能习焉而后成谓之伪。”（《荀子·正名》）“不可学、不可事而在人者谓之性；可学而能、可事而成之在人者谓之伪。”（《荀子·性恶》）

基于此，荀子认为，虽然人性本恶，但是可以通过人为的教化和法度，使之“化性起伪”，也就是“欲虽不可去，求可节也”（《荀子·正名》），“故圣人化性而起伪，伪起而生礼义，礼义生而制法度。然则礼义法度者，是圣人之所生也”（《荀子·性恶》）。所以，荀子讥讽孟子的性善论是不懂得人性的本义以及其与法律的关系：“孟子曰：‘人之学者，其性善。’曰：‘是不然。是不及知人之性，而不察乎人之性伪之分者也。’”（《荀子·性恶》）

正是荀子“化性起伪”的性恶论，奠定了荀子法律思想的理论基础。荀子自己的结论就是：“故古者圣人以人之性恶，以为偏险而不正，悖乱而不治，故为之立君上之势以临之，明礼义以化之，起法正以治之，重刑罚以禁之，使天下皆出于治，合于善也。”（《荀子·性恶》）也就是说法律与人性的总体关系是法律是用来矫正人性恶的：“古者圣王以人之性恶，以为偏险而不正，悖乱而不治，是以为之起礼义，制法度，以矫饰人之情性而正之，以扰化人之情性而导之也。”（《荀子·性恶》）

三、“良法”与“恶法”理论：“礼法一体”与“非礼无法”

（一）“礼法一体”论是荀子法律理论的核心思想

荀子论法，总是与“礼”联系在一起，他的“良法”与“恶法”理论也是以“礼”为参照系的。

总体来说，儒家都重视“礼”，但各有特点。孔子以仁释礼、纳仁入礼，给古老的礼注入了仁的精神；孟子主要发展了孔子的仁学，以礼治行仁政；而荀子主要发展了孔子的礼学，将“礼”与“法”贯通起来，将“礼”作了“法”的解释。可以说，“隆礼重法”的“礼法一体论”是荀子的法律思想的主要内容。

最能反映荀子思想特色的名言是“隆礼尊贤而王，重法爱民而霸”（《荀子·大略》）。对此，荀子在《荀子·成相》中以类似山东快书的艺术形式表述道：“治之经，礼与刑，君子以修百姓宁。明德慎罚，国家既治四海平。”

荀子“礼法一体”论的重要创新之一是提出了“礼法”范畴。在荀子之前，人们虽然使用“法”“刑”“礼”等概念表示国家强制性的行为规范，但还没有人以“礼法”并称的方式来进行指称，是荀子第一次在中国法律思想史上使用了“礼法”这一新术语。荀子说：“故学也者，礼法也。”（《荀子·修身》）“出若入若，天下莫不平均，莫不治辨，

是百王之所同也，而礼法之大分也。”（《荀子·王霸》）

荀子使用“礼法”一词，不是对“礼”和“法”两个概念的简单重复，而是对法律问题思考的深入。“礼法”一词作为荀子首创的名词，反映的是这样一种法律理念：未来大一统国家制定的法律应当是“礼法”，而不是摈法于外的单纯的“礼”，也不是无“礼”统率的单纯的“法”。

当然，必须指出，荀子的“礼法一体论”并不是将“礼”“法”二者绝对合二为一，也并不是将“礼”与“法”的界限全面抹去，而是有区别的统一。荀子释“礼”为“法”，而“礼”仍然是“礼”，是“礼法”之“礼”；荀子以“法”释“礼”、纳“法”于“礼”、以“礼”率“法”，而“法”仍然是“法”。“礼者，法之大分，类之纲纪也。”（《荀子·劝学》）这就是说，“礼”是“法”的总纲，“法”是根据“礼”制定的。“法者，治之端也。”（《荀子·君道》）“礼者，政之挽也；为政不以礼，政不行矣。”（《荀子·大略》）“礼义者，治之始也。”（《荀子·王制》）“国无礼则不正。礼之所以正国也，譬之犹衡之于轻重也，犹绳墨之于曲直也，犹规矩之于方圆也，既错之而人莫之能诬也。”（《荀子·王霸》）

（二）“良法”与“恶法”的判断标准：非礼无法

循着“礼”是“法”的制定依据这一思路，荀子提出了“良法”与“恶法”的判断标准问题：“故非礼，是无法也。”（《荀子·修身》）

荀子的“非礼无法”思想对“良法”与“恶法”的划分不仅仅依据道德，而且依据行为是否合乎“礼”。荀子的这一思路，包含着如下两方面的含义。

其一，国家立法应该以“礼”为指导、以“礼”为准绳，合乎“礼”的要求便是“良法”，反之则是“恶法”，违礼之法只能是无法之法、非法之法。也就是说，“良法”只能是“礼法”。

其二，在法律实践中，既然“非礼”即是“无法”，那么，行为人对这种“无法”的行为就应该承担法律责任。这就是后来所谓的“出礼入刑”。所以，尽管荀子自己没有明确使用“出礼入刑”的说法（后来王充在《论衡·谢短》中说，“出于礼，入于刑，礼之所去，刑之所取”），但是，荀子事实上开创了评价法律良善与否和影响中国传统法律发展的“出礼入刑”理论的先河。

（三）“法后王”与“良法”“恶法”

荀子认为，“法后王”之“礼法”肯定是“良法”，但“法先王”之法未必是“恶法”。

其一，荀子力主“法后王”，后王之法为“良法”。

荀子“法后王”的理由是：“圣王有百，吾孰法焉？故曰：文久而息，节族久而绝，守法数之有司极礼而褫。故曰：欲观圣王之迹，则于其粲然者矣，后王是也。彼后王者，天下之君也；舍后王而道上古，譬之，是犹舍己之君而事人之君也。故曰：欲观千岁则数今日；欲知亿万则审一二；欲知上世则审周道；欲知周道则审其人所贵君子。故曰：以近知远，以一知万，以微知明，此之谓也。”（《荀子·非相》）

“五帝之外无传人，非无贤人也，久故也。五帝之中无传政，非无善政也，久故也。

禹、汤有传政而不若周之察也，非无善政也，久故也。传者久则论略，近则论详。”（《荀子·非相》）

其二，荀子并不否认“法先王”之法，先王之法并非“恶法”。

荀子力主“法后王”之法，但并不排斥先王之法，他的“法后王”并不是“法先王”的反题，而是通过“法后王”之法达到真正“法先王”之法的目的。荀子自己认为这是“以类度类”（《荀子·非相》）的捷径，是“以近知远，以一知万，以微知明”（《荀子·非相》）的高明之举，是非常好的法学方法论。

的确，荀子在《荀子·非十二子》中攻击过孟子的“法先王”，但是，荀子在这里只是批判思孟学派“略法先王而不知其统”。也就是说荀子并不是反对“法先王”之法本身，而只是讥讽孟子“法先王”不得法，粗枝大叶，浅尝辄止。荀子重点是笑话孟子只知“法先王”之法而不知“统其类”，不能贯通。

事实上，《荀子》一书，称“后王”12处，称“先王”14处，其他歌颂尧舜禹汤50多处、文武周公20多处，荀子称“先王”还多于称“后王”。所以，荀子的真实意思是：“上则法舜、禹之制，下则法仲尼、子弓之义。”（《荀子·非十二子》）也就是说，只要是“法圣王”之法，无论是先王之法还是后王之法，都是“良法”。

荀子的结论是：“故学者，以圣王为师，案以圣王之制为法，法其法，以求其统类，以务象效其人。”（《荀子·解蔽》）

（四）“王霸之道”与“良法”“恶法”

与孟子强调“王道”之法、反对“霸道”之法不同，荀子认为，“王道”之法和“霸道”之法都可能是“良法”。为此，他提出的口号是：“隆礼尊贤而王，重法爱民而霸。”（《荀子·大略》）“义立而王，信立而霸。”（《荀子·王霸》）不仅如此，荀子还认为，无论是“王道”还是“霸道”，都要以国家存在为前提：“无国而不有治法，无国而不有乱法；无国而不有贤士，无国而不有罢士；无国而不有愿民，无国而不有悍民；无国而不有美俗，无国而不有恶俗……故百王之法不同，若是，所归者一也。”（《荀子·王霸》）

荀子认为，“王霸之道”的“良法”应该具备四个条件。

其一，“隆礼”的礼治主义。“礼者，法之大分，类之纲纪也。”（《荀子·劝学》）

其二，“隆君”的大一统中央君主集权主义。“君者，国之隆也……隆一而治，二而乱。”（《荀子·致士》）

其三，“民水君舟”的重民主义。“天之生民，非为君也；天之立君，以为民也。”（《荀子·大略》）“君者，舟也；庶人者，水也。水则载舟，水则覆舟。”（《荀子·王制》）

其四，“隆父”的家族血缘伦理主义。“父者，家之隆也。”（《荀子·致士》）

（五）“中道”与“良法”“恶法”

“中道”是荀子判断“良法”与“恶法”的又一个角度和标准。荀子认为，凡是符合“中道”的法律就是“良法”，反之则为“恶法”。这一标准是非此即彼的关系。

荀子所谓的“中道”，即儒家传统的“中庸之道”，在《荀子·儒效》《荀子·王制》《荀子·礼论》等中，“中道”一词有时也用“中事”“中说”“中和”“中流”等词语表示。

荀子将“中道”用在法律领域，大致相当于我们今天所说的公平、公正的意思：“公平者，听之衡也；中和者，听之绳也。”（《荀子·王制》）“道之所善，中则可从，畸则不可为，匿则大惑。”（《荀子·天论》）

四、“明分使群”的法律起源理论

受“礼法一体”说的左右，荀子等儒家学者讨论法律起源，实际上总是在讨论“礼法”的起源。但是，在孔子、孟子、荀子三人当中，孔子虽然强调“礼治”和“礼法”结合，但并没有从“礼法”起源的角度讨论问题；孟子虽然对此问题有所触及，但只是从“性善论”的人性论角度论证了法律的必要性，而且孟子认为：“仁义礼智，非由外铄我也，我固有之也。”（《孟子·告子上》）把“礼法”看成人心所固有的、先验的东西，这对于说明规范人们外在行为的法律的起源，意义不是太大。相比较而言，荀子在儒家当中，比较系统地论述了法律的起源问题。

荀子的法律起源论，主要从两个角度切入问题：一是前面已经提到的“化性起伪”的性恶论，即“圣人化性而起伪，伪起而生礼义，礼义生而制法度”（《荀子·性恶》）。二是“明分使群”说。这里从第二个角度进行阐释。

荀子认为，法律之所以产生不仅是由于它适应着“化性起伪”即改造人性的需要，而且是因为它要“明分使群”。荀子的“明分使群”说是以他的唯物主义的自然观为理论基础的。荀子认为，“天”就是自然界，并不是什么神秘的东西。自然界有它自己的运行规律，并不因人类社会政治的好坏而改变。“天行有常，不为尧存，不为桀亡。”（《荀子·天论》）日月星辰的运转，春夏秋冬四时的变化，这都是自然现象，并没有什么神秘可言。荀子在这种唯物主义自然观和“天人相分”的理论基础上，又进一步提出了人能胜天的思想。他说：“大天而思之，孰与物畜而制之！从天而颂之，孰与制天命而用之！望时而待之，孰与应时而使之！因物而多之，孰与骋能而化之！”（《荀子·天论》）与其把天看得非常伟大而思慕它，不如畜养万物而控制它；与其顺从天而颂扬它，不如认识和掌握自然变化的规律而利用它；与其盼望天时而坐待好收成，不如顺应时序之所宜，使天时为生产服务；与其听任物类自然增长而求其增多，不如发挥人类自己的智能，促使物类发展而增殖。荀子如此明确地提出人能胜天的思想，是他在中国思想史上的一大贡献。他的“明分使群”的法律起源论就是在其“明于天人之分”和人能胜天的哲学思想的基础上提出的。

人是靠什么来胜天呢？荀子在这里又提出了“人能群”的观点。他说：“人力不若牛，走不若马，而牛马为用，何也？曰：人能群，彼不能群也。”（《荀子·王制》）这是说，人的体力不如牛大，走路不如马快，可是人能制服牛马为自己服务，就是因为“人能群”，人能结成社会组织，依靠群体的力量战胜自然。荀子将“人能群”作为区分人类和其他动物的标志，认为人只有组成社会、依靠群体的力量才能战胜自然。这是一种相当深刻的见解。

人类组成社会以后，社会秩序靠什么来维持呢？荀子认为，人类之所以能结成社会，是因为人类有“分”，“分”是“人能群”的基础。所以他说：“人何以能群？曰：分。”（《荀子·王制》）荀子又说：“人之生，不能无群，群而无分则争，争则乱，乱则穷矣。故无分者，人之大害也；有分者，天下之本利也。”（《荀子·富国》）人类要生存，就必须有社会组织，而社会组织之所以能够维持，就是因为有“分”。

那么，“分”的内容是什么呢？荀子说，“分”的实际内容是等级名分，具体包括四个方面：一是君臣上下之分，二是智愚、少长、老幼之分，三是职业、能与不能、贫富轻重之分，四是男女之分。“分”的依据是“夫两贵之不能相事，两贱之不能相使”（《荀子·王制》），所以，“分”的实质是确立地位、权力、财产的界限，用今天的法律术语说就是确定权利与义务的分配。

所以，总体来说，在荀子看来，法律是适应着圣人贤王为了改造人性，确定权利、义务的分配，从而解决人们的争端，避免社会秩序紊乱而起源的：“礼（法）起于何也？曰：人生而有欲，欲而不得，则不能无求。求而无度量分界，则不能不争。争则乱，乱则穷。先王恶其乱也，故制礼义以分之，以养人之欲，给人之求。使欲必不穷乎物，物必不屈于欲，两者相持而长，是礼（法）之所起也。”（《荀子·礼论》）

荀子认为，法律产生以后，“臣谨修，君制变，公察善思论不乱。以治天下，后世法之成律贯。”“君法明，论有常，表仪既设民知方。进退有律，莫得贵贱孰私王？”“刑称陈，守其银，下不得用轻私门。罪祸有律，莫得轻重威不分。”“治之经，礼与刑，君子以修百姓宁。明德慎罚，国家既治四海平。”（《荀子·成相》）

五、法律本体理论：法律原理、判例、法律条文之间的关系

总体上说，中国古代没有现今人们所理解的完整意义上的法理学，但是，如果说有中国特色的古代法理学的话，那么，荀子在这方面的贡献是巨大的，表现之一是荀子对法律原理、判例、法律条文关系的独到论述，至今仍然有若干启示意义。

（一）“法义”与“法数”

荀子所说的“法义”，即“法之义”，指法的精神、法律原理、法律原则，也就是现今一般意义上的法理。荀子所说的“法数”，又称“法之数”或“数”，指法律条文本身。

荀子在论述“法义”与“法数”的关系时，特别重视“法义”。他认为，“法义”是“法数”的指导，立法者和执法者都必须深刻领会“法之义”，不必过分纠缠于“法数”。他说：“不知法之义而正法之数者，虽博，临事必乱。”（《荀子·君道》）

荀子严厉批评了慎到、申不害、惠施等人只知道从法律条文讲道，而不知道从法律原理思考的错误：“慎子蔽于法而不知贤，申子蔽于埶而不知知，惠子蔽于辞而不知实……由法谓之道，尽数矣。”（《荀子·解蔽》）

荀子认为，只知“法数”不知“法义”，后果是严重的：表面好像是重视法律条文或者成文法典，实际上是“尚法而无法”；表面上言之成理、逻辑严密，实际上是愚弄百姓：“尚法而无法，下修而好作，上则取听于上，下则取从于俗，终日言成文典，反紃察之，则偶然无所归宿，不可以经国定分；然而其持之有故，其言之成理，足以欺惑愚众，

是慎到、田骈也。”(《荀子·非十二子》)

(二)“法义”与“法类”

荀子使用的“法类”又被称为“类”或者“礼类”，其含义相当于后世法学中类推意义上的法例或者律例，即今日所谓的判例。

“类”这一概念的最早使用，大概出自《论语》中的“有教无类”(《论语·卫灵公》)一语，但是，“类”这个词在孔子那里并不是其思想体系的核心范畴，更不是法律意义上的概念。后来较多使用“类”这一词语的是墨子，《墨子》一书中并有“知类”“察类”“同类”等说法，“类”这个词在墨子那里成了其逻辑思想体系的重要范畴，并且，《墨子》有时已经在法律意义上使用这一词语，如“义不杀少而杀众，不可谓知类”(《墨子·公输》)。但总的来说，“类”在墨子那里不是完整意义上的法律术语。

荀子继承了墨子关于“类”的概念，并将其发展成了特定意义上的完整的法律概念。荀子关于“法义”与“法类”关系的著名论述是：“有法者以法行，无法者以类举，听之尽也。”(《荀子·王制》)“以类行杂，以一行万，始则终，终则始，若环之无端也，舍是而天下以衰矣。”(《荀子·王制》)“王者之人：饰动以礼义，听断以类，明振毫末，举措应变而不穷。”(《荀子·王制》)“庆赏刑罚，通类而后应。”(《荀子·大略》)

(三)“法”“法义”“法数”“法类”的关系

荀子作为中国古代意义上伟大的法理学家，将法、法律原理、法律条文、法律判例的关系概括得清清楚楚：“人无法，则伥伥然；有法而无志其义，则渠渠然；依乎法而又深其类，然后温温然。”(《荀子·修身》)“伥伥然”形容无所适从的样子，“渠渠然”形容局促不安的样子，“温温然”形容高兴和得心应手的样子。

六、法律与治国方略：“治人”与“治法”

中国古代先进知识分子有着忧国忧民的情怀，他们大多喜欢为统治者提供治国方略。在这一点上，荀子也不例外。荀子在中国历史上第一次明确提出了“有治人，无治法”的治国方略：

> 有乱君，无乱国；有治人，无治法。羿之法非亡也，而羿不世中；禹之法犹存，而夏不世王。故法不能独立，类不能自行，得其人则存，失其人则亡。法者，治之端也；君子者，法之原也。故有君子，则法虽省，足以遍矣；无君子，则法虽具，失先后之施，不能应事之变，足以乱矣。不知法之义，而正法之数者，虽博，临事必乱。故明主急得其人，而闇主急得其埶。急得其人，则身佚而国治，功大而名美，上可以王，下可以霸；不急得其人，而急得其势，则身劳而国乱，功废而名辱，社稷必危。(《荀子·君道》)

> 故有良法而乱者，有之矣，有君子而乱者，自古及今，未尝闻也。《传》曰：“治生乎君子，乱生乎小人。”此之谓也。(《荀子·王制》)

> 故道王者之法，与王者之人为之，则亦王；道霸者之法，与霸者之人为之，则

亦霸；道亡国之法，与亡国之人为之，则亦亡。三者，明主之所以谨择也，而仁人之所以务白也。（《荀子·王霸》）

荀子一生追求的是王者之人实行王道之法的王道政治，他在儒家当中最重视法律及其强制作用，但是，在“治人”与“治法”的关系上，荀子的核心理念仍然是：法纵然优良，但只是“治之端也”，法不能离开执法之人独立发挥作用。荀子的“有治人，无治法”理论从治国方略角度来看，显然是一种“治人”重于“治法”论。虽然荀子也强调“治法”的作用，但问题是荀子对于“治人”如何得到任用、“治法”如何得到普遍遵行等缺乏制度化、程序化的思考。因此，荀子的治国方略仍然是一种法律工具论意义上的治国方略，其实质是一种君主主义的理论。

七、有关犯罪与刑罚的刑事法律原则

“明德慎罚”是儒家的一贯传统，而“明德慎罚”是荀子在《荀子·成相》中首先使用的：“治之经，礼与刑，君子以修百姓宁。明德慎罚，国家既治四海平。”不仅如此，相较于其他儒家人物，荀子对犯罪和刑罚问题有着更为深入的研究，如荀子不仅研究了犯罪原因和犯罪预防理论，而且研究了犯罪构成和罪名理论：“伤良曰谗，害良曰贼……窃货曰盗，匿行曰诈，易言曰诞，趣舍无定谓之无常，保利弃义谓之至贼。”（《荀子·修身》）特别是荀子详细研究了刑事法律原则，对于这一点，荀子的论述比孔子、孟子的要多得多。也正因为如此，学术界有人将荀子看作“名儒实法”的人物。

荀子认为，刑事法律原则至少包括以下内容。

（一）“刑当罪”

荀子在我国法律思想史上鲜明地提出了罪刑相当、罚当其罪的“刑当罪”原则。荀子的表述是：“故刑当罪则威，不当罪则侮；爵当贤则贵，不当贤则贱。古者刑不过罪，爵不逾德。”（《荀子·君子》）

具体来说，荀子认为“刑当罪”应该做到以下几点。

其一，反对“以族论罪”。“以族论罪”即野蛮的“族刑”，荀子对这种“一人有罪而三族皆夷”的所谓“夷三族”的酷刑持坚决反对态度，他认为，如果实行“族刑”，那么即使像舜那样的贤德之人也不能免于不当处罚：“故一人有罪而三族皆夷，德虽如舜，不免刑均，是以族论罪也。”（《荀子·君子》）不仅如此，“以族论罪”完全是“乱世”的产物：“乱世则不然：刑罚怒罪，爵赏逾德，以族论罪。”（《荀子·君子》）

其二，反对株连。荀子对于舜杀禹之父鲧而重用禹继续治水，周公旦诛管叔、蔡叔以后继续封其弟康叔大为赞赏：“故杀其父而臣其子，杀其兄而臣其弟。刑罚不怒罪，爵赏不逾德，分然各以其诚通。是以为善者劝，为不善者沮，刑罚綦省而威行如流，政令致明而化易如神。”（《荀子·君子》）荀子的这种反对株连的刑当其罪的观念，虽然不能完全突破儒家家族伦理主义的法律观念，但是，它确实在儒家内部有了“造反”的倾向。

其三，反对“象刑”。“象刑”一词最早出自古文《尚书》的《舜典》。荀子对“象刑”的解释是，“象刑”就是象征性刑罚。荀子用了很大的篇幅来论证“象刑”违反“刑当罪”的原则：

世俗之为说者曰：“治古无肉刑而有象刑：墨黥（用墨画犯人的脸代替黥刑）；慅婴（让犯人戴用草做帽带的帽子以代替劓刑）；共（即宫刑），艾毕（割去犯人衣服上的蔽膝以代替宫刑）；剕（刖刑），枲屦（让犯人穿戴麻鞋以代替刖刑）；杀，赭衣而不纯（让死刑犯人穿上赤褐色的衣服代替死刑）。治古如是。”是不然。以为治邪？则人固莫触罪，非独不用肉刑，亦不用象刑矣。以为轻刑邪？人或触罪矣，而直轻其刑，然则是杀人者不死，伤人者不刑也。罪至重而刑至轻，庸人不知恶矣，乱莫大焉。凡刑人之本，禁暴恶恶，且惩其未也。杀人者不死而伤人者不刑，是谓惠暴而宽贼也，非恶恶也。故象刑殆非生于治古，并起于乱今也。治古不然。凡爵列、官职、赏庆、刑罚，皆报也，以类相从者也。一物失称，乱之端也。夫德不称位，能不称官，赏不当功，罚不当罪，不祥莫大焉。昔者武王伐有商，诛纣，断其首，县之赤旆。夫征暴诛悍，治之盛也。杀人者死，伤人者刑，是百王之所同也，未有知其所由来者也。刑称罪则治，不称罪则乱。（《荀子·正论》）

荀子的论述，无非是要说明：用“象刑”代替实刑，显然违反了“刑称罪”的原则。

（二）“宁僭勿滥”

这是荀子提出的又一个刑事司法原则。此原则的含义是：刑事司法应当赏罚有律、罪刑相当，但是，如果无法完全做到，那么作为一种权宜之计，宁可赏过了头，也不可罚过了头，因为赏过了头，无非是不该赏的小人得利，而罚过了头就会冤枉好人。荀子的原话是：“赏不欲僭，刑不欲滥，赏僭则利及小人，刑滥则害及君子。若不幸而过，宁僭勿滥；与其害善，不若利淫。”（《荀子·致士》）

（三）省刑、慎刑

这是儒家的传统主张，荀子在这方面只是论述得更加深入一些：

无罪不罚，朝无幸位，民无幸生，尚贤使能而等位不遗，析愿禁捍而刑罚不过。百姓晓然皆知，夫为善于家而取赏于朝也。（《荀子·王制》）

故圣王之诛也，綦省矣。文王诛四，武王诛二，周公卒业，至于成王，则安以无诛矣。（《荀子·仲尼》）

听之经，明其请，参伍明谨施赏刑。显者必得，隐者复显民反诚。（《荀子·成相》）

（四）“治则刑重，乱则刑轻”

“刑罚世轻世重”是中国古老的法律原则。但究竟在什么情况下刑罚应当重，在什么情况下刑罚应当轻，《尚书》认为，“刑新国用轻典”“刑平国用中典”“刑乱国用重典”。后世将此刑事法律原则概括为“乱世用重典”。但是，荀子的主张与此相反，荀子从“刑当罪”的原则出发，指出：“刑称罪则治，不称罪则乱。故治则刑重，乱则刑

轻，犯治之罪固重，犯乱之罪固轻也。《书》曰：‘刑罚世轻世重。’此之谓也。”（《荀子·正论》）

荀子为什么与绝对大多数人相反，主张“治则刑重，乱则刑轻”呢？荀子的理由是：在“治世”，犯罪的人相对较少，因此，所有犯罪的人主观恶性更大，适用重典、被处以刑罚的绝对人数并不多，有利于发挥刑罚的预防犯罪的作用。而在“乱世”，虽然民心涣散、犯罪者多，但犯罪的人的主观恶性并不一定很大，适用轻典、被处以刑罚的人也可以减少。所以，荀子的主张比“乱世用重典”更能体现出儒家省刑、慎刑、恤刑的思想倾向。

八、经济立法与环境保护立法的基本原则

荀子在法与经济的关系问题上研究了许多方面，如他研究了“义利并重”和“以义胜利”的原则问题；研究了藏富于民、民富则国富的问题；研究了重农轻商的经济立法原则问题；研究了税收征管的法律问题等。其中，荀子对环境保护立法问题的研究尤其值得重视。

关于环境与社会经济发展的关系问题，荀子之前的先哲们已有论及，如《逸周书》《礼记》《周礼》《管子》等都已经涉及环境等自然资源保护立法问题，而《荀子》对此问题的关注更加清晰明确。

荀子主张：“草木荣华滋硕之时则斧斤不入山林，不夭其生，不绝其长也；鼋鼍、鱼鳖、鳅鳣孕别之时，罔罟毒药不入泽，不夭其生，不绝其长也；春耕、夏耘、秋收、冬藏，四者不失时，故五谷不绝而百姓有余食也；污池、渊沼、川泽谨其时禁，故鱼鳖优多而百姓有余用也；斩伐养长不失其时，故山林不童而百姓有余材也。”（《荀子·王制》）

必须看到，荀子的经济与环境保护立法思想并没有像今天的环境保护法理论那样涉及环境权、环境影响评价制度、环境执法、环境污染等诸多问题，荀子的环境保护立法理念更多的是从“天人合一”的理念出发，从善待山川大河、保护自然资源和生态平衡等角度来论述的。其思路与今天的立法理念相比是狭窄了一点，但是，其内在的价值仍然不能低估。

九、荀子的法学理论体系总评价

荀子是先秦儒家的第三号人物，也是先秦儒家最后出现的一位大人物。在荀子生活的战国晚期，百家争鸣已经进入尾声，学术综合之风已经兴起。荀子在这种大的时代背景下，力排众说，评析诸子，综合百家，形成了独树一帜的荀学。

荀子的法学理论体系是荀学的一个重要方面。与孔孟相比，荀子的法学理论体系表现出明显的综合性的特点，内容显得丰富和博杂。具体来说，荀子的法学理论以“性恶论”为理论基础和逻辑起点，以“化性起伪”为立论要旨，通过礼法论、王霸论、法后王、中道论等建立起自己对待“良法”与“恶法”的判断标准；荀子在我国法律思想史上第一次提出了“礼法”范畴，创立了“礼法一体”说，并且，在此基础上，进一步以

“分”释“礼”、释“礼”为“法”；荀子详细研究了“礼法”的起源、构成、适用等，他所提出的“隆礼重法”理论不仅是其法学思想的核心内容，而且奠定了整个儒家法学理论“外王”维度的发展方向，为后来的儒法合流架设了桥梁。特别值得关注的是，荀子对刑事法律原则和环境保护法律原则的论述至今仍有其独特的价值，他所阐发的关于法律原则、法律规范、法律条文以及判例等之间相互关系的法理学说，观点极为鲜明，即使从现代法理学的角度来说，我们也不能漠视其意义。

由于中国有两千多年“扬儒抑法”的传统，荀子及其学说在历史上并没有孔孟及其学说那样显贵。有人说荀子是先秦儒家法律思想的叛逆者和终结者，而实际情况是：荀子是封建正统法律思想的开创者。汉代经学家说“孔子为汉代制法”，实际上，孔子是通过荀子为汉代以及后来历代制法的。近人梁启超在其名著《清代学术概论》中说：“二千年间，宗派屡变，一皆盘旋荀学肘下。”这话虽然有溢美之嫌，但可作为矫枉过正之评语。

深度阅读

1.《论语》《孟子》《荀子》《中庸》《礼记》。

2. 刘新主编：《中国法哲学史纲》，第二、三章，北京，中国人民大学出版社，2005。

3. 李光灿、张国华总主编：《中国法律思想通史》，第2卷，太原，山西人民出版社，1998。

4. 俞荣根：《儒家法思想通论》，南宁，广西人民出版社，1992。

5. 俞荣根：《道统与法统》，北京，法律出版社，1999。

6. 马小红：《中国法思想史新编》，二、先秦儒家以人性善为基础的法律理想主义，南京，南京大学出版社，2015。

问题与思考

1. 为什么说“仁”是孔子的法律思想的理论基础？

2. 孔子反对铸刑鼎就是反对公布成文法吗？

3. 如何理解孔子的正名理论的方法论价值？

4. 孔子的中庸理论对中国传统法律思维方式有何影响？

5. 孔子的德主刑辅思想对传统法律文化的影响表现在哪里？

6. 孔子的父子相隐思想对中国当今诉讼证据制度有何影响？

7. 如何评析孔子的无讼理论？

8. 如何理解儒家的为政在人理论？

9. 怎样评析孔子的法律思想的历史价值？

10. 孟子的仁政之法的理论基础的独特性在哪里？

11. 孟子尊奉先王之法为“良法”的深刻文化原因何在？

12. 孟子关于法、礼、孝关系的论述的法文化意义是什么？
13. 孟子的民贵君轻说与近代民主思想有哪些异同？
14. 如何评析孟子的“执中权时”思想对传统中国法律文化的影响？
15. 荀子与孟子对人性的判断截然不同，但为什么同样论述出法的起源？
16. 荀子对法律原理、法律条文、判例关系的论证有何价值？
17. 传统中国法律文化“扬孟抑荀”的深刻原因是什么？

第四章

墨家学派的法律思想

常考知识点

- 墨子的“兼相爱，交相利”思想
- 墨子“一同天下之义”的法律起源论
- 墨家的刑赏原则
- 墨家的立法原则
- 墨家的司法原则

第一节　墨家学派概述

墨家是以墨子为创始人和主要代表人物的学派。墨子，名翟，鲁国人（一说宋国人），生卒年代大约是公元前480年—公元前420年，在孔子之后、孟子之前。他早年曾受业于鲁国的儒者，后抛弃儒学，创立墨家学派。墨家在当时影响很大，是和儒家相抗衡的著名学派。直到战国末期，韩非还说：“世之显学，儒墨也。”（《韩非子·显学》）

墨家学派是一个学术派别，也是一个组织严密的政治团体。其成员多半来自社会下层，有的直接从事体力劳动。墨子本人就当过木匠。他们生活俭朴，勇于自我牺牲。《淮南子·泰族训》说：“墨子服役者百八十人，皆可使赴火蹈刃，死不还踵。”墨子本人就以艰苦奋斗和勇敢牺牲精神著称。孟子说他是“摩顶放踵利天下，为之”（《孟子·尽心上》）。《墨子·公输》记载：有一次墨子为了劝阻楚国对宋国的进攻，从鲁国昼夜兼程奔赴楚国，路上不顾疲劳，两脚磨破，他撕破衣服裹住脚再走，经十天十夜到了楚都，说服了楚王，制止了楚国对宋国的一场侵略战争。

第二节　墨　子

墨子的法律思想主要体现在《墨子》（又称《墨经》）一书中，这部著作现存共50篇，大部分是墨子的弟子对墨子言行的记录，是研究墨子的法律思想的可靠材料（图4-1为《墨子大全》）。

图 4-1 《墨子大全》一书

一、“兼相爱，交相利”

如果说孔子的思想的核心是“仁”，那么墨子的思想的核心是“兼爱”。“兼爱”是墨子的基本主张，也是墨家区别于其他学派的主要标志。墨子提倡“兼爱”但并不否认个人利益，其主张人与人之间互爱、互利。他说：“夫爱人者，人必从而爱之；利人者，人必从而利之。”（《墨子·兼爱中》）通过“兼相爱，交相利”，维护以“农与工肆之人”为主体的庶人阶层的利益，是墨子学说的宗旨。

墨子说：“天下兼相爱则治，交相恶则乱。”（《墨子·兼爱上》）他提倡“兼爱”，也就是主张不分贫富贵贱大家都来相爱。这和儒家提倡的“爱有差等”是对立的。墨子看到了当时社会动乱给人民带来的危害。他说：“今若国之与国之相攻，家之与家之相篡，人之与人之相贼……此则天下之害也。”（《墨子·兼爱中》）不过，墨子没有看到造成这些危害的真正原因是什么。他把一切祸乱的根源都归结为人与人之间的不能相爱，认为“今诸侯独知爱其国，不爱人之国，是以不惮举其国以攻人之国。今家主独知爱其家，而不爱人之家，是以不惮举其家以篡人之家。今人独知爱其身，不爱人之身，是以不惮举其身以贼人之身。是故诸侯不相爱则必野战，家主不相爱则必相篡，人与人不相爱则必相贼，君臣不相爱则不惠忠，父子不相爱则不孝慈，兄弟不相爱则不和调。天下之人皆不相爱，强必执弱，富必侮贫，贵必敖贱，诈必欺愚。凡天下祸篡怨恨，其所以起者，以不相爱生也”（《墨子·兼爱中》）。总之，天下一切祸乱皆起于人与人不相爱。既然如此，要想消除祸乱，就必须提倡“兼爱”。墨子大声疾呼，要求人们做到“视人之国若视其国，视人之家若视其家，视人之身若视其身”，人与人之间要“兼相爱，交相利”（《墨子·兼爱中》）。他认为，果能如此，一切祸乱就无从产生了。

墨子用“兼爱”的观点来分析犯罪的根源，认为犯罪是由人与人不能相爱引起的。“盗爱其室，不爱其异室，故窃异室以利其室。贼爱其身，不爱人，故贼人以利其身。此何也？皆起不相爱。”（《墨子·兼爱上》）既然如此，那么要想防止犯罪、消灭盗贼，就应提倡兼爱。“故视人之室若其室，谁窃？视人身若其身，谁贼？故盗贼亡有……故圣人以治天下为事者，恶得不禁恶而劝爱。故天下兼相爱则治，交相恶则乱。”（《墨子·兼爱上》）

墨子的这种“兼爱”主张体现了小生产者希望彼此能互助、互利的愿望，也包含了小生产者反对剥削和压迫的积极因素。“兼爱”是墨子的整个思想的核心，也是他的法律思想的出发点。

二、法律起源论及相关法律思想

（一）法律起源论

墨子在《墨子·尚同》中论述了法律的起源问题，他说："古者民始生，未有刑政之时，盖其语，人异义。是以一人则一义，二人则二义，十人则十义。其人兹众，其所谓义者亦兹众。是以人是其义，以非人之义，故交相非也。是以内者父子兄弟作怨恶，离散不能相合；天下之百姓，皆以水火毒药相亏害。至有余力不能以相劳，腐朽余财不以相分，隐匿良道不以相教，天下之乱，若禽兽然。"墨子认为，在国家法律没有出现以前，整个社会处于极其混乱的状态中：一个人一个想法，人与人之间相互残杀，连父子兄弟都结怨成仇，人类社会同动物世界一样混乱。后来的情况就不同了。"夫明乎天下之所以乱者，生于无政长，是故选天下之贤可者，立以为天子。天子立，以其力为未足，又选天下之贤可者，置立之以为三公。天子、三公既已立，以天下为博大，远国异土之民，是非利害之辩，不可一二而明知，故画分万国，立诸侯国君。诸侯国君既已立，以其力未足，又选择其国之贤可者，置立之以为正长。"后来，人们逐渐认识到，社会之所以混乱，是因为当时的社会还没有"正长"，于是就选择贤者，立为国君，国君以下设立三公。由于国土广袤、情况复杂、是非利害之争很多，一两个人管理不了，因而设诸侯，直到乡长、里长。这样，国家组织也就出现了。有了国家就必须有法律。墨子已经意识到国家与法律有着密切的联系。有了君主和各级"正长"，然后由"天子亦为发宪布令于天下之众"，自上而下，"一同天下之义"，统一政令，统一思想。他说："正长既已具，天子发政于天下之百姓，言曰：'闻善而（与）不善，皆以告其上。上之所是，必皆是之；所非，必皆非之。上有过则规谏之，下有善则傍荐之。上同而不下比者，此上之所赏而下之所誉也……上之所是弗能是，上之所非弗能非；上有过弗规谏，下有善弗傍荐；下比不能上同者，此上之所罚而百姓所毁也。'上以此为赏罚，甚明察以审信。"又说："古者圣王为五刑，请以治其民。譬若丝缕之有纪，罔罟之有纲，所连收天下之百姓不尚同其上者也。"这就是说，有了国家组织以后，国君为了统一政令，为了"一同天下之义"，需要"发宪布令"、设置刑罚，这样，法律就产生了。

墨子的这种"一同天下之义"的法律起源论，也是从"兼相爱，交相利"思想出发的。由国君发宪布令，"一同天下之义"，并使天下之人逐级上报"善与不善"的情况，使"爱利天下者，上得则赏之……恶贼天下者，上得且罚之"。各级"正长"都要"为万民兴利除害"。可见，"善与不善"就在于其是否符合"兼相爱，交相利"的基本原则。墨子的这种国家与法的起源论，是力图使"兼相爱，交相利"的原则上升为国策与法律，以便用国家强制力自上而下地贯彻施行。

墨子的国家与法的起源论，认识到国家与法是人类社会发展到一定阶段的产物。这包含着合理的因素。他主张用法律手段为民"兴利、除害"，反映了小生产者的美好愿望。但墨子又看到，现实社会的实际情况并非如此，"王公大人"根本不为人民着想：

“今王公大人之为刑政则反此：政以为便譬、宗于父兄故旧，以为左右，置以为正长。民知上置正长之非正以治民也……是故上下不同义。若苟上下不同义，赏誉不足以劝善，而刑罚不足以沮暴。”墨子无力改变现状，不得已求助于上帝鬼神：“古者上帝鬼神之建设国都，立正长也……将以为万民兴利除害”（《墨子·尚同中》）；“今天下无大小国，皆天之邑也；人无长幼贵贱，皆天之臣也”（《墨子·法仪》）；“天子为善，天能赏之；天子为暴，天能罚之”（《墨子·天志中》）。他幻想依靠上帝鬼神的权威来约束人间的天子和“正长”，来实现“一同天下之义”。这正是小生产者在政治上软弱的一种表现。

（二）法的本质与作用

《墨子》一书，有几处提到什么是“法”的问题。《墨子·非命上》说：“先王之书，所以出国家，布施百姓者，宪也……所以听狱制罪者，刑也。”由国家制定，并在百姓中颁布施行的就是法（宪），其中用来审判狱讼和制裁罪人的就是刑律。可见，墨子在这里所说的“法”，就是指由国家制定并公布于众的成文法。《墨子·法仪》说：“天下从事者，不可以无法仪。无法仪而其事能成者，无有也。虽至士之为将相者，皆有法。虽至百工从事者，亦皆有法。百工为方以矩，为圆以规，直以绳，正以县。无巧工、不巧工，皆以此五者为法。巧者能中之，不巧者虽不能中，放依以从事，犹逾已。故百工从事皆有法度。今大者治天下，其次治大国，而无法所度，此不若百工辩也。”意思是治理国家离不开法度，法度对于治国来讲，就像工匠手中的规矩一样，工匠无规矩不能成方圆，治国无法度，国家也不可能治理好。在此处虽然墨子没有给“法”下很明确的定义，但他把“法”比作规矩绳墨，是有道理的。

墨子的这种看法和商鞅、韩非、《管子》的看法有相似之处。商鞅说：“法者，国之权衡也。”（《商君书·修权》）韩非说：“法者，编著之图籍，设之于官符，而布之于百姓也。”（《韩非子·难三》）《管子·明法解》载：“法者，天下之程式也，万事之仪表也。”

墨子的说法和法家人物的说法一样，虽然没有揭示法的阶级实质，但已指出了法是由国家制定的，并论及了法的规范性、平等性等基本特征。

墨子很重视法与刑赏的作用，一再强调要“劝之以赏誉，威之以刑罚”（《墨子·兼爱下》）。制定法律和设置刑赏的作用和目的何在？墨子说：“……古之圣王，发宪出令，设以为赏罚以劝贤。是以入则孝慈于亲戚，出则弟长于乡里，坐处有度，出入有节，男女有辨。是故使治官府则不盗窃，守城则不崩叛；君有难则死，出亡则送。此上之所赏，而百姓之所誉也……入则不慈孝于亲戚，出则不弟长于乡里，坐处不度，出入无节，男女无辨。是故治官府则盗窃；守城则崩叛；君有难则不死，出亡则不送。此上之所罚，百姓之所非毁也。”（《墨子·非命上》）国家制定法律和设置刑赏的目的，就在于“劝贤沮暴”，即奖励善良、制止凶暴，以维护社会秩序。

（三）立法原则

墨子提出的立法原则有二：一曰“法天”，二曰“利民”。

墨子特别强调，立法应“以天为法”。他说：“我有天志，譬若轮人之有规，匠人之有矩。轮匠执其规矩以度天下之方圆，曰：中者是也，不中者非也。”（《墨子·天志上》）

人间的立法，必须完全顺应“天志”。“以天为法，动作有为，必度于天。天所欲则为之，天所不欲则止。”（《墨子·法仪》）顺应“天志”的就是善法，违反“天志”的就是不善之法。“观其刑政，顺天之意谓之善刑政，反天之意谓之不善刑政。”（《墨子·天志中》）“天志”的内容是什么呢？墨子说：“顺天意者，兼相爱，交相利，必得赏，反天意者，别相恶，交相贼，必得罚。”（《墨子·天志上》）由此可见，墨子所说的“天志”，就是他的“兼相爱，交相利”。所谓“以天为法”，也就是要以他的“兼相爱，交相利”为最高的立法原则。

“以天为法”必须“利民”，立法必须以“利民”为出发点。墨子曾提出检验是非真伪的三条标准：一是“上本之于古者圣王之事”（《墨子·非命上》），以历史事实，即以前人的经验为依据；二是“下原察百姓耳目之实”（《墨子·非命上》），即以庶民百姓耳闻目睹的直接经验为依据；三是“废以为刑政，观其中国家百姓人民之利”，刑法与政令的善与不善，要看其是不是对国家、人民有利。

墨子主张以“兼相爱，交相利”为最高立法原则，主张刑法与政令必须以“国家百姓人民之利”为宗旨。这表明“法天”与“利民”两项原则是一致的。一切从维护小生产者的利益出发，是墨子的立法思想的实质。

（四）司法原则

法律既立，如何司法？为了维护小生产者的利益，墨子提出了下列司法原则。

第一，“赏必当贤，罚必当暴”。墨子认为，为了充分发挥法律与刑赏的作用，对待赏罚应该慎重，既不可滥赏，也不可滥罚。他主张“赏必当贤，罚必当暴”，反对“非贤故赏”和“不暴故罚”（《墨子·非命上》）。为了使赏罚及时、准确，各级官吏对“善与不善”之事要及时上报，“闻见善与不善者，皆驰驱以告天子。是以赏当贤，罚当暴，不杀不辜，不失有罪”（《墨子·尚同中》）。要充分发挥刑赏的作用，还必须公正不阿，不徇私情，“赏贤罚暴，勿有亲戚兄弟之所阿”（《墨子·兼爱下》）。

第二，“杀人者死，伤人者刑”。据史料记载，墨家有一套严格的纪律，其中一条就是“杀人者死，伤人者刑”。《吕氏春秋·去私》记载，墨家一个弟子的儿子杀人，秦惠王怜悯该弟子年岁已高，而且只有一个儿子，就赦免了其儿子，但墨家弟子认为，墨家之法，“杀人者死，伤人者刑”，于是，没有遵从赦免，请求处死了自己的儿子。这一记载，体现了墨子的“赏必当贤，罚必当暴”的主张和公正不阿、不徇私情的精神。

第三，重罚盗贼。如上所述，墨家学说以维护小生产者的利益为宗旨，而小生产者有两个明显的特点：一是为劳动者，二是为小私有者。墨子从小生产者的立场出发，一方面主张用法律与刑赏手段来维护社会秩序，使小生产者安居乐业，进行正常的劳动；另一方面强调财产私有权不可侵犯，以保护小生产者的经济利益。从这种思想出发，他特别反对抢劫，反对盗贼。《墨子·明鬼下》说：“民之为淫暴寇乱盗贼，以兵刃、毒药、水火……夺人车马衣裘以自利者，并作由此始，是以天下乱。”他认为盗贼抢夺别人的私有财产是天下祸乱的原因之一。为此，他主张对盗贼严加惩治，“使天下之为寇乱盗贼者，周流天下无所重足者”（《墨子·尚同下》），使“寇乱盗贼”的人无立足之地。到了后期，墨家甚至提出“杀盗非杀人”（《墨子·小取》）的主张，意思是盗贼盗窃他人、危害社会，已失去人类起码的道德属性、失去做人的资格，所以杀为盗者，不同于杀一般的人。

第四，依法定罪。虽然墨子主张重罚盗贼，但他认为对待赏罚应持慎重态度。总的来说，墨家对于定罪量刑，特别是死刑，是认真、慎重的，他一再强调当权者要勤于政事、慎重用刑，务求做到用刑公正。如《墨子·尚贤中》说："贤者之治国也，蚤朝晏退，听狱治政，是以国家治而刑法正。"后期墨家则明确提出了依法定罪的主张。《墨子·经上》说："罪，犯禁也"；《墨子·经说上》又说："罪不在禁，惟害无罪"。意思是违反刑法的禁令才能定罪，只要不违反刑法的禁令，即使妨害他人也不构成犯罪。

从总体上来看，墨子的政治思想、法律思想有明显的进步性。在政治思想方面，墨子提倡"兼爱""非攻"，希望人们互利互爱，反对剥削、压迫和亏人自利的不义行为，反对专事掠夺的不义战争。他提倡"尚贤""尚同"，希望有一个政令统一、为民兴利除害的政权。他反对奴隶制的世卿世禄制，希望做到"官无常贵，民无终贱"。他主张"节用""节葬""非乐"，反对统治者穷奢极欲、挥霍民财，提倡努力劳动、发展生产、增加社会财富，以实现饥者得食、寒者得衣、劳者得息的理想。在法律思想方面，墨子重视法律与刑赏的作用，主张"赏必当贤""罚必当暴""不杀不辜""不失有罪"，希望用法律与刑赏手段维护社会秩序，以保护小生产者的私有财产和人身安全。这些主张都是墨子的思想中的积极因素。尽管墨子的思想中也含有一些落后与消极的东西，但其中反对剥削压迫、维护劳动者权益和"赖其力者生，不赖其力者不生"等思想，是当时任何一个剥削阶级思想家都不可能提出的。

深度阅读

1.《墨经》。

2. 刘新主编：《中国法哲学史纲》，第三章第一节，北京，中国人民大学出版社，2005。

3. 李光灿、张国华总主编：《中国法律思想通史》，第 2 卷，第三章，太原，山西人民出版社，1998。

4. 邢兆良：《墨子评传》，南京，南京大学出版社，2006。

5. 杨鸿烈：《中国法律思想史》，第三章，北京，中国政法大学出版社，2004。

问题与思考

1. 为什么说"兼相爱，交相利"是墨家的法律思想的核心？
2. 如何理解墨家的法律起源论在中国传统法律文化中的独特意义？
3. 墨家的法律原则的历史影响表现在什么地方？
4. 为什么作为显学的墨家的法律思想后来失去了影响力？
5. 墨家的法律思想在封建正统法律思想中果然消亡了吗？

第五章

道家学派的法律思想

常考知识点

- 老子的道法自然理论
- 老子的无为而治思想
- 老子的法律思想的总体特点
- 老子的法律思想的法学方法论意义
- 庄子的相对主义哲学与其法律思想的关系
- 庄子对儒家思想的批判
- 庄子对法家思想的批判
- 庄子的法学方法论
- 庄子论法与自由
- 庄子论法与正义
- 庄子论法的合理性
- 庄子论法律实施
- 道家各派的法律思想的脉络

第一节　道家学派概述

道家是先秦形成的以老子和庄子为主要代表的学派，这一学派因主张以高深莫测的“道”为万物本源和自然界与人类社会的最高主宰而得名。

在道家学派中，代表人物除了最为有名的老子、庄子以外，还有关尹、庚桑楚、文子、杨朱、列子、鹖冠子、宋钘、尹文、环渊、接子、季真、彭蒙、田骈等。

从思想倾向来看，道家既不同意儒家的主张，也反对法家的观点。道家提出的最具特色的口号是“道法自然”“无为而治”。可以说，自然、无为是其思想理论体系的核心。

道家学派两部最重要的代表著作《老子》和《庄子》具有极高的理论价值。《老子》一书，言简意赅，文字优美，虽然初读略感晦涩难懂，但深入下去，会渐渐领悟其作为哲理诗篇的宏富蕴含。《庄子》一书最大的特点是以寓言故事阐发思想。

鲁迅在《汉文学史纲要》一书中，评价庄子之文“汪洋辟阖，仪态万方。晚周诸子之作，莫能先也”。王蒙在《庄子的享受》一书的前言中评价说：“庄子是中国历史上的不二奇才。《庄子》一书，是世界上独一无二的奇书。它是哲学，是散文，是神话，是寓言，是论文；是浪漫，是荒诞，是想象，也是穷根究底；是抽象推演，也是奇论怪论。”

道家学派对中国传统法律思想的影响是深刻和持久的。它更多体现为对人们法律心理、法律思维方式和法律行为模式的影响。

第二节　老　子

老子即老聃，春秋末期楚国人，道家学派的创始人。《史记·老子韩非列传》说，老子曾当过周王朝的史官，孔子曾经向他请教过有关“礼”的问题。后来他看到周室日衰，便回到故乡隐居起来。《老子》(《道德经》) 一书是我们研究老子的法律思想的主要依据。图 5－1 为老子画像。

图 5－1　老子

一、“道法自然”

在中国法律思想史上，老子第一个明确提出了“道法自然”的思想。他认为，在人定法之外，还存在一种来源于自然的自然法则或自然秩序。人类应该顺应自然，按照自然法则办事。他把这种自然法则或自然秩序称为“天之道”。虽然“天之道”“惟恍惟惚”，不易揣测，但它无时不在、无处不在，威力无穷，在冥冥之中支配着一切。统治者要想保持自己的统治，必须“惟道是从”，不可背道而驰。

老子的“道法自然”思想是建立在以“道”为核心的自然主义哲学基础之上的。“道”是老子哲学的最高范畴。

老子的“道”有多种含义。

首先，“道”是指万物的本源。《老子》说：“万物混成，先天地生……可以为天地母。吾不知其名，强字之曰‘道’。”（《老子·二十五章》）又说：“道生一，一生二，二生三，三生万物。”（《老子·四十二章》）“道冲而用之，或不盈。渊兮似万物之宗。”（《老子·四章》）这都是说，“道”先于天地而存在，万物皆为“道”所生。

其次，“道”有规律性的意思。“道”“寂兮寥兮，独立而不改，周行而不殆”（《老子·二十五章》）；“反者道之动，弱者道之用”（《老子·四十章》）。

最后，“道”是一种治国、为人、处世的行动准则，如“道常无为而无不为，侯王若能守之，万物将自化”（《老子·三十七章》）；“功成、名遂、身退，天之道”（《老子·九章》）；“企者不立，跨者不行，自见者不明，自是者不彰，自伐者无功，自矜者不长。其在道也，曰：余食赘行。物或恶之，故有道者不处”（《老子·二十四章》）。踮起脚跟的人难以久立，跨步前进的人不能远行。自见、自是、自伐、自矜都像剩饭赘疣一样，惹人讨厌，所以有“道”的人不这样做。

不论是万物的本源、事物的运行规律，还是治国、为人、处世之道，都贯穿着一个基本精神，即“自然无为”。《老子》一书反复强调“道法自然”“道常无为”，也就是说，“道”的本质是就“自然无为”。“道”对于万物是“生而不有，为而不恃，长而不宰”（《老子·十章》）。“道”生长万物而不据为己有，推动万物而不居功，养育万物而不宰割，一切都顺其自然，让万物自然而然地发展，而不强行干预。“道常无为而无不为”。正因为“道”是自然无为，所以它才具有支配万物的无穷威力，没有一件事物不是它所为。由此可见，老子的哲学具有明显的自然主义特色。

老子用其自然主义哲学观察人性，提出了自己的人性论。人性是什么？《老子》说：“悠兮其贵言。功成事遂，百姓皆谓我自然。”（《老子·十七章》）最理想的政治，是统治者很少发号施令，顺其自然。“绝圣弃智，民利百倍；绝仁弃义，民复孝慈；绝巧弃利，盗贼无有。此三者以为文不足。故令有所属：见素抱朴，少私寡欲，绝学无忧。”（《老子·十九章》）“圣智”“仁义”“巧利”这些东西，作为文治法度，皆不足以治国，因为这些东西都违反了人性的自然，最好的办法是使人们保持素朴、减少私欲、抛弃学问、免除忧虑。“无狎其所居，无厌其所生。夫惟不厌，是以不厌。”（《老子·七十二章》）不要逼迫人民不得安居，不要阻塞人民的生路。总之，人的本性就是质朴无私，喜爱自然，希望恬静、安适地生活，反对人为地干预。

老子从其自然主义哲学和人性自然说出发，认为自然无为的“天道”是判断是非善恶的标准，是人必须遵守的根本法则。《老子》说：“人法地，地法天，天法道，道法自然。”（《老子·二十五章》）人取法地，地取法天，天取法道，道纯任自然。人必须顺应“天道”，取法自然。老子所赞美的“道法自然”，归纳起来，有下列特点。

其一，无为。这是“天道”的最基本的特点。“道常无为而无不为。侯王若能守，万物将自化。化而欲作，吾将镇之以无名之朴。镇之以无名之朴，夫将不欲。不欲以静，天下将自定。”（《老子·三十七章》）“天道”永远是顺其自然而没有什么作为，然而又没有一件事不是它所为。侯王如果能遵照“道”的要求办事，做到清静、质朴、不贪欲，让人民安静地生活和自我化育，那么天下自然会安定。

其二，不争。“天之道，不争而善胜，不言而善应，不召而自来，坦然而善谋。”（《老子·七十三章》）“天道”不争斗而善于取胜，不说话而善于回应，不召唤而自动到来，坦然而善于谋划。

其三，公正、无私。“天道无亲，常与善人。”（《老子·七十九章》）“天道”不分亲疏，没有偏爱，永远帮助善人。善与不善的划分标准，就在于行动是否符合自然：符合自然，就会得到“天道”的帮助；违反自然，就要受到“天道”的惩罚。“天之道，其犹张弓与！高者抑之，下者举之，有余者损之，不足者补之。天之道损有余而补不足。”（《老子·七十七章》）“天道”就像拉弓射箭一样，弦位高了就下移，弦位低了就上移。“天道”是最大公无私的，它拿有余来补给不足，以保持自然均衡。

正因为“天道”具有无为、不争、公正、无私这些特点，所以它具有无穷的威力。“天网恢恢，疏而不失。”（《老子·七十三章》）“天道”的网广大无边，网孔虽然稀疏，但不会漏失。也就是说，自然的法网是不可抗拒、不能逃脱的。因此，人类社会应该效法“天道”，以法自然为典范。

老子认为，人类不仅应该效法“天道”，而且应该能够认识和效法“天道”。他在赞颂“天道”的同时，一再赞颂“圣人之道”。他所谓的“圣人之道”，就是“天道”在人类社会的体现，是“圣人”认识和效法“天道”的结果。老子赞颂“圣人之道”的说法有：

> 圣人处无为之事，行不言之教，万物作而弗始，生而弗有，为而弗恃，功成而弗居。夫惟弗居，是以不去。（《老子·二章》）
>
> 圣人无为故无败，无执故无失。（《老子·六十四章》）
>
> 圣人之道，为而不争。（《老子·八十一章》）
>
> 圣人处上而民不重，处前而民不害。是以天下乐推而不厌。以其不争，故天下莫能与之争。（《老子·六十六章》）
>
> 圣人后其身而身先，外其身而身存。非以其无私邪？故能成其私。（《老子·七章》）
>
> 圣人无常心，以百姓心为心。（《老子·四十九章》）

可见，“圣人之道”和“天道”一样，具有无为、不争、公正、无私等特点，是人类社会应该遵循的典范。老子赞颂“天道”和“圣人之道”，是为了强调人类社会应顺应“天道”、效法自然。应该说，老子的这种道法自然思想是建立在以“道”为核心的自然主义哲学基础之上，并从人的自然本性出发的。老子的这一思想，自成体系，内容丰富，哲理深邃。

二、抨击人定法

老子在推崇“道法自然”的同时，对人定法进行了猛烈的抨击。他说：“天下多忌讳，而民弥贫……法令滋彰，盗贼多有。”（《老子·五十七章》）国家的禁忌越多，人民越陷于贫困，法令越繁苛彰明，盗贼就越多。为什么会这样呢？老子认为，最根本的原因在于人定法违反了自然无为的“天道”。

“天之道”要求统治者“以正治国”，“以无事取天下”，以清静之道治国，以无为的政治来治理天下。可统治者偏要多事扰民，制定那么多规章禁令，推行繁法严诛政策。这只会激起人民的不满和反抗，丝毫无益于治国。

“天之道”是“高者抑之，下者举之，有余者损之，不足者补之”，以此来保持万物的均衡。可是现实社会的统治者反其道而行之，他们“损不足以奉有余”（《老子·七十七章》），使社会财富分配不均，富者愈富，贫者愈贫。

“天之道”要求统治者“去甚、去奢、去泰”（《老子·二十九章》），可是统治者贪得无厌、横征暴敛，弄得人民贫困饥饿，失去生路。“民之饥，以其上食税之多”，“民之轻死，以其上求生之厚”（《老子·七十五章》）。人民之所以挨饿，是因为统治者征税太多；人民敢于冒死反抗，是因为统治者奢侈无度，断绝了人民的生路。“民不畏死，奈何以死惧之?”（《老子·七十四章》）人民连死都不怕了，统治者用刑杀相威吓，那还有什么用呢？

按照“道法自然”原则的要求，人的生死本应顺其自然，使人民能享尽天年。可是统治者偏要违反“天道”，酷刑滥罚，残害人的生命。这样下去，统治者要自食其果，祸及己身。

老子不仅抨击人定法，而且抨击人为的“礼”与“德”。“夫礼者，忠信之薄，而乱之首。”（《老子·三十八章》）礼是忠信不足的表现，不但无益于治国，而且会引起动乱：“大道废，有仁义。智慧出，有大伪。六亲不和，有孝慈。国家昏乱，有忠臣。”（《老子·十八章》）自然无为的大道被废弃了，才有人提倡仁义。智慧出现了，才产生诈伪。家庭纷争，六亲不和，才有人要求父慈、子孝。国家昏乱，才有人奖励忠臣。这是对当时社会病态的揭露，也是对统治者宣扬的忠孝仁义的讥讽。

总之，老子认为，基于“人之道”而制定的“法”与“礼”“德”，都违反自然无为的“天之道”，皆无益于治。应该说，他对当时维护统治阶级利益的“礼”与“法”的揭露与批判是相当深刻的。

不过，老子是不是完全否定人定法呢？对此，法律史学界有不同的看法：一种看法是，老子反对一切人定法；另一种看法是，老子并不反对一切人定法。我们认为，后一种看法比较符合老子的法律思想的实际。下面就《老子》书中涉及对人定法的态度的诸章，作简要分析。

《老子·五十七章》载：“以正治国，以奇用兵，以无事取天下。吾何以知其然哉？以此：天下多忌讳，而民弥贫……法令滋彰，盗贼多有。”“以正治国”，是指以清静之道治国。“以无事取天下”，是指以无为的政治争得民心。《老子·五十七章》的主旨是提倡“无为而治”。老子的“无为而治”，并不是要求统治者无所事事，而是反对统治者胡作妄为、滋事扰民。与此相适应，所谓的“天下多忌讳，而民弥贫……法令滋彰，盗贼多有”，是反对法令的“多”与“滋”，反对繁法苛政，而不是什么法律都不要。

《老子·三十六章》载：“国之利器，不可以示人。”《韩非子·喻老》说：“赏罚者，邦之利器也。”王弼注：“示人者，任刑也。”这就是说：统治者不可用权势禁令来威吓人民，不可用严刑峻法来制裁人民。

《老子·七十四章》载：“民不畏死，奈何以死惧之？若使民常畏死，而为奇者，吾得执而杀之，孰敢？”意思是：人民通常怕死，对于为非作恶的人，就可以把他抓来杀掉。这样谁还敢为非作恶？可是，统治者横征暴敛，已使人民因失去生路而“不畏死”，既然人民连死都不怕了，再用刑杀相威吓，那还有什么用呢？这是老子对当时统治者实行严刑峻法的抗议。在这里，老子既不是鼓励杀人，也不是一概反对刑杀，而是反对重税剥削与滥用刑杀。

《老子·七十九章》载：“和大怨，必有余怨，安可以为善？是以圣人执左契，而不责于人。故有德司契，无德司彻。”这是说，调解人的怨仇，必然有余留的怨仇。最根本的办法是不和人民结怨。所以，圣人虽然握有借贷财物的契约存根，但是不向人追索。有德的人就像有契据而不向人追索那样宽厚，无德的人却只管催债。《老子·七十九章》的主旨，是告诫统治者，为政不可结怨于民。此处反对的是重税、催租和逼债，而不是完全否定租税、契约、债权与债务。

《老子·七十三章》载：“天网恢恢，疏而不失。”这是老子对自然的赞美。在赞美中，表达了他对人定法的要求，即法网宜疏不宜密、宜宽不宜苛。

总之，老子反对违反“天道”的严刑峻法，而不是完全否定人定法。用“法律虚无主义”来概括老子的法律思想，并不恰当。“法律虚无主义”不是老子的法律思想的主流。对于符合“自然”“无为”原则的宽疏的人定法，他是向往的。老子向往这种人定法，也不能说完全是幻想。从西汉初期统治者所实行的“约法省刑”的政策中，可或多或少地看到老子所向往的人定法的影子。

三、“无为而治”、小国寡民与息讼思想

老子从其自然主义哲学出发，在政治上极力推崇“无为而治”。他说：“道常无为而无不为。侯王若能守之，万物将自化。”（《老子·三十七章》）“道”永远是顺应自然而无为的，然而没有一件事不是它所为。如果侯王能遵守它，那么万物就会自然而然地生长变化。他又说：“天地不仁，以万物为刍狗；圣人不仁，以百姓为刍狗。”（《老子·五章》）天地对于万物无仁德可言，任凭万物自生自灭；圣人对百姓也无仁德可言，任凭百姓自谋其生而不加干预。老子认为，“无为”是最理想的治国之道，“为无为，则无不治”（《老子·三章》）。“我无为而民自化，我好静而民自正，我无事而民自富，我无欲而民自朴。”（《老子·五十七章》）因此，最高明的统治者，应该“处无为之事，行不言之教”（《老子·二章》）。

老子提倡“无为而治”的用意何在？是不是要求统治者无所事事呢？不是。他提倡“无为而治”是反对统治者恣意妄为，而不是要求统治者毫无作为。他说：“治大国若烹小鲜。”（《老子·六十章》）治理大国如同烹饪小鱼一样不可乱翻腾，为政不要扰民、不要多事。不扰民，是老子“无为而治”的主旨。“其政闷闷，其民淳淳。其政察察，其民缺缺。”（《老子·五十八章》）为政宽厚，人民就淳朴；为政严苛，人民就不满。

老子的“无为而治”的具体内容，主要有以下几点。

第一，反对统治者聚敛无度。老子对统治者的重税压榨进行了猛烈的抨击：“民之饥，以其上食税之多，是以饥。”（《老子·七十五章》）意思是：人民之所以饥饿，是由于统治者吞吃税赋太多。“朝甚除，田甚芜，仓甚虚，服文采，带利剑，厌饮食，财货有余，是谓盗竽。”（《老子·五十三章》）意思是：朝政腐败，弄得农田荒芜、仓库空虚，而统治者穿着华贵的衣服、带着锋利的宝剑，吃够了美味，搜括的财货绰绰有余，这就叫作强盗头子。老子警告统治者：“祸莫大于不知足。”（《老子·四十六章》）贪得无厌，一味追求富贵，是自取祸殃。到头来，满堂金玉，都不能守住。老子告诫统治者在立法定制时必须“去甚、去奢、去泰”（《老子·二十九章》），为政应持三宝：“一曰慈，二曰俭，三曰不敢为天下先。”（《老子·六十七章》）他认为，慈爱、节俭、谦让是使统治者立于不败之地的法宝。老子主张为政不可多事、扰民，反对统治者聚敛无度。这种思想是有进步意义的，这和儒家的“敛从其薄”“敬事而信，节用而爱人”等主张有相通之处。

第二，反对兼并战争。老子说：“以道佐人主者，不以兵强天下。其事好还。师之所处，荆棘生焉。大军之后，必有凶年。”（《老子·三十章》）意思是：用道辅佐君主的人，不靠武力逞强于天下。用兵这件事很容易得到报复：军队所到之处，田地荒芜，荆棘丛生。大战之后，必然出现荒年。“夫兵者不祥之器，物或恶之，故有道者不处。”（《老子·三十一章》）意思是：兵革是不祥之物，谁都厌恶它。战争使人厌恶，归根结底，是因为它违反“无为”的原则。“无为”的要求是“知足”“寡欲”“以无事取天下”。可是，各国统治者贪得无厌，为争城掠地、抢夺财物而发动战争，给百姓带来深重的灾难。这是对“无为”原则最粗暴的破坏，是天下无道的表现。“天下有道，却走马以粪。天下无道，戎马生于郊。罪莫大于可欲，祸莫大于不知足，咎莫大于欲得。”（《老子·四十六章》）意思是：天下有“道”，没有战争，把马用来送粪种田；天下无“道”，战争频繁，鸡犬不宁，连战马也得在荒郊野外生马驹。不过，老子并不是一概反对战争。他反对侵略性的不义之战，不反对自卫性的正义之战。“夫兵者不祥之器，非君子之器，不得已而用之，恬淡为上。胜而不美，而美之者，是乐杀人。夫乐杀人者，则不可得志于天下。”（《老子·三十一章》）大意是：即便是自卫性的正义之战，也要淡然处之，只有在不得已的情况下，才可使用它。胜利了也不要得意扬扬，要适可而止。

春秋列国之间的战争，多半是各诸侯国的统治者为争夺霸权、掠夺财物而发动的不义之战。这种战争对于广大人民群众来说，是痛苦与灾难。老子针对这种情况，反对兼并战争，斥责统治者贪得无厌，认为其是挑起战争的祸首。对老子的这种反战思想，应具体分析，适当予以肯定。

第三，提倡愚民政策。老子认为，统治者要维持自己的统治，还必须从思想上消除人民的反抗意识。为此，他极力主张实行愚民政策。他说：“古之善为道者，非以明民，将以愚之。民之难治，以其智多。”（《老子·六十五章》）老子担心人民有知识，认为人民知识越多就越难以统治，因此，他极力反对开发民智：“以智治国，国之贼；不以智治国，国之福。”（《老子·六十五章》）意思是：用开发民智的办法治理国家，是国家的灾难；不用开发民智的办法治理国家，才是国家的福气。“是以圣人之治，虚其心，实其腹，弱其志，强其骨，常使民无知无欲。”（《老子·三章》）提倡愚民政策，害怕人民有知识，这是老子的思想中最消极的部分。

为了消除人民的反抗意识，老子甚至主张开历史倒车，主张毁弃人类的文化成果。他把“圣智”“仁义”“巧利”“五色”“五音”“五味”“难得之货”等，统统看成产生祸乱与犯罪的根源，认为“智慧出，有大伪”（《老子·十八章》），“民多利器，国家滋昏。人多伎巧，奇物滋起”（《老子·五十七章》）。他认为，只有毁掉这一切，才可消除争端、防止犯罪。“绝圣弃智，民利百倍；绝仁弃义，民复孝慈；绝巧弃利，盗贼无有。”（《老子·十九章》）“不尚贤，使民不争；不贵难得之货，使民不为盗；不见可欲，使民心不乱。”（《老子·三章》）图 5-2、5-3 为唐代老子像。

图 5-2 唐代老子石造像

图 5-3 唐代老子铜像

老子主张毁掉这一切，那么他的理想社会是什么样子的呢？老子把人类社会的政治状况分为四类：“太上，不知有之；其次，亲而誉之；其次，畏之；其次，侮之。”（《老子·十七章》）最好的世道是人民根本感觉不到统治者存在，其次是人民亲近他、称赞他，再次是人民畏惧他，最后是人民蔑视他。“悠兮，其贵言。功成事遂，百姓皆谓：‘我自然。’”（《老子·十七章》）意思是：最好的统治者，悠悠然而很少发号施令。事情办成了，百姓都说：我们本来就是这样的。老子的理想社会是：“小国寡民，使有什佰之器而不用；使民重死而不远徙。虽有舟舆，无所乘之；虽有甲兵，无所陈之。使人复结绳而用之。甘其食，美其服，安其居，乐其俗。邻国相望，鸡犬之声相闻，民至老死不相往来。”（《老子·八十章》）老子认为，人类一旦进入这种理想社会，统治者便可“处无为之事，行不言之教”（《老子·二章》）了。到那时，“天地相合，以降甘露，民莫之令而自均”（《老子·三十二章》）。在这种“桃花源”式的乌托邦里，国家小、人口少，人民无知无欲，人与人之间相安无事、无争无讼，社会秩序不用强制手段来维持。这样，法律与刑罚自然就会被置之高阁了。

从《老子》全书的内容来看，老子的法律思想的基本倾向是崇尚自然无为，主张法网宽疏。“法律虚无主义”尚不是老子的法律思想的主流。不过，老子已经有“法律虚无主义”的苗头。后来，庄子的“法律虚无主义”正是在此基础上发展起来的，对我国古代法律思想的发展起了消极作用。但也应看到，老子对当时统治者的“礼”与“法”的批判和揭露是相当深刻的，他反对过重的剥削与压迫，要求统治者不多事、不扰民，反对酷刑滥罚。这些主张在战国中后期被黄老学派继承与发展，并在汉初起过安定社会和恢复生产的良好作用。

第三节　庄　子

一、庄子与《庄子》

庄子，名周，宋国蒙（今河南商丘）人，生卒年大约是公元前 369 年至公元前 286 年，与孟子同时而稍晚。其事迹不可详考，据《史记》和《庄子》的记载，他曾做过管理漆园的小吏，一生贫困，有时靠编草鞋为生，曾向监河侯借过粮，穿的是破旧衣服。但他为人高傲，视功名利禄如粪土，拒绝与统治者合作，长期过隐士生活。

《史记·老子韩非列传》载：

> 楚威王闻庄周贤，使使厚币迎之，许以为相。周笑谓楚使者曰：“千金，重利；卿相，尊位也。子独不见郊祭之牲牛乎？养食之数岁，衣以文绣，以入太庙。当是之时，虽欲为孤豚，岂可得乎？子亟去，无污我。我宁游戏污渎之中自快，无为有国者所羁，终身不仕，以快吾志焉。”

庄子的这种终身不仕、甘作隐者的态度，反映了他对当时的社会政治与法律的不满和对功名利禄的厌弃。

庄子一生都在穷究天地万物之理，其成就名垂千古。然而，庄子一生又是十分孤独的。在庄子看来，孤独是探寻天地之理的必要条件。从现有材料来看，在《庄子》一书提到的人物中，有确切史料记载的，只有一妻一友一弟子。

庄子的妻子在《庄子》一书中只被作者提到了一次，而且还是在其死后。这就是庄子著名的举动——鼓盆而歌。从庄子哀悼和庆祝妻子脱离尘世这个举动本身来看，庄子对自己妻子的感情相当深厚，这被看作庄子这个人儿女情长的重要证据。尽管庄子的妻子一生吃糠咽菜、借粮度日，但至死陪伴孤独的庄子，这也是成就庄子的原因之一。

惠施是庄子的唯一朋友和论敌。在《庄子》一书中，庄子与他人的论战对话，有 10 次明确所指的论战对象就是这个棋逢对手但永远也辩论不赢庄子的惠施。有了惠施，孤独的庄子才为后世留下了“白马非马之辩”“鱼乐之辩”“大而无用之辩”等千古名辩。

孤独的庄子并不像孔子那样有众多的弟子。据郭沫若先生考证，庄子大概只有一个弟子，这就是《庄子·山木》记载的庄子游园回来问庄子话的蔺且。

庄子实在是太孤独了，一生当中就这么一妻一友一弟子，而且，这些人也未必理解庄子。于是，孤独的庄子开始观察井底之蛙，开始仰望大鹏展翅，开始白日梦蝶……于是，庄子请来了鸟兽虫鱼、花草树木、山川河海、骷髅鬼魂，与天地对话，穷究天理、探寻法理。

庄子是继老子之后道家最主要的代表人物，在中国思想史上是一位极有特色且影响深远的人物。司马迁在《史记·老子韩非列传》中称：庄子“其学无所不窥，然其要本归于老子之言。故其著书十余万言，大抵率寓言也。作《渔父》《盗跖》《胠箧》，以诋訾孔子之徒，以明老子之术”。《庄子》一书，是庄子及其后学作品的汇集。虽然有的篇章观点不尽一致，前后有一些矛盾之处，但全书的基本思想是一致的，内篇、外篇和杂篇都是研究庄子的法律思想的重要依据。图 5-4 为中华书局版《庄子集释》。

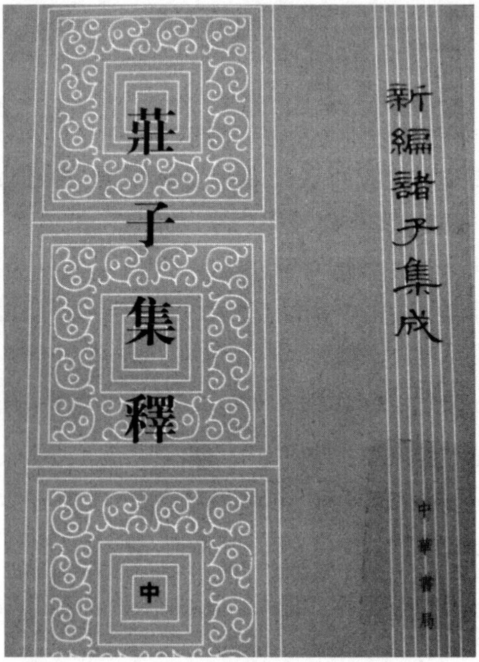

图 5-4　中华书局版《庄子集释》

二、庄子法律思想的理论基础：“天道”自然与绝对无为

庄子与老子一样，同样认为“道”或者“天道”是万事万物的本源。庄子说：“夫道，有情有信，无为无形；可传而不可受，可得而不可见；自本自根，未有天地，自古以固存；神鬼神帝，生天生地；在太极之先而不为高，在六极之下而不为深，先天地生而不为久，长于上古而不为老。”（《庄子·大宗师》）《庄子》一书，充满了对“天道”的赞美颂扬。庄子赞美“天道”：

> 天道运而无所积，故万物成。（《庄子·天道》）天无为以之清，地无为以之宁，故两无为相合，万物皆化生。（《庄子·天道》）夫道，于大不终，于小不遗，故万物备，广广乎其无不容也，渊渊乎其不可测也。（《庄子·天道》）天不得不高，地不得不广，日月不得不行，万物不得不昌，此其道与！（《庄子·知北游》）

庄子认为，“天道”的基本特征是自然无为、公正无私、广大无边、无所不在，也就是“天地有大美而不言，四时有明法而不议，万物有成理而不说”（《庄子·知北游》）。正因为如此，人们必须遵循与效法“天道”，“循道而趋”（《庄子·天道》），而不可背道而驰。“且道者，万物之所由也。庶物失之者死，得之者生。为事逆之则败，顺之则成。”（《庄子·渔父》）

庄子认为“道”“天道”具有客观性，这与老子是相同的。同时，庄子又发展了老子的“道”的思想，这表现为庄子将老子客观唯心主义的“道”在主观上加以夸大。庄子声称，只要人们忘却现实世界，就可以得“道”，“我”与“道”就可以合二为一，就能达到“天地与我并生，万物与我为一”（《庄子·齐物论》）的理想境界。这时，万物就是“我”，“我”就是万物。这样，庄子把老子客观唯心主义的“道”推向了主观唯心主义。

不仅如此，庄子对“道”的理解，从主观唯心主义走向了相对主义。庄子极力强调事物的相对性，抹杀事物的差异性。他认为，任何事物“自其异者视之，肝胆楚越也；自其同者视之，万物皆一也”（《庄子·德充符》）。在庄子看来，万事万物，本来没有什么差别，差别完全是人们主观产生的。庄子举例说，“秋毫之末”是非常小的，泰山是很大的，但是，人们也可以认为，世界上再没有比“秋毫之末”更大的了，也再没有比泰山更小的了，因为“物无非彼，物无非是。自彼则不见，自知则知之。故曰彼出于是，是亦因彼。彼是，方生之说也。虽然，方生方死，方死方生；方可方不可，方不可方可；因是因非，因非因是……是亦彼也，彼亦是也。彼亦一是非，此亦一是非。果且有彼是乎哉？果且无彼是乎哉？彼是莫得其偶，谓之道枢”（《庄子·齐物论》）。

庄子从相对主义出发，认为世上的一切都是暂时的、虚幻的，区分是非、荣辱、对错、贵贱、福祸毫无意义，因此，人“生”不值得庆贺，“死”也不必惋惜。于是庄子有了在自己妻子死后“鼓盆而歌”的举动，以表示对自己妻子得道的祝贺。庄子认为人死后可以获得精神解脱，人活着同样可以获得精神解脱，方法是不要追求什么功名利禄，尤其不要追求知识：“吾生也有涯，而知也无涯，以有涯随无涯，殆已！”（《庄子·养生主》）人活着最好忘掉一切，也忘掉自己，从而成为绝对自由的人。这就是“坐忘”。

在社会、政治、法律领域，庄子非常赞同老子的观点，即“无为而治”。他说：“君子不得已而临莅天下，莫若无为。”（《庄子·在宥》）不过，庄子主张的无为，与老子主张的无为有所区别：老子主张无为是为了无不为，而庄子主张的无为是绝对的无为，也就是真正地复归自然。在庄子看来，只有绝对的无为，才最符合人的自然本性。因为人性如同鸭子腿短、仙鹤脖长一样，都是自然生成的，所以最美好的人类生活就是弃知绝欲、无目的的纯自然的生活，最佳境界的“至德之世，同与禽兽居，族与万物并”（《庄子·马蹄》）。

三、对儒家和法家的法律思想的批判

（一）批判儒家的法律思想

1. 批判儒家的仁义道德

庄子认为，为儒家所称道的仁义道德是对人的自然本性的束缚。本来，人们淳朴无知，自由自在地生活，但是，儒家提倡仁义，破坏了自然，违反了人的本性。这是圣人的一大罪过。庄子说："夫残朴以为器，工匠之罪也；毁道德以为仁义，圣人之过也。"（《庄子·马蹄》）在庄子看来，仁义和严刑酷罚一样，都是令人厌恶的东西。儒家宣扬仁义道德，不过是"黥汝以仁义，而劓汝以是非"（《庄子·大宗师》）。所以，庄子认为，儒家所宣称的仁义并不是什么"善"和绝对真理："吾所谓臧者，非所谓仁义之谓也。"（《庄子·骈拇》）儒家所讲的仁义道德实际上是"虎狼，仁也……乃私也"（《庄子·天运》）。

庄子认为，仁义道德完全是在上的统治者自以为是的产物。本来，圣人制作礼乐仁义是为了矫正世事、教化人民，可是到头来却成了大盗的护身符。为此，庄子响亮地提出了"窃钩者诛，窃国者为诸侯，诸侯之门而仁义存焉"（《庄子·胠箧》）的口号。庄子以"众人皆醉我独醒"的口吻揭露说，偷窃一个钩子的人被称为盗贼而受重罚，窃国大盗却成了诸侯，并且号称自己有了大仁大义。如此看来，所谓的仁义道德不过是统治者用来禁锢人民的思想和维护其私利的工具而已。

> 为之斗斛以量之，则并与斗斛而窃之；为之权衡以称之，则并与权衡而窃之；为之符玺以信之，则并与符玺而窃之；为之仁义以矫之，则并与仁义而窃之。何以知其然邪？彼窃钩者诛，窃国者为诸侯，诸侯之门而仁义存焉；则是非窃仁义圣知邪？故逐于大盗，揭诸侯，窃仁义，并斗斛权衡符玺之利者，虽有轩冕之赏弗能劝，斧钺之威弗能禁。此重利盗跖而使不可禁者，是乃圣人之过也。（《庄子·胠箧》）

2. 批判儒家所谓的"圣者"与"知者"

庄子认为，儒家所赞颂的所谓的"圣者""知者"，不仅不能治国，而且是产生祸乱的根源。他说："举贤则民相轧，任知则民相盗……大乱之本，必生于尧、舜之间，其末存乎千世之后。"（《庄子·庚桑楚》）"罪在于好知。故天下皆知求其所不知，而莫知求其所已知者；皆知非其所不善，而莫知非其所已善者，是以大乱。"（《庄子·胠箧》）

儒家把尧、舜、禹、汤、文、武、周公之类的人物神化为救世主，认为这类人物一上台，就会天下太平，给百姓带来幸福。而庄子对此持根本否定的态度，他认为，世上一切灾难，都是由儒家所颂扬的这些古圣先贤造成的：黄帝、尧、舜等人来到人间，不仅没有给人民带来好处，而且扰乱了人心，违反了人喜爱自然的本性，结果弄得"天下脊脊大乱"。

庄子以相对主义为标准，把尧、舜与桀、纣等同看待。在他看来，是非、善恶并没有固定不变的标准。投合时代、顺应世俗者，就是"义徒"，这时，"盗亦有道"；不投合时代、违逆世俗者，就是"篡夫"。尧、舜与桀、纣并没有实质性的差别，他们的不同，仅在于"当时"和"不当时"、成功与失败而已。胜者王侯败者贼，成功的就成了好人，失败的就成了坏人。在《庄子·胠箧》中，庄子更进一步斥责说，儒家所称颂的"圣者"与"智者"，实际上都是为大盗积累与看守财富的奴仆："世俗之所谓知者，有不为大盗积者乎？所谓圣者，有不为大盗守者乎？"因此，庄子得出的结论是，只有灭绝儒家所谓的"圣者"，天下才能太平。他说："圣人生而大盗起。掊击圣人，纵舍盗贼，而天下始治矣……圣人已死，则大盗不起，天下平而无故矣。"（《庄子·胠箧》）

（二）反对法家理论

1. 对法家“事断于法”持根本否定态度

庄子从赞美“天道”和道法自然的角度，对法家“事断于法”的主张持根本否定的态度。他认为，法并不像法家所说的那样神圣，刑罚并非治国良策，而是下策。他说：“赏罚利害，五刑之辟，教之末也；礼法度数，形名比详，治之末也。”（《庄子·天道》）“自三代以下者，匈匈焉终以赏罚为事，彼何暇安其性命之情哉！”（《庄子·在宥》）“昔尧治天下，不赏而民劝，不罚而民畏。今子赏罚而民且不仁，德自此衰，刑自此立，后世之乱自此始矣。”（《庄子·天地》）

2. 反对酷刑滥罚

庄子认为，酷刑滥罚是最大的有为，必须加以谴责。《庄子·至乐》中记载，有一次庄子到楚国去，在途中看到一个髑髅，庄子深有感触地问道：“夫子贪生失理而为此乎？将子有亡国之事、斧钺之诛而为此乎？”在这里，庄子讲的“亡国之事、斧钺之诛”，反映了人们因触犯苛法而遭到的不幸。庄子认为，统治者使用繁法严刑，已经造成囹圄遍地、死者相枕的悲惨局面：“今世殊死者相枕也，桁杨者相推也，刑戮者相望也。”（《庄子·在宥》）面对如此惨状，庄子发出了他的慨叹和憧憬：“天下无道，圣人生焉。方今之时，仅免刑焉。”（《庄子·人间世》）

3. 毁灭一切法律规范和制度

庄子从“法之所无用也”（《庄子·胠箧》）的思想出发，认为必须毁灭一切法律规范和制度。他说：“故绝圣弃知，大盗乃止；擿玉毁珠，小盗不起；焚符破玺，而民朴鄙；掊斗折衡，而民不争；殚残天下之圣法，而民始可与论议。”（《庄子·胠箧》）在这里，庄子不仅要毁灭一切法律规范，而且要毁灭一切制度，毁掉人类的一切文化成果。毁掉这一切，人类应向何处去？庄子说：“故至德之世，其行填填，其视颠颠。当是时也，山无蹊隧，泽无舟梁；万物群生，连属其乡；禽兽成群，草木遂长。是故禽兽可系羁而游，鸟鹊之巢可攀援而窥。夫至德之世，同与禽兽居，族与万物并。”（《庄子·马蹄》）

四、庄子的具体法律思想解析

善于探究“道”和“理”的庄子，其具体法律思想不时闪现出令人眼前一亮的火花。

1. 法理是体悟的而不是学的：“道无问，问无应”

在庄子那里，最深层次的法理是“道”，《庄子》一书最核心的内容是在以诗一样的语言“以寓言喻道”。庄子继承了老子“道可道，非常道”的理念，认为对于法理当中深层次的“道”，人们只能体悟，因为它不具有言传性。庄子说：“道不可闻，闻而非也；道不可见，见而非也；道不可言，言而非也。知形形之不形乎！道不当名。”（《庄子·知北游》）正是因为法理这种“道”是不能或者是很难言说的，所以，不能以直接发问的心态去探究法理。如果一定要追问法理到底是什么、法理应该学什么，那么，只能说你仍然是法理的门外汉，因为法理不是机械性、追问式地去学的，而是必须经过多年乃至一生的体悟才能得“道”的。所以庄子才说：“有问道而应之者，不知道也。虽问道者，亦未闻道。道无问，问无应。”（《庄子·知北游》）

2. 大而化之的法学方法论

庄子是有大气魄、大心胸的人。他对那些抠抠搜搜、小头小脑、鼠目寸光的人十分鄙视。在《庄子》一书中，庄子用很大精力为“大而无当”正名，他认为，那些将“大气”“大智”看作大话连篇、无的放矢的人是“小知不知大知，小年不知大年”。所以，对待事物的正确方法是“大而化之”。在庄子那里，“大而化之”并不是粗枝大叶、没心没肺，而是有着海阔天空、不拘小节、自得其乐的含义。只有这样，才能避免许多鸡毛蒜皮、斤斤计较、郁闷纷争。所以，“大而化之”是一种大智慧，是一种方法论，是一个法门。

庄子的这种“大而化之”的方法论是在《庄子·逍遥游》中借助连叔批评肩吾嘲笑接舆而阐发的，故事是这样的：有一天，肩吾向连叔求教：“我从接舆那里听到谈话，大话连篇没有边际，一说下去就回不到原来的话题上。我十分惊恐于他的言谈，就好像天上的银河没有边际，跟一般人的言谈相差甚远，确实是太不近情理了。”连叔问：“他说的是些什么呢？”肩吾转述道：“在遥远的姑射山上，住着一位神人，皮肤润白像冰雪，体态柔美如处女，不食五谷，吸清风饮甘露，乘云气驾飞龙，遨游于四海之外。他的神情那么专注，使世间万物不受病害，年年五谷丰登。我认为这全是虚妄之言，一点也不可信。”连叔听后说：“是呀！对于盲人，没法同他们一起欣赏花纹和色彩，对于聋人，没法同他们一起聆听钟鼓的乐声。难道只是形骸上有聋与瞎吗？思想上也有聋和瞎啊！这话似乎就是说你肩吾的呀。”其原文如下：

> 肩吾问于连叔曰：“吾闻言于接舆，大而无当，往而不反。吾惊怖其言。犹河汉而无极也；大有迳庭，不近人情焉。”连叔曰：“其言谓何哉？”曰：“藐姑射之山，有神人居焉。肌肤若冰雪，淖约若处子，不食五谷，吸风饮露，乘云气，御飞龙，而游乎四海之外；其神凝，使物不疵疠而年谷熟。吾以是狂而不信也。”连叔曰：“然。瞽者无以与乎文章之观，聋者无以与乎钟鼓之声。岂惟形骸有聋盲哉？夫知亦有之！是其言也犹时女也。”（《庄子·逍遥游》）

在这里，庄子显然是在力挺接舆的豪放大气，讥笑肩吾的小而病之、争之、毁之与不解之。有意无意之间，庄子将“大而化之”上升到方法论的层次。从法学中法理学与部门法学的关系来看，法理学显然更需要落实庄子的这种“大而化之”的法学方法论。法理学或许给人的感觉是太空泛、太不着边际，不解决实际问题，但是，就其本性来说，它就是要空，就是要大，就是要高屋建瓴。

这恰如王蒙先生在评论庄子的“大而化之”思想时所说：“老子说得好，国之利器，不可以示人。伟大与真正高端的思想是难于示人的，高端少知音，普天下都是知音，都与您老人家一致，您的高端思想变成了科普，变成了大众时尚了，您就当您的学术明星去吧，您就成了畅销书作者了，您还凄凄惶惶地孜孜矻矻地掰扯个什么劲？”[①]

3. 庄子论法律名实相符：“无此道而为此服者，其罪死”

《庄子·田子方》记载，有一天，庄子拜见鲁哀公。鲁哀公说：“鲁国有许多儒士，

---

① 王蒙：《庄子的享受》，67页，合肥，安徽教育出版社，2010。

却很少有信仰先生道学的人。”庄子说：“鲁国其实儒士很少。”鲁哀公说：“全鲁国的人都穿着儒士的服装，怎么说儒士很少呢？”庄子说：“我听说，儒士戴圆帽的知晓天时；穿着方鞋的，熟悉地形；佩戴用五色丝绳系着的玉玦的，遇事能决断。君子身怀那种学问和本事的，不一定要穿儒士的服装；穿上儒士服装的人，不一定会具有那种学问和本事。你如果认为一定不是这样，那么何不在国中发布一条法令：‘没有儒士的学问和本事而又穿着儒士服装的人，定处以死罪！’”在鲁哀公发布法令5天后，鲁国国中差不多没有敢再穿儒士服装的人，只有一个男子穿着儒士服装站立于朝门之外。鲁哀公立即召他进来，以国事征询他的意见，无论多么复杂的问题他都能作出回答。庄子说：“鲁国这么大，儒者只有一人呀，怎么能说是很多呢？”其原文如下：

> 庄子见鲁哀公。哀公曰：“鲁多儒士，少为先生方者”。庄子曰：“鲁少儒。”哀公曰：“举鲁国而儒服，何谓少乎？”庄子曰：“周闻之，儒者冠圜冠者，知天时；履句履者，知地形；缓佩玦者，事至而断。君子有其道者，未必为其服也；为其服者，未必知其道也。公固以为不然，何不号于国中曰：‘无此道而为此服者，其罪死！’”
>
> 于是哀公号之五日，而鲁国无敢儒服者，独有一丈夫儒服而立乎公门。公即召而问以国事，千转万变而不穷。庄子曰：“以鲁国而儒者一人耳，可谓多乎？”（《庄子·田子方》）

庄子一生追求真实，表里如一。《庄子》的上述记载表面上是庄子对鲁哀公以鲁国儒者多、道者少而讥笑庄子的反驳，实际上阐发了庄子的法律名实相符的思想。庄子对名实不符极其痛恨，甚至主张“无此道而为此服者，其罪死！”这对传统中国法律文化追求法律形式与内容的统一有重要的启迪和积极的影响。当然，其负面作用也是明显的，那就是导致传统中国法律文化过度重视实质正义而轻视形式正义。其实，“无此道而为此服”当然必须根治，但在“有此道”的前提下也的确需要“为此服”予以标示。这在法律这一形式化的规范中尤其重要，比如法袍、法槌这一“服”在司法程序中的运用，对于完善法律程序、标志法律威严就有其必不可少的存在价值。

4. 庄子论法的实质合理性与形式合理性：朝四暮三与朝三暮四

从类比或者暗含的意义上看，庄子在喂猴子的寓言中阐发的是朝四暮三还是朝三暮四，明显体现了庄子对法的实质合理性和形式合理性的思考。

“朝三暮四”这个成语在当代被解释成形容多变和反复无常，然而，这并不是庄子在发明这个成语时候的原意。在《庄子·齐物论》中，庄子说：“能认可吗？一定有可以加以肯定的东西方才可以认可；不可以认可吗？一定也有不可以加以肯定的东西方才不能认可——事物原本就有正确的一面，事物原本就有能认可的一面，没有什么事物不存在正确的一面，也没有什么事物不存在能认可的一面——耗费心思方能认识事物浑然为一而不知事物本身就具有同一的性状和特点，这就叫‘朝三’。什么叫作‘朝三’呢？养猴人给猴子分橡子，说：‘早上给三个吃，晚上给四个吃’。猴子们听了非常愤怒。养猴人便改口说：‘那么就早上给四个吃，晚上给三个吃吧。’猴子们听了都高兴起来。名义和实际都没有亏损，喜与怒却各为所用而有了变化，也就是因为这样的道理。因此，古代圣人把是与非混同起来，悠悠自得地生活在自然而又均衡的境界里，这就叫物与我各得其所、自行发展。”其原文如下：

> 可乎可，不可乎不可……物固有所然，物固有所可；无物不然，无物不可……劳神明为一而不知其同也，谓之朝三。何谓朝三？狙公赋芧曰：“朝三而暮四。”众狙皆怒。曰：“然则朝四而暮三。”众狙皆悦。名实未亏而喜怒为用，亦因是也。是以圣人和之以是非而休乎天钧，是之谓两行。（《庄子·齐物论》）

庄子在这里用养猴人喂橡子的寓言说明了法的实质合理性与法的形式合理性问题。从实质合理性角度来说，养猴人早晨喂猴子三个橡子、晚上喂猴子四个橡子，与早晨喂猴子四个橡子、晚上喂猴子三个橡子，对猴子来说，一天都是吃七个橡子，没有什么区别。如果猴子一天的定量是七个橡子的话，那么养猴人无论怎样喂食，无论是朝三暮四还是朝四暮三，只要喂了七个橡子，对于猴子来说，它就没有受到亏待，实质上就是具有合理性的。然而，庄子在这里还通过猴子的喜怒指出了形式合理性问题。虽然朝三暮四或者朝四暮三对于猴子来说实质上是一样的，但是，朝三暮四与朝四暮三形式上的不同会引发猴子的不同反应——朝三暮四就发怒，朝四暮三就高兴。看来，对于猴子来说，朝四暮三具有形式合理性。虽然庄子本人对于朝三暮四或者朝四暮三抱着“可乎可，不可乎不可”的态度，但他无意中阐发了法的实质合理性与法的形式合理性问题，这再一次让我们感受到庄子思想的恢宏与博大。

朝三暮四与朝四暮三就真的没有区别吗？恐怕也不尽然。假如猴子的生命只剩一个上午，只有吃一次橡子餐的机会了，那朝四暮三可比朝三暮四要多吃三分之一啊！从这个意义上来说，猴子争取朝四暮三这个形式还真是有实质合理性的。看来猴子的确是“猴精猴精”的！这里的问题是：庄子为什么就不再深究朝四暮三与朝三暮四的区别了呢？庄子不再深究不要紧，但导致了以后中国法文化也惰于深究，这使我们古代法律程序出现了许多花样的不正常夹带，人们却习以为常。图 5－5 为庄子梦蝶。

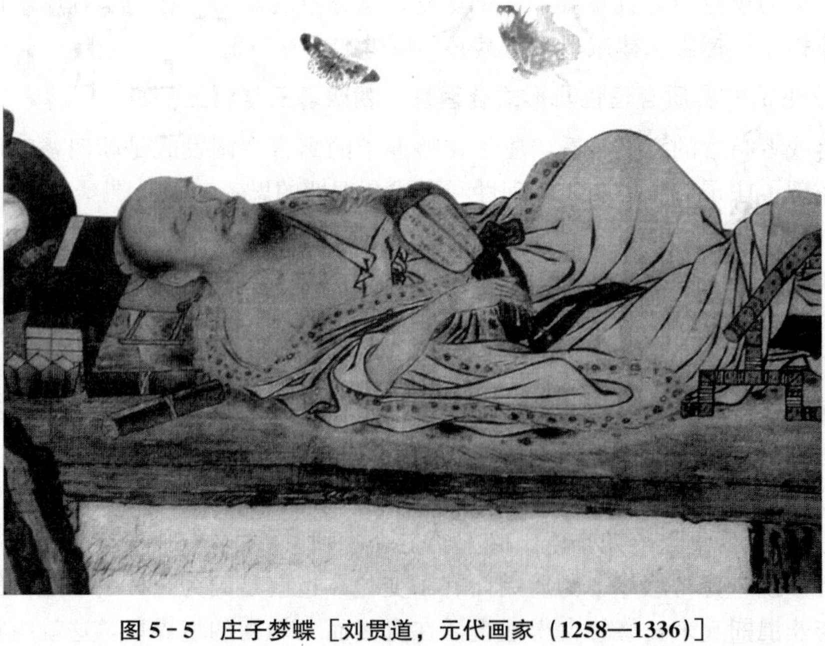

图 5－5　庄子梦蝶［刘贯道，元代画家（1258—1336）］

5. 庄子反对争论恶法与善法的问题：不争论不折腾的悖论

庄子是善于辩论的，他同好朋友惠施的辩论更是精彩，庄子往往通过辩论让惠施无话可说。不过，庄子又坚决反对争论和辨析事物的善恶对错。由此，我们合理推论：庄子反对争论和辨析恶法与善法的问题。这又是为什么呢？

我们先看《庄子·齐物论》中的说法："倘使我和你展开辩论，你胜了我，我没有胜你，那么，你果真对，我果真错吗？我胜了你，你没有胜我，我果真对，你果真错吗？难道我们两人有谁是正确的，有谁是不正确的吗？难道我们两人都是正确的，或都是不正确的吗？我和你都无从知道，而世人原本也都承受着蒙昧与晦暗，我们又能让谁作出正确的裁定？让观点跟你相同的人来判定吗？既然看法跟你相同，那么怎么能作出公正的评判！让观点跟我相同的人来判定吗？既然看法跟我相同，那么怎么能作出公正的评判！让观点不同于我和你的人来判定吗？既然看法不同于我和你，那么怎么能作出公正的评判！让观点跟我和你都相同的人来判定吗？既然看法跟我和你都相同，那么又怎么能作出公正的评判！如此，我和你跟大家都无从知道这一点，还等待别的什么人呢？辩论中的不同言辞跟变化中的不同声音一样相互对立，就像没有相互对立一样，都不能相互作出公正的评判。用自然的分际来调和它，用无尽的变化来顺应它，还是用这样的办法来穷尽和对待每年都发生的任何事情吧。什么叫自然的分际呢？对的也就像是不对的，正确的也就像是不正确的。对的如果真是对的，那么对的不同于不对的，这就不需去争辩；正确的如果真是正确的，那么正确的不同于不正确的，这也不需去争辩。忘掉死生、忘掉是非，到达无穷无尽的境界，因此圣人总把自己寄托于无穷无尽的境域之中。"其原文如下：

> 既使我与若辩矣，若胜我，我不若胜，若果是也，我果非也邪？我胜若，若不吾胜，我果是也，而果非也邪？其或是也，其或非也邪？其俱是也，其俱非也邪？我与若不能相知也，则人固受其黮暗，吾谁使正之？使同乎若者正之？既与若同矣，恶能正之！使同乎我者正之？既同乎我矣，恶能正之！使异乎我与若者正之？既异乎我与若矣，恶能正之！使同乎我与若者正之？既同乎我与若矣，恶能正之！然则我与若与人，俱不能相知也，而待彼也邪？……化声之相待，若其不相待，和之以天倪，因之以曼衍，所以穷年也。
>
> 何谓和之以天倪？曰：是不是，然不然。是若果是也，则是之异乎不是也亦无辩；然若果然也，则然之异乎不然也亦无辩。忘年忘义，振于无竟，故寓诸无竟。（《庄子·齐物论》）

对庄子的论述可以作两点解析：其一，在事实和本体论层面，庄子反对恶法和善法的争论不是一点道理没有，因为法律究竟为何，千百年来，人们的确可以从不同角度加以阐释，甚至永远无法得出唯一自许的正确结论。其二，从价值意义上说，庄子反对恶法和善法的争论是其相对主义哲学的反映。庄子片面夸大事物的相对性，甚至否定事物或者法的是非善恶，对于中国社会追求法的价值理想的影响是负面的。

6. 庄子论尊重生命权的价值：鼓盆而歌与反对厚葬

庄子喜欢逍遥人生，重视人生质量。他对人的生命权和生命价值是极其珍视的。不过，庄子关于生死的看法与众不同。

《庄子·至乐》中记载：庄子的妻子死了，惠子前往吊唁，庄子却盘腿坐着，一边敲打着瓦缶一边唱歌。惠子说："你跟死去的妻子生活了一辈子，她生儿育女直至衰老而死，人死了不伤心哭泣也就算了，又敲着瓦缶唱起歌来，这也太过分了吧！"庄子说："不对哩。她初死之时，我怎么能不感慨伤心呢！然而仔细想想，她原本就不曾出生，不只是不曾出生，而且本来就不曾具有形体；不只是不曾具有形体，而且原本就不曾形成元气。夹杂在恍恍惚惚的境域之中，变化而有了元气，元气变化而有了形体，形体变化而有了生命，如今又变化而回到死亡，这就跟春夏秋冬四季运行一样。死去的人将安安稳稳地寝卧在天地之间，而我围着她呜呜地啼哭，我自己认为这是不能通晓于天命，所以也就停止了哭泣。"其原文如下：

> 庄子妻死，惠子吊之，庄子则方箕踞鼓盆而歌。惠子曰："与人居，长子老身，死不哭亦足矣，又鼓盆而歌，不亦甚乎！"
>
> 庄子曰："不然。是其始死也，我独何能无概然！察其始而本无生，非徒无生也而本无形，非徒无形也而本无气。杂乎芒芴之间，变而有气，气变而有形，形变而有生，今又变而之死，是相与为春秋冬夏四时行也。人且偃然寝于巨室，而我噭噭然随而哭之，自以为不通乎命，故止也。"（《庄子·至乐》）

《庄子·列御寇》中记载：庄子快要死了，弟子打算用很多东西作陪葬。庄子说："我把天地当作棺椁，把日月当作连璧，把星辰当作珠玑，万物都可以成为我的陪葬。我陪葬的东西难道还不完备吗？哪里用得着再加上这些东西！"弟子说："我们担忧乌鸦和老鹰啄食先生的遗体。"庄子说："弃尸地面将会被乌鸦和老鹰吃掉，深埋地下将会被蚂蚁吃掉，夺过乌鸦、老鹰的吃食交给蚂蚁，怎么如此偏心！"可见，庄子是多么的豁达，他将生命看作一个自然的过程：人生值得尊重，人死不必悲哀，一切以"任自然"。其原文如下：

> 庄子将死，弟子欲厚葬之。庄子曰："吾以天地为棺椁，以日月为连璧，星辰为珠玑，万物为赍送。吾葬具岂不备邪？何以加此？"弟子曰："吾恐乌鸢之食夫子也。"庄子曰："在上为乌鸢食，在下为蝼蚁食，夺彼与此，何其偏也！"（《庄子·列御寇》）

7. 庄子论法与正义：人尽其才与物尽其用

《庄子·逍遥游》中讲了这样一个故事：尧打算把天下让给许由，便对许由说："先生如能居于国君之位，天下一定会获得大治，可是我还空居其位，我自己越想越觉得能力不够，请允许我把天下交给你。"许由回答说："你治理天下，天下已经获得了大治，而我还要去替代你，我为了名声吗？'名'是'实'所派生出来的次要东西，我将去追求这次要的东西吗？小鸟在森林中筑巢，不过占用一根树枝；鼹鼠到大河边饮水，不过喝满肚子。你还是打消念头回去吧，天下对于我来说没有什么用处啊！即使厨师不下厨，祭祀主持人也不会越俎代庖的！"其原文如下：

> 尧让天下于许由，曰："日月出矣，而爝火不息；其于光也，不亦难乎？时雨降

矣，而犹浸灌；其于泽也，不亦劳乎？夫子立而天下治，而我犹尸之；吾自视缺然，请致天下。”许由曰：“子治天下，天下既已治也；而我犹代子，吾将为名乎？名者，实之宾也；吾将为宾乎？鹪鹩巢于深林，不过一枝；偃鼠饮河，不过满腹。归休乎君，予无所用天下为！庖人虽不治庖，尸祝不越樽俎而代之矣！”（《庄子·逍遥游》）

在这个故事中，从尧的角度来说，他想禅让天下给许由，有尚贤的气度，当然为人们所称赞；而从许由的角度来看，许由奉行不在其位不谋其政，认为尧将天下已经治理得很好，自己没有必要越俎代庖，应该谨守本分。这恰好就是柏拉图意义上的法与正义的要求。

柏拉图在《理想国》中借苏格拉底之口谈道：正义存在于社会有机体各个部分间的和谐关系之中，如果每个阶级的成员都专心致力于本阶级的工作，且不去干涉另一个阶级的工作，那么这就是正义的，即“正义就是只做自己的事而不兼做别人的事”。正义的基本原则就是：“每个人必须在国家里执行一种最适合他天性的职务”①；“当生意人、辅助者和护国者这三种人在国家里各做各的事而不相互干扰时，便有了正义，从而也就使国家成为正义的国家了”②。

如果说庄子在上面的故事中是从人尽其才的角度谈论法与正义的关系，那么，在《庄子·逍遥游》中，庄子又通过他与惠施的辩论，从物尽其用的角度谈论了法与正义问题。

惠子对庄子说：“魏王送我大葫芦种子，我将它培植起来后，结出的果实有五石容积。用大葫芦去盛水，可是它的坚固程度承受不了水的压力。把它剖开做瓢也太大了，没有什么地方可以放得下。这个葫芦虽大，但我因为它没有什么用处而砸烂了它。”庄子说：“先生实在是不善于使用大东西啊！宋国有一善于调制防止手皲裂药物的人家，世世代代以漂洗丝絮为职业。有个游客听说了这件事，愿意用百金的高价收买他的药方。于是全家人聚集在一起商量：‘我们世世代代在河水里漂洗丝絮，所得不过数金，如今一下子就可卖得百金。还是把药方卖给他吧。’游客得到药方，来游说吴王。正巧越国发难，吴王派他统率部队，冬天跟越军在水上交战，大败越军，吴王划割土地封赏他。能使手不皲裂，药方是同样的，有的人用它来获得封赏，有的人却只能靠它在水中漂洗丝絮，这是使用的方法不同。如今你有五石容积的大葫芦，怎么不考虑用它来制成腰舟，浮游于江海之上，却担忧葫芦太大无处可容？看来先生你还是心窍不通啊！”惠子又对庄子说：“我有棵大树，人们都叫它‘樗’。它的树干却疙里疙瘩，不符合绳墨取直的要求，它的树枝弯弯扭扭，也不适应圆规和角尺取材的需要。虽然生长在道路旁，木匠连看也不看。现今你的言谈，大而无用，大家都会鄙弃它的……”庄子说：“如今你有这么大一棵树，却担忧它没有什么用处，怎么不把它栽种在什么也没有生长的地方呢，栽种在无边无际的旷野里，供人们悠然自得地徘徊于树旁，自在地躺卧于树下。大树不会遭到刀斧砍伐，也没有什么东西会去伤害它。虽然没有派上什么用场，但是哪里又会有什么困苦呢？”其原文如下：

---

① ［古希腊］柏拉图：《理想国》，154页，北京，商务印书馆，1986。

② 同上书，156页。

> 惠子谓庄子曰："魏王贻我大瓠之种，我树之成，而实五石。以盛水浆，其坚不能自举也。剖之以为瓢，则瓠落无所容。非不呺然大也，吾为其无用而掊之。"庄子曰："夫子固拙于用大矣！宋人有善为不龟手之药者，世世以洴澼絖为事。客闻之，请买其方百金。聚族而谋曰：'我世世为洴澼絖，不过数金；今一朝而鬻技百金，请与之。'客得之，以说吴王。越有难，吴王使之将，冬与越人水战，大败越人，裂地而封之。能不龟手一也，或以封，或不免于洴澼絖，则所用之异也。今子有五石之瓠，何不虑以为大樽，而浮乎江湖，而忧其瓠落无所容？则夫子犹有蓬之心也夫！"
>
> 惠子谓庄子曰："吾有大树，人谓之樗。其大本臃肿而不中绳墨，其小枝卷曲而不中规矩，立之涂，匠人不顾。今子之言大而无用，众所同去也。"庄子曰："……今子有大树，患其无用，何不树之于无何有之乡，广莫之野，彷徨乎无为其侧，逍遥乎寝卧其下。不夭斤斧，物无害者，无所可用，安所困苦哉！"（《庄子·逍遥游》）

庄子的这一大通比喻论证，无非是要说明：大千世界，人也好，物也好，该处在什么位置就处在什么位置，在其位者谋其政，不在其位者不谋其政；大材大用，小材小用；凡是成材皆有所用，只是要事安其理、物安其位，一切服从事物的法理和本性，就是符合正义的安排与配置。

8. 庄子论法律与平等：人人都有平等的存在之权

庄子认为，大千世界，万事万物，看似多种多样、千奇百怪、花样无穷，但实际上，在有存在之权这一点上，任何主体都是一样的，是平等的。从这个意义上说，从细小的草茎到高大的庭柱，从丑陋的癞头到美丽的西施，它们都是一样的、相通的、浑然为一的。所以，庄子说："可乎可，不可乎不可。道行之而成，物谓之而然。恶乎然？然于然。恶乎不然？不然于不然。物固有所然，物固有所可。无物不然，无物不可。故为是举莛与楹，厉与西施，恢诡谲怪，道通为一。"（《庄子·齐物论》）

人人都有平等的存在之权，法律应该保护人们的这种天然的平等之权。这是当代人们的基本共识。庄子以自己讲故事的方式，说明人人都有平等之权乃是天地万物自然而然的。庄子认为，无论什么人，即使是残疾者或者奇丑无比的人，他仍然与正常人一样有平等的存在之权。在《庄子·人间世》中，庄子讲了这样一个故事：有个名叫支离疏的人，他的下巴隐藏在肚脐下，双肩高于头顶，后脑下的发髻指向天空，五官的出口也都向上，两条大腿和两边的胸肋并生在一起。就是这么一个奇丑无比，甚至近乎狰狞，像个怪物的人，他仍然靠给人缝衣浆洗，足够糊口度日。他还替人筛糠簸米，足可养活十口人。国君征兵时，支离疏捋袖扬臂前去应征，虽然因身有残疾而被国君免除了劳役，但像他那样形体残缺不全的人，都足以养活自己，终享天年，你能说像支离疏那样形体残缺不全的人与平常人有什么区别吗？庄子的结论是：大自然赋予人类平等存在之权！法律要顺从它、保护它，而不是相反。

不仅如此，庄子认为，那些丑陋、残疾、受过刑罚处罚的人，不但与正常人享有平等的存在之权，而且往往更加知道珍惜和努力，因此，他们往往做出常人难以企及的成绩，令正常人甚至一些所谓的大人物都望尘莫及。

在《庄子·德充符》中，庄子连续讲了多个丑陋、残疾、受刑之人让正常人折服的故事，以此来说明人的平等存在之权：（1）孔子被一只脚的王骀折服；（2）残疾人申徒嘉使子产感到羞愧；（3）靠脚后跟走路的叔山无趾对孔子的启发；（4）孔子向鲁哀公称颂丑陋无比的哀骀它与普通人一样精神平等。

这些故事中的人物包括孔子的出现都不是实在的和真实的，完全是庄子假借的。庄子固然没有我们当代法学理念当中人人平等的完整观念，但庄子从“道法自然”的角度，运用上述杜撰的故事，阐释人人都有平等的存在之权的思想，其道理和思路是清晰明确的。

9. 庄子论法与自由：老子连同庄子不跟你们玩啦

“自由”在庄子那里的用语是“逍遥”。《庄子·逍遥游》是《庄子》的开篇，表达了《庄子》全书的中心思想，因此，自由是贯穿庄子的整个思想的主线。

那么，什么是庄子所谓的自由或者逍遥呢？从表面来看，庄子的自由好像是像《庄子》开篇展示的鲲鹏九天翱翔那样，无拘无束、自得自在以及由此而带来的心神畅适和享受。实际上，在庄子那里，自由指的乃是进入“道通为一”的视野和境界的理想和过程。换言之，庄子所谓的自由，是对“物累”“物役”直接加以解构和超越的精神境遇。庄子所说的自由绝不是满足于树上地下、庙堂蓬蒿之间的鼠目寸光，更不是固守于小眼小孔的道外俗境。理解庄子的自由，必须以“水浅无力载大舟，风轻无能负大翼”的豪放心态，以天地为舞台，以“鲲鹏展翅九万里”的气魄，把握庄子趋向于“道”的逍遥境界。

现在的问题是：庄子所谈论的自由与个人主义是什么关系？庄子谈论法与自由同西方文化谈论法与自由又有什么联系和区别？

关于自由与个人主义之间的关系，有人说中国没有或者缺少个人主义的传统。其实，庄子的逍遥“个人得厉害”①。的确，庄子所谓的自由，实际上是一种个人的精神状态，是一种个人摆脱社会与群体（庄子所称的“外物”）观念束缚的逍遥，是个人内心世界的自在与独立。从这个意义上来说，庄子的自由论与个人主义是相融的。

不过，从另一方面来看，庄子的自由观念与西方的自由观念是有一定差异的，当这种自由观念与法律相互联结时，二者的差异更明显，表现在：庄子的所谓的自由观念与西方的从社会、群体、个人三者关系角度强调个人的重要性意义上的自由观念是不同的。庄子的自由观念，是对社会、群体已经形成的价值判断的主观摆脱或者至少是暂时遗忘。而西方法律文化强调的自由、个人主义本身，是一种价值认定，或者是在价值认定基础上追求一种法律保障。所以，西方自近代以来，至少在口头上和理念上，希望制定维护个人自由和个人主义价值观的法律规则，制定自由主义和个人主义的客观标准。西方人“闹腾的是：在号称尊重个人维护个人自由的基础上，咱们一块玩一把政治、社会、公司、家庭、个人的生活界定吧”②。

和西方社会的法律与自由观念不同，“庄子大呼小号的是：我不玩啦！我们不要玩啦！”③ 庄子为了达到至高无上的逍遥自由之境，主张无须、不需、不再与国君、君权、

---

① 王蒙：《庄子的享受》，3～4 页，合肥，安徽教育出版社，2010。

②③ 同上书，4 页。

儒墨道德规范乃至法家法律规范一起掺和、搅和了。一句话，老子连同庄子不跟你们玩啦！按照庄子的看法，最好是“吾宁游戏于污渎之中以自快”，如果实在不得已，进了人世间了、应了帝王了，那么应该是人在人间、心在太虚，人在帝王之侧、心在北溟南溟。只有这样才是庄子所谓的真正的自由。故保障这种自由只要“法自然”，而不必强化实在法。

10. 庄子论立法应该尊重所在地风俗：宋人卖帽子

马克思认为，人们立法不能向物质生活条件发号施令；历史法学派的萨维尼说，法是民族精神和风俗习惯长期累积的结果；孟德斯鸠说：“遵从民族的精神是立法者的职责。因为当我们能够自由地顺从天然秉性之所好处理事务的时候，就是我们把事务处理得最好的时候。”① 马克思也好，萨维尼、孟德斯鸠也罢，这些人类的思想巨匠所表达的无非是立法应该尊重风俗习惯。这既是一个常识，也是立法的一个基本理论前提。

其实，庄子用他特有的方式表达了同样的关于立法应该尊重风俗的意思。庄子在《庄子·逍遥游》中为我们讲了这样一个故事：“宋人次章甫而适越，越人断发文身，无所用之。”这个故事用现代汉语说就是：北方的宋国有人做好了礼帽到南方的越国去贩卖，但越国人的习俗是不蓄头发，他们喜欢文身，没有戴帽子的习惯，宋人的帽子肯定是卖不出去的。

庄子讲宋人卖帽子的故事，暗合了立法应当尊重当地风俗的现代立法原则。现在人们都知道，风俗习惯是对人们的行为方式影响更持久、更深远的内在的东西，不尊重风俗习惯的立法既不是良法、善法，也不可能得到很好的贯彻，甚至会造成危险的后果。这同样应了孟德斯鸠那句话：“法律是制定的，而风俗则出于人们的感悟。风俗以人民‘一般的精神’为渊源；法律则来自‘特殊的制度’。推翻‘一般的精神’和变更‘特殊的制度’是同样危险的，甚至是更为危险的。”②

11. 庄子论法律实施与适用的及时性原则：庄子借米与引江水救鱼

《庄子·外物》记载，庄子家境贫寒，有一天家里实在是无米下锅了，于是他向监河侯借米。监河侯说：“行，借给你点儿粮食没有任何问题。但是，等到年底我收取了封邑之地的税金，借给你三百金，好吗？”庄周听了脸色骤变，愤愤地说：“我昨天来的时候，有人在半道上呼唤我。我回头看看路上车轮碾过的小坑洼处，有条鲫鱼在那里挣扎。我问它：‘鲫鱼，你干什么呢？’鲫鱼回答：‘我是东海水族中的一员，你也许能用斗升之水使我活下来吧。’我对它说：‘行啊，我将到南方去游说吴王、越王，引西江之水来迎候你，可以吗？’鲫鱼变了脸色生气地说：‘我失去我经常生活的环境，没有安身之处。眼下我能得到斗升那样多的水就活下来了，而你竟说出这样的话，还不如早点到干鱼店里找我！’”其原文如下：

> 庄周家贫，故往贷粟于监河侯。监河侯曰：“诺。我将得邑金，将贷子三百金，可乎？”庄周忿然作色曰：“周昨来，有中道而呼者。周顾视车辙中，有鲋鱼焉。周

---

① ［法］孟德斯鸠：《论法的精神》，上册，305页，北京，商务印书馆，1982。

② 同上书，309页。

问之曰：'鲋鱼来！子何为者邪？'对曰：'我，东海之波臣也。君岂有斗升之水而活我哉？'周曰：'诺。我且南游吴越之王，激西江之水而迎子，可乎？'鲋鱼忿然作色曰：'吾失我常与，我无所处。吾得斗升之水然活耳，君乃言此，曾不如早索我于枯鱼之肆！'"（《庄子·外物》）

庄子在这里阐发的思想同西方谚语所说的"迟到的正义不是正义"有很大程度的暗合之处，也更契合我们现在的法理教科书中所述法的实施和适用中的及时性原则。对于法的及时性这个道理，庄子讲得很形象。的确，法律的及时性对于维护法律正义和人权太重要了，否则，那可就真像庄子所说"不如早索我枯鱼之肆"！

12. 庄子论法律实施应当考虑实施对象的承受能力：鲁侯养鸟

庄子这人学问大，但不自夸。在《庄子》一书中，庄子经常假借他自己杜撰的孔子与弟子的故事来探寻法理问题。在《庄子·至乐》中，庄子就假借孔子担心颜渊被杀引出鲁侯养鸟的故事，其实际上是研究了法律实施必须考虑实施对象的承受能力问题。

故事是这样展开的：颜渊向东到齐国去，孔子十分忧虑。子贡离开座席上前问道："学生冒昧地请问，颜渊往东去齐国，先生面呈忧色，这是为什么呢？"孔子说："你的提问实在是好啊！当年管仲有句话，我认为说得很好：'布袋小了不可能包容大东西，水桶上的绳索短了不可能汲取深井里的水。'如此说来，就应当禀受事物内在精神而要求现实有形的东西与它适应，形体虽异却各有其适宜的用处，全都是不可以随意添减改变的。我担忧颜渊跟齐侯谈论尧、舜、黄帝治理国家的主张，而且还进一步地推重燧人氏、神农氏的言论。齐侯必将苦苦思索，却仍不能理解，不理解必定会产生疑惑，一旦产生疑惑便会迁怒对方而杀害颜渊。"

故事讲到这里并没有完，庄子借用孔子担心颜渊不分对象去给齐侯讲授治国等法律主张难免被杀害一事，在于说明法律实施应该考虑实施对象的承受能力。庄子怕这个问题说不明白，于是，引出了鲁侯养鸟的故事进一步说明。庄子继续假借孔子之口说道："从前，一只海鸟飞到鲁国都城郊外停息下来，鲁国国君让人把海鸟接到太庙里供养献酒，奏'九韶'之乐使它高兴，用'太牢'作膳食。海鸟竟眼花缭乱、忧心伤悲，不敢吃一块肉，不敢饮一杯酒，三天就死了。这是按自己的生活习性来养鸟，不是按鸟的习性来养鸟。按鸟的习性来养鸟，就应当让鸟栖息于深山老林，游戏于水中沙洲，浮游于江河湖泽，啄食泥鳅和小鱼，随着鸟群的队列而止息，从容自得、自由自在地生活。它们最讨厌听到人的声音，为什么还要那么喧闹嘈杂呢？'咸池''九韶'之类的著名乐曲，演奏于广漠的原野，鸟儿听见了腾身高飞，野兽听见了惊惶逃遁，鱼儿听见了潜下水底，一般的人听见了，相互围着观看不休。鱼儿在水里才能生存，人在水里就会死去，人和鱼彼此间必定有不同之处，它们的好恶因而也一定不一样。所以对于前代的圣王不要强求他们具有同样的能力，也不要求他们所做的事情相同。名义的留存在于符合实际，合宜的措施在于适应自然，这就叫条理通达而福德长久得到保持。"其原文如下：

颜渊东之齐，孔子有忧色。子贡下席而问曰："小子敢问，回东之齐，夫子有忧色，何邪？"孔子曰："善哉汝问！昔者管子有言，丘甚善之，曰：'褚小者不可以怀大，绠短者不可以汲深’。夫若是者，以为命有所成而形有所适也，夫不可损益。吾恐回与齐侯言尧舜黄帝之道，而重以燧人神农之言。彼将内求于己而不得，不得则惑，人惑则死。”

“且女独不闻邪？昔者海鸟止于鲁郊，鲁侯御而觞之于庙，奏《九韶》以为乐，具太牢以为膳。鸟乃眩视忧悲，不敢食一脔，不敢饮一杯，三日而死。此以己养养鸟也，非以鸟养养鸟也。夫以鸟养养鸟者，宜栖之深林，游之坛陆，浮之江湖，食之鳅鲦，随行列而止，委蛇而处。彼唯人言之恶闻，奚以夫谗谗为乎！《咸池》《九韶》之乐，张之洞庭之野，鸟闻之而飞，兽闻之而走，鱼闻之而下入，人卒闻之，相与还而观之。鱼处水而生，人处水而死，彼必相与异，其好恶故异也。故先圣不一其能，不同其事。名止于实，义设于适，是之谓条达而福持。”（《庄子·至乐》）

庄子讲完这个故事之后得出的结论就是“名止于实，义设于适”。庄子强调的实际上就是法律实施必须要看实施对象，否则，法律规范、法律规则从名义上制定得再多、条文制定得再华丽，不考虑实施对象的接受程度，那只能像鲁侯养鸟一样，你给鸟再多好吃的、给鸟演奏再多的动听音乐，不按鸟的习性和接受能力来办，不把鸟养死才怪呢！用鲁侯养鸟的办法对待法律实施，法律不变成一纸空文才怪呢！

13. 庄子论从事法律职业应该认真和心怀敬畏之心：驼背粘蝉与梓庆削木

庄子在人们的心目中似乎是一个散漫之人，但这只是表象。庄子追求心境自由不错，但庄子其实是主张做任何事情或者从事任何职业包括从事法律职业都应该有一个认真的态度，并且要心怀敬畏之心。

庄子的关于人们应该聚精会神、认真从事法律职业的思想，可以从《庄子·达生》中讲述的驼背老人粘蝉的故事看到端倪。在《庄子·达生》中，庄子假借孔子所见，谈到了这样一个故事：孔子到楚国去，走出树林，看见一个驼背老人正用竿子粘蝉，容易得就像在地上随便捡东西一样。孔子说：“您的技术真是高明啊！有什么诀窍吗?”驼背老人说：“我有我的办法。经过五六个月的练习，在竿头累迭起两个弹丸而不会坠落，那么失手的情况已经很少了；迭起三个弹丸而不坠落，那么失手的情况十次不会超过一次了；迭起五个弹丸而不坠落，也就会像在地面上拾取东西一样容易了。我立定身子，犹如临近地面的断木，我举竿的手臂，就像枯木的树枝；虽然天地很大，万物品类很多，但是我一心注意蝉的翅膀，从不思前想后左顾右盼，绝不因纷繁的万物而改变对蝉翼的注意，为什么不能成功呢!”孔子转身对弟子们说：“用心专一，心志不分散，高度认真，凝聚精神，恐怕说的就是这位驼背老人吧!”其原文如下：

仲尼适楚，出于林中，见佝偻者承蜩，犹掇之也。

仲尼曰：“子巧乎！有道邪?”曰：“我有道也。五六月累丸二而不坠，则失者锱铢；累三而不坠，则失者十一；累五而不坠，犹掇之也。吾处身也，若厥株拘；吾执臂也，若槁木之枝；虽天地之大，万物之多，而唯蜩翼之知。吾不反不侧，不以万物易蜩之翼，何为而不得!”

孔子顾谓弟子曰：“用志不分，乃凝于神，其痀偻丈人之谓乎!”（《庄子·达生》）

庄子用驼背老人粘蝉的故事告诉人们：从事法律职业一定要练好技艺，更重要的是在从事法律活动时，一定要认真对待。立法者以公平正义、效益秩序等价值为导向认真立法，执法者在执法时一定要严格认真执法、心无旁骛，一心一意、聚精会神地考虑法律如何落实，而不能对偏私执法等非法获益的事情左顾右盼。

庄子不但告诫人们从事法律职业要有一个认真的态度，而且进一步论述了从事法律职业要怀着一颗敬畏之心。同样，《庄子·达生》中以“梓庆削木为鐻”鬼斧神工的故事阐发了人们对待法律职业应该战战兢兢、心怀敬畏。故事是这样的：梓庆这个人会削木做鐻，鐻做成以后，看见的人无不惊叹好像是鬼神的功夫。鲁侯见到便问他说：“你用什么办法做成的呢？”梓庆回答道：“我是个做工的人，哪有什么特别高明的方法！虽说如此，但我还是有一个原则，那就是我准备做鐻时，从不敢随便损耗力气，一定要斋戒来静养心思，从而保障我做工时始终怀着一颗敬畏之心。当我斋戒三天的时候，不再怀有庆贺、赏赐、获取爵位和俸禄的思想；当我斋戒五天的时候，不再心存非议、夸誉、技巧或笨拙的杂念；当我斋戒七天的时候，已不为外物所动，仿佛忘掉了自己的四肢和形体。正当这个时候，我的心里甚至不再想这是为了朝廷在做鐻，一心专注于做鐻的智巧，外界的扰乱全都消失。然后我便进入山林，观察各种木料的质地；选择好外形与体态最与鐻相合的，这时业已形成的鐻的形象便呈现于我的眼前，然后动手加工制作。不是这样我就停止不做。这就是用我木工的纯真本性融合木料的自然天性，制成的器物被疑为神鬼工夫的原因，恐怕也就出于这一点吧！”其原文如下：

> 梓庆削木为鐻，鐻成，见者惊犹鬼神。鲁侯见而问焉，曰：“子何术以为焉？”对曰：“臣工人，何术之有？虽然，有一焉。臣将为鐻，未尝敢以耗气也，必斋以静心。斋三日，而不敢怀庆赏爵禄；斋五日，不敢怀非誉巧拙；斋七日，辄然忘吾有四肢形体也。当是时也，无公朝，其巧专而外骨消。然后入山林，观天性，形躯至矣，然后成见鐻，然后加手焉；不然则已，则以天合天，器之所以疑神者，其是与！”（《庄子·达生》）

14. 庄子论当政执法者摆正自己的位置：螳螂捕蝉，黄雀在后

庄子认为，掌握权力的执法者要把自己当一回事，时刻怀着敬畏之心执掌权力。任何执法者，在位时要“谋其政”，“政者，正也”，若心术不正，摆不正自己的位置，或者拉帮结派、贪赃枉法，则必定被人唾弃、为人不齿，乃至迅即被人取代，为时世所抛弃，正所谓“螳螂捕蝉，黄雀在后”。

《庄子·山木》中记载：庄子在雕陵栗树林里游玩，看见一只奇异的怪鹊从南方飞来，翅膀宽达七尺，眼睛大若一寸，碰着庄子的额头而停歇在果树林里。庄子说：“这是什么鸟呀，翅膀大却不能远飞，眼睛大视力却不敏锐？”于是他提起衣裳快步上前，拿着弹弓静静地等待着时机。这时突然看见一只蝉，正在浓密的树荫里美美地休息而忘记了自身的安危；一只螳螂用树叶作隐蔽打算见机扑上去捕捉蝉，螳螂眼看即将得手而忘掉了自己的存在；那只怪鹊紧随其后认为那是极好的时机，眼看即将捕到螳螂而又丧失了自身的真性（不知自己已被庄子盯上）。庄子惊恐而警惕地说：“啊，世上的物类原本就是这样相互牵累、相互争夺的，两种物类之间也总是以利相招引，各自都有克星！”庄子于是扔掉弹弓转身快步而去，看守栗园的人大惑不解地在后面追着庄子斥骂。庄子返回家中，多日心情很不好。弟子蔺且在一旁问道："先生为什么这几天来一直很不高兴呢？"庄子说："我留意外物的形体却忘记了自身的安危，观赏于混浊的流水却迷惑于清澈的水潭。而且我从老聃老师那里听说，'每到一个地方，就要遵从那里的习惯与禁忌'。如今我来到雕陵栗园便忘却了自身的安危，奇异的怪鹊碰上了我的额头，游玩于果林时又丧失了自身的真性，管园的人不理解我又进而侮辱我，因此我感到很不愉快。"其原文如下：

> 庄周游于雕陵之樊，睹一异鹊自南方来者，翼广七尺，目大运寸，感周之颡而集于栗林。庄周曰："此何鸟哉，翼殷不逝，目大不睹？"蹇裳躩步，执弹而留之。睹一蝉，方得美荫而忘其身，螳螂执翳而搏之，见得而忘其形；异鹊从而利之，见利而忘其真。庄周怵然曰："噫！物固相累，二类相召也！"捐弹而反走，虞人逐而谇之。
>
> 庄周反入，三月不庭，蔺且从而问之："夫子何为顷间甚不庭乎？"庄周曰："吾守形而忘身，观于浊水而迷于清渊。且吾闻诸夫子曰：'入其俗，从其令'。今吾游于雕陵而忘吾身，异鹊感吾颡，游于栗林而忘真，栗林虞人以吾为戮，吾所以不庭也。"（《庄子·山木》）

一个玩弹弓的庄子、一个因被人追赶斥责而感到不悦的庄子，在怪鹊碰到他额头的一刹那，怵然顿悟：任何物类都要"入其俗，从其令"，也就是要摆正位置，按规矩办事，否则，"螳螂捕蝉，黄雀在后"，每个人都逃脱不掉被历史车轮碾轧的命运！

15. 庄子论执法之人"材与不材"：神农、黄帝之法则

《庄子·山木》中记载，庄子行走于山中，看见一棵大树枝叶十分茂盛，伐木的人停留在树旁却不去动手砍伐。庄子问他们是什么原因，伐木的人说："没有什么用处。"庄子说："这棵树就是因为不成材才能够终享天年啊！"庄子走出山来，留宿在朋友家中。朋友高兴，叫童仆杀鹅款待他。童仆问主人："一只能叫，一只不能叫，请问杀哪一只呢？"主人说："杀那只不能叫的。"第二天，弟子问庄子："昨日遇见山中的大树，因为不成材而能终享天年，如今主人的鹅，因为不成材而被杀掉；先生你将怎样做呢？"庄子笑道："我将处于成材与不成材之间——这就是神农、黄帝的法则。"

这里庄子借助山木无用却能保全和鹅不能鸣因而被杀的矛盾，引出"此神农、黄帝之法则也"。这可以被看作庄子对执法之人"材与不材"的深刻体悟：执法之人不能无才，不能不深入理解和洞悉法律的内涵，但执法之人又不能太"有才"，太玩弄法律于股掌之间，最好是处于"材与不材之间"。其原文如下：

> 庄子行于山中，见大木枝叶盛茂，伐木者止其旁而不取也。问其故，曰："无所可用。"庄子曰："此木以不材得终其天年。"夫子出于山，舍于故人之家。故人喜，命竖子杀雁而烹之。竖子请曰："其一能鸣，其一不能鸣，请奚杀？"主人曰："杀不能鸣者。"明日，弟子问于庄子曰："昨日山中之木，以不材得终其天年，今主人之雁，以不材死；先生将何处？"庄子笑曰："周将处乎材与不材之间……此神农、黄帝之法则也。"（《庄子·山木》）

第四节　道家其他派别与代表人物

一、关尹

据《四库提要》称，关尹为秦人，曾经做函谷关令，后师从老子。《庄子·天下》将关尹和老子并称为“古之博大真人”。

关于关尹的著作，《汉书·艺文志》道家类列有《关尹子》9篇，后亡佚。学界一般认为，今本《关尹子》是后人依托之作。《四库提要》认为，《关尹子》大概成书于唐五代时期。

关尹的基本思想与老子的大致相同，《庄子·天下》称关尹的思想是以道为本，尚谦弱，主虚空：“其动若水，其静若镜，其应若响，芴乎若亡，寂乎若清”。其强调使人的心灵处于清静的状态。

二、庚桑楚

庚桑楚，《列子·仲尼》作亢仓子，称“老聃之弟子有亢仓子者，得聃之道，能以耳视而目听”。《庄子·庚桑楚》亦称：“老聃之役，有庚桑楚者，偏得老聃之道。”

今天没有以庚桑楚之名流传下来的著作，今本《亢仓子》2卷，疑系后人伪作。杨伯峻先生在《列子集释》一书中认为，今本《亢仓子》是唐朝末年襄阳隐士王士源伪作而成。

三、文子

根据汉代班固的说法，文子是老子的弟子，与孔子处于同一时代。东汉王充在他的著作《论衡·自然》中极力赞赏文子，并将其与老子并称，有“老子、文子似天地者也”之说。今本《文子·道德》中有“平王问文子曰：‘吾闻子得道于老聃’”。可见，文子乃老子弟子之一。

关于文子的著作，《汉书·艺文志》载《文子》有9篇，《隋书》《旧唐书》《新唐书》均载《文子》有12卷，与今本《文子》相同。有学者认为，《文子》一书是文子及其弟子或者门人之作；也有学者认为，该书多为伪作，而且《文子》一书成书肯定晚于《庄子》《列子》成书，因为《文子》一书大量引用《庄子》的语言。甚至，今本《文子》一书，共4万余字，其中却有3/4出于《淮南子》一书。

多数学者认为，文子的思想，上承老子的“道”论，下开稷下之学说。《文子》中的许多段落都是对《老子》一书的直接注释。同老子一样，文子把道看作天地万物的本源，是无形无状、无所不在的存在。文子深入阐发了老子的“贵柔”思想，提出“行柔而刚”“积柔而刚”之说。同时，文子又对老子的“贵柔”思想有所发挥，指出刚柔各有得失，不可拘泥一偏："太刚则折，太柔则卷，道正在于刚柔之间。"（《文子·上仁》）文子又说："圣人能阴能阳，能柔能刚，能弱能强，随时动静，因资而立功。"（《文子·微明》）

文子的思想的主要特点在于，他是以道家思想为主，同时受到了儒家、墨家、法家思想的影响。如对于儒家，本来，老子讲道、德而反对儒家的仁、义、礼、智，而文子认为："古之为君者，深行之谓之道德；浅行之谓之仁义；薄行之谓之礼智，此六者，国之纲维也。"（《文子·上仁》）又如，对于法家思想，文子也不像老子那样坚决反对"制法"，文子甚至认为："人主之制法也，先以自为检式，故禁胜于身，即令行于民……法度道术，所以禁君使无得横断也。"（《文子·上义》）

四、杨朱

杨朱亦称杨子、阳生，卫国（今河南开封）人。关于杨朱的事迹，最早见于《列子·杨朱》，后在《孟子》《荀子》《韩非子》《吕氏春秋》等著作中也可找到有关记述。可见，杨朱在先秦时期就已经很有名。先秦诸子多把杨、墨并称，孟子更有"杨朱、墨翟之言盈天下；天下之言，不归杨则归墨"之说。可见，杨朱的思想在战国初期已是显学。

关于杨朱的思想，由于孟子讥笑杨朱"拔一毛利天下而不为也"，长期以来，人们把杨朱的思想归结为自私利己之说。实际上，这多少有些误解。的确，"杨生贵己"（《吕氏春秋·不二》），但是，综合先秦各家所载有关杨朱的思想来看，杨朱的思想的核心是"轻物重生"。《韩非子·显学》说杨朱"不以天下大利，易其胫一毛；世主必从而礼之，贵其智而高其行，以为轻物重生之士也"。《淮南子·汜论训》说："全性保真，不以物累形，杨子之所立也。"杨朱的这种不为物累、珍视生命的思想，与老子的"厚生"和"养生"思想一脉相承。杨朱的"贵己"思想，乃是对个体生命的尊重与对个性的阐扬，体现了道家崇尚自然生命的一贯传统。用当今的语言来说，杨朱在对待物权与生命权这两种价值的比较的时候，选择生命权重于物权，这无疑是符合现代法理原则的。

五、列子

列子，名列御寇，郑国（今河南新郑）人，其生活年代在公元前339年之前，与郑繻公同时（刘向称其为郑缪公，"缪"疑为"繻"之误）。学界多数人认为，列子是继老子、庄子之后道家的第三位重要人物。

《列子》一书共8篇，在《汉书·艺文志》中被列为道家类。今本《列子》仍为8篇。一般认为，《列子》成书在战国三家分晋之后，由列子的门人及其后学汇编而成，并且掺杂有后人的文字。不过，据梁启超说，《列子》乃魏晋时代的伪作，具体来说，《列子》是魏晋时张湛自著后又自注。今人陈鼓应先生反对梁启超的看法，他认为，张湛的确为《列子》作过注解，但从今存本与汉代刘向辑本相同可证，《列子》并非张湛自作自注，应该说，《列子》主要保存了先秦资料，后人或有增益之处。

从思想内容来看，列子的天道观和处世思想都受到了老子的重要影响，与老子的观点基本相同，如列子认为“道”生万物，天、地、人都是“积气而成”，为人治国都应该“顺物自然”。列子的思想比老子的思想更为积极的地方是，列子主张万物“惟人为贵”，因此，列子“乐生”。当然，列子的“乐生”思想的重要前提，或者说列子的思想的最大特点是“贵虚”。所谓“贵虚”，就是保持心灵的虚静状态以顺万物之自然，因为，在列子看来，“无极之外复无无极，无尽之中复无无尽；无极复无无极，无尽复无无尽”。因此，面对无限性，“贵虚”是人自我超越和开阔胸襟的保证。这与庄子的《齐物》《秋水》的精神是一致的。

六、鹖冠子

鹖冠子，楚之隐士，因“居深山，以鹖为冠”而得名。《汉书·艺文志》道家类有《鹖冠子》1篇。今本《鹖冠子》共19篇，为鹖冠子及其后学所著。

《鹖冠子》一书继承和发展了老子的“道”论。继承表现在：同老子一样，鹖冠子仍然将“道”作为天地万物的本源。《鹖冠子·环硫》称万物“莫不发于气，通于道”，其对“道”的描述，如“有所以然者，随而不见其后，迎而不见其首，成功遂事，莫之其状”，这与老子的说法大致相同。鹖冠子发展了老子的思想，表现在：在老子的“道”之外，鹖冠子还提出了一个从属于“道”的“元气”的概念。《鹖冠子·泰录》说：“精微者，天地之始也……故天地成于元气，万物乘于天地。”

就政治法律主张而言，《鹖冠子》在提倡“无为”的同时，吸取了法、儒、墨等家的学说，主张“任贤使能”“刑德并重”，颇有战国中后期兴起的援法入道的黄老之学的某些特点。

七、稷下道家

学界认为，稷下学宫是中国古代曾经辉煌一时的思想文化场所和思想繁荣标志，它最初由齐桓公在齐国都城临淄兴建，至齐威王、齐宣王而鼎盛，至靖襄王而衰落，历时一百五十余年。稷下学宫延揽了当时的各派智士，稷下学者讲学论辩、著书立说，从而使稷下成为战国时期汇聚各派学术思想的文化中心。

从学术思想的内容来看，在稷下学宫中，先秦各家各派的思想都有宣传者。仅就道家而言，司马迁在《史记》中最为推崇的“稷下先生”就包括环渊、接子、田骈和慎到。具体说来，稷下道家至少有三个支派：一是宋钘、尹文一派，二是田骈、慎到一派，三是环渊、接子一派。从现有史料来看，学界一般认为，宋钘的思想实为道家与墨家思想的合流，尹文的思想则近于黄老学派，慎到的思想则是道中兼法、引法入道或引道入法。

（一）环渊

《史记·孟子荀卿列传》记载：“环渊，楚人，学黄老道德之术，因发明序其旨意，著上下篇。”另外，《汉书·艺文志》道家类有《蜎子》13篇，班固注曰：“名渊，楚人，老子弟子。”郭沫若认为，蜎渊即环渊。环渊的著作今已亡佚，唯一有确证的是《史记》

记载环渊“言治乱之事，以干世主”，由此可推断环渊属于道家中的入世派。

（二）接子、季真

接子和季真也曾经在稷下学宫讲学，但关于二人的详细情况，只有《汉书·艺文志》道家类《接子》2篇。另外，《庄子·则阳》说：“季真之莫为，接子之或使。”郭象对此注曰：“季真曰：‘道莫为也。’接子曰：‘道或使。’或使者，有使物之功也。”这也就是说，接子、季真二人分别进一步阐发了老子的无为而无不为的思想。

（三）彭蒙、田骈

二人皆为齐国人，稷下学者。《庄子·天下》将他们二人与慎到列为一派，他们共同的观点是：其一，“公而不党，易而无私，决然无主”，即公正无私，不存偏见。其二，“齐万物以为首”“趣物而不两”，即对待万物一视同仁。其三，“不顾于虑，不谋于知”，即顺乎自然，不用思虑智谋。

据《庄子·天下》记载，彭蒙是田骈的老师。《汉书·艺文志》道家类著录《田子》25篇，但今已亡佚。《尹文子·大道下》记载，当田骈与宋钘讨论尧时太平乃圣人之治所致的时候，彭蒙指出，尧时太平是由于圣法之治而非圣人之治，他说：“圣人者，自己出也；圣法者，自理出也……故圣人之治，独治者也，圣法之治，则无不治矣。”

关于田骈的思想，《尸子·广泽》称：“田子贵均”。《吕氏春秋·审分览·不二》称田骈“贵齐”。《吕氏春秋·审分览·执一》记载田骈以道术说齐王，并且主张“变化应来而皆有章，因性任物而莫不宜当”。田骈的这种齐物因性的思想与庄子的思想有若干相通之处。

深度阅读

1. 《老子》《庄子》。
2. 李光灿、张国华总主编：《中国法律思想通史》，第2卷，第四章，太原，山西人民出版社，1998。
3. 刘新主编：《中国法哲学史纲》，第二章第三节、第三章第四节和第五节，北京，中国人民大学出版社，2005。
4. 王蒙：《庄子的享受》，合肥，安徽教育出版社，2010。
5. 王振东：《论中国自然法思想及其复兴》，载《法学家》，2006（3）。

问题与思考

1. 道家的“道法自然”思想与自然法思想的联系和区别是什么？
2. 老子的辩证法理论对中国传统的法律文化有哪些影响？
3. 老子无为而治的思想有何历史意义？
4. 庄子如何理解法的本体？

5. 庄子如何批判儒家和法家的法律思想？
6. 为什么庄子对儒家和法家的批判没能促使后来中国社会产生法律批判学派？
7. 庄子对法与自由、法与正义等法价值的论述有何现实意义？
8. 庄子穷究法理的历史启示是什么？
9. 庄子的法律思想的法文化意义何在？
10. 为什么庄子总是以寓言故事阐发自己的法律思想？

第六章

法家学派的法律思想

常考知识点

- 法家理论的总体特点
- 术治思想
- 势治思想
- 商鞅的变法思想
- 法家的工具主义法治观
- “以法治国”与依法治国
- 重刑思想
- 法不阿贵思想的价值和局限
- 《管子》的立法思想
- 韩非论法治的必要性

第一节　法家学派概述

法家是先秦诸子百家中最重视法律及其强制作用，并且以高扬“以法治国”而著称的一个学派。

学术派别意义上的“法家”一词，最早见于《史记·太史公自序》：“法家不别亲疏，不殊贵贱，一断于法。”又云：“法家严而少恩，然其正君臣上下之分，不可改矣。”

当今中国法律思想史学界，一般是从三个角度对法家学派进行分类研究的，即从时间、地域和理论的角度，把法家学派作不同的划分。从时间上划分，春秋时期的管仲、子产、邓析被认为是法家学派的先驱；战国初期的李悝、吴起，战国中期的商鞅、慎到、申不害，战国末期的韩非、李斯是法家的主要代表人物。在此基础上，学术界一般称战国中期以前的法家为前期法家，称战国后期的法家为后期法家。从地域上划分，法家学派一般被划分为齐法家和晋法家：齐国和晋国及其各自影响的地域的文化传统不同，造成了齐法家和晋法家的主张稍有差异，如齐法家重农而不抑商、重法而不全盘否认道德教化的作用，而晋法家重农抑商、严刑峻法、否认道德教化的作用等。从理论上划分，前期法家分为三派，其中，商鞅重法、慎到重势、申不害重术，而后期法家韩非综而重之。

总体而言，法家代表人物以谈法、论法和主张“以法治国”著称，在先秦思想家当中，他们对法学也最有研究。从今天法学学科的角度来看，他们在法理学、刑法学、行政法学等方面涉猎非常广泛。仅从法理学角度而言，他们研究的领域至少包括法律的起源、法律的本质、法律的作用，以及法律与社会经济、法律与历史发展、法律与时代要求、法律与国家政权、法律与道德伦理、法律与风俗习惯、法律与自然环境、法律与人口、法律与人性等相互之间的关系。

关于法家的著作，《汉书·艺文志》列法家共10家，著录、著作217篇，其中《李子》32篇、《商君》29篇、《申子》6篇、《处子》9篇、《慎子》42篇、《韩子》55篇、《游棣子》1篇、《晁错》31篇、《燕十事》10篇、《法家言》2篇。现在，保存比较完整的只有《韩非子》（现存55篇）和《商君书》（现存26篇，但有2篇只有篇目，正文失传）。此外，《申子》《慎子》《晁错》等有辑本或残本，其他均已失传。今人研究法家的思想的另一个重要资料来源是《管子》一书中保存的相当多的法家的篇章和言论，这些构成研究法家的思想的材料基础。

第二节 申不害

申不害（约公元前395年—公元前337年）为郑国京（今河南荥阳东南）人。韩灭郑以后，韩昭侯任命他为相。申不害辅佐韩昭侯15年，政治上很有作为，“内修政教，外应诸侯”，一度使韩“国治兵强，无侵韩者”（《史记·老子韩非列传》）。

申不害在思想上“本于黄老而主刑名”（《史记·老子韩非列传》）。学术界公认他是从道家分化出来的法家。按照韩非的看法，申不害的思想的最大特点是重“术”，“术治”构成其思想的主要部分。

申不害的著作为《申子》，《史记·老子韩非列传》称《申子》共有2篇，《汉书·艺文志》称其有6篇，现均已经失传，仅《群书治要》第36卷中辑录有《大体》1篇。此外，《全上古三代秦汉三国六朝文》卷四辑录其佚文数篇。

一、“圣君任法而不任智”的法治论

申不害主张君主应该“任法”。在他看来，“任法”同“任智”是对立的：“尧之治也，盖明法审令而已。圣君任法而不任智，任教而不任说。黄帝之治天下，置法而不变，使民安乐其法也。”（《申子·佚文》）关于“任法而不任智”，申不害认为，这是为了维护君主的至尊地位，即所谓“君之所以尊者，令。令不行，是无君也。故明君慎令”，“君必有明法正仪，若悬权衡以称轻重，所以一群臣也”（《申子·佚文》）。

作为从道家分化出来的法家，申不害的“任法而不任智”的思想同其对“天道”的认识是紧密联系的。申不害认为，“天道”的特点是“恒正”和“常静”，因此，君主治理国家也应该效法“天道”：“天道无私，是以恒正；天道常正，是以清明。地道不作，是以常静；地道常静，是以正方。举事为之，乃有恒常之静者，符信受令必行也。”（《申

子·佚文》）在这里，申不害把“天”“道”与“正”“常”“令”“法”联系起来，有很强的法理学意义。然而，可惜的是，这里的“令”“法”，被申不害等同于君主用三寸不烂之舌发布之言：“明君治国，而晦晦，而行行，而止止。三寸之机运而天下定，方寸之基正而天下治。一言正而天下定，一言倚而天下靡。”（《申子·佚文》）因此，申不害的结论只能是：依据“道”的清静无为的原则，君主应该无为“任法”，而不应该有为“任智”。

二、力主“君人南面之术”的术治论

虽然申不害主张“任法而不任智”，但从确切可考的历史资料来看，申不害最重要的思想特色还是他的“术治”思想。对于什么是“术”，现存的申不害的言论中没有明确论述，但由于申不害的著作在先秦一度广为流传，因而《韩非子》和《吕氏春秋》等著作都称引述了申不害的著作。按照韩非的说法，“申不害言术……术者，因任而授官，循名而责实，操杀生之柄，课群臣之能者也。此人主之所执也”（《韩非子·定法》）。可见，“术”是君主掌握的一种任免、考核、赏罚臣下的方法和手段。此外，“术”更是一种政治术，是一种政治阴谋权术，是一种“君人南面之术”。无论如何，“术”都不同于法：法的对象是全体臣民，“术”的对象是臣下官吏；法由君臣共守，“术”由君主独操；法要公开，“术”要藏于胸中；法是一种明确的规定，“术”要存于心计之间。

具体说来，申不害所说的“术”主要包括如下几种。

其一，“正名责实之术”。申不害认为，君主在处理与臣下的关系时，不应该要求臣下表示其对自己多么忠诚，也不应该把精力放在评论臣下忠诚或奸佞的问题上。他所要做的是抓住一般的规定，并按照规定检查、考察和评论臣下的功过得失。君主要善于抓住大事，抓住了大事，就能控制细小、控制臣下，这里的关键是要给包括臣下在内的各种人事以规定性，也就是要“正名”，只有“正名”，才能“责实”，才能提纲挈领：“为人君者，操契以责其名。名者，天地之纲，圣人之符。张天地之纲，用圣人之符，则万物之情无所逃之矣。”（《申子·大体》）申不害从古代先王运用“正名责实之术”正反两方面的经验教训说明“正名”的重要性：“昔者尧之治天下也以名，其名正则天下治；桀之治天下也亦以名，其名倚而天下乱。是以圣人贵名之正也。主处其大，臣处其细，以其名听之，以其名视之，以其名命之。”（《申子·大体》）

其二，“静因无为之术”。申不害的关于“术”的思想深受道家思想的影响，他对“术”的另一方面内容的论述同其“天道无为”的思想是紧密联系的。他认为，天地、自然及其规律的特点是静：“地道不作，是以常静。地道常静，是以正方。举事为之，乃有恒常之静者。”“刚者折，危者覆，动者摇，静者安，名自正也，事自定也。”（《申子·大体》）基于此，对待任何事情都应该贵因、贵静：贵因就应该“随事而定之”，善于顺水推舟；贵静就应该“视天下无为”（《申子·大体》）。具体到君主对于大臣来说，君主就应该据此充分运用“静因无为之术”，其中最重要的是君主在大臣面前应该把自己深藏起来，对于任何事情在未决定之前都不应该表示自己的好恶、知与不知以及作出任何倾向性判断的表示，这样，就能把大臣搞得糊里糊涂，摸不清君主的真实意图，因为“上明见，人备之；其不明见，人惑之。其知见，人饰之；不知见，人匿之。其无欲见，人司（伺）之；其有欲见，人饵之”（《韩非子·外储说右上》）。聪明的君主在大臣面前不动声色，臣下便无机可乘，甚至必要的时候，君主还应该装聋作哑、装疯卖傻：“善为主者，倚于愚，立于不盈，设于不敢，藏于无事。”（《申子·大体》）君主之所以应该这样做，是因为“示人有余者，人夺之，示人不足者，人与之”（《申子·大体》）。因此，说到底，申不害的这种“静因无为之术”是一种“至智弃智，至仁忘仁，至德不德”（《吕氏春秋·仁教》）的政治手腕和阴谋权术。

申不害重“术”，是同他的尊君防臣思想紧密联系的。战国时期，新兴地主阶级在各诸侯国相继取得政权，建立起了君主制度，随之而来的是君臣矛盾日益突出。申不害旗帜鲜明地站在君主的立场上，认为君主要推行法治，必须首先运用“术”防止臣下篡权，君主必须集权于一身，让臣下围绕着自己转。为了防止大权旁落，他反复告诫君主：“明君如身，臣如手；君若号，臣如响；君设其本，臣操其末；君治其要，臣行其详；君操其柄，臣事其常。”（《申子·大体》）只有这样，君主才能防止大臣“蔽君之明，塞君之听，夺之政而专其令，有其民而取其国矣”（《申子·大体》）。如果出现君臣关系倒置的情况，那么国家就离灭亡不远了：“夫一妇擅夫，众妇皆乱；一臣专君，群臣皆蔽。故妒妻不难破家也，而乱臣不难破国也。”（《申子·大体》）

正是因为认识到了“术”在尊君防臣方面的重要作用，所以申不害对“术”的推崇达到了无以复加的程度。这使申不害在中国思想史上因重“术”而时常被人提及。“术”这种东西在一定程度上的确为维护君主统治起到了某种作用，但是，“术”、政治权术、阴谋诡计这些东西说到底是官场尔虞我诈、相互争斗的理论表现，它以利害为中心考虑问题，因此，在后来中国官僚制度的发展中，有君主驾驭群臣之术，也有臣下欺君弄君之术。“术”的过度发展，反而助长了钩心斗角，使统治集团走向涣散。“术”的思想在后世曾经招致无数学者的抨击。其实，即使是在法家代表人物当中，韩非也曾对申不害用“术”过度提出过批评。韩非认为申不害把重点放在“术”上，不注意统一法令，致使韩国的改革远没有秦国的彻底：“申不害，韩昭侯之佐也。韩者，晋之别国也。晋之故法未息，而韩之新法又生；先君之令未收，而后君之令又下。申不害不擅其法，不一其宪令，则奸多。故利在故法前令，则道之；利在新法后令，则道之。利在故新相反，前后相悖，则申不害虽十使昭侯用术，而奸臣犹有所谲其辞矣。故托万乘之劲韩，七十年而不至于霸王者，虽用术于上，法不勤饰（治）于官之患也。”（《韩非子·定法》）

第三节　慎　到

慎到（约公元前 390 年—公元前 315 年）系赵国人，战国中期法家“势治”派的主要代表人物。慎到早年学“黄老道德之术”（《史记·孟子荀卿列传》），是从道家分化出来的法家。从现存史料来看，慎到一生最辉煌的活动是在齐国稷下学宫讲学，久负盛名，受到齐宣王的礼遇，对法家思想在齐国的传播发挥了重要作用。

慎到的著作现存很不完整，《史记》说他著有《十二论》，《汉书·艺文志》法家类著录《慎子》42篇，不过大多都已经失传，现仅存《威德》《因循》《民杂》《德立》《君人》《知忠》《君臣》7篇及一些佚文。

一、“立公弃私”的立法公私观

“立法为公”还是“立法为私”，是中国法律思想史上为数不多的关于法律本质的争论性问题。这个问题贯穿于传统中国社会的全过程。然而，这个问题的提出肇始于先秦思想家的论述。应该说，儒家等也曾提出过“公”与“私”的问题，但是，从立法的角度谈论“立法为公”还是“立法为私”，是法家首先予以明确化的。法家的早期代表人物吴起曾谈到立法应该“使私不害公”的问题，与慎到差不多同时期的商鞅也曾谈到“立法去私”的问题，然而，比较全面、深入论证“立公弃私”的立法公私观的是慎到。这一点，就连先秦道家学派的庄子也表示认可：“公而不党，易而无私……慎到闻其风而悦之。”（《庄子·天下》）

慎到在立法的公与私问题上，坚决主张“立公弃私”“立法为公”。他说：“权衡所以立公正也，书契所以立公信也，度量所以立公审也，法制礼籍，所以立公义也。凡立公所以弃私也。”（《慎子·威德》）“有权衡者，不可欺以轻重；有尺寸者，不可差以长短；有法度者，不可巧以诈伪……法者，所以齐天下之动，至公大定之制也。故智者不得越法而肆谋，辩者不得越法而肆议，士不得背法而有名，臣不得背法而有功。”（《慎子·佚文》）总之，“法之功莫大使私不行……今立法而行私，是私与法争，其乱甚于无法……故有道之国，法立则私议不行”（《慎子·佚文》）。

应该指出的是，慎到所说的“公”与“私”，是传统中国社会的一个特有概念。他所说的“公”是指当时新兴地主阶级的整体利益以及这一利益的集中代表——君主的利益，而个别人对这种利益的破坏被称为“私”。实际上，慎到所说的“公”，无非是君主的“私”，是“大私”。这一点，恰如后来明末清初启蒙思想家所指出的那样，尽管传统中国社会思想家绝大多数都主张“立法为公”，但在传统中国社会和特有背景之下，其也只不过是“一家之法”“一姓之私”罢了。

二、“事断于法”的尚法论

中国古代的法治思想，总体上说是强调君主利用法律进行统治，强调法的工具性，即用法这种工具来治国。然而，在先秦法家的思想当中，的确也有另一种较弱的声音，即呼唤君主要“事断于法”，把法治同君主“身治”对立起来。这种倾向在一定程度上是对君主“以法治国”的突破，多少含有一些现代依法治国的味道。当然，这种声音在中国古代的确很弱，所以，更值得我们重视。

具体说来，在先秦法家代表人物当中，在慎到和韩非的思想当中，我们可以看到一些把法治与君主“身治”对立起来的论述，慎到居先。如前所述，慎到主张“立法为公”、反对“立法行私”。顺着这个思路，慎到进一步指出：“为人君者不多听，据法倚数以观得失。无法之言，不听于耳；无法之劳，不图于功；无劳之亲，不任于官。官不私亲，法不遗爱，上下无事，唯法所在。”（《慎子·君臣》）在这里，慎到非常强调遵守法律制度，尤其是提到君主本人守法的问题：“君人者，舍法而以身治，则诛赏予夺，从君心出矣。然则受赏者虽当，望多无穷；受罚者虽当，望轻无已。君舍法，而以心裁轻重，则同功殊赏，同罪殊罚矣，怨之所由生也。”（《慎子·君人》）这表明，慎到论述法治的重要性，是从法治与“身治”对立的角度着手的。在他看来，赏罚不以法为根据，而由君主的主观意志来决定，必然会造成同功不同赏、同罪不同罚，这恰恰是怨恨产生的根源。有鉴于此，必须“事断于法”（《慎子·佚文》），只有这样，才能做到“法之所加，各以其分……怨不生而上下和矣”（《慎子·君人》）。在法治与“身治”的问题上，慎到甚至认为：“法虽不善，犹愈于无法，所以一人心也。”（《慎子·威德》）这可以说是先秦法治思想可能达到的最高境界。

三、“权重位尊”的重势思想

“势治”思想是慎到的思想的最大特色，这已经为学术界所公认。的确，在先秦法律思想家当中，慎到是以重势而著称的。慎到的“重势”和“尚法”是有内在联系的，在慎到看来，“重势”是为了“尚法”，而“尚法”必须“重势”。君主要想实行法治，就必须掌握使法令得到贯彻执行的权势。具体说来，慎到的“势治”思想包括如下几方面内容。

（一）“权重位尊”与“令行禁止”

慎到的法治思想的起点是“势治”，而“势治”的起点是君主制。慎到多次论证实行君主制的必要性。他说：“君之功，莫大于使民不争”，“多贤不可以多君，无贤不可以无君”，“礼从俗，政从上，使从君”，“疑则动，两则争，杂则相伤，害在有与，不在独也。故臣有两位者，国必乱，臣两位而国不乱者，君在也，恃君而不乱矣，失君必乱”（《慎子·德立》）。这就是说，要想治理国家，必须实行君主制，而君主使臣民服从法令、实行法治，唯一有效的办法就是掌握使臣民不得不服从的权势，只有“权重位尊”，才能“令行禁止”。为此，慎到在中国法律思想史上首次提出了对中国传统法律文化影响深远的“势治”思想。

慎到对“势治”思想的论述是从通俗的比喻开始的，他把君主的权势形象地比拟为飞龙和云雾，飞龙有了云雾才能高飞，只要云消雾散，飞龙就会失去其高飞的凭借和条件，这时的飞龙同地上的蚯蚓和蚂蚁没有什么两样。慎到因此告诫君主，只有牢牢掌握权势，雄居高位，才能令行禁止；只要占据势位，即使是像桀纣那样的昏君，也能以势压人，否则，即使像尧舜那样贤明，老百姓也不会服从。其原文如下：

> 腾蛇游雾，飞龙乘云，云罢雾霁，与蚯蚓同，则失其所乘也。故贤而屈于不肖者，权轻也；不肖而服于贤者，位尊也。尧为匹夫，不能使其邻家，至南面而王，则令行禁止。由此观之，贤不足以服不肖，而势位足以屈贤矣。（《慎子·威德》）

慎到的这种“势治”思想，不仅对法家思想的发展产生了重要影响——后期韩非在自己的著作中直接引用慎到的语录说明自己的思想，而且，对中国传统法律文化的某些特点的形成产生了重要影响。传统中国社会在处理“人”与“势”的关系时对“势”不对“人”，而在处理“事”与“人”的关系时对“人”不对“事”。这不能不说与发端于慎到并被后来思想家尤其是政治家所高扬的“势治”思想有一定的内在联系。

（二）“君道无为”与“臣道有为”

慎到是从道家分化出来的法家，因此，道家思想对慎到的影响较大，这主要体现在慎到将道家的“无为而治”同他所发明的“势治”以及法家的“法治”有机地结合了起来。在慎到看来，君主要想治理国家，首先必须拥有势位，掌握势位以后，君主就要“事断于法”，而不必事必躬亲，即“大君任法而弗躬为，而事断于法矣”（《慎子·君人》）。君主要奉行“道常无为而无不为”的原则，占据势位，负责定法。在此基础上，遵循“无为而治”的治国之道，国家就能够得到治理。

慎到关于“君道无为”的思想，是同他的“臣道有为”的思想相联系的，或者说，慎到关于“势”“法”“道”相互关系的思想，同他的整个为君之道相联系。在慎到看来，君主和大臣是有分工的：“以死守法者，有司也，以道变法者，君长也。”（《慎子·内篇》）但是，由于“自为之心”人皆有之，君臣之间也是如此，因而君主为了防止大臣篡权，保住势位，必须掌握好为君之道，也就是要处理好“君道无为”与“臣道有为”的关系：“君臣之道，臣事事而君无事，君逸乐而臣任劳。臣尽智力以善其事，而君无与焉，仰成而已。故事无不治，治之正道然也。人君自任而务为善以先下，则是代下负任蒙劳也，臣反逸也，故曰君人者好为善以先下，则下不敢与君争为善以先君矣。”（《慎子·民杂》）不仅如此，君主的智慧未必比大臣高出多少，即使君主的智慧高于大臣，其事必躬亲，也必然劳苦：“劳则有倦，倦则衰……是以人君自任而躬事，则臣不事事，是君臣易位也，谓之倒逆，倒逆则乱矣。人君苟任臣而勿自躬，则臣皆事事矣，是君臣之顺，治乱之分，不可不察也。”（《慎子·民杂》）

值得注意的是，慎到关于“臣事事而君无事”的思想的确是为君主提供的为君之道。但是，这里还有另一方面的倾向，即慎到虽然主张君主制，主张君主应该占据势位，但慎到并没有把君主制绝对化。这不仅表现在慎到在提出君臣关系原则以后，又论证了“亡国之君，非一人之罪也；治国之君，非一人之力也……存亡荣辱之施，非一人之力也”（《慎子·知忠》），而且，慎到提出了“立天子以为天下，非立天下以为天子”的思想。他说：“国家之政要在一人心矣。古者立天子而贵之者，非以利一人也。曰：天下无一贵，则理无由通，通理以为天下也。故立天子以为天下，非立天下以为天子也；立国君以为国，非立国以为君也；立官长以为官，非立官以为长也。”（《慎子·威德》）

第四节　商　鞅

商鞅（约公元前 390 年—公元前 338 年）姓公孙，曾称公孙鞅，卫国人，又称卫鞅，后因功被秦封于商，始称商鞅。商鞅是战国时期著名的政治家和法律思想家，是法家理论的主要奠基者。在法家人物当中，商鞅不仅以重法著称，而且以三大法律改革家（商鞅、王安石、沈家本）之一名垂中华史册。商鞅“少好刑名之学”（《史记・商君列传》），曾就学于李悝，了解李悝、吴起的变法实践。公元前 361 年，秦孝公即位，为了富国强兵，下令求贤，于是，商鞅携带李悝的《法经》进入秦国，取得了秦孝公的信任，被任命为左庶长，后又被提升为大良造（相当于相的职位）。在秦孝公的支持下，商鞅先后两次主持秦国变法，使贫穷落后的秦国后来居上，一跃成为“兵革大强，诸侯畏惧”（《战国策・秦一・卫鞅・亡魏入秦》）的强国，为秦最后统一中国奠定了坚实的基础。图 6 - 1 为代表权力的虎符。

图 6 - 1　商鞅挟李悝《法经》入秦执掌虎符

公元前 338 年，秦孝公去世，商鞅被诬谋反，遭车裂而亡。

商鞅在主持变法和同反对派论战的过程中，阐发了一系列思想，成为法家的主要代表人物。商鞅的法律思想主要反映在《商君书》一书中，现存《商君书》有 26 篇目，但《刑约》《御盗》两篇只有篇名，原文失传。其大多为商鞅自著，也有个别篇目为商君后学所增补，但学术界公认，《商君书》基本上反映了商鞅的思想的原貌。

一、变法思想

社会进步，法律就应该随之发生变化，这在今人看来是再正常不过的规律了。然而，历史上的任何一次重大社会变革都不是一帆风顺的，既得利益者对变法的阻挠和反对总是不遗余力的。商鞅在主持秦国变法之初，就受到了以甘龙和杜挚为代表的贵族保守势力的顽强抵抗，从而引起了中国历史上关于变法问题的第一次大辩论。在这场辩论中，商鞅系统地阐发了“不法古、不修（循）今”（《商君书・开塞》）的变法思想。

商鞅首先批驳了“法古论”，针对反对派关于“圣人不易民而教，智者不变法而治”“法古无过，循礼无邪”（《商君书・更法》）的主张，提出：“法者所以爱民也，礼者所以便事也。是以圣人苟可以强国，不法其故；苟可以利民，不循其礼。”（《商君书・更法》）因为“治世不一道，便国不必法古”。商鞅对此从历史上寻找例证：“三代不同礼而王，五霸不同法而霸，故智者作法而愚者制焉，贤者更礼而不肖者拘焉。”（《商君书・更法》）“前世不同教，何古之法？帝王不相复，何礼之循？伏羲、神农教而不诛，黄帝、尧、舜诛而不怒（孥），及至文、武，各当时而立法，因事而制礼，礼法以时而定，制令各顺其宜，兵甲器备各便其用。臣故曰：治世不一道，便国不必法古。”（《商君书・更法》）

其次，商鞅批驳了“修（循）今论”，指出“循今”和“法古”一样，都具有危害性，效法古代会落后于时代，保守现状也跟不上形势的发展，即所谓“法古则后于时，修（循）今则塞于势”（《商君书·开塞》）。商鞅的这种既反对“法古”又反对“循今”的思想，是建立在其历史进化观基础上的。在他看来，人类历史不但是变化的，而且是向前发展的，法律必须紧跟时代的变化而变化，既不能复古，也不能保守。这就从历史观上为法家主张变法革新，反对儒家“德治”和“礼治”，进而推行法家的“法治”奠定了思想理论基础。

二、“垂法而治”的法治论

在先秦思想家当中，商鞅以重法著称。这不仅是与其他学派相比较而言的，即使从法家学派内部的各代表人物的思想倾向来看，商鞅也是最重视法律及其强制作用的。在《商君书》中，商鞅在多处谈到君主应该“缘法而治”“垂法而治”“一任于法”“法任而国治矣”。

商鞅主张法治，是基于对儒家倡导“礼治”于事无补的认识。在商鞅看来，在诸侯争霸的春秋战国时代，“以礼治国”实在是迂腐之见，“以礼治国”不如“以力治国”，只有法才能赢得力量，因此，商鞅极力主张以“法”代“礼”，主张把法看作治理国家的唯一工具和判定是非功过的唯一标准。《商君书》不止一次地强调法在治理国家中的重要性，商鞅主张：“法令者，民之命也，为治之本也，所以备民也。为治而去法令，犹欲无饥而去食也，欲无寒而去衣也，欲东而西行也，其不几亦明矣。”（《商君书·定分》）“故有明主、忠臣产于今世，而能领其国者，不可须臾忘于法。破胜党任，节去言谈，任法而治矣……臣故曰：‘法任而国治。’”（《商君书·慎法》）

（一）实行法治的必要性

商鞅从如下几个方面论证了实行法治的必要性。

第一，从奖励农战、富国强兵的角度论述法治的必要性。商鞅认为，面对诸侯征战的社会现实，要想不被其他诸侯国吞食并最终完成统一霸业，必须富国强兵。而富国强兵，最重要的是君主要重视农战、推行农战、奖励农战，“国之所以兴者，农战也”，“国待农战而安，主待农战而尊”（《商君书·农战》），通过大力发展农业生产加强军事力量。要达到这一目的，最有效、最直接的办法就是实行以赏罚为主要内容的法治：依靠奖赏，鼓励有功于农战的人；利用惩罚，制裁那些破坏农战的人。从奖励农战、富国强兵的思想出发，商鞅在中国历史上掀起了空前的更法改律高潮，这就是公元前359年和公元前350年，商鞅在秦孝公支持下先后两次在秦国主持变法，从而使秦国一跃成为兵强马壮的强国。可以说，商鞅以法治手段推行的富国强兵策略，事实上为秦统一中国奠定了坚实的基础。

第二，从人性的角度论述法治的必要性。商鞅认为，法治之所以必要，更主要的原因在于法治是基于人性特点而可能采取的最好的治国手段。同其他法家代表人物一样，商鞅也认为“好利恶害”是人的天然本性，他说：“民之性，饥而求食，劳而求佚，苦则索乐，辱则求荣，此民之情也……故民生则计利，死则虑名，名利之所出，不可不审也。”（《商君书·算地》）人一生忙忙碌碌，总想富贵，这种想法只有到人死才能停止：“民之欲富贵也，共阖棺而后止。”（《商君书·赏刑》）这种追求富贵和财富的好利本性不仅存在于一般人，也存在于有名的圣君：“一兔走，百人逐之……尧舜禹汤且皆如鹜焉而逐之。”（《商君书·定分》）正是由于“人生而有好恶，故民可治也。人君不可以不审好恶。好恶者，赏罚之本也。夫人情好爵禄而恶刑罚，人君设二者以御民之志，而立所欲焉”（《商君书·错法》）。在商鞅看来，好利恶害的本性人皆有之，这种人性自古以来都是这样，并且不可改变，因此，不能用所谓的仁义道德、教化来治理国家，只能实行法治。

第三，从法与道德的关系角度论述法治的必要性。在法与道德的关系问题上，一般说来，儒家相对重仁义道德的作用，而法家代表人物相对重视法的强制作用。商鞅在法家学派中以重法而著称，他在论证实行法治的必要性时提出的一个重要逻辑就是：仁义道德不能治理天下，因为讲仁义道德的人可以对他人施以仁政、德政，但不能使人们达到仁德的境界，社会还是不能治理。因此，只有法治才是治理国家的根本，实行法治使国家得到治理才是最大的仁德。商鞅自认为这一点具有深刻道理：“圣人见本然之政，知必然之理，故其制民也，如以高下制水，如以燥湿制火。故曰：仁者能仁于人，而不能使人仁；义者能爱于人，而不能使人爱。是以知仁义之不足以治天下也。圣人有必信之性，又有使天下不得不信之法……此乃有法之常也。圣王者不贵义而贵法，法必明，令必行，则已矣。”（《商君书·画策》）

（二）实行法治的方法

商鞅主张实行法治，他在反复论证了实行法治的必要性以后，提出了“法、信、权”三位一体的法治方法论。《商君书·修权》集中论述了这一思想：“国之所以治者三：一曰法，二曰信，三曰权。法者，君臣之所共操也；信者，君臣之所共立也；权者，君之所独制也。”在这里，商鞅十分明确地谈到了法治方法的三个方面。

第一，法度制定与守法。商鞅认为，实行法治，必须首先制定法度。商鞅经常以权衡、尺寸等度量衡来进行比喻，人们要测量轻重，没有秤杆、秤砣不行；要测量长短，没有尺寸不行。对于一个国家来说，法度就像称轻重的权衡和量长短的尺寸一样，治理国家没有法度不行，法度就是国家的度量衡：“先王县（悬）权衡、立尺寸，而至今法之，其分明也。夫释权衡而断轻重，废尺寸而意长短，虽察，商贾不用，为其不必也。故法者国之权衡也。”（《商君书·修权》）

商鞅在法治方法问题上不仅看到了治国要有法律，而且认为法度制定以后必须得到实施，因此，商鞅特别强调守法的问题。在商鞅看来，守法当然毫无疑问首先是百姓遵守法律，不过商鞅也的确看到了“法之不行，自上犯之”（《史记·商君列传》），看到了“法之不明者，君长乱也”（《商君书·一言》）。因此，商鞅在《商君书·慎法》中力劝君主“不可须臾忘于法”，在《商君书·君臣》中更明确地说：“明主慎法制，言不中法者，不听也；行不中法者，不高也；事不中法者，不为也。”可见，商鞅对于守法问题是多么重视。他实际上已经触及了法治的一个根本问题，即君主守法的问题。但在这里我们也必须指出，商鞅的这种君主守法思想是有一定局限的，表现在商鞅只是规劝君主要守法，君主不守法，臣下和百姓也毫无办法。这一点甚至连商鞅自己也看得很清楚："国皆有潜法，而无使法必行之法。"（《商君书·画策》）在这里我们不能不说商鞅的法治思想的深刻，也不能不慨叹商鞅的法治方法的苍白。

第二，执法守信与"任法去私"。商鞅认为，在法律颁布以后，实行法治的关键是要在"信"字上做文章，即必须做到"信赏必罚"，按照法律的规定，该赏的就赏，该罚的就罚，只有如此，才能取信于民，才能使奸邪不生："民信其赏则事功成，信其刑则奸无端。"（《商君书·修权》）关于商鞅执法守信的法治方法，《史记·商君列传》为我们记载了一个真实的故事。据司马迁记载，商鞅为了取信于民，在公布变法令之前，曾经"立三丈之木于国都市南门，募民有能徙置北门者予十金。民怪之，莫敢徙。复曰：能徙者予五十金。有一人徙之，辄予五十金，以明不欺"。商鞅的这种行为当然不能排除有使用权术的因素，但的确也说明了商鞅执法守信以贯彻法治的思想。

与执法守信思想相联系，商鞅主张"任法去私"，坚决反对"释法任私"。商鞅认为，"释法任私"必然导致国家混乱："世之为治者，多释法而任私议，此国之所以乱也……人主失守则危，君臣释法任私则乱。故立法明分而不以私害法则治。"这其中的重要原因在于："凡人臣之事君也，多以主所好事君。君好法，则臣以法事君；君好言，则臣以言事君。君好法，则端直之士在前；君好言，则毁誉之臣在侧。公私之分明，则小人不疾贤，而不肖者不妒功。"（《商君书·修权》）因此，为了法治的实现，君主必须"任法去私"。

第三，法治推行与"君权独制"。商鞅推行法治的第三种方法，实际上也是作为归结点的方法是"君权独制"。商鞅在法家学派中虽然以重法著称，但他也坚决认为，法治必须以"权"为基础，这里的"权"是指"君权"。商鞅在《商君书·修权》中曾经反复强调："权者，君之所以独制也……权制独断于君则威。"只有君主独揽大权，才能推行法治，只有君尊权重，才能令行禁止。结论就是：只有君主"秉权而立"，国家才能"垂法而治"（《商君书·一言》）。商鞅看到了推行法治必须以国家政权为后盾，这在一定意义上是对的，但商鞅对君权的过分推崇，只能导致君主专制主义，其结果只能是对真正意义上的法治的破坏。

三、"刑无等级"思想

"刑无等级"一词在中国历史上首次出现在《商君书》中，商鞅的"刑无等级"的思想也是其法律思想中最为精彩的部分。关于"刑无等级"思想的具体和真实的内容，我们必须完整地理解其原文。《商君书·赏刑》在解释"一刑"的时候阐述了"刑无等级"思想："所谓壹刑者，刑无等级，自卿相、将军以至大夫、庶人，有不从王令、犯国禁、乱上制者，罪死不赦。有功于前，有败于后，不为损刑；有善于前，有过于后，不为亏法。忠臣孝子有过，必以其数断。守法守职之吏，有不行王法者，罪死不赦，刑及三族。周官之人，知而讦之上者，自免于罪，无贵贱，尸袭其官长之官爵、田禄。"理解商鞅的这段关于"刑无等级"的论述，至少应该从以下几个角度考虑。

第一，"刑无等级"首先是一个在用刑执法问题上尊君的口号。商鞅的"刑无等级"思想的立足点和出发点是贯彻"王令"。在商鞅看来，君主的命令即国家的法律是至高无上的，任何人，包括卿相、将军、大夫、庶人，只要违反“王令”，就要受到惩处。从这个意义上说，在用刑执法时强调“刑无等级”，恰恰是为了尊君。

第二，“刑无等级”是一个反抗旧传统和旧贵族特权的口号。商鞅的“刑无等级”思想的矛头直指旧贵族特权，它是对商周以来“礼不下庶人，刑不上大夫”思想的直接否定。在“刑无等级”的口号下，商鞅在变法时一切以有利于农战和奖励军功为准则，把不遵“王令”的旧贵族“尽迁之于边城”，从而保证了秦国变法的成功。因此，商鞅的“刑无等级”的思想在当时具有巨大的历史进步性。

第三，“刑无等级”在内涵和价值取向上与近代资产阶级的“刑无等级”和“法律面前人人平等”绝对不是等量齐观的口号。商鞅的“刑无等级”思想的确具有很大的历史进步意义，但我们绝不能对此任意夸大而看不到它的局限，尤其不能把商鞅的“刑无等级”思想同近代资产阶级的所谓的“法律面前人人平等”原则任意比附。事实上，二者在内涵和价值取向上的差异是明显的，这主要不是指商鞅的“刑无等级”是一个虚假的口号（因为在商鞅提出这一口号以后，他又亲自创立了“二十军功爵抵罪”的等级制度，使所谓的“刑无等级”变成了“刑有等级”），而是指商鞅的“刑无等级”思想是他在论述君主治国应该“一赏”“一教”“一刑”时阐发的，它强调的是君主在执法用刑时，对于所有“不从王令、犯国禁、乱上制”的臣民，都要“罪死不赦”。商鞅的“刑无等级”可以说是在排除了君主本人以后，把所有臣民作为一个集合体统一看待。这同“法律面前人人平等”把所有人（包括最高统治者）看作独立平等的个体是有显著区别的。总之，商鞅的“刑无等级”的思想是君主政体的产物，而“法律面前人人平等”是民主政体的原则，二者不能混淆。

四、重刑思想与“以刑去刑”

商鞅“重法”，然而，商鞅所说的法在具体运用上主要体现为“刑赏”，因此，商鞅对于“刑”更是情有独钟，“重刑治民”成为商鞅的法律思想的一个重要特色。商鞅的“重刑”主要包含下面两层意思。

第一，在赏赐与刑罚的关系中，更加重视刑罚的作用。在商鞅看来，刑和赏都是君主进行专制统治的重要手段，正所谓“夫刑者所以禁邪也，而赏者所以助禁也”（《商君书·算地》），只不过“赏者文也，刑者武也”。然而，由于人性的原因，在具体运用刑赏的时候，应该“刑多赏少”“先刑后赏”“重罚轻赏”。之所以这样，是因为“重罚轻赏，则上爱民，民死上；重赏轻罚，则上不爱民，民不死上。兴国行罚，民利且畏；行赏，民利且爱。国无力而行智巧者必亡。怯民使以刑必勇，勇民使以赏则死，怯民勇，勇民死，国无敌者强，强必王。贫者使以刑则富，富者使以赏则贫。治国能令贫者富，富者贫，则国多力，多力者王。王者刑九赏一，强国刑七赏三，削国刑五赏五”（《商君书·去强》）。“治国，刑多而赏少。故王者刑九而赏一，削国赏九而刑一。”（《商君书·开塞》）“故民之于上也，先刑而后赏。”（《商君书·一言》）

第二，在犯罪与刑罚的关系中，主张轻罪重判、小罪重罚，认为只有通过“重罚”“严刑”才能达到“去奸”和“民莫敢为非”的目的。这是商鞅的“重刑”思想的核心内容，在《商君书》的许多篇章当中，包括《去强》《画策》《赏刑》《修权》《开塞》等，都对这方面的“重刑”思想有深入的论证，如“夫利天下之民者，莫大于治；而治莫康于立君，立君之道莫广于胜法；胜法之务，莫急于去奸；去奸之本，莫深于严刑”（《商君书·开塞》）；“国皆有潜法，而无使法必行之法；国皆有禁奸邪、刑盗贼之法，而无使奸邪盗贼必得之法。为奸邪盗贼者死刑，而奸邪盗贼不止者，不必得；必得而尚有奸邪盗贼者，刑轻也。刑轻者，不得诛也；必得者，刑者众也。故善治者，刑不善而不赏善，故不刑而民善。不刑而民得善，刑重也。刑重者，民不敢犯，故无刑也，而民莫敢为非，是一国皆善也”（《商君书·画策》）；“夫过有厚薄，则刑有轻重；善有大小，则赏有多少。此二者，世之常用也。刑加于罪所终，则奸不去；赏施于民所义，则过不止。刑不能去奸而赏不能止过者，必乱。故王者刑用于将过，则大邪不生；赏施于告奸，则细过不失。治民能使大邪不生、细过不失，则国治，国治必强”（《商君书·开塞》）。不仅如此，按照商鞅的逻辑，“重刑”不像儒家所说的那样缺乏仁义、缺乏道德，相反，“重刑”恰恰是合乎仁义、体现“至德”的统治方法，因为对于“重刑”，“一国行之，境内独治；二国行之，兵则少寝；天下行之，至德复立。此吾以杀刑之反于德，而义合于暴也”（《商君书·开塞》）。

正是基于“重刑反于德”的逻辑，商鞅提出了他的著名的“以刑去刑”“以杀去杀”的思想，从而把他的“重刑”理论发展到极端。

商鞅说：“以刑去刑，国治；以刑致刑，国乱。故曰：行刑重轻，刑去事成，国强；重重而轻轻，刑至事生，国削。刑生力，力生强，强生威，威生惠，惠生于力。”（《商君书·去强》）“重刑，连其罪，则民不敢试。民不敢试，故无刑也。夫先王之禁，刺杀，断人之足，黥人之面，非求伤民也，以禁奸止过也。故禁奸止过，莫若重刑。刑重而必得，则民不敢试，故国无刑民，故曰：明刑不戮。”（《商君书·赏刑》）“故行刑，重其轻者，轻者不生，则重者无从至矣。此谓‘治之于其治’也。行刑，重其重者，轻其轻者，轻者不止，则重者无从止矣。”（《商君书·说民》）商鞅的结论就是：“故以战去战，虽战可也；以杀去杀，虽杀可也；以刑去刑，虽重刑可也。”（《商君书·画策》）

五、“以吏为师”“以法为教”

为了推行法治，商鞅主张取缔一切不符合君主法令的思想言论，用法律统一人们的思想、统一舆论、统一风俗，也就是要实行“一教”政策。商鞅所说的“一教”就是“以法为教”，为了贯彻“以法为教”，商鞅提出了“以吏为师”的主张。据《商君书·定分》记载，有一次秦孝公问商鞅：“法令以当时立之者，明旦欲使天下之吏民皆明知而用之，如一而无私，奈何?”商鞅回答说：“为法令置官吏。”为此，商鞅详细阐发了为贯彻法律而培养懂法的法官和官吏的思想。他建议秦孝公把各地通晓法令的人聚集到都城，让他们到宫殿的台阶前接受任命，在国君的宫殿中设置一名法官，在御史府设置一名法官，在丞相府设置一名法官，然后，在诸侯郡县分别设置一名法官或官吏，诸侯郡县的法官统归宫殿中的法官管辖。他主张对这些法官统一培训，让他们通晓法律条文的内容，若不合格，就用法律治他们的罪。君主制定的法律，都要有副本，一个副本放在国君的宫殿中，一个副本藏在另外的禁室中；法官学习法律不能随意更改，“有敢剟定法令，损益一字以上，罪死不赦”。通过这样严格的学习，通晓君主法令的法官就培养出来了。商鞅认为，培养法官的目的在于“为天下师”，在法官培养出来以后，各级官吏和所有百姓遇到任何法律问题，都要向法官求教，即“遇民不修法，则问法官，法官即以法之罪告之”。“吏民知法令者，皆问法官，故天下之吏民无不知法者。”这样，全国吏民知法懂法，就可以达到“吏不敢以非法遇民，民不得犯法以干法官”的目的，其结果是“万民皆知所避就，避祸就福，而皆以自治也。故明主因治而终治之，故天下大治也”（以上所引均见《商君书·定分》）。

商鞅“以吏为师”“以法为教”的思想的出发点是以君主的意志统一人们的思想，目的是实行“一教”的文化专制主义。但是，我们也必须看到，商鞅的这一思想，包含着培养法律人才、进行全民普法的积极成分和措施。这些对当今中国的法治建设应该说仍有一定的启迪意义。

第五节 《管子》

一、《管子》一书及其与齐法家的关系

《管子》最早成书于先秦，《韩非子·五蠹》说：“今境内之民皆言治，藏商、管之法者家有之。”今存《管子》一书为西汉刘向所校订，据刘向说，《管子》在先秦有 564 篇，由于驳杂重复，他在校书时除去了重复的篇目（参见图 6－2）。《汉书·艺文志》著录 86 篇，列入道家类，《隋书·经籍志》改列法家类。目前的版本仍然是 86 篇，其中 10 篇有目无文，实存 76 篇。

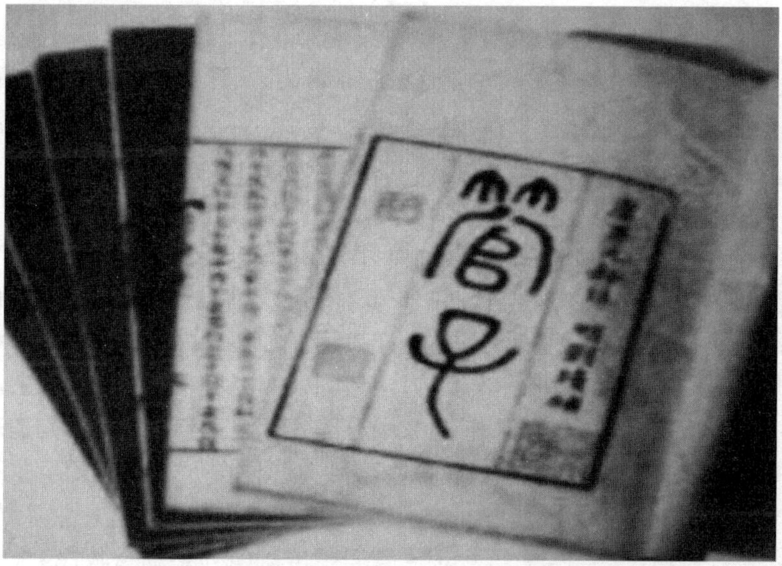

图 6－2 古本《管子》一书

当今中国学术界公认《管子》一书具有极高的理论和社会价值，其不仅思想极为宏富，而且广泛记录了社会风貌，其内容涉及政治、经济、法律、军事、哲学、伦理等各个方面，并以法家、道家、儒家为主，冶先秦诸子于一炉，有中国古代小百科全书之称。

然而，《管子》一书的成书年代、作者、性质等都是争论不休并且难以定论的问题。尚且不论古代思想家、史学家如司马迁、贾谊、傅玄、苏辙、朱熹、顾炎武等对待《管子》的态度存在怎样的分歧，近现代学者对《管子》一书的作者、年代及性质也尚未取得一致看法。概括起来，有如下几种典型的主张。

（一）管仲学派说

这种主张以任继愈、张岱年为代表。

任继愈在其主编的《中国哲学发展史》中提出了“管仲学派”的概念。任继愈认为，管仲学派是战国时期继承和发展管仲思想而形成的一个学派。根据任继愈在该书的观点，在刘向编定现存的《管子》之前，还另有一本《管子》。这本《管子》很可能就是不曾掺杂稷下先生著作的管仲学派的论文集。后来刘向编书，把齐国旧档案保存的稷下先生的著作同原来的《管子》编辑在一起，统名为《管子》，从而使《管子》有些掺杂，但无论如何，其中大部分资料是属于管仲学派的。

张岱年也主张存在“管仲学派”，并且认为《管子》是该学派假借管仲的依托之作。他在《〈管子〉中的哲学范畴》[《管子学刊》，1991（3）]一文中说：“应当承认，管子学派，或称齐国法家，有其自己的哲学思想，在战国时期是独树一帜的。”在这里，管仲学派与齐国法家是被等同看待的。张岱年还在他的《中国哲学史史料学》一书中进一步认为：刘向在编定今本《管子》一书的时候，总是把当时标题为“管子”的文章编辑在一起，不可能把其他标题的文章随意收进去，虽然当时标题“管子”的文章有依托之作，但都是管子学派依托管仲的。

（二）部分遗著说

图6-3 管仲

这种主张认为，《管子》一书虽然有后人著作蒙混其中，但是也包含了管仲本人的部分遗著在内。这种主张最重要的论据是司马迁的记述。

司马迁在《史记·管晏列传》中列举了《管子》的部分篇目，并在《史记·管晏列传》中称：“吾读管氏《牧民》《山高》《乘马》《轻重》《九府》及《晏子春秋》，详哉其言之也。既见其著书，欲观其行事，故次其传。至其书，世多有之。”由此看来，司马迁承认《管子》中有部分管仲（参见图6-3）遗著在内。至于到底哪些篇目为管仲自著，今人又存在不同看法：刘建国在其《中国哲学史史料学》中认为，司马迁在《史记·管晏列传》中列举的《牧民》《山高》《乘马》《轻重》等篇为管仲及其门人所著；乔长路在《中国古代著名哲学家评传（续编一）》中认为，《管子》书中的《牧民》等 26 篇为管仲自著，《立政》等 18 篇记载了管仲的思想和事迹。无论如何，这一派主张的内容恰如刘蔚华在《管子研究序》中所说的那样：今本《管子》，一部分确为管仲遗著，为管仲遗说，但也有一些内容是好事者的伪托之作。

（三）“稷下学报”说

这种主张为冯友兰所坚持。

冯友兰认为，《管子》中没有管仲亲自写的文章，管仲政务繁忙，且注重物质享受，没有时间和精力从事著述。《管子》所收录的各篇论著，实际上都是战国时“稷下先生”们所写的。冯友兰在其代表作之一《中国哲学史新编》（第一册）中指出：“稷下的人把它们收集在一起，加以形式上的整理，编辑成为一书，可能如同我们现在某一个大学的学报之类。我们现在称稷下为稷下学宫，有学宫就应该有学报，《管子》就是稷下学宫的学报。因为管仲是齐国最有名的人，所以用它的名字作为这个学报的名字。”冯友兰进而认为，《管子》一书虽然内容比较复杂，但法家思想和黄老思想占据主要地位，也就是说《管子》事实上是存在一定体系的。至于《管子》的写作年代，当然同稷下学宫的鼎盛有关，至少它不能早于稷下学宫的成立，也不能晚于这个学宫的消失。

（四）总汇杂烩说

这种主张以胡适、罗根泽、郭沫若、梁启超等为代表。

胡适在《中国哲学史大纲》中认为，《管子》是后人将战国末年法家议论、儒家议论、道家议论及其他各家的议论并为一书，又伪造桓公与管仲问答各篇，杂凑起来，记述管仲功业，并且附会管仲而作。罗根泽在《管子探源》中认为，《管子》不但不是管仲自己的遗著，而且不是一人之笔，不是一时之书，《管子》实际上是战国至秦汉这一历史跨度内各家学说的总汇。郭沫若对《管子》也持杂烩说，他在著名的《青铜时代》一文中，直截了当地断言：《管子》一书是一种杂烩，其不仅不是管仲所作的书，而且非作于一人，也非作于一时，它大概是战国及后来的一批零碎著作的总汇，一部分是齐国的旧档案，一部分是秦汉开献书令时由齐地汇献而来的。梁启超对《管子》的看法前后有变化：前期其在《古书真伪及年代》《〈汉书·艺文志·诸子略〉考解》中认为《管子》为“无系统之类书而已”；后期在《管子传》中，其又认为司马迁所见《管子》十之六七为管仲原作，而今本《管子》各篇体现的思想大体是管仲的。

由上可见，学术界对《管子》一书的看法的确歧义较大，但学术界一致认可《管子》一书的重要学术价值。虽然学者对《管子》一书存在不同的看法，但这并不妨碍我们对《管子》的法律思想及其对中国传统法价值影响的研究，无论《管子》成书于何时、作者为谁，至少有一点可以肯定，那就是《管子》既然托名管仲，从思想内容上看，它反映的肯定是以管仲为代表的齐学的特色；从法律思想的角度来看，《管子》中的确蕴藏着非常丰富的中国传统法律思想，尤其是法家的法律思想。从这个意义上说，我们不妨认为《管子》是与通常人们所说的三晋法家相对应的齐法家的代表作。

二、法的概念与特征

（一）法的定义

在先秦思想家当中，早期儒家如孔孟、早期道家如老庄、早期墨家如墨子在谈到法的问题时，或以“刑”相称，或以其他词语替代，或使用“法”字但并不予以解释；三晋法家如商鞅、慎到、韩非等开始大量使用“法”这一词语，并提出了若干“法者……也”的句式，初步谈到了法的概念和定义问题。相比较而言，《管子》对法的概念的探讨是较为全面的。具体说来，《管子》主要从两个角度探讨法的概念：一是从法与“道”联系的角度，二是从法与度量衡联系的角度。

1. “法者，天下之至道也”

《管子》从法与“道”联系的角度给法下定义，显然是受道家思想的影响。《管子》从这一角度给法下定义主要是在《管子·任法》和《管子·心术》中。学术界一般认为，《管子·任法》是法家学派著作，而《管子·心术》是道家学派著作，我们在这里不作具体考证，而笼统地认为其是《管子》一书中的法律思想。

《管子·任法》对法的定义相当简练、明确：“法者，天下之至道也。”也就是说，法是天下最根本的“道”。把这个定义同《管子·心术》中的两个定义结合起来就很清楚了。《管子·心术》的定义之一是：“简物，小大一道，杀僇（戮）禁诛谓之法。”也就是说，以杀戮禁诛等强制手段使事无巨细、大小行为整齐划一，从而符合“道”的要求的规范就是法。《管子·心术》的定义之二是：“法者，所以同出，不得不然者也，故杀僇（戮）禁诛以一之也。故事督乎法，法出乎权，权出乎道。”也就是说，法是为整肃越轨的社会行为而不得不创设的规范，它以杀戮禁诛为手段和后盾。所以，一切事情都要由法来督察，法必须根据“权”来制定，“权”的来源依据则是“道”。因此，从这个意义上说，法不过是“道”通过“权”得以外化的形式。

2. “法者，天下之仪也”

如果说把法同“道”相联系而定义法的概念是《管子》的独到之处，那么，把法与度量衡相联系来解释法的概念，则是《管子》与三晋法家共同的做法，只是《管子》论述得更加详细而已。下面以罗列方式指出几个比较典型的表述：

> 《管子·禁藏》：“法者，天下之仪也，所以决疑而明是非也，百姓所悬命也。”
>
> 《管子·明法解》：“法者，天下之程式也，万事之仪表也。”
>
> 《管子·七法》：“尺寸也，绳墨也，规矩也，衡石也，斗斛也，角量也，谓之法。”
>
> 《管子·侈靡》：“法制度量。王者典器也。”
>
> 《管子·七臣七主》：“法律政令者，吏民规矩绳墨也。”

上述程式、仪表、尺寸、绳墨、规矩、衡石、斗斛、角量、典器等都是度量衡，《管子·侈靡》甚至“法制”“度量”并称，从此，“法”“法度”在传统中国社会基本上是作为同义词而被使用。《管子》中以度量衡比喻法的论述是比较多的，在这里，法不过是被看作一种特殊的度量衡，即法尺是君主国家的度量衡而已。这就是《管子》给出的第二种基本的法的概念，这种法的概念的隐含意义有两个方面：一是同法的客观性和公正性相联系，二是同法的工具性相联系。这在《管子》关于法的特征的论述中能够得到更加清楚的说明。

（二）法的特征

《管子》认为，法具有如下几个重要特征。

1. 法的规范性

法无论是作为“道”的外化形式，还是作为特殊度量衡的体现，都是衡量人们行为的一种标准、一种规矩、一种规则、一种规范。法的表现形式可以多种多样，但它的基本特性之一总是一种规范，即所谓：“法者所以兴功惧暴也；律者所以定分止争也；令者所以令人知事也。法律政令者，吏民规矩绳墨也。”（《管子·七臣七主》）法作为一种规范，对待任何事物和行为都有一个统一的标准：“君一置其仪，则百官守其法，上明陈其制，则下皆会其度矣。”（《管子·法禁》）

2. 法的公开性

法是“道”的体现，虽然“道”无形，但法必须公开。《管子》多处谈到法的公开性问题，《管子·法法》说：“宪律制度必法道，号令必著明。”《管子·立政》说：“凡将举事，令必先出，日事将为，其赏罚之数，必先明之……首事既布，然后可以举事。”《管子·君臣下》说：“国有常式，故法不隐，则下无怨心。”可见，在《管子》看来，公开性是法的重要特征之一。《管子》对法的这一特性的揭示，对当时中国社会的公布成文法运动起了极大的推动作用。

3. 法的公正性

在《管子》看来，天地是公正无私的，法也应该具有这一特性：“以法制行之，如天地之无私也……上以公正论，以法制断，故任天下而不重也。”（《管子·任法》）从法的公正性出发，《管子》对立法者、执法者提出了具体要求：“毋以私好恶害公正”（《管子·桓公问》）。这一点对于君主来说尤其重要，如果君主以私害法，使法失去公正性，那么其不但使法度被破坏，而且会造成民众反抗和社会动乱：“故明王慎之，不为亲戚故贵易其法……行法不道，众民不能顺。”（《管子·禁藏》）“为人君者，倍道弃法而好行私，谓之乱。”（《管子·君臣下》）“凡私之所起，必生于主……故私道行，则法度侵。”（《管子·七臣七主》）在这里我们看到，《管子》认识到了法具有公正性的特点，《管子》对君主以私害公、以私害法表现出了极大的关注，这的确是非常现实和重要的问题。对此，《管子》只能道德化地要求君主不要以私害法，尽量不要破坏法的公正性。然而在现实中君主究竟能不能做得到，《管子》的作者无能为力。

4. 法的稳定性

《管子》对法的稳定性的揭示是用“恒”字来说明的，《管子·任法》说：“法者不可不恒也，存亡治乱之所以出，圣君所以为天下大仪也。”由法的规范性所决定，法的确具有稳定性的内在特质，即如《管子》所说，法应该具有“恒”的特性，如果法律朝令夕改，那么人们必然无所适从，从而使法的尊严丧失。正是在这个意义上，《管子·正》说：“如星辰之不变……曰法。”

三、“以法治国”与法的起源及作用

在中国法律思想发展史上，《管子》最早提出了“以法治国”的概念，原文的表述是这样的：“威不两错，政不二门，以法治国，则举错而已。”（《管子·明法》）其字面意思是说，统治者治理国家，自己的权威没必要建立在更多的基础之上，只要不政出多门，其仅仅运用法律，就会像人们举手投足那样，轻而易举地治理好国家了。这是中国历史上出现最早的“以法治国”四个汉字的并排连接。与之相近的“法”与“治”的关联是在《管子·任法》：“有生法，有守法，有法于法。夫生法者君也，守法者臣也，法于法者民也。君臣上下贵贱皆从法，此谓为大治。”

上述两段引文是比较典型的中国古代“以法治国”的法治概念的文字表述，下面结合《管子》的相关论述，分析一下中国古代“以法治国”意义上的法治概念的法律文化意蕴。

（一）“法出乎权”是《管子》“以法治国”的法治概念的最终界限和归结点

前面已经谈到，《管子》给法下定义的办法之一是把“法”与“道”相联系，认为“法出乎道”，法是“道”的一种外在表现。然而，“法”和“道”并不是直接连接的，二者之间还需要媒介，这就是“权”。因此，《管子》在中国法文化史上第一次响亮地提出了“法出乎权”的口号，“事”“法”“权”“道”四者之间的逻辑关系是：“事督乎法，法出乎权，权出乎道。”（《管子·心术上》）

“法出乎权”的命题使中国古代的法治概念具有了自己鲜明的特色。换言之，中国古代的法治不可能是“法的统治”意义上的概念。当然，这并不是说思想家没有要求统治者“依法治国”。事实上，在《管子》一书中，《管子》的作者们就曾不厌其烦地反复劝告君主要“依法治国”，这方面的言论可以随手拈来。如《管子·法法》说：“巧者能生规矩，不能废规矩而正方圆；虽圣人能生法，不能废法而治国。故虽有明智高行，倍（背）法而治，是废规矩而正方圆也。”《管子·明法》还以先王为榜样来教诲现任统治者：“先王之治国也，不淫意于法之外，不为惠于法之内也。”甚至，为了做到“依法治国”，《管子》的作者们还要求统治者以身作则，带头守法：“法而不行，则修令者不审也；审而不行，则赏罚轻也；重而不行，则赏罚不信也；信而不行，则不以身先之也。故曰：禁胜于身。”（《管子·法法》）应该说，《管子》对“以法治国”的法治不可谓不热衷，对统治者“依法治国”的期盼不可谓不真诚，然而，在现实中就是不能达到“法的统治”。中国古代思想家怎么也弄不明白，他们所主张的“以法治国”，他们所要求的“依法治国”为什么不能达到一种法治的状态。这个问题在今人看来，在理论上很简单，那就是《管子》的作者们自己给法治设定了一个最终的界限，即“法出乎权”。这一限制的后果是：尽管统治者反反复复明确标榜和极力宣扬自己是在“以法治国”，文人墨客们也在拼命要求和期盼“依法治国”，但是，这种法治一旦遇到“权”字就会止步。这其中的奥妙，《管子·心术》说得很清楚：事督乎法，法出乎权，权出乎道，道与德无间，德出乎人。结论是不言自明的，在兜了一个大圈子之后，“法出乎权”这四字归结决定了《管子》的法治只能是作为统治者的“人”工具性地“以法治国”。

（二）从《管子》论法的起源与作用看其“以法治国”的法治理念

《管子》的“以法治国”的法治思想同其关于法的起源与作用的看法是紧密相联的。

《管子》认为：“古者未有君臣上下之别，未有夫妇妃匹之合，兽处群居，以力相征。于是智者诈愚，强者凌弱，老幼孤独，不得其所。”（《管子·君臣下》）在这种情况下，圣人出，除强暴，兴民生。圣人、君主为了使众人信服，除了自己贤德以外，最重要的是能够运用赏罚这一手段：“君之所以为君者，赏罚以为君。”（《管子·君臣下》）正是基于此，圣人开始“制法仪，出号令，然后可以一众治民”（《管子·兵法》）。圣人君主设法立禁，并且，为了使民众服从法律，君主又设立官吏大臣执行法律，即“夫生法者君也，守法者臣也，法于法者民也”（《管子·任法》）。这样，法律就适应着圣人、君主拯救民众和治理民众的需要而产生了。

既然《管子》反复强调法是适应君主的需要而起源的，那么，顺理成章，法也应该围绕君主治理国家的需要而发挥作用。总的说来，《管子》对法的作用有不少论述，比较有名的包括：《管子·七主七臣》说：“法者，所以兴功惧暴也；律者，所以定分止争也；令者，所以令人知事也。”《管子·禁藏》说：“法者，天下之仪也，所以决疑而明是非也，百姓所县（悬）命也。”具体说来，法的作用有这么两点需要特别强调：一是《管子·权修》认为，法的作用在于建立朝廷威望，即“法者，将立朝廷者也”，而建立朝廷威望的目的在于“尊主行令”。二是法的作用在于利用老百姓为君主效力，即《管子·权修》所说：“法者，将用民力者也”，“法者，将用民之死命者也”。

从上面《管子》对法的起源和作用的论述可以看出，《管子》的“以法治国”的法治只不过是通过法律这个手段达到“君治”的目的。这是《管子》乃至整个中国传统社会“以法治国”的法治的真正理念。

四、立法思想

《管子》主张实行“以法治国”的法治，实行法治的最基本的前提就是立法。《管子》在立法权的归属上观点非常明确，那就是立法权只能属于君主。这一点在《管子》中是贯彻始终的，表现为其多篇都直接谈到立法权统一收归君主所有的思想，如，“有生法，有守法，有法于法。夫生法者君也，守法者臣也，法于法者民也。君臣上下贵贱皆从法，此谓为大治”（《管子·任法》）；“有道之君，行法修制”（《管子·法法》）；“圣君设度量，置仪法”（《管子·任法》）；“君据法而出令，有司奉命而行事，百姓顺上而成俗”（《管子·君臣上》）。

虽然《管子》主张立法权统归君主，但《管子》并不认为君主可以随便立法。按照《管子》的看法，君主在立法的时候不能随心所欲、为所欲为，而是应当遵循和反映自然与社会的客观必然性。为了做到这一点，君主在立法之前必须首先进行深入的调查，即所谓“欲正世调天下者，必先观国政，料事务，察民俗，本治乱之所生，知得失之所在，然后从事。故法可立而治可行”（《管子·正世》）。

具体说来，《管子》认为，君主立法应该遵循如下原则。

（一）立法必须"顺天道""法自然"

与三晋法家不同，《管子》中反映出的齐法家的立法主张也呈现某些齐学特色，其中之一就是其受道家思想的影响较为明显，表现在《管子》所确立的重要立法原则就是"顺天道"和"法自然"。《管子》明确提出："宪律制度必法道。"（《管子·法法》）"法天地之位，象四时之行，以治天下。"（《管子·版法解》）"得天之道，其事若自然；失天之道，虽立不安。"（《管子·形势》）"天不变其常，地不易其则……其功顺天者，天助之；其功逆天者，天违之……顺天者有其功，逆天者怀其凶，不可复振也。"（《管子·形势》）因此，君主立法应该"顺天之时，约地之宜"（《管子·禁藏》）。

关于"道""天道""道法自然"的问题，在先秦思想家当中，应该说道家的论述最多，然而明确指出在立法中应该"顺天道"并予以全面论证的则是《管子》。对于"道""天道"的概念，《管子》的论述与道家的论述基本相同。大致来说，《管子》将天地、阴阳、四时等自然现象及其规律称为"道"或"天道"，这种"道"或"天道"并不是远离人间的，而是人们可以经验的，因此，在《管子》中，"道""天道"又经常以"常""则""节""度""数""时""序"等为可替代语。仔细分析，"道""天道"在《管子》中存在细微的差别，其有时指自然运动的特点，有时指事物的纲要，有时指社会关系及人的行为标准。由"道""天道"的特点所决定，《管子》要求君主在依据"顺天道"的原则立法时，必须具体做到如下几点。

第一，立法恒定。由于"天道"具有恒常的特性，因而君主立法应该尽量做到"恒定"。也就是由于"天不变其常，地不易其则"（《管子·形势》），因而，"圣君设度量，置仪法，如天地之坚，如列星之固，如日月之明，如四时之信"（《管子·任法》）。如果朝令夕改，那么将"法而不法"，后果不堪设想："号令已出又易之，礼义已行又止之，度量已制又迁之，刑法已错又移之。如是，则庆赏虽重，民不劝也；杀戮虽繁，民不畏也。故曰：上无固植，下有疑心，国无常经，民力必竭，数（规律）也。"（《管子·法法》）因此，"国更立法以典民，则不祥"（《管子·任法》）。立法必须保持恒定。

第二，立法简约。"道"在《管子》中有时被理解为万物的纲要，根据"法道"原则，君主立法也应该力求简约，即所谓"守道要"，"垂拱而天下治"（《管子·任法》），"法不繁匿……反本而俭力。"（《管子·正世》）"法简而易行……事约而易从，求寡而易足。"（《管子·桓公问》）在这里我们看到，《管子》中的立法简约思想是同道家的"知雄守雌"的正反转化辩证思想相联系的，因为根据《管子》的看法，"天道"的特点之一是"盛必失而雄必败"（《管子·宙合》），所以，"求多者，其得寡；禁多者，其止寡；令多者，其行寡。求而不得，则威日损；禁而不止，则刑罚侮；令而不行，则下凌上。故未有能多求而多得者也，未有能多禁而多止者也，未有能多令而多行者也"（《管子·法法》）。结论就是立法应该尽量做到"刑省罚寡，非可刑而不刑，非可罪而不罪也"（《管子·八观》）。由此可见，齐法家与三晋法家虽然都主张法治，但在立法指导思想上是有区别的。

（二）立法必须“随时变”“遵事理”

《管子》虽然主张立法应该“恒定”，但并没有把这个问题绝对化。从历史进化的角度，《管子》又提出了立法的“随时变”原则。《管子》认为，事物是不断变化的，法令也要“随时而变，因俗而动”（《管子·正世》）。当世君主的立法不应该拘泥于前世所立之法，而应该根据现实情况，依据不同的条件制定现实的法律，即所谓的立法应该“不慕古，不留今，与时变，与俗化”（《管子·正世》）。立法“不必以先常，义立之谓贤”，“应变不失之谓当”（《管子·宙合》）。根据客观情况的变化随时而立法，“易卿而移，忽然易事而化，变而足以成名”，“天地不可留，故动，化故从新”，“化变者也，天地之极也”，“能与化起而善用，则不可以道止也”（《管子·侈靡》）。这种“视时而立仪”（《管子·国准》）的立法原则叫作“与变随化”（《管子·宙合》）。《管子》一再告诫君主立法要有改革的精神，只有通过不断的法律改革，才能使法律适应千变万化的客观形势，才能使百姓心悦诚服地遵从法律，否则，“有革而不能革，不可服民死信，诸侯死化”（《管子·侈靡》）。因此，“抟国不在敦古，治世不在善故，霸王不在成典”（《管子·霸言》）。立法必须寻求变与不变的统一，当世法律尽量做到不变，而当时代变化、条件变化时，立法必须根据新的情况进行变化。

那么，如何把握立法应该随时代的变化而变化呢？《管子》进一步提出，要做到这一点，君主在立法时就必须遵从事理，即“审治刑赏，必明经纪；陈义设法，断事以理”（《管子·版法解》），“论道行理，则群臣服教，百吏严断”（《管子·七法》），“以法数治民则安，故事不广于理者，其成若神”（《管子·形势解》）。《管子》提出立法应该“遵事理”，这在法学中有很大的理论意义。从今人角度来看，《管子》“遵事理”的立法原则实际上是重视法价值研究的体现。然而，问题是对于《管子》中“遵事理”的“理”，在《管子》各篇中有着不同的解释，“理”有时被解释为事物的规律性，有时被解释为惯例、传统和习惯，有时又被解释为事物的轻重关系。如《管子·七法》将“不为爱亲危其社稷”“不为爱人枉其法”解释为“理”，《管子·法法》将“立法正直”解释为“理”，《管子·乘马》又将反映等级名分的“朝廷之理”和“父子之理”解释为“理”。因此，在“遵事理”这一点上，《管子》留给后人的仅仅是立法应该“遵事理”的原则，至于如何“遵事理”、到底应该遵什么“事理”，给后人留下很大的任意解释的空间，这使《管子》“遵事理”的法理意义打了很大折扣。

（三）立法必须“因人情”“量可能”

从人性角度考虑立法问题，是法家的重要思想的特点之一。《管子》亦认为，“好利恶害”是基本的人性或情性：“民之情莫不欲生而恶死，莫不欲利而恶害。”“贵富尊显，民归乐之，人主莫不欲也。”“民利之则来，害之则去。民之从利也，如水之走下。”（《管子·形势解》）“凡人之情，见利莫能勿就，见害莫能勿避。其商人通贾，倍道兼行，夜以继日，千里而不远者，利在前也。渔人入海，海深万仞，就彼逆流，乘危百里，宿夜不出者，利在水也。故利之所在，虽千仞之山，无所不上，深渊之下，无所不入焉。”（《管子·禁藏》）这种“好利恶害”的本性，人皆有之，不论贫富贵贱，所有人都是一样的："凡人之情：得所欲则乐，逢所恶则忧。此贵贱之所同有也。"（《管子·禁藏》）正是因为人情有这种特性，所以君主立法应该对此予以充分考虑，也就是立法必须从人情的好恶出发："人主之所以令则行，禁则止者，必令于民之所好而禁于民之所恶也。民之情莫不欲生而恶死，莫不欲利而恶害，故上令于生利人则令行，禁于杀害人则禁止。""法立而民乐之，令出而民衔之。法令之合于民心，如符节之相得也，则主尊显。故曰：衔令者，君之尊也。人主出言，顺于理，合于民情，则民受其辞。"（《管子·形势解》）"明主之道，立民所欲而求其功……立民所恶以禁其邪"（《管子·明法解》），"明君顺人心，安情性，而发于众心之所聚"（《管子·君臣上》）。总之，只有根据人情立法，才能使法令深入人心，这是君主必须掌握的一项重要立法原则。

《管子》认为，与"因人情"相联系，立法还应该"量可能"，也就是立法要考虑客观的可能性，法必须建立在现实可能性基础上，只有如此，法才能得到贯彻和实行。为此，《管子》告诫君主，立法切忌强迫人们去做力所不能及的事情，也就是："明主度量人力之所能为而后使焉。故令于人所能为则令行，使于人之所能为则事成。乱主不量人力，令于人之所不能为，故其令废，使于人之所不能为，故其事败。"（《管子·形势解》）君主立法制令，不能超过百姓一定的承受限度，超过了必要限度，不仅会走到法令的反面，而且可能会激起民众反抗，危及君主安全："故取于民有度，用之有止，国虽小必安；取于民无度，用之不止，国虽大必危。"（《管子·权修》）我们说，《管子》关于立法应该遵循"量可能"原则的思想，其出发点虽然是考虑君主的利益，但在客观上，其对于法的贯彻和实施，以及使当时的百姓免受更多的君法之苦，是有一定积极意义的。

五、执法思想

前面已经谈到，《管子》对立法、执法、守法的主体界定得很清楚，即如《管子·任法》所说："夫生法者君也，守法者臣也，法于法者民也。"这表明，立法的主体是君主，执法（《管子》所称"守法"）的主体是官吏，守法（《管子》所说"法于法"）的主体是民众。应该说，在明确立法、执法、守法主体的前提下，《管子》对法的执行还是相当重视的，甚至提出了一些很有见地的意见。

（一）公布法律是执法的前提

《管子》认为，公布法律不仅是法的公开性的要求，而且是执法的前提条件。公布法律至少有这么几点好处：其一，公布法律能使各级官吏有法可循，不至于滥用权力，也就是使"群臣皆出于方正之治而不敢为奸"（《管子·明法解》）。其二，公布法律能使百姓知道法律规定的禁止内容，有利于法律的执行，而且，更重要的是，这样执行完法律，能使百姓不生怨心，即"以法诛罪，则民就死而不怨"（《管子·明法解》）。

为了使法律得到更好的执行，《管子·立政》的作者记述了公布法律的五步具体程序。第一步：每年正月初一，君主在百官齐集的朝堂上发布法令；第二步：太史宣读法令，底册存入太府，复制件分发给五乡乡师和五属大夫；第三步：五乡乡师和五属大夫从太史手中领取法律文件，并在君主面前学习法律；第四步：五乡乡师和五属大夫迅疾回到本乡、本属，召集全体属吏公布法律，并派使者向君主报告法律的公布情况，如果法律没有公布，或者使者没有派出，那么五乡乡师和五属大夫不得回家休息，否则就叫“留令”，罪死不赦；第五步：逐一检查手中的法律文件是否与太府所封存的原件相符，多于原件为“专制”，少于原件为“亏令”，一律罪死不赦。经过这五步程序以后，对于法律，各级官吏就要遵照执行。

（二）“官不得枉法”

执法者枉法，这是执法过程中最大的和最难解决的问题。《管子》的作者们看到了这一点，指出官吏枉法主要有这么几种：其一，以“亏令”“益令”“留令”“不行令”“不从令”的方式破坏法律的执行是枉法的最主要形式；其二，为亲戚故贵枉法；其三，为“长官威严”枉法；其四，因为执法者喜怒无常而枉法。

总的说来，《管子》对执法者枉法采取了强烈的否定态度，明确提出：“官不得枉法，吏不得为私。”（《管子·明法解》）但是，对执法者枉法采取的处理办法很不同，如，对于因为“长官威严”而枉法者只是说“吏不敢以长官威严危其命”（《管子·禁藏》），对于为亲戚故贵枉法者只是说应该“不为亲戚故贵易其法”（《管子·禁藏》），并附加谈到为亲戚故贵枉法的危害性：“凡令之行也，必待近者之胜也，而令乃行。故禁不胜于亲贵，罚不行于便辟，法禁不诛于严重，而害于疏远，庆赏不施于卑贱，二三而求令之必行，不可得也。”（《管子·重令》）对于因为执法者喜怒无常而枉法的情况，《管子》指出了其危害性：“喜无以赏，怒无以杀。喜以赏，怒以杀，怨乃起，令乃废。”（《管子·版法》）对于上述几种枉法者，《管子》既表示了极大的愤慨，又明确提出了具体处理办法的是第一种，即对于私自删减、增改、扣压、不执行、不服从法律的官吏，《管子》毫不含糊地主张应该处以极刑，罪死不赦：“亏令则死，益令则死，不行令则死，留令则死，不从令则死。五者死而无赦，唯令是视。”（《管子·重令》）

第六节　韩　非

韩非（约公元前280年—公元前233年）系先秦法家的集大成者，也是诸子百家争鸣中产生的最后一位重要的思想家和理论家（见图6-4）。《史记·老子韩非列传》记载：“韩非者，韩之诸公子也。喜刑名法术之学，而其归本于黄老。非为人口吃，不能道说，而善著书。与李斯俱事荀卿，斯自以为不如非，非见韩之削弱，数以书谏韩王，韩王不能用。”于是其退隐著书，先后有《孤愤》《五蠹》《内外储》《说林》《说难》等名篇计十余万言问世。这些著作传入秦国后，秦始皇大喜，并说：“嗟呼，寡人得见此人与之游，死不憾矣！”公元前233年，秦国发兵攻打韩国，一向不被重用的韩非，此时被韩王派

图6-4　韩非

遣出使秦国。韩非到秦以后，秦始皇非常高兴，但韩非遭到当时已是秦国重臣的李斯的嫉妒和陷害，最后，韩非被迫自杀于狱中，同法家另外两个代表人物商鞅和吴起一样，得到了一个悲剧性的结局。

尽管政治迫害能够消灭韩非的生命，但无法消灭他的言论和著作。韩非的著作在古代被称为《韩子》，它是由后人辑录而成的，司马迁以列举的方式说韩非的著作有十余万言，《汉书·艺文志》著录《韩子》55 篇，与今本《韩非子》的篇目恰好相同。此外，《隋书·经籍志》《旧唐书·经籍志》《新唐书·艺文志》《宋史·艺文志》《四库全书总目提要》都载《韩子》20 卷，篇目也都与今本《韩非子》相符。可见，从汉代到清代，《韩非子》一直流传了下来，虽然历代对其个别篇目的真伪问题有过不同意见的讨论，但明确断定不属于韩非作品的只有《初见秦》一篇和《存韩》一文的最后两段。因此，《韩非子》是我国保存下来的较少被篡改的文化典籍。今本《韩非子》是我们研究韩非的思想的主要依据（参见图 6－5）。

图 6－5　中华书局版《韩非子》一书

从法律思想上来看，韩非的思想是先秦法家思想乃至整个中国古代法治思想的系统总结。本节将在前面各节研究的基础上，对以韩非为代表的法家的法治思想从总体上进行综合分析和研讨。

一、韩非的法治观的理论基础——历史进化观与人性论

韩非生活在战国末期，当时的中国社会乾旋坤转、急剧动荡，旧的社会秩序和价值观念遭到了猛烈的冲击，新的社会秩序尚未最终确立。在这种情况下，儒、墨、道、法诸子百家纷纷登场，为统治者献计献策，从而引发了各自的政治法律哲学——救世之道。共同承袭的文化传统、共同的现实社会背景、共同的救世理想使我们看到，虽然诸子百家学说宗旨各异，并且常常表现出相互抵触的倾向，但是它们如云蒸雾绕，浑然一体。《汉书》卷三十中说儒、墨、道、法“各引一端，崇其所善……辟犹水火，相灭亦相生也”。此言很有见地。诸子百家相生亦相灭的统一性表现在：改造社会和政治的救世态度

为各家所共有，儒家孟子有“如欲平治天下，当今之世，舍我其谁也”的强烈责任感，法家韩非则有因自己学说不被重视而作的《孤愤》名篇，墨家则有墨子“摩顶放踵”四处推销自己学说的逸事，道家老庄则有对世事的强烈愤慨。显然，在特定的历史环境下，各家的这种救世精神就是分外重视人间的统治秩序。不过，先秦圣哲们已经不再到天国去乞求神灵，他们把一切寄托在人间上帝——人君圣主身上，并且设计出各自的政治蓝图，乞求圣君的推行。在此统一的前提下，儒、墨、道、法自持一面，互相攻伐。老庄说应该“无为而治”，无为才能无不为；墨子说应该“兼相爱，交相利”；孔孟说应该实行仁政德治，以感化为本。韩非是百家争鸣中最后涌现的思想大家，他背后有诸子百家学说的思想启迪，面前有方兴未艾的社会变革风暴的冲击。因此，一方面，他对此前各家学说给予无情的批判；另一方面，他又观“往者得失之变”于历史经验和社会现实中，清醒反思，冷峻估量，通过系统总结，终于构建了他的庞大的法治理论。这一理论的特点之一是它的实用功利性，而这一理论的基础无疑是韩非对社会历史发展规律和人性的独特判断。我们要弄清韩非的法治理论，必须研究他的历史进化观和人性论。

（一）历史进化观

据冯友兰先生论证[①]，大概是出于占压倒性多数的农业人口的思维方式之故，中国人有尊重过去经验的传统，从孔子时代起，多数思想家就将古代权威作为自己学说的根据。孔子的古代权威是周文王和周公；为了赛过孔子，墨家假借禹的权威，说禹比文王和周公要早一千年；孟子为了胜过墨家、恢复儒家的“显学”地位，走得更远，回到了尧舜时代；最后，道家为了证明自己高明，诉诸伏羲、神农氏的权威，据说他们比尧舜还早若干个世纪。这样，思想家们就创立了一个历史退化论，虽然他们分属各家，但有一点他们都赞成，这就是人类的黄金时代在过去、不在将来，拯救人类不在于创新而在于复古。因此，儒、墨、道各家虽然抱救世理想，但是对于现实，不是无可奈何，就是痛心疾首，最后，要么打出“无为而治，反归自然”的旗号，要么风尘仆仆、四处游说，却于事无补。

面对剧变的社会现实，韩非作为法家思想乃至整个先秦法治思想的系统总结者，对此前各思想家创立的历史退化论颇不以为然。他虽然承认古人淳朴一些，在某种意义上更有德一些，但是，在韩非看来，这都是物质条件使然。他说：古者“人民少而财有余，故民不争……今人有五子不为多，子又有五子，大父未死而有二十五孙，是以人民众而货财寡，事力劳而供养薄，故民争”。这种全新的情况、全新的问题，必然需要全新的方案来解决：“是以圣人不期修古，不法常可，论世之事，因为之备。”具体说来，韩非将人类历史划分为上古、中世、当今三个阶段，在他看来：“上古竞于道德，中世逐于智谋，当今争于气力。”直面当今争于气力的残酷社会现实，儒家大讲仁义德治实在是迂腐之见，而道家要反归自然、“与禽兽同”亦的确可笑。用韩非自己的话说：“今有构木钻燧于夏后氏之世者，必为鲧、禹笑矣；有决渎于殷周之世者，必为汤、武笑矣。然则今有美尧、舜、汤、武、禹之道于当今之世者，必为新圣笑矣。”（上引均见《韩非子·五

① 参见冯友兰：《中国哲学简史》，188～190页，北京，北京大学出版社，1985。

蠹》）因此，拯救世事，最实用、最有效的方法不是“以德”，不是“无为”，而是明法用法。韩非指出：“明法者强，慢法者弱”（《韩非子·饰邪》），“故治民无常，唯治为法，法与时转则治，治与世宜则有功……时移而治不易者乱”（《韩非子·心度》）。因此，韩非认为，在他所生活的时代，能够适应时代要求的最有效的治国手段只能是法治，只有实行法治，才能富国强兵，从而为君主统一天下“蓄王资”。轻法漫令将一事无成：“法，所以为国也，而轻之，则功不立，名不成。”（《韩非子·安危》）

由此我们可以看到，伴随历史进化观而产生的韩非的法治思想，一开始就表现出强烈的适应时代需要的实用功利倾向。战国时期，诸侯争霸，韩非敏锐地看到当时的现实情况是“力多则人朝，力寡则朝于人”（《韩非子·显学》），因此，无为而治，侈谈德治，显然于事无补，唯一能够赢得力量的是富国强兵、以法治国。只有如此，才能为君主统一天下“蓄王资”。适应这种要求而产生的韩非的法治观，只能是供君主应用的实用功利性法治观。

（二）人性好利论

人性好利论是韩非“法治思想”理论基础的又一重要方面。如果说在战国时期的客观形势下产生的韩非的历史进化观，从外部推动了韩非的实用功利性法治观的形成，那么，韩非的人性好利论，则使韩非从内心对法治的实用功利性确信无疑。

对于人性这一概念，韩非并未明确使用过，但是，其55篇论著中，充塞了有关人的本性的论述。后世概括韩非在人性方面力主性恶，而且许多研究者认为韩非作为荀子的学生，继承了荀子的性恶说。这在一定程度上是对的，韩非的确在多处谈到“好利恶害，夫人之所有也”（《韩非子·难二》），“夫安利者就之，危害者去之，此人之情也”（《韩非子·奸劫弑臣》）。但韩非的人性恶主张与荀子的性恶说又有不同，这不仅表现在韩非将荀子的性恶论推向了极端，而且表现在韩非不是从抽象、空洞的善恶概念出发，而是从历史与现实中人的实际行为及相互关系方面立论，他主张不要用人们习惯的道德观念去衡量人，而应该用“利”去解释人们的行为。韩非认为“利”是人们一切行为的出发点。

韩非在《韩非子·备内》说：“医善吮人之伤，含人之血，非骨肉之亲也，利所加也。故与人成舆，则欲人之富贵；匠人成棺，则欲人之夭死也。非舆人仁而匠人贼也，人不贵则舆不售，人不死则棺不买。情非憎人也，利在人之死也。”不仅普通人是这样，父母子女之间也是如此，《韩非子·六反》说：“父母之于子也，产男则相贺，产女则杀之，此俱出于父母之怀衽，然男子受贺，女子杀之者，虑其后便，计其长利也。故父母之于子也，犹用计算之心以相待也。”父母对于子女尚且如此，君臣关系、君民关系就更是以“利”为核心，相互计算、相互亏害了。《韩非子·难一》说：“臣尽死力以与君市，君垂爵禄以与臣市。君臣之际，非父子之亲也，计数之所出也。”《韩非子·六反》中又说：“君上之于民也，有难则用其死，安平则尽其力。”多么犀利、尖刻的语言！然而在韩非看来，这是活生生的现实，人们为了生存，互相计算、互相交易、互相争夺、互相吞噬。这样，韩非把一切都浸入冷冰冰的利害关系的计量之中，把社会的一切秩序、价值、关系，把人们的一切行为、思想、观念甚至情感本身，都归结为冷酷的个人利害，它成了衡量、考察、估计一切的尺度和标准。

韩非不仅将荀子的性恶论推向了极端，而且更重要的是，在对人性是否能够改造的问题上，韩非与荀子发生了冲突。虽然荀子承认人性自私好利，而且宣布这是属于“恶”的，但荀子认为，人的这种好利恶害的本性是应该被加以改造的，而且能够被加以改造，即所谓对人性能够“化性起伪”（《荀子·性恶》）。韩非则不同，他认为，每个人天生“皆挟自为之心”，皆以计算之心相待，人们的这种趋利避害的自私好利本性是无须改造的，想改造也改造不了。因此，道德教化无论如何都不能达到治民的功利目的。在现实中，倒是应该尊重人的好利本性，把全部的君法自觉地建立在“利”的基础之上。他说：“凡治天下，必因人情，人情有好恶，故赏罚可用，赏罚可用则禁令可立，而治道具矣。”（《韩非子·八经》）

二、以君为主，法、术、势相辅

研究韩非的法治思想，必须解决对他的法治思想体系如何表述和评价的问题，这将直接影响对中国传统法治文化的态度。

关于韩非的法治思想体系，通常的看法是：韩非的思想是“以法为核心，法、术、势相结合”的完整体系。这种“以法为本，法、术、势结合”之说在人们的思想观念中似乎是对韩非的法治思想体系的结论性评价，这从汉代为韩非等人贴以法家标签开始，直到现代的一些论者，泱泱千年，陈陈相因，抱定此说。我们认为，这种对韩非的法治思想体系的描述，虽然涉及了韩非的法治思想体系的一些内容，但并没有把握其本质。

全面来看，韩非的法治思想体系实际上是“以君为主，法、术、势相辅”。这么说的理由有如下几点。

第一，从韩非自己的论证来看，其法治思想体系的核心是“以君为主”。这里我们从立法、执法、“势治”、“术治”等角度选择他自己的论述来说明这一点。关于立法思想，韩非在《韩非子·守道》中说：“圣王之立法也，其赏足以劝善，其威足以胜暴，其备足以必完法。”《韩非子·扬权》说：“故度量之立，主之宝也。”关于执法思想，韩非在《韩非子·扬权》中说：“主施其法，大虎将怯，主施其刑，大虎自宁。”又说：“（君）必身自执其度量。”《韩非子·有度》警告君主：“人主释法用私，则上下不别矣。”《韩非子·二柄》更明确地说：“今人主非使赏罚之威利出于已也，听其臣而行其赏罚，则一国之人皆畏其臣而易其君，归其臣而去其君矣。此人主失刑德之患也。”关于“势治”思想，韩非吸收了慎到的“重势”的思想，《韩非子·难势》中指出：“夫尧舜生而在上位，虽有十桀纣不能乱者，则势治也。”又说：“中主抱法处势则治，背法去势则乱。”关于“术治”思想，韩非同样吸取了申不害的“重术”的思想，《韩非子·定法》中说：“术者，因任而授官，循名而责实，操生杀之柄，课群臣之能者也，此人主之所执也。”《韩非子·说疑》中说：“凡术也者，主之所执也。”

从上面韩非自己的论述，我们不难得出这样的结论：在韩非看来，圣君立法，立法为君；人主施法，施法为主。这就是韩非的法治思想体系中最实质的东西。法为君操、势为君处、术为君执，这是韩非的法治思想体系的基本内容。

第二，从《韩非子》一书的篇目来看，其法治思想完全是为君权服务而展开的。《韩非子》一书，共计55篇，其立论的角度都是"君"字。打开《韩非子》，例证可以信手拈来，如《韩非子·主道》论证做君主的原则；《韩非子·有度》告诫君主治理国家要有法度；《韩非子·二柄》着重论述君主独制必须掌握刑赏二柄的重要性；《韩非子·安危》论证国家安危的关键在于君主能否用法治国；《韩非子·备内》提醒君主如何防备后宫、儿子等人弑君篡位；《韩非子·十过》列举了历史上一些君主由于十种过错而铸成"穷身""亡国""绝世"之祸，告诫君主以此为鉴，避免重蹈覆辙……如此看来，君主成了韩非的法治思想体系的出发点和归宿。因此，如果单从"法""术""势"三者关系的角度说"以法为本（主）"尚可勉强让人接受的话，那么，就韩非的整个法治思想体系而言，其不免以次充主，韩非的法治思想涉及"君（权）""法""术""势"四个概念，其思想体系实乃是"以君为主，法、术、势相辅"的完整系统。

第三，通过完整理解韩非的法治思想体系，我们可以看出，韩非的法治思想体系是君权目的论和法治方法论的统一。从对韩非的法治思想体系的表述中，我们可以看到，韩非的法治思想明显地分为两部分：一是凌驾于法、术、势之上的君权目的论，二是屈居于君权之下的法治方法论。目的和方法在其法治思想体系中达到了高度统一。关于法治的目的，韩非自己专门写了《韩非子·心度》，以拳拳之心告诫君主："主之所以尊者，权也。"他在此篇中不厌其烦地论证"明君贵独道之容"，论证"事在四方，要在中央，圣人执要，四方来效"。可见，对于君主来说，没必要对"权"本身作出限制，君主只要"独道""执要"就可以了，就能够使人们感到"权"的威力"大不可量，深不可测"。正是在这种意义上，韩非将君与权等同起来，认为君可以随心所欲，权可以大到一切，君就是权的化身，权就是君的体现，权治也就等于君治。为了达到这种君权目的，韩非吸收前期法家商鞅的重法思想、慎到的"重势"思想和申不害的"重术"思想。这样，在韩非的思想体系中，形成了如下逻辑：有君必须有权，有权必须有势，有势必须有术，有术必须有法。总之，法、术、势皆帝王之具，它们三者都是达到君权目的的法治方法。因此，我们说，从韩非的法治思想体系的本质来看，韩非的法治思想同君权一开始就是并行不悖的，他的法治观，不仅不限制专制，而且有利于加强专制、巩固专制、服务于专制。韩非的法治思想体系表现出极其强烈的权治特点。

三、韩非的法治思想的主要内容

（一）关于法的概念

在近代以前漫长的中国社会中，很少有思想家肯花气力对法的概念进行纯粹法理学上的思辨，包括法家集大成者韩非在内，都没有对法进行任何法理学上的定义性解释。但这并不是说韩非在建构其法治思想体系时没有涉及法的概念问题。事实上，在《韩非子》一书中，"法者……也"的句式以及关于法的句子有很多，我们择其要者，引述两段经常被人们引用而又未被深究含义的韩非的著名的法论。《韩非子·难三》说："法者，编著之图籍，设之于官府，而布之于百姓者也"，《韩非子·定法》说："法者，宪令著于官府，刑罚必于民心，赏存乎慎法，而罚加乎奸令者也……君无术则弊于上，臣无法则乱于下，此不可一无，皆帝王之具也。”

以上表明，韩非的法的概念思想有这么几个要点：其一，法是一种规则的成文形式；其二，法是帝王治民之具；其三，法在其最基本的意义上等同于刑。这三点大致勾画出了韩非的法的概念的基本内涵。其中，从第一点中，我们似乎可以认为韩非的法的概念具有某些法律实证主义倾向。的确，韩非认为法是一种规则，是一种布之于百姓的成文法，然而这只是法的一种形式内容，而且，韩非除了要求君主“明法”以外，没有对法的形式内容进行更深入的分析，这与西方实证主义法学注重法的形式逻辑、技术操作而排除法的价值判断是大异其趣的。最能反映韩非的法的概念特色的倒是他对法的实质价值内容的剖析，即法应该作为帝王治民之具即“刑”而被理解和运用。这一点从下面韩非对法治的具体内容和方法的论述中可以得到更清楚的说明。

（二）法治是刑赏之治

韩非在谈法时，有一个基本的指导思想，即“法者，事最适者也”（《韩非子·问辩》）。这里所谓的“事最适者”就是指法要便于君主应用，能够运用它定分止争、兴功惧暴。在韩非看来，君主最方便应用的手段就是“刑赏二柄”。韩非在《韩非子·制分》说：“治乱之理，宜务分刑赏为急。”应该说，把法治理解为刑赏之治，在法家思想中是颇有传统的。商鞅曾说：“凡赏者文也，刑者武也，文武者，法之约（要）也”（《商君书·修权》），“夫刑者所以禁邪也，而赏者所以助禁也”（《商君书·算地》）。韩非继承了这种刑赏二柄的思想，他专门写了《韩非子·二柄》，其中开宗明义：“明主之所导制其臣者，二柄而已矣。二柄者，刑德也。何谓刑德？曰：杀戮之谓刑，庆赏之谓德。为人臣者，畏诛罚而利庆赏，故人主自用其刑德，则群臣畏其威而归其利矣。”

在韩非看来，君主利用刑赏二柄，就是实行法治。那么，如何贯彻和运用赏罚呢？韩非提出了一些具体的原则和办法，主要包括：其一，信赏必罚。韩非在《韩非子·亡征》中谈道，赏罚标准明确以后，该赏就赏，该罚就罚。否则，赏罚不能得到严格贯彻，那必然是亡国的征兆，即“悬罪而弗诛……可亡也”。其二，赏罚有度。韩非认为，赏罚作为法治手段，只有使用恰当，才能达到奖善罚恶的目的，收到君主预期的效果，否则，“无功者受赏，则财匮而民望；财匮而民望，则民不尽力矣。故用赏过者失民，用刑过者民不畏”（《韩非子·饰邪》）。其三，赏罚应该“合乎刑名”。《韩非子·二柄》说：“刑名者，言与事也……功当其事，事当其言，则赏；功不当其事，事不当其言，则罚。故群臣其言大而功小者则罚，非罚小功也，罚功不当名也；群臣其言小而功大者亦罚，非不说于大功也，以为不当名也，害甚于有大功，故罚。”其四，厚赏重罚。韩非主张赏罚有度，这主要是指不能随意运用赏罚，如果需要运用赏罚，那么韩非更强调厚赏重罚，因为在韩非看来：“赏莫如厚，使民利之……罚莫如重，使民畏之。”（《韩非子·八经》）可见，韩非所说的法治，在一定意义上就是指君主把刑赏两种权柄作为手段来治理国家。

（三）关于“法不阿贵”和“刑无等级”思想

“法不阿贵”和“刑无等级”思想，是韩非为实现其法治目的而提出的最激进的主张，他在《韩非子·有度》中是这样表述的：“法不阿贵，绳不绕曲。法之所加，智者弗能辞，勇者弗敢争。刑过不避大臣，赏善不遗匹夫。”同样的思想在商鞅那里被表述为“一刑”：“所谓一刑者，刑无等级，自卿相、将军以至大夫、庶人，有不从王令、犯国禁乱上制者，罪死不赦。”（《商君书·赏刑》）

从这两段反复被人们引用的名言中，我们看到，商鞅首先提出“刑无等级”思想，韩非进一步将其发展为“法不阿贵”。应该说，这种思想是作为三代盛行的“礼不下庶人，刑不上大夫”的直接对立面而出现的，它的矛头直指贵族特权。因此，它在中国法律思想史上具有划时代的意义，为后世人们反抗法外特权奠定了基本的理论基础，对其应该予以充分的肯定。但是，同样重要的是，我们必须注意到这一思想具有很大的局限性。这还主要不是因为“法不阿贵”“刑无等级”思想在新的等级制度下不能兑现，而是因为：其一，“法不阿贵”的思想在《韩非子》中仅是一种思想的闪光点，其55篇宏论提及这方面思想的仅此一段，这在韩非的整个思想体系中实在是显得微不足道。人们对之倍加珍惜和评价甚高，完全是出于正义感，出于对现实特权法的愤慨，出于对理想法治的憧憬。其二，就“法不阿贵”“刑无等级”的内容来说，韩非强调的重点也并不是西方资产阶级的“刑无等级”思想中的民众在法律面前人人平等，而是君主在推行“王令”和对“大臣匹夫刑过”的时候，要一律罪死不赦。西方的“刑无等级”强调的是民众个体平等，其立足点在民，理论基础是“天赋人权”和“人人生而平等”；而韩非强调的是君主用刑，其立足点在君，目的是以刑治吏、治民。因此，“刑无等级”在韩非那里并不是民众的自发要求，而是君主使法用刑的一种法治手段，其突出的重点在于“刑”字。联系韩非的重刑思想，这一特点就会被看得更加清楚了。

（四）重刑思想

据日本学者西田太一郎先生在《中国刑法史研究》一书当中考证，“法”“刑”“令”“禁”等字在《韩非子》中是同一个概念的不同表达方式，它们都是从“禁止”的角度来讨论应该如何对待民众的。的确，在韩非看来，利用法律统治民众，最好的办法就是重刑，只有重刑，才能令行禁止，使民众不敢为非。韩非在其著述当中，反反复复强调“法莫如重而必”，为政必须“峭其法而严其刑”（《韩非子·五蠹》）。为此，韩非提出了三项重刑原则：其一，轻罪重判。韩非在《韩非子·守道》中论证轻罪重判的理论根据在于：“古之善守者，以其所重禁其所轻，以其所难止其所易。”《韩非子·内储说上七术》中也说：“重罪者，人之所难犯也，而小过者，人之所易去也，使人去其所易，无离其所难，此治之道。”为此，韩非坚决主张轻罪重判、小罪严惩。《韩非子·内储说上七术》中对“殷之法”关于对偶尔撒灰于路的人施行斩手酷刑的规定倍加赞赏。其二，“同里相坐”。所谓“同里相坐”，是指一人有罪，对其全家、邻里和有关的人都要予以重刑处罚。《韩非子·制分》中详细论证了这种“同里相坐”之法的人情依据、人性依据以及对于“禁奸止过”的意义。其三，“杀无赦”与扩大死刑适用。“杀无赦”是韩非重刑治民的重要手段，《韩非子·内储说上七术》中说：“吾能治矣！使吾治之无赦，犹入涧之必死也，则人莫之敢犯也，何为不治？”韩非认为，在死刑并且一律不予赦免的威胁之下，无论什么人都会感到不寒而栗，因此，治理国家，不是不得已而采用死刑，而是应该扩大死刑的适用，这样才能体现重刑的威力。

对于为什么要重刑，韩非指出，重刑的意义在于：其一，重刑可以通过杀一儆百的方式消灭犯罪。《韩非子·六反》中说："且夫重刑者，非为罪人也……故曰：重一奸之罪而止境内之邪，此所以为治也。重罚者盗贼也，而悼惧者良民也，欲治者奚疑于重刑？"韩非的意思是说，重刑的主要目的不在于惩罚犯罪者本人，而在于通过重刑，威吓一般民众不至于犯罪，从而收到杀一儆百的效果，也就是他所说的"以刑去刑"。其二，"重刑止奸"而"轻刑伤民"。当时有人提出了"轻刑止奸"和"重刑伤民"的观点，韩非针锋相对，《韩非子·六反》中明确指出："今不知治者，皆曰：'重刑伤民，轻刑可以止奸，何必于重哉？'此不察于治者也。"韩非认为事实情况倒是"重刑止奸"而"轻刑伤民"，因为"所谓重刑者，奸之所利者细，而上之所加焉者大也，民不以小利蒙大罪，故奸必止者也；所谓轻刑者，奸之所利者大，上之所加焉者小也，民慕其利而傲其罪，故奸不止也"。不是"轻刑止奸"而是"重刑止奸"，不是"重刑伤民"而是"轻刑伤民"："今轻刑罚，民必易之，犯而不诛，是驱国而弃之也，犯而诛之，是为民设陷也……是以轻罪之为民道也，非乱国也，则设民陷也，此则可谓伤民矣。"

韩非除了论证重刑有上述两点意义以外，还在《韩非子·难二》中谈到重刑能够鼓舞军民士气，在《韩非子·守道》中谈到重刑是道德教化的基础。总之，韩非在其著述中用了大量的笔墨论证重刑问题，他的结论就是商鞅在《商君书·画策》中所总结的"以杀去杀，虽杀可也……以刑去刑，虽重刑可也"。这样，韩非就把其所谓的法治，变成了以滥杀重罚为特征的赤裸裸的刑治。

四、韩非的法治观对中国传统法律文化的影响

前面我们已经叙述和论证了韩非的法治观的权治特点、刑治特点和实用功利特点，这些特点使韩非的法治观不像道家思想那样对现实抱着"无可奈何花落去"的情感，也不只是具有儒家"菊残犹有傲霜枝"的性格，而是采取一种"天生我材必有用"的态势，对现行的统治方式、法律建设进行直接的参与。因此，从一定意义上说，它对民族法律文化的影响更深、更具特色，至少它对中国传统法律文化的特点进行了雕琢塑造。

第一，韩非的法治观参与了以"权力"为中心的传统法律文化的造就。韩非全面论证了"以君为本，法、术、势相辅"的君本法次原理，其关于法治即权治的思想向人们昭示：任何法的实施必须以权力的行使为前提，在客观表现上，法必须以权力为基础，以权力的变化无常为转移。权力行使者的内心信念是将法视为权力的化身，将权力视为法的灵魂。君本法次的原理备受权势阶级青睐，历朝历代的势位者都心照不宣地热衷于推行这一原理。也正因为如此，君本法次原理伴随着"风动云动天不动，江中水流石不流"的君主专制政体，在中国民间经过泱泱千年的露洒风化以后，逐渐积淀于全体民众的法律心态当中。它已不仅为势位者所崇拜，而且被全体民众认为是理所当然的。这种被固定化的法律心态又反过来影响人们的法律行为。所以，在中国传统法律文化的熏陶下，人们习惯于以对权势的崇拜来代替对法律的捍卫；在处理"势"与人的关系时习惯于对"势"不对人，在处理人与事的关系时，习惯于对人不对事。这个问题在当今中国社会仍然是个似曾解决但又远未解决的问题。说其似曾解决，是因为从法学家、立法者

到普通个体民众都会认为这是一个再简单不过的问题。如果问任何一个社会成员，在权与法的关系问题上，究竟是法大还是权大，他会毫不犹豫地说是法大于权。然而，这是从“应然”的角度来说的。一旦进入“实然”的领域，有人立即就会把这个关系命题反推过来，使之变成权大于法。这就是时下一些社会成员的典型法律心态。这种情况的出现，不能说人们两面三刀，其实是以韩非的法治观为代表的中国传统法治观造成的权力崇拜心态在现实中发挥作用而产生的一种不得已的结果。

第二，韩非的法治观参与了以义务为本位的中国传统法律文化的造就。“法是工具”，这是韩非对于法的一个最基本的定义性判断。在此基础上，韩非用“权柄”来解释法，把法仅仅看成维护势位者统治的一种手段，看成达到君主统治目的的一种统治权术。然而，问题还不在于韩非采取“目的—手段”的思维方式来把握法治，因为虽然他将法视为一种工具，但法律这种工具作为手段可以用来达到不同的目的，它既可以为势位者所掌握，成为权力的附庸，亦可为民众所利用，成为权利的保障。而韩非以及其他中国古代思想家一致选择了前者，他们论法，一向不谈论个人权利，而仅以国家（君主）权力为源。因此，个人权利与法不仅难以相融，而且势不两立。为了权力的至高无上，必然要限制个人权利，只有如此，才能“民安国治”。这里所谓的“民安”，就是民众要安分守己、服服帖帖地遵守君法，这样，权利攀附权力成为中国传统法观念的必然延伸。

权利攀附权力，对民众造成的最深刻的影响是义务法律心态的形成。在中国几千年的文明发展史中，历朝历代都有大量的法典编纂，以“律”“令”“格”“例”等各种法律形式表现出来的规范不可胜数。然而，这些法律规范绝大多数属于禁止性规范，其功能基本上被限定在维持社会治安的范围内。这些禁止性规范显系遵从“法自君出”的格式，其利用和执行者仅仅是各级官僚，个体的社会成员只有被动地承担法律后果的义务。这种情况，虽然经过数朝数代政治风云的变幻，但是不曾有丝毫动摇。久而久之，民众逐渐对这种情况习以为常，从而形成了这样的局面：“中国自古以来就不许人民具有什么基本的权利观念，所以，他们对于任何自身基本权利被剥夺，被蹂躏的事实，很少从法的角度考虑其是非。”[①] 法的力量不足以凭借，于是民众将希望寄托于“真命天子”“太平宰相”“青天老爷”。人们的这种行为又反过来强化了法的观念，从而，民众对于利用法律来保护自己更加失去信心，只能心甘情愿地履行法律规定的义务。这样，中国民众在法律心态上铸造了稳固的义务模式，虽然历经沧桑，但已经积淀为民族法律传统的义务心态模式凭借其顽强的韧性生存下来。

第三，韩非的法治观参与了中国传统法律文化中忌讼心态的造就。韩非的刑治法治观的主要表现是“重刑治民”和“以刑去刑”。这种“重刑治民”和“以刑去刑”的主张表现出强烈的威吓主义和惩罚主义特色。这一点在后世也曾招致人们无数次的抨击。但是，由于在漫长的中国历史上，很少有思想家肯花气力对法的概念进行纯逻辑和纯理论的思辨，因而商周以来产生的并为韩非所强化的“法与刑同”的思想很容易为大众所接受，而“法是帝王治民之具”和“重刑治民”的思维格式，使人们对法除了不寒而栗之外，就是敬而远之。人们耻于谈法、触法，打官司、告状被认为是最丢脸的事情。这样，

① 王亚南：《中国官僚政治研究》，2页，北京，中国社会科学出版社，1981。

民众逐渐形成了因悸怕法律而疏远诉讼的消极法律心态。这种心态在传统中国社会不断得到强化，在轻视法律风气的重压下，专门研究法律者几乎阙如，以诉讼为职业者更是等而下之，被人讥为“讼棍”，受到社会舆论和行政官吏的双重夹击。因此，在传统中国社会，没有必要的诉讼服务条件。不仅如此，由于行政、司法不分，儒生经过科举入仕以后，面临诉讼执法的职责，因而其不能不习读法律，但这终究是经史子集之余的涉猎、理政敛财之外的兼顾，其对法律的理解远远赶不上士大夫在文章书画方面的功底。因此，他们只能抱着忠君治民的宗旨，把法律作为威慑的手段。然而，由于这些手段没有受到必要的限制，因而其在官吏手中往往变成营利之术，贪赃枉法、徇私舞弊等由此而生。这种情况进一步强化了民众的厌讼轻法倾向，久之，人们忌讼的法律心态便固定了下来。

韩非的法治观对中国传统法律文化的影响是巨大的，中国传统法律文化的变革也是必然的。我们高兴地看到，这一伟大的历史进程已经开始并正在显现成效，可以预见，中国传统法律文化的现代化转换和中国现代法治观的确立是有日可期的。

深度阅读

1.《韩非子》《商君书》《管子》《申子》。

2. 李光灿、张国华总主编：《中国法律思想通史》，第2卷，第五章，太原，山西人民出版社，1998。

3. 刘新主编：《中国法哲学史纲》，第三章第六、七节，北京，中国人民大学出版社，2005。

4. 杨鸿烈：《中国法律思想史》，第三章，北京，中国政法大学出版社，2004。

5. 马小红：《中国法律思想史研究》，上编，第二章第三节，北京，中国人民大学出版社，2007。

问题与思考

1. 三晋法家与齐法家的思想有何异同？
2. 法家的“势治”思想有何历史影响？
3. 法家的理论与道家的理论的关联是什么？
4. 法家的“术治”理论与道家的思想的联系和区别何在？
5. 法家的法治与现代的法治观念的联系和区别是什么？
6. 法家的法治与权治思想对传统中国法律文化的影响表现在哪些方面？
7.《管子》的法律思想的主要特点是什么？
8. 法家的“以法治国”与依法治国有何联系和区别？
9. 韩非的法治观的主要内容和历史影响体现在哪些方面？
10. 如何评析法家的“工具论”法的概念？
11. 法家的“刑无等级”思想与近代的“刑无等级”思想的联系和区别是什么？
12. 为什么说韩非的法治思想体系是“以君为主，法、术、势相辅”？

第七章

农家学派的法律思想

常考知识点

- 农家的法律思想和儒家的法律思想的区别与联系
- 农家的法律思想与重农抑商
- 许行的经济法律思想

第一节　农家学派概述

农家是先秦百家争鸣过程中产生的一个主要派别，在先秦主要以许行为代表人物。许行，战国时期楚国人，其生平事迹见诸《孟子》一书，生卒年不可考，约与孟子同时代。当时许行随行学生有几十人，颇有影响。儒家门徒陈相、陈辛兄弟二人弃儒学农，投入许行门下。据《孟子》记载，“有为神农之言者许行，自楚之滕，踵门而告文公曰：‘远方之人闻君行仁政，愿受一廛而为氓。’文公与之处，其徒数十人，皆衣褐，捆屦，织席以为食。陈良之徒陈相与其弟辛，负耒耜而自宋之滕，曰：‘闻君行圣人之政，是亦圣人也，愿为圣人氓。’陈相见许行而大悦，尽弃其学而学焉”（《孟子·滕文公上》）。许行所率门徒数十人，都穿着普通的粗布衣服，靠打草鞋、编席子为生。他们从楚国到达滕国，滕文公应其请求，划给他们一方可耕种的土地。当时有儒门后学名曰陈相的人，“负耒耜”从宋国赶到滕国，因推崇许行的学说而弃儒从农。足见农家学说影响之广，否则，其也不会遭到孟子的激烈批判。许行作为学派的代表人物，其一方面传播农家的治国理念，另一方面“愿受一廛而为氓”。其身体力行的精神体现了农家学派区别于其他学派的务实风格。作为战国诸子学派中唯一直接从事生产实践的学派，农家学派与农业劳动者紧密联系，利用自己的知识为农业生产服务。农家学派对中国历史发展所起的作用，是其他任何学派都起不到的。

第二节　许　行

据《汉书·艺文志》记载，农家著作中有《神农》20 篇。近代史学家认为这是许行的著述。但这本著作自汉之后就已亡佚，目前许行的思想集中见于《孟子》一书中的

《滕文公上》中。

一、“君民并耕”的社会治理思想

许行认为：“贤者与民并耕而食，饔飧而治。今也滕有仓廪府库，则是厉民而以自养也，恶得贤？”（《孟子·滕文公上》）因此，许行反对君主“厉民以自养”，认为君主应该和民众同耕同食，共同劳作，然后再治理国家，这才是贤明的君主，依赖榨取农民的劳动成果来供养自己的君主便不值得称道。对于许行“君民同耕”的思想，学者的看法各有不同：有的学者认为农家的这一思想“是一种农业社会主义思想的表现”，其思想意义当在于其中蕴含的平等精神；也有学者提出许行的思想是原始公社时期农民的平均思想，其企图把封建统治者变成“与民并耕而食”的部落酋长，这是一种希望回到原始社会中去的空想，也是一种落后的历史观。上述两种看法都有一定的不足。一方面，在战国时期，由于受到生产力发展水平的限制，人们很难提出超脱于现实的理论，因而用“农业社会主义思想”这样一个现代概念来表述先秦农家的思想，缺乏学术应有的严谨性，是对农家思想的夸大、模糊和不恰当表述。另一方面，将农家“君民并耕”的思想简单归结为小农阶层落后的平均思想的观点过于武断，也是值得商榷的，主要原因有二：其一，《孟子》记载儒生陈相“负耒耜”从宋国赶到滕国，因推崇许行的学说而弃儒从农，如果农家的思想只是小农阶层的平均主义思想，没有任何借鉴可资，那么其何以会对深谙儒学的陈相有如此大的吸引力，以至其“见许行而大悦，尽弃其学而学焉”（《孟子·滕文公上》）；其二，虽然许行一身农人打扮，“皆衣褐，捆屦织席以为食”，但是他本人并非农民，而是知识分子，这身“行头”完全是为方便游说诸侯而准备的。试问，一个目不识丁的乡野农夫又如何能提出一套治国的政治学说呢？这显然是难以想象的。因此，虽然许行代表的是农民阶层的利益，但是他的思想学说必然不会重落小农思想之窠臼。要准确理解许行的“君民同耕”的思想，必须结合战国时期的社会状况来加以阐明。

班固作《汉书》时，在《神农》一书处注曰：“六国时，诸子疾时怠于农业，道耕农事，托之神农。”（《汉书·艺文志》）这说明农家学者作此书，是要劝人耕植、发展农业。之所以出现这种“农业废，诸子疾”的状况，是因为战国时期是一个战争频繁的年代，青壮劳力几乎都去服兵役，所剩皆属鳏寡孤独。这种社会现象的直接结果就是生产凋敝、田地荒芜，农业生产受到严重影响。此时国家为了供养军队，还要向农民征税。这就使各国都陷入一种人口减少、财政匮乏的恶性循环中。如果此时君主还不重视农业生产，那么国家最终就必然走向灭亡。在这样的背景下，许行强调国君必须重视农业并亲自耕作，树立典范，以救时弊，只有如此，才能使国家实现可持续的良性发展。可见，这种主张是完全符合当时社会的需要的，对于促进战国社会生产力进步是有积极意义的。

战国时期由于连年征战，诸侯国国力耗损，统治者为了对内维持自己的穷奢极欲，对外维持征战所需的庞大军队，将沉重的财政负担都分摊给了农民，农民要忍受封建地租和国家税收的双重剥削。在这种情况下，许行作为农民阶层的代言人，反对“厉民以自养”，倡导“与民并耕而食，饔飧而治”，这反映了农民阶层对经济剥削的憎恶，是符合人性的，对此无须苛责。另外，“君民并耕”的思想意在提倡人人自食其力，减少对被统治阶级的盘剥，这会达到一种客观效果——由于军队没有多余的财货来供养，战争开支也无法供给，同时军人也需要自耕自食，因而这在客观上会起到削减军队、消弭战祸的作用。因此，无论这一种理想能否实现，在战国时代的大背景下提出这种治国主张，是非常罕见的，也是难能可贵的。

其实，“君民并耕”并不是由许行最早提出的，这一思想经历了包括许行在内的先秦哲学家的沿革。其最早记载于《尸子》一书。《北堂书抄》“帝王部”引《尸子》曰：“神农氏并耕而食，以劝农也。”这一思想后为农家代表人物许行所继承，其提出“君民并耕”说。此后，《吕览》中也提出了“耕地籍田”和“皇后亲蚕”的主张。

籍田，最早发源于国家形式出现之前的远古社会。在氏族社会之时，氏族成员与氏族首领作为氏族农耕土地的拥有者，各自都拥有作为财产的耕田，这种分配于氏族成员名下的耕田就是所谓的“私田”。除此之外，还有一些土地属于氏族成员名下的共有田产，这些共有田产在每年耕作时应由氏族首领带领氏族成员一道进行耕作，待秋收时也由全体成员共同收获。这种共有田产就是所谓的氏族的“公田”，被称为“籍”，因此也被称为“籍田”。

《吕氏春秋·开春论·爱类》称神农氏“故身亲耕，妻亲绩，所以见致民利也。”这表明其对亲耕的立场是持赞赏态度的。因此，《吕氏春秋·士客论·上农》中明确提出“耕帝籍田”和“皇后亲蚕”这两个礼仪形式，即“是故天子亲率诸侯耕帝籍田，大夫士皆有功业”，“后妃率九嫔蚕于郊，桑于公田，是以春秋冬夏皆有麻枲丝茧之功，以力妇教也”。所谓的“耕帝籍田”说的是在每年的孟春之月，天子要择良辰吉日，率领三公、九卿、大夫和士，到帝籍田去亲自耕作。而“皇后亲蚕”则是指每年季春之月，后妃要率领妃嫔媵嫱到郊外去养蚕。

实际上，这种制度设计较许行的“君民并耕”说已大为更张，原因在于这样的建议更容易为统治者所采纳。要求君王和农夫一样常年在田里劳作，这只能是许行的良好愿望，实际上其根本不可能实现。而许行的徒子徒孙，作为《吕氏春秋·士客论·上农》的作者，已经明确意识到这一点，所以选择了更切合实际、更能被统治阶层接纳的制度设计来实现本派的政治理想。这种改良在实际上所起到的作用，较“君民并耕”说并未减损，即告诉子民连帝王都要耕作，何况其治下的官吏和民众。这样也能起到率先垂范、教育民众、强调农耕的作用。如此一来，由于这种仪式简约省力，统治阶层虑及农业在国家中的重要地位，便逐步采纳了农家学派的方案。至此，“君民并耕”曾经作为农家学派的最高政治理念得到实际施行，并且贯穿于整个封建时期，对后世产生了巨大的影响。

二、以农为主，士、工、商适度分工，劳动者完全占有自己的劳动成果的社会发展模式

从《孟子》一书中孟子对许行的批判中，可以看出，孟子认为许行的“君民并耕”论是反对社会分工的。

孟子曰：“许子必种粟而后食乎？”曰：“然。”“许子必织布而后衣乎？”曰：“否！许子衣褐。”“许子冠乎？”曰：“冠。”曰：“奚冠？”曰：“冠素。”曰：“自织之

与?”曰：“否，以粟易之。”曰：“许子奚为不自织?”曰：“害于耕。”曰：“许子以釜甑爨，以铁耕乎?”曰：“然。”“自为之与?”曰：“否！以粟易之。”“以粟易械器者，不为厉陶冶；陶冶亦以其械器易粟者，岂为厉农夫哉？且许子何不为陶冶，舍皆取诸其宫中而用之？何为纷纷然与百工交易？何许子之不惮烦?”曰：“百工之事固不可耕且为也。”

“然则治天下独可耕且为与？有大人之事，有小人之事。且一人之身，而百工之所为备，如必自为而后用之，是率天下而路也。故曰，或劳心，或劳力；劳心者治人，劳力者治于人；治于人者食人，治人者食于人，天下之通义也。”（《孟子·滕文公上》）

虽然许行自己耕种，但是他的衣冠和工具都不是自己制造的，而是用自己种的粮食来交换的，可见许行并不反对“百工之事”。孟子对农家存在相当的误解和偏见，他认为许行主张每个人都要从事“百工”的事情，即“一人之身，而百工之所为备”。这明显与许行的观点不符。许行实质上反对不劳而食。许行及其门徒以农为业，同时“捆屦织席以为食”，又在市场上以粟易帽、锅、炊具、铁制农具等必需品；并且明确提出，自制一切生产资料和生活资料将“害于耕”，“百工之事，固不可耕且为”。这说明农家所主张的，是以农业为中心，士、工、商合理发展的适度的社会分工。这是农家重农思想的体现。在封建制刚刚确立的战国时期，让更多的人从事农业，发展农业生产力，从而以农业为中心增强封建国力，是符合历史潮流的。

一方面，农家反对不劳而食，提倡人人参加体力劳动，而儒生大谈治国之道，肯定统治阶级剥削农民的合法性，自己不劳动。在这一点上两个学派是根本对立的。这也是为什么孟子会对农家大加挞伐。另一方面，许行“贤者与民并耕而食，饔飧而治”的主张，隐含着这样一种思想：君王有君王的工作，即治理国家，农民也有农民的工作，即务耕，君王劳心，农民劳力，但是君王不能借劳心之由榨取农民的劳动成果来供养自己。由此可引申出许行主张劳动者应完全占有和充分享有其劳动产品，每个人都应该自劳自食。“仓廪府库”都是“厉民而以自养”的表现，是阶级剥削，因此许行并不反对脑力劳动与体力劳动的划分，其真正反对的主要是儒家所津津乐道的所谓的“劳心者治人，劳力者治于人。治人者食于人，治于人者食人”的封建剥削阶级说教。孟子的所谓的“劳心者”与“劳力者”的划分，并不是针对社会分工而言的。他是通过偷换概念的方法，以脑力劳动和体力劳动分工的历史必然性和社会发展的必要性来证明阶级统治和阶级剥削的合理性，这反映了他的封建剥削阶级的偏见。

许行的理想社会模式，是由若干个保持着自然经济形态的团体组成的联合体，这些团体中的成员都是自食其力的劳动者，所需生活资料基本上由团体内部提供，有不足之处则在团体间用产品交换来调剂。社会中只有基本的劳动分工，没有阶级的区分，所以也就不需要有代表阶级统治的国家，以及为了养活官吏和军队等而去征收税赋。这或多或少地反映出许行对代表统治阶级意志的国家与政府所抱有的否定态度。而作为儒家代表的孟子，坚守着“劳心者治人，劳力者治于人”的统治者立场，极力反对许行，甚至很可能进一步将这个主张每个人都要参加实际劳动、消灭剥削的实践家故意歪曲、丑化。因此，对于孟子的批判，需要理性地来看待。

三、农家（官）治国论

从许行提出的“君民并耕”的观点进行延伸，我们可以推出许行农官治国的观点。许行要求君主也要耕作，这表示君主也是农民阶级中的一分子。在许行看来，贤明的君主应“与民并耕而食，饔飧而治”，不设“仓廪府库”，不能“厉民而以自养”。这着实是要把古代君主打造成一个务农人员。既然君主都要耕种，那么从中央到地方的各级官吏，也应当自耕自食。沿着这种思路，许行是要建立一个彻头彻尾的农业国，连统治者都需要由“农家者流”来担任，从中央到地方就是一个农官体系，而皇帝是国家最大的农官。这就是农家（或者说是农官）治国论。其主张农家治国，恐怕和他“以农为主，士工商适度发展”的分工理论是分不开的。从《孟子》一书中可以看出，他基本上将社会分成士、农、工、商四个阶层，而这四个阶层是不平等的，农业为本，工、商为末，士（包括君主和官僚）是农的一部分，也要参加农业劳动。由此，由农家治国则是顺理成章的事情。也许在许行看来，只有农家治国，才能始终保证农业的中心地位，才能保证国家的持续稳定的繁荣。巧合的是，与他同时代的西方的一位大哲学家，也提出与他类似的观点，即“哲学王之治”。这个人就是柏拉图。柏拉图认为“哲学王”是最能治理好国家的，因为他具有完美的德行和高超的智慧，能够伸张正义。这种观点恰恰也是源于柏拉图的社会分工理论。与许行的分工理论不同的是，柏拉图的社会分工理论将社会群体分为治国者、武士、劳动者三个阶层，治国者均是德高望重的哲学家。因而不论是“哲学王”之治还是农官治国理论，都是与社会分工理论相联系的。在古希腊的民主氛围中产生了“哲学王”的伟大构想，而在古代的农业中国产生了农家治国的平民愿望，这或许可以归因于历史总是惊人的相似。但是对于农家治国论，也许我们更应该将其放在当时的历史状况中去考察，不应否认它作为当时的一种社会思潮的价值和意义。

四、“市贾不二”的国家干预经济“法”（制度）思想

据《孟子》记载，陈相对孟子说：“从许子之道，则市贾不贰，国中无伪；虽使五尺之童适市，莫之或欺。布帛长短同，则贾相若；麻缕丝絮轻重同，则贾相若；五谷多寡同，则贾相若；屦大小同，则贾相若。”（《孟子·滕文公上》）按照许行的观点，相同的物品，只要在长短、轻重、多寡、大小上相同，就应该有相同的价格。由此可知，许行的观点是对市场上的各种物品的价格要有统一的规定，在市场上的同种物品只有一种价格，没有第二种价格。这就是“市贾不二”。对此，孟子是坚决反对的，他认为这是一种错误的价格观。孟子指出：“夫物之不齐，物之情也；或相倍蓰，或相什百，或相千万。子比而同之，是乱天下也。巨屦小屦同贾，人岂为之哉？从许子之道，相率而为伪者也，恶能治国家？”（《孟子·滕文公上》）孟子的批评与许行本身的观点是有出入的：许行的“屦大小同，则贾相若”强调的是同种商品只要大小、数量一样，价格就要一样，而孟子的“巨屦小屦同贾”指的是同种商品大小、数量不一样而价格要一样的情况，这并不是许行“市贾不二”的原意。可见，孟子在此又对许行的观点有所曲解，他对许行的观点

的批判也与许行的本意风马牛不相及。但是从字面意思来看，孟子注意到了商品的质量问题，即“夫物之不齐，物之情也”，而许行提出的价格论，只注意到了商品使用价值的数量，忽略了决定商品价格的价值，只注意到商品的数量，不关注商品的质量。但是，我们应该可以推知，许行作为一个自食其力的农民和手工业者，在频繁的“以物易物”的生活和交换经验中不可能没有注意到商品质量的问题，极有可能是陈相对许行的观点的转述有误或者《孟子》的整理者记载有疏漏。从陈相对许行的思想的转述中可以了解到，许行提出“市贾不二”的经济制度的目的在于“国中无伪”“莫之或欺”。因此，许行反对的是在流通领域中一些商人囤积居奇、哄抬物价、造假卖假的现象，反对的是商人盘剥农民。

由此可见，许行“市贾不二”的思想是值得肯定的。更进一步考虑，我们能够发掘出他的更深层的思想内涵——希望统治者运用国家的强制手段（出台法令或政策）来保证市场的正常秩序。因此他提出的“市贾不二”的经济“法”思想，是继范蠡的“平粜”思想之后中国古代最早的关于市场干预的思想之一。虽然有学者会提出质疑——在古代奴隶制和封建制社会，国家为了维持其生存，必然要对经济生活进行强烈的干预，这并不鲜见，但是许行提出的市场干预论与以往的奴隶制国家的经济干预有着本质的不同：那时的干预所体现的是统治阶级对被统治阶级人身的奴役和压迫、对他们财产的侵犯和剥夺，其手段也往往是暴力和残酷的；许行提出的主张并非为了经济上的剥削和剥夺，而是为了维护产品市场的正常秩序、保护农民利益不受挫伤。这种干预理论是具有相当的进步意义的。

“平粜”思想和“市贾不二”理论都是对产品价格的干预，但是二者的调整范围和调整手段不同：“平粜”思想强调的是政府运用市场规律（主要是供求理论）对粮食价格进行调控，而“市贾不二”理论强调对生活必需品和农产品（许行提到的布帛、麻缕丝絮、五谷和履都是农产品和生活必需品）进行价格管制，即保持价格的统一和稳定，避免物价随意波动和商人的重利盘剥。因此它的调整范围不限于粮食等农产品，而是扩大到包括农产品在内的生活必需品。它强调运用政府强制力对价格进行管制（统一定价），而不是仅仅依赖市场规律的调节。因此，“平粜”和“市贾不二”分别对应着现代宏观调控手段中的经济手段和行政手段。虽然在现代市场经济法治条件下我们更强调运用行政手段之外的手段来弥补市场的缺陷，但是在某些情况下，行政手段也是不可或缺的。即便是在当今社会，这种思想仍然被我们沿用和借鉴。由此可引发出些许推断：经济法作为一个独立的法律部门是近几年的事情，但是，经济法也必定不是凭空想象出来的，从现代经济法与国家干预交织相伴的发展历史来看，始自春秋战国时期的朴素的干预理论或许可以被看作是现代经济法的源头。

总之，虽然价格理论缺乏一定的科学性，但是从法制层面来看，国家对市场进行干预，用强制力保证交易公平，并对生活必需品统一定价，避免商人的投机行为威胁农民的生活，保证国家稳定、人民幸福，是值得肯定的。许行倡导的社会治理和分工方法，是针对当时的社会大变革提出的一种社会发展和治理模式，尽管以现代的法治视角来看它是不成熟的，但在当时它仍然为中国古代社会的顺利转型提供了些许借鉴。

深度阅读

1.《孟子·滕文公上》《吕氏春秋》《汉书·食货志》。
2. 李贵连等主编：《中国法律思想史》，2版，北京，北京大学出版社，2010。
3. 武树臣主编：《中国法律思想史》，北京，法律出版社，2004。
4. 张云飞：《中国农家》，北京，宗教文化出版社，1996。
5. 高华平：《农家源流与楚国的农家学者》，载《船山学刊》，2013（3）。

问题与思考

1. 如何理解儒家的《孟子》与农家的法律思想的关系？
2. 农家的法律思想对传统中国社会的重农抑商思想有何影响？
3. 许行的经济法律思想有何当代意义？

第八章

名家学派的法律思想

常考知识点

- 名家名学理论与其他学派正名思想的区别
- 名家学派的法律思想兴起的原因
- 名家“物”“指”“实”“位”“名”的内涵
- 名家的同异理论及法律理想
- “白马非马”和“离坚白”的法律意义
- 名家关于法律的“通变”思想

第一节　名家学派概述

名家是春秋战国时期产生的，以邓析（公元前545年—公元前501年）、尹文（约公元前360年—公元前280年）、惠施（公元前390年—公元前317年）和公孙龙（约公元前320年—公元前250年）为主要代表人物的重要学派。名家在先秦时期被称为辩者，《庄子·天下》《荀子·非十二子》中皆将其列为独立之学派。名家通过吸收和发展当时其他学派的名法思想，建立了其独特的名学法律思想体系。

在名家学派形成之前，针对当时名实不符的社会状况，百家争鸣中的其他学派纷纷根据其政治、法律观点，提出了自己的名法理论，比如，儒家的孔子希望通过“正名”来纠正当时思想混乱的状态，寄望由古代先王创制的“名”组成的礼乐制度来规范人民的行为；道家的老子则反对积极地用“名”去形成法律制度来调节社会关系，认为只有消灭人为的“名”，才能从根本上化解社会矛盾；庄子从齐物的角度出发，极力主张去异以存同，消解万物的区别，使“名”的存在不再具有意义；法家通过“刑名法术”提升了其立法和司法水平，但它更强调制度的稳定性，以维护君主的利益为最高目标，放弃了对制度本身合理性的追求，也排斥来自外部的对其合理性的怀疑。名家正是在吸收了儒、道、法等各家名法思想的基础上，提出了极其抽象和较为深入的体系化的名学法律理论，并在此基础上通过对立法与司法的改进，追求法律制度的完善。

名家学派的法律思想的理论依据重点是抽象的概念，包含“物”“指”“实”“位”“名”这五个基本范畴。其中，“物”是名家学派的法律思想针对的客观对象，指一切客观存在；“指”是依据某些相同类型的存在抽象出的概念，“指”作为抽象的概念有其不同于具体事实的独立性；“实”表示某一具体物所具有的所有属性，其中某些属性相同的物往往可以归为一类而指向一个“指”；“位”是表示某一特定“指”的所有规定性，具体物的“实”符合了这种规定性，便是“位其所位”的情况；“名”则是根据“指”的概念，应某具体物的“实”之“所实”而产生的对该物的称谓。名家将这种理论应用于法律领域，一方面，从实际的“物”的层面的社会实践出发，通过“实”“名”“位”联系到概念层面的“指”，确定抽象法律规范形成的过程；另一方面，抽象的“指”通过“位”来“正其所实”，从而落实到“物”的层面的法律事实中去，形成了将抽象法律规范应用于具体法律实践中的法律适用过程。通过提出“指”与“位”的概念，名家丰富了传统的名学理论，使“名”不仅具有抽象概念的含义，而且也具有作为对应具体物的称谓的含义，解决了抽象与具体混乱不分的问题。从这个意义上说，名家学派的法律思想更具有哲学意味的思辨色彩。

在法律理想方面，名家反对用严酷的刑罚去威慑人民，强调一方面要基于事物共性来处理某些情况，主张对所有人给予法律上基本的尊重与关怀；另一方面要基于事物的差异，对不同情况进行不同处理，通过法律手段明确社会分工，以促进人的发展、实现家国的繁荣。

在法律实践领域，名家提出了法律规范应当随着社会实践的变化而发展的观点：当新出现的社会关系在性质上基本符合原有规范时，可以适当调整原有法律规范，将新的社会关系纳入调整范围。但如果新的社会关系在本质上已经与旧的社会关系不相符，应当制定新的法律规范对其予以调整。基于对事物同异的理解，名家以“离坚白”的理论强调违法者的违法行为与其社会地位的分离，主张“去尊”，反对法外特权。在法律具体适用中，名家主张法律适用应当严格地将抽象法律规范应用于具体法律事实的处理之中，对法律事实的判断应当依照法律规范的含义进行，不应依据主观标准加工法律事实内容。

名家学派的法律思想的研究材料，主要散布于被认为是名家代表人物的著作，包括公孙龙、惠施、尹文和邓析的著作之中。当今学界对今本《尹文子》和《邓析子》的真伪存在较大争议，故该二著作仅作参考。《公孙龙子》在西汉时共有 14 篇，唐代时分为 3 卷，北宋时遗失了 8 篇，至今只残留 6 篇，共 1 卷，其中最重要的是《白马论》和《坚白论》，提出了“白马非马”和“离坚白”等论点。今本《公孙龙子》除《迹府》受到争议外，一般认为可信度较高，最能体现名家的思想，因此可作为主要的研究材料。《庄子·天下》对惠施的言行多有记录，所载观点的真实性和可信度较其他文献的高。此外，本章还参考了其他古籍中对名家代表人物的思想和事迹的记载。

第二节　名家学派对各种法律相关概念的正名和界定

一、名家学派为什么热衷于界定“刑名”等相关概念?

冯友兰指出：“所谓名家，就其社会根源说，是春秋、战国时期各国公布法令所引起的一个后果。”[①] 的确，名家学派的法律思想是伴随着当时各诸侯国变法强国的时代潮流、顺应着法律领域对法律规范循名责实的要求而产生的。

具体说，名家学派之所以热衷于界定“刑名”等相关概念，是因为：第一，时代要求和名家个人经历促使名家对概念正名情有独钟。从名家主要代表人物的政治、法律活动中可以看出，名家人物并不反对公布成文法和进行法律革新，反而积极参与法律活动。名家是除法家以外最重视法律的先秦学派，而且名家重视法律侧重于从循名责实角度入手。名家代表人物如公孙龙多年为平原君的门客，在《公孙龙子》中，公孙龙借尹文之口，举出了由于对“士”的名的内涵没有准确确定而导致齐国的成文法与齐王的命令互相矛盾的现象。这表明他充分认识到了法律语言不准确和逻辑混乱的不良后果。名家的另一重要人物惠施在魏国为政多年，他亲自起草法律，更是深感法律名实相符的重要性：“惠子为魏惠王为法。为法已成，以示诸民人，民人皆善之。献之惠王，惠王善之，以示翟翦，翟翦曰：‘善也。’惠王曰：‘可行邪?’翟翦曰：‘不可。’惠王曰：‘善而不可行，何故?’翟翦对曰：‘今举大木者，前乎舆謣，後亦应之，此其於举大木者善矣。岂无郑、卫之音哉？然不若此其宜也。夫国亦木之大者也。’”（《吕氏春秋·审应览·淫辞》）可见，名家不仅关注法律本身内容要“善”，而且强调要想落实好法律，更应关注法律内部结构完善和语言准确，使法律名实相符，从而调整实际社会关系。

第二，名家代表人物主观上具有循名责实和正名的冲动意愿。名家关注牛、马、石这些“物”的正名，而且在当时的时代背景下，名家更关注政治法律制度方面“名”的内容。公孙龙“疾名实之散乱，因资材之所长，为‘守白’之论。假物取譬，以‘守白’辩，谓白马为非马也……欲推是辩，以正名实而化天下焉”（《公孙龙子·迹府》）。可见，名家是采用“假物取譬”的手法，其理论的主观目的在于“正名实而化天下”。汉代将此称为“公孙龙诡辞数万以为法”（《法言·吾子》）。冯友兰则说：“坚白无厚之辞，其原来的用处，是对于法律条文‘咬文嚼字’，作出种种解释。”[②]

第三，名家的一定程度的批判意识导致他们更愿意采取隐晦的、抽象的概念界定和正名方式阐释其法律思想。名家对当时法律制度的不合理进行了揭露，由于不符合当权者维护统治以及现行法律权威性的要求，故而受到了严厉的打压，于是，名家往往不得不采用较为隐晦的表达方式阐释其思想。比如，由于邓析过于直白地反对现行法律制度、抨击法律制度中的不合理因素，并私自编纂了其自认为更加完善、合理的《竹刑》，严重影响了现行法律的权威性，当权者对其采取打压政策。《吕氏春秋》称“郑国大乱，民口喧哗。子产患之，于是杀邓析而戮之，民心乃服，是非乃定，法律乃行”（《吕氏春秋·审应览·离谓》）。可见，直接评判现行法律和主张革新是很危险的。后世学者惠施、公孙龙有鉴于此，采取“假物取譬”的表达方式，一方面是基于其以“物”之理言“名”之学的立场，另一方面也是迫于现实压力，其当政时可以制定新法治国，其不当政时亦可以立说而自保。因此，可以说，一方面，当时的立法状况决定了名家对法律问题的关注；另一方面，当时的政治氛围也决定了名家只能采取较为间接的即抽象界定“刑名”

① 冯友兰：《中国哲学史新编》，上卷，128 页，北京，人民出版社，2007。

② 冯友兰：《中国哲学史新编》，上册，203 页，北京，人民出版社，1998。

的表达方式来保护其个人的安全，实现其学说的流传。所以，名家的法律思想虽然是对儒家、道家、法家等的名法思想加以吸收发展而来的，但却走上了深入解析刑名概念、探求名理，以完善法律制度的道路。

二、名家对具体概念的正名

虽然名家学派遵循先前学者“仰则观象于天，俯则观法于地，观鸟兽之文与地之宜，近取诸身，远取诸物”（《周易·系辞下》）的方法，来对名实乱象进行拨乱反正，但是，他们实际上是更侧重从“名”的角度重新考察天地万物，按照其研究万物所得出的理论去正名。名家理论涉及的具体概念包括如下内容。

1.“物”

“物”在名家学派的法律思想中是最基础的概念。《庄子·天下》中将惠施的学说称为“历物之意”，并记载“惠施不辞而应，不虑而对，遍为万物说”。对于惠施的理论，庄子批评为“惠施不能以此自宁，散于万物而不厌，卒以善辩为名”（《庄子·天下》）。另一位名家代表人物公孙龙的著作中有《指物论》专门研究“指”与“物”的关系，这充分体现出名家对“物”的重视。

“物”是名家名学理论研究的直接对象，也是名家一切政治主张和法律观点的出发点。名家研究的“物”是“天下之所有也”（《公孙龙子·指物论》），或称“天地与其所产焉”（《公孙龙子·名实论》）。可见，名家所谓的“物”即客观存在，它既包括自然界的万物，也包括万物得以存在的环境——天地。

名家以“物”为研究对象，发展出了自己的名学，并应用于法律之中。名家认为，不论是日常应用的名还是制定出的成文法律，都应当符合通过研究“物”所得出的理论。名家将这种“物”之理应用于法律之中，提出了对现行不合理法律规范的批判，主张制定更加合理的法律制度。

2.“指”

“指”是全面理解名家基本理论的关键。学界对公孙龙《指物论》的解读历来争议较大。今人陈癸淼将“指”的含义解读为：“当人对客观存有的‘物质’有了认识后，就把他的认识形式化、外在化而为概念，并以它来指谓或论谓该物。这种用来指谓或论谓客观之物的‘概念’就是指物论中‘指’的意义。”① 牟宗三概括《指物论》：“全文不过说三句：（一）物莫非指；（二）指与物（物指）非指；（三）指是指，物是物。”②

首先，“物莫非指”是说没有无概念对应之物，并不是说物等于概念，其意在强调概念对于物的规定作用。公孙龙认为，凡物皆符合其所属的指，如所有的实际存在的马类都符合“马”的“指”。故公孙龙子说：“天下无指者，生于物之各有名，不为指也。”（《公孙龙子·指物论》）在此意义上，“指”对应不特定的所有具有其规定属性的“物”。

---

① 陈癸淼：《名家与名学：先秦诡辩学派研究》，136页，台北，学生书局有限公司，2010。

② 牟宗三：《名家与荀子》，序，3页，长春，吉林出版集团有限责任公司，2010。

其次，“指与物（物指）非指”。所谓“物指”就是“指”用于“物”，即将概念特定用于某物。如当你说“去把马牵过来”时，你是把“马”的概念用于这匹马，此时你并不是想把任意一个马牵过来，而是特定的你那匹叫“小白”的马。因此，你虽然用“马”这个“指”去说话，但是实际上你想的是“我那匹马”，而“你那匹马”不同于“马”的概念，所以说“指与物非指”。公孙龙认为，严格地说：“天下无指，而物不可谓指也。”（《公孙龙子·指物论》）

最后，“指是指，物是物”。这是说“指”是抽象的概念，而“物”是具体的存在，二者本质不同。所以，公孙龙说：“以天下之所有为天下之所无，未可。”（《公孙龙子·指物论》）这表明，公孙龙的《指物论》不但认识到了概念的抽象性，而且对抽象与具体的关系有其独到的见解。

正是意识到了“指”的存在，名家对“法”的认识才在一定程度上超越了先秦其他学派。名家的法律思想超出了传统的“名”与“物”，而抽象出了“指”。春秋战国其他学派的名学，一般只是由存在的“物”到经验的“名”再到实践的“言”“行”“法”。而名家由存在的“物”抽象出可以应用于不同种类物的概念“指”，去对应与具体“物”结合的具体的“名”，从而使名家的“法”不局限于经验。这便形成了其从存在中抽象出“法”，而后与实践中具体的“名”相对应来适用“法”的理论。

3. “实”“位”“名”

公孙龙在《名实论》中通过“实”“位”“名”等进一步阐发了概念与具体名称之间关系的理论。《名实论》第一段就开门见山地指出：“天地与其所产焉，物也。物以物其所物而不过焉，实也。实以实其所实而不旷焉，位也。出其所位，非位；位其所位焉，正也。以其所正，正其所不正；以其所不正，疑其所正。其正者，正其实也；正其所实者，正其名也。”（《公孙龙子·名实论》）

这表明：“实”是“物”的现实存在，是“物”所具有的性质，是“物”的本质性意义。“位”则是更抽象的意义正确性的基本要求，凡具体之“物”皆有其对应的“指”，而每个概念皆有其规定性，“位”即表现此种具体“物”的“实”符合此种规定性的状态，符合此种规定性就是“位其所位”。因此，“位”乃连接概念与具体物的第一步。“名”即是名称，具体的“物”不一定有“名”，而且“名”也是可以改变的，“正名”本身就是对“名”的改变。“名”是根据“指”的概念，应“实”之“所实”所产生的对该物的称谓。若无“指”，便无“名”，命名离不开对“指”的取舍。具体应该用何“名”去谓“物”，要依据“实”所符合的“位”去对应“指”，即“其正者，正其所实也；正其所实者，正其名也”（《公孙龙子·名实论》）。

名家关于“实”“位”“名”关系的界定对其法律思想影响的意义在于，它进一步建构了名家通过“实”“位”“名”连接抽象法律规范与具体法律事实的桥梁。一方面，从实际的“物”的层面的社会实践出发，通过“实”“位”“名”联系到抽象层面的“指”，是法律规范形成的过程。依据客观“物”的层面的规律性，促进“指”的层面的法律规范的逻辑化、体系化；根据客观存在的发展变化，推动抽象法律制度的发展变化。另一方面，抽象的“指”通过“位”来“正其所实”“正其所名”，从而落实到“物”的层面的法律事实中去，实现法律的适用。

第三节　名家学派的具体法律思想

一、名家的同异理论及法律理想

与法家不同，名家并不将名学作为一种维护专制统治的工具看待。基于其对同异的深刻认识，名家认为良好的社会应当既强调平等又尊重差异，良好的法律也应当尽量为建设这种社会服务，而不应以严刑峻法去强制规范。名家的这种法律理想在惠施的学说之中有较为完整的表达。

惠施的法律理想源于其对事物同异的理解。他提出："至大无外，谓之大一；至小无内，谓之小一……大同而与小同异，此之谓'小同异'；万物毕同毕异，此之谓'大同异'。"（《庄子·天下》）惠施这里用"至大"与"至小"说明最大的概念以外没有其他概念与之并列，故万物都属于此概念；而最小的概念之内不存在再可分的概念。"此种毕同毕异，可因纲目层级中之层层向上而至最高一纲，得一最高之普遍性，因而使万物皆同于此，而成为毕同，亦可因层层向下而达至个体，因而说无两物完全相同，此即所谓毕异。"① 因此，惠施认为，从概念的"大一"上看，则万物"毕同"，即"天与地卑，山与泽平"（《庄子·天下》）；从"小一"上看，则万物"毕异"。万物既"毕同"又"毕异"，不管是"同"还是"异"，都不是绝对的。名家认为，以这种视角观察世界，既要深明差异的客观性，又要看到其相对性，因此说"泛爱万物，天地一体也"（《庄子·天下》）。

名家基于对同异关系的理解，主张对不同的人、阶层从"至大"的角度看，皆是平等的；而从"至小"的角度看，又各不相同。因此不管是同还是异，都不应绝对化，既要基于"毕同"的角度对不同人、阶层予以平等关爱，又要基于"毕异"的角度对不同人、阶层予以理解和尊重。依据这种社会理想，惠施宣扬"泛爱万物"的观点。名家的这一思路与儒家推行教化推己及人而实现大同理想的路径不同：名家学派试图通过法直接将其"泛爱万物"的思想予以体现，通过自上而下的方法制定法律，使万物同得其同、异得其异。因此，名家的社会理想，乃是尊重差异与推崇兼爱的结合；其实现方式则是通过法律，自上而下地直接将较高的要求予以规定，推崇人际关系的和谐，故其社会理想之实现亦即其法律制定之目的。

与其社会理想相适应，名家所推崇的法律制度也兼顾同与异两方面。就同的方面而言，名家主要强调在法律领域的"去尊"。据《吕氏春秋·审应览·不屈》记载，惠施认为自己是"治农夫者"而区别于农夫。当魏王要传国给惠施时，惠施认为，尊位特权是引发贪争的重要原因，他不接受更能使国民不贪争，因此拒绝接受。可见，惠施之所以在政治、法律领域主张"去尊"，强调在法律领域"去尊"，并不是要抹除人在社会分工上的差异，相反，他重视基于人的才能的不同进行社会分工。其目的在于为整个国家的国民谋福利，使人免受不公正待遇。

---

① 牟宗三：《名家与荀子》，12 页，长春，吉林出版集团有限责任公司，2010。

就异的方面来说，名家强调每个人基于其客观才能的不同而具有不同的价值，良好的法律应当尊重人的差异性，强调通过法律手段明确社会分工，以促进每个人的发展来实现国家的繁荣。在耕战具有重要作用的春秋战国时代，名家并不主张奖励农耕、加强军事，反而认为士、农、工、商皆有其不可替代的作用。如惠施针对匡章关于自己不从事农业生产的指责提出反驳，认为不同的人皆有其各自的职能，自己与农夫只是职能不同而已。有些行业、一些人的作用尽管在短期来看不那么明显，但如果安排得当，就能够在必要的时候发挥作用，因此从长远来看，这些行业、这些人亦具有其存在的价值。《淮南子·道应训》记载，公孙龙也曾经因为一个人善于呼喊而将其视为有能力的人，并同意收其做弟子，最终使其特长发挥作用。这种重视人的不同价值的法律制度显然更符合大多数民众的利益，并且有利于实现国家的长治久安。但这在战国时期并不符合各国迅速富国强兵的需求，故而惠施在魏国的立法虽然被大家称为“善”，但却被认为像用“郑、卫之音”去充当抬大木头时工人喊的号子一样不合时宜（参见《吕氏春秋·审应览·淫辞》）。

二、“白马非马”和“离坚白”的法律意义

1. “白马非马”论

“白马非马”是公孙龙在《白马论》中提出的著名论题。他说：“白马非马，可乎？曰：‘可。’曰：‘何哉？’曰：‘马者，所以命形也。白者，所以命色也。命色者，非命形也，故曰白马非马。’”（《公孙龙子·白马论》）

对于“白马非马”这一命题的理解，前人多从“名”之不同的角度去解读，如牟宗三解曰：“而‘白马非马’一语之逻辑意义与价值亦在其所显示之‘是’字、‘非’字各有不同之意义，以及其所显示之共名与别名或个体名之不同，而不在‘白马非马’一语本身也。”[①] 冯友兰说：“故白马之名之所指，与马之名之所指，实不同也。”[②] 当代学者则多从“概念”之不同的角度去解读。如有学者从语用学出发，认为公孙龙区分了客体词和概念词，公孙龙的“白马非马”是从概念词角度而言的，而客问则是从客体词角度来说的。[③] 也有学者认为“白马非马”并不是讨论现实中的马和白马，而是专门探讨语词“白马”和“马”的语义形式区别，其不涉及两个概念之间的上下位逻辑关系，只讨论纯语言概念的语义性质。[④]

我们认为，公孙龙在《白马论》中的“白马非马”论题是有上下位概念之分的，下位概念之所以不同于上位概念，是因为其具有上位概念所不具有的特殊属性：“马者无去取于色，故黄、黑皆所以应。白马者，有去取于色，黄、黑马皆所以色去，故唯白马独可以应耳。无去者非有去也。故曰：白马非马。”（《公孙龙子·白马论》）公孙龙这里对

---

① 牟宗三：《名家与荀子》，68页，长春，吉林出版集团有限责任公司，2010。

② 冯友兰：《中国哲学史》，107页，北京，商务印书馆，2006。

③ 参见周昌忠：《先秦名辩学及其科学思想》，177～180页，北京，科学出版社，2005。

④ 参见刘利民：《在语言中盘旋——先秦名家“诡辩”命题的纯语言思辨理性研究》，253～255页，成都，四川大学出版社，2007。

“白马非马”进行上下位概念的区分是有法律逻辑意义的，即如果上位概念与下位概念同时出现于一部法律之中，上位概念适用于一般情况，而下位概念适用于特殊情况。比如后世法律中将诈骗罪作为一般的上位概念，而针对特殊的情况，将金融诈骗罪、合同诈骗罪等罪名作为下位概念。某一行为符合了下位概念的特殊罪名，就适应特殊法条，这是其作为下位概念所具有的特殊性决定的。此即同“马”的“无去取于色”。同时，上位概念的一般性规定也对下位概念有效，这是就两者所具有的共性而言的。当然，要做到名正言顺，必然要求对每个概念的内涵理解准确，否则就会不分“白马”与“马”，像齐王因为不懂得“士”的内涵而分不清“士”与“勇士”一样（参见《公孙龙子·迹府》）。

名家区分上位概念和下位概念的观点在立法中的意义也十分明显。同一词语，由于上位概念与下位概念的内涵各不相同，如果在立法语言中不谨慎运用，就很容易出现法律漏洞。如果错将下位概念用在了应该用上位概念的地方，法律的调整范围就会被限缩，难以达到调整效果；同样，如果将上位概念错用于应该用下位概念的地方，也会出现使法律调整范围扩大的危险。《吕氏春秋》记载，邓析就依据此道理对子产的立法提出质疑：“郑国多相县以书者，子产令无县书，邓析致之。子产令无致书，邓析倚之。令无穷，则邓析应之亦无穷矣。是可不可无辨也。可不可无辨，而以赏罚，其罚愈疾，其乱愈疾。此为国之禁也。故辨而不当理则伪，知而不当理则诈。诈伪之民，先王之所诛也。理也者，是非之宗也。”（《吕氏春秋·审应览·离谓》）

2. “离坚白”论

“离坚白”是公孙龙的著名论点之一。公孙龙认为，一块坚硬的白石，用眼看不会看出它是否坚硬，只能看到它是白色的；用手摸不能感觉其白色，只能感觉到其坚硬，所以世界上只有白石和坚石，没有坚白石，即“坚、白、石三，可乎？曰：不可”，“视不得其（石）所坚而得其所白者，无坚也；拊不得其所白而得其所坚者，无白也”，“得其白，得其坚。见与不见谓之离。不见离，一二不相盈，故离。离也者，藏也”（《公孙龙子·坚白论》）。

名家公孙龙用“离坚白石”的道理论述抽象和具体的关系非常具有启发意义。按照牟宗三先生的看法：“中国正宗之心灵是具体之心灵：讲理必通着事或情，讲体必通着用，讲形而上必通着形而下，讲天必通着人。不但是通着，而且总混在一起讲，故是具体之心灵，并没有表现出抽象之分解。”① 从这个意义上说，名家既谈具体又论抽象，这与正宗相比虽然是旁门左道，但却有独特价值和意义。

“离坚白”的法律意义在于说明不同类型的法律概念具有不同的性质，应当对其予以区别分析、正确使用。在“离坚白”论中，公孙龙认为，抽象的“指”并不限于对应具体“物”的“指”，还有表示“物”的性质的“指”。他认为“坚白石三”不可，而说“二”就可以。在法律概念中，有的概念具有“石”一样的属性，其可以独立表示一种法律关系，比如“杀人罪”；但也有一些概念必须基于与其他概念的结合而显示出它的属性，比如“故意”。虽然这种法律概念不能独立表示法律关系，但具有可以应用于不同法律关系之中的特有属性，这就是公孙龙所说“于石，一也，坚、白，二也，而在于石”

① 牟宗三：《名家与荀子》，125页，长春，吉林出版集团有限责任公司，2010。

(《公孙龙子·坚白论》)。所以，公孙龙认为对于这种表示性质的不定于“物”的法律概念应当分别分析，视之为二：“得其白，得其坚，见与不见谓之离。”(《公孙龙子·坚白论》)公孙龙这里在具体经验的基础上，抽象出对“坚白”概念的分析，“坚白”概念的不同，表示了不同属性，应当分别视之、分别分析：就一个“物”来说，要分别考察其不同属性；就一个法律关系来说，要分别考察其不同的构成要件。这种对“物”“名”进行分析的思想在中国古代非常难得，它表明，名家认识到了概念的抽象性，因而没有将其与具体混为一谈。其关于“名”的理论在中国古代可谓一枝独秀。将此种理论应用于法律，名家主张对于一个抽象法律关系的具体构成要件要分别予以分析，只有这样，才能全面而准确地认识该法律关系，达到名家“正名实而化天下焉”(《公孙龙子·迹府》)的目的。

三、法律应与时俱进的“通变”思想

春秋战国时期，社会状况变化剧烈，很多旧的社会关系随着周王室的衰微而变得空有其名，一些新的社会关系随着各国的改革而出现。名家敏锐地察觉到了这种变化，提出“名”应当符合“实”，一旦不再符合，则应当抛弃这种“名”。公孙龙说：“夫名，实谓也。知此之非此也，知此之不在此也，则不谓也；知彼之非彼也，知彼之不在彼也，则不谓也。”(《公孙龙子·名实论》)不仅如此，名家的名实相符理论并不是简单地讨论名与实的关系，其还通过“位”的概念指向抽象层面的“指”。名家实际上讨论的是有关抽象的规范是否与具体的事实对应的问题。名家认为，在法律适用中，我们应当考察法律事实是否能够对应现有的法律规范，如果不对应，就无法用现有的规范去调整这种情况。这在整体上是超越法家名学思想的。当时法家对名实的运用是“只看名实是否相合，便知是非：名实合，便是‘是’，名实不合，便是‘非’。是非既定，赏罚也跟着来”[①]。法家名实理论强调君主通过名实行使赏罚权、统御臣下、加强君主专制，其重视的是法律的应用效果。相比法家的名实思想，名家的系统化名实理论超越了简单的“名”与“实”的对应关系，它更重视反思抽象的法律规范是否与社会现实相符合，强调法律规范应随着社会的发展而变化。公孙龙在《通变论》中从“变”的角度详细阐述了其调整法律规范内容的方法。

冯友兰认为《通变论》讲的是“共相不变，个体常变”[②]。我们认为，欲明《通变论》的法律思想，必须先理解“通变”的含义。《周易·系辞上》云“是故形而上者谓之道，形而下者谓之器，化而裁之谓之变，推而行之谓之通”。可见“通变”乃“化而裁”并“推而行”，其中有因应实际情况之改变而予以变化并付诸实践之含义。《通变论》亦是从此观点出发，阐述如何根据社会情况的变化，确定新的“指”，制定新的法律规范。

《通变论》开篇用对话的形式给出了两个看似矛盾的观点：“曰；二有一乎？曰：二无一。曰：二有右乎？曰：二无右。曰：二有左乎？曰：二无左。曰；右可谓二乎？曰：

---

① 胡适：《中国哲学史大纲》，314页，北京，北京大学出版社，2013。

② 冯友兰：《中国哲学史》，111页，北京，商务印书馆，2006。

不可。曰：左可谓二乎？曰：不可。曰：左与右可谓二乎？曰：可。”（《公孙龙子·通变论》）公孙龙这里是说，当社会情况出现变化，原有的社会关系出现了新的属性，就需要扩大法律规范的调整范围，创制出新的法律规范“二”，而将原有的规范与新的变化所对应的规范部分分别称为“右”与“左”。那么，首先，由于新的法律规范调整新、旧两种情况，可以说“左与右可谓二”。这里的“左与右”乃是言其调整范围之结合。其次，由于新规范对应新、旧两种情况，因此其包含的构成要件的范围已经大于对应原有情况的旧规范及新情况对应的规范，故左、右不可谓“二”。“二”虽然是“左与右”，但“二”成了一个新的规范，并非“左”与“右”的简单相加，而是发生了变化，法律规范对新的社会情况予以规范，虽然规范文本上没有改变，但也会因为其调整对象的增加而产生变化。

那么，法律通过何种方法反映“通变”呢？公孙龙用举例的方法来予以说明。他认为，虽然“羊合牛非马，牛合羊非鸡”（《公孙龙子·通变论》），但“马”和“鸡”是不同的。“羊”与“牛”有许多相同之处，也有不同之处：“是俱有而类之不同也。”（《公孙龙子·通变论》）“羊”和“牛”所共有的某些特点与“马”的不同，故“羊合牛非马”。但马却还是有一些地方符合“羊”和“牛”的特点的，“鸡”却是完全不符合的。由于“羊”和“牛”中有相同的属性，其“合”出的新规范对这种属性必须有所体现，相比完全不符合的“鸡”，“马”是比较优的选择。这就是说，当社会关系的变化和原有规范调整的内容差异较小时，二者的关系如同羊和牛，是可以合为“二”的。因此可以适当调整旧的规范，将新情况纳入调整范围，而不宜盲目创制新规范。也就是说，宁可用能够反映符合“羊合牛”的属性更多的“马”去作为新的规范，而不能用完全无关的“鸡”。春秋战国时期，在一些旧的社会关系基础上产生了新的社会关系，公孙龙主张，对于这种新的情况，可以适当调整旧的法律规范，将二者共同调整。这是通变的第一种情况。

与之相对应，通变的第二种情况是：“青以白非黄，白以青非碧。”（《公孙龙子·通变论》）这是说当新的社会关系发生的变化在某些方面已经与原有的社会关系不可调和时，应当如何制定新的法律规范：“青白不相与而相与，反对也；不相邻而相邻，不害其方也。”（《公孙龙子·通变论》）由于新的社会关系与旧的社会关系相对，并无交集，二者“反而对，各当其所，若左右不骊”（《公孙龙子·通变论》）。即使要把二者放在一起，其不同的属性也并不相混合而发生变化。在这种情况下，“碧”混合了本来不应该混合的“青”与“白”，试图调和两种相对的属性。这种法律规范具有不确定性，必然陷入混乱。此时不应为了方便而盲目变化原有的规范，将新情况纳入变化后的规范中调整，而是应该制定新的规范，对新情况予以单独调整。

名家的通变理论与法家的变法思想是有一定区别的。法家代表人物多注重变法的实践效果，以君主的利益最大化为目标，将“刑名”作为一种政治工具，通过“刑名参同”来达到迅速富国强兵的目的。法家的这种特点，使其放弃了对法律制度本身合理性的追求，排斥来自外部的对其合理性的怀疑，最终走向极端的重刑主义。与此相对，名家则主张依据对万物的研究而形成的系统化、理论化的名学理论体系，并通过“正名”来解决思想上和政治上的混乱状态。名家主张通过其抽象与具体相连接的理论，不断完善法律制度，改善法律实践。所以，名家更强调通过抽象的“指”用“位”来“正其所实”，从而落实到“物”的层面的法律事实上去，达到通变的目的。

深度阅读

1. 《公孙龙子》《尹文子》《邓析子》《庄子·天下》。
2. 陈癸淼：《名家与名学：先秦诡辩学派研究》，台北，学生书局有限公司，2010。
3. 董英哲：《先秦名家四子研究》，上海，上海古籍出版社，2014。
4. 牟宗三：《名家与荀子》，长春，吉林出版集团有限责任公司，2010。
5. 赵炎峰：《先秦名家哲学研究》，北京，中国社会科学出版社，2013。

问题与思考

1. 名家名学理论与儒家和法家的正名思想的区别是什么？
2. 名家学派的法律思想为什么兴起？其独特价值在哪里？
3. 名家学派为什么热衷于界定“刑名”等相关概念？
4. 名家如何从同异理论出发论证其法律理想？
5. “白马非马”和“离坚白”有何法律意义？
6. 名家的法律“通变”思想与法家的变法理论的区别在哪里？
7. 名家理论对当代法律逻辑学和法律语言学有何影响？

第九章

阴阳家学派的法律思想

常考知识点

- 阴阳说的历史发展和演变
- 五行说的历史发展和演变
- 五德终始理论
- 德刑时令说

第一节　阴阳家学派概述

阴阳家又称阴阳五行家，是战国时期提倡阴阳五行学说的一个学派。汉代司马谈在《论六家要旨》中将阴阳家列为六家之首。《汉书·艺文志》将阴阳家置于“九流”的第三位。

阴阳家思想的核心是阴阳五行理论，其所包含的阴阳说和五行说原本是西周神权思想衰落以后逐渐形成的具有朴素唯物主义因素的两种观念，一些思想家运用“阴、阳”这对概念来解释自然界的相反相成，以阴阳交替解释宇宙发展和万物运动的规律。所谓“五行”，是指水、火、金、木、土五种物质元素。一些思想家不仅基于朴素观念认为世界是由这五种元素构成的，而且认为这五种元素“相生相胜”“相生相克”，即水克火、火克金、金克木、木克土、土克水。这样，古代思想家们运用五行“相生相胜”的相互关系，来说明自然界变化的原因。阴阳说与五行说的合流，构成了中国古代朴素唯物主义自然观，并对中国古代法律思想产生了重要影响。

阴阳家法律思想的最主要代表人物是战国时期的邹衍。邹衍继承了西周以来关于阴阳五行方面的理论主张，并且把阴阳五行说纳入了唯心主义轨道，使阴阳五行学说开始神秘化。邹衍提出“五德终始”理论来说明王朝更替的原因，发展出历史循环论。不仅如此，邹衍更运用阴阳、五行来比附德、刑关系，提出春夏行德、秋冬行刑的德刑时令说（或称司法时令说）。这种学说到汉武帝时期，经过董仲舒的加工改造，成了封建正统法律思想的组成部分。

第二节　邹　衍

一、邹衍及其著述

邹衍（约公元前305年—公元前240年）又名驺衍，战国末期齐国人。邹衍年轻时曾经北上燕国，受到燕昭王礼遇，一度被封为王师。邹衍在稷下学宫讲学多年，善谈天文历法，人称“谈天衍”。邹衍一生大部分时间生活在齐国，但也曾多次出游，游历的诸侯国包括燕、梁、赵、秦等国。邹衍所到之处，常常“以阴阳主运显于诸侯”（《史记疏正·卷四十四》），“王公大人初见其术，惧然顾化”（《史记·卷七十四》）。可见，邹衍的阴阳五行思想在其在世时就曾经轰动一时，以致“阿谀苟合之徒自此兴，不可胜数也”（《汉书·卷二十八》）。

邹衍作为阴阳家最主要的代表人物，其整体思想在继承传统阴阳说和五行说的基础上，主要由三部分构成：一是天文星历的天论，二是“大九州”的地理论，三是政治、法律领域的“五德终始”论和德刑时令说。

关于邹衍的著述，据《史记》记载，邹衍作“《终始》、《大圣》之篇十余万言”；《汉书·艺文志》收录《邹子》49篇、《终始五德》56篇，皆已散佚。现今若要研究邹衍的法律思想，只能从秦汉及以后的有关著作中以及其他阴阳家的记述中加以把握。

二、阴阳与五德终始思想

邹衍的法律思想最早渊源于西周以来的阴阳五行观念。阴阳这对词语是随着中国古人观察天文现象、时节变化等实践活动而逐渐萌芽形成的。阴字本义是云覆日，阳字本义是日出。人们看到昼夜、阴晴、寒暑、日月食等现象中都包含着相互对立的两个方面，于是加以抽象概括，名之为阴、阳。据考，周幽王时期的伯阳父（史伯）最早用阴阳失调来说明地震发生的原因：“阳伏而不能出，阴迫而不能蒸，于是有地震。”（《通鉴辑览·卷三》）春秋时期，人们开始用“阴、阳，风、雨，晦、明”（《春秋经传集解·昭元第二十》）这“六气”的相互关系来说明疾病产生的原因。《老子》则称：“万物负阴而抱阳”（《老子·四十二章》），此即以阴阳来说明万物无时无处不处于矛盾之中。《易传》则以“一阴一阳谓之道”（《周易传注·卷五》）即阴阳交替来解释万物发展的规律。

邹衍的法律思想中的五行理论同样继承自西周以来的先人。在西周时期，人们就逐渐开始用五行即水、火、木、金、土来说明物质世界的构成。伯阳父说：“先王以土与金、木、水、火杂，以成百物。”（《国语·郑语·卷十六》）宋国大夫子罕说：“天生五材（五行），民并用之，废一不可。”（《吕氏春秋·孟秋纪第七》）可见，五行思想是中国古人早期直观、简单并且具有唯物主义色彩倾向地观察世界的体现。在春秋战国之交，五行说已经十分流行。这时人们已经发现五行“相生”和“相胜”，所谓“相生”，即“木生火”“火生土”等；所谓“相胜”，即“水胜火”“火胜金”等。

战国时期，阴阳说和五行说开始合流，并与人们通过占卜来预测吉凶祸福等神秘主义勾连起来。《史记·日者列传》记载楚国大夫司马季主可以“分别天地之终始，日月星辰之纪，差次仁义之际，列吉凶之符，语数千言”。正是在这种阴阳说和五行说的天人交感的神秘思潮兴起之时，以邹衍为代表的阴阳家登上了中国法律思想发展的历史舞台。

邹衍的法律思想的最大特色是将神秘化的阴阳五行学说引入社会、政治、法律领域，创立“五德终始”理论，以此解释王朝更替、法律变化的原因，从而为当时的统治者提供统治的合法性论证。

邹衍认为，所谓“五德”，既是“五行”的属性，又是“五行”在人类社会、政治、法律领域的显示。按照邹衍的说法，每个王朝都有一种与“五行”相应的“德”，都受一种“德”的支配，即“五德从所不胜，虞土、夏木、殷金、周火”（《文选·卷五十九》）。也就是说，虞朝属土德，夏朝属木德，商朝属金德，周朝属火德。每个王朝必须按照所属之德建立政治、法律制度进行统治，而每一种德都有气数，每一种德因阴阳不和而气数已尽的时候，不可避免地就会被取代，即“有终始五德，从所不胜，（土德后）木德继之，金德次之，火德次之，水德次之”（《文选·卷六》）。可见，邹衍的“五德终始”理论一方面强调了“五德转移，治各有宜”（《史记·卷七十四》），另一方面，又利用阴阳五行相生相克的神秘主义牵强附会：“凡帝王者之将兴也，天必先见祥乎下民。黄帝之时，天先见大蚓、大蝼，黄帝曰：‘土气胜。’土气胜，故其色尚黄，其事则土。及禹之时，天先见草木，秋冬不杀，禹曰：‘木气胜。’木气胜，故其色尚青，其事则木。及汤之时，天先见金刃生于水，汤曰：‘金气胜。’金气胜，故其色尚白，其事则金。及文王之时，天先见火，赤乌衔丹书，集于周社，文王曰：‘火气胜。’火气胜，故其色尚赤，其事则火。代火者必将水，天且先见水气胜，水气胜，故其色尚黑，其事则水。水气至而不知，数备将徙于土。”（《吕氏春秋·第十三卷·有始览第一》）

评析邹衍的“五德终始”理论，需要注意两点：其一，“五德终始”理论从始至终强调“天”在选择王朝“德”性时的作用。从这个意义上说，“五德终始”理论不过是传统的君权天（神）授说的再版而已。其二，邹衍利用五行相生相克来解释每一朝代的政治、法律制度循环往复都是天的安排，神圣不可侵犯，但同时邹衍又重点强调“从所不胜”（《文选·卷六》），强调旧德对新德的服从。其目的在于劝诱人们认识到旧时代灭亡的不可避免。这对于新王朝和新的政治、法律制度的建立和稳固有一定的积极意义。

三、德刑时令说

邹衍根据阴阳五行理论在中国法律思想史上首次提出了春夏行德、秋冬行刑的德刑时令说。邹衍将五行之德附会于四季运行，认为春季气候温和、草木萌生，故属木德；夏季气候炎热、万物茂盛，故属火德；夏秋之间，冷热相间，万物不盛不衰，故属土德；秋季气候渐凉，有肃杀之气，故属金德；冬季寒冷，万物隐蔽蓄藏，故属水德。木生火，火生土，土生金，金生水，于是，四季循环往复、无有终期。与之相对应，政治、法律也必须依照五德四时之数：“凡举大事，毋逆大数；必顺其时，慎因其类。”（《月令解·卷八》）具体说，春属木德，万物生长，宜用庆赏，即“命相布德和令，行庆施惠，下及兆民”（《吕氏春秋·孟春纪第一》）。夏属火德，万物繁荣，宜兴教化，举荐贤才，即“命太尉、赞桀俊、遂贤良、举长大、行爵出禄”（《礼记疏·附释音礼记注疏·卷第十五》）。秋属金德，万物凋谢，宜从“断薄刑、决小罪”（《吕氏春秋·孟夏纪第四》）过渡到“审断。决狱讼……戮有罪、严断刑”（《礼记疏·附释音礼记注疏·卷第十六》），此时“命有司申严百刑，斩杀必当”（《吕氏春秋·仲秋纪第八》）。冬属水德，万物隐藏，此时“可以罢官之无事者，去器之无用者，涂阙庭门闾，筑囹圄，此所以助天地之闭藏也”（《吕氏春秋26卷·仲冬纪第十一》）。总之，春夏行德，秋冬行刑，“序四时之大顺，不可失也”（《史记·卷一百三十》）。

邹衍利用“五德终始”理论解释王朝更替，提出德刑时令说，其目的和意义在于：其一，为新兴政权的建立提供了合法性论证；其二，为新上台的统治者提供了施政用法的具体方式和方法。尽管德刑时令说有些牵强附会，但是，后来的统治者大多对之推崇有加，以至于汉代以后它成了封建正统法律思想的重要组成部分。

四、邹衍的法律思想的历史影响

邹衍以阴阳五行学说为基础的法律思想“不仅是中国人的思想律，是中国人对于‘宇宙系统’、‘人事现象’的信仰”，而且，“二千余年以来都有极强固的势力”[①]，对后来中国法律思想的历史发展产生了重要影响。

第一，邹衍的法律思想直接影响了秦帝国对法家法律思想的选择。邹衍的法律思想不仅仅在于总结以往，更在于服务“当今”。战国末期，正是由各诸侯国纷争走向中国统一的时代，邹衍的“五德终始”思想为大一统的秦帝国建立和采纳法家学说提供了理论依据。正如司马迁所说：“邹子之徒，论著终始五德之运……始皇采用之”（《史记·卷六》）。“秦始皇既并天下而帝，或曰：黄帝得土德，黄龙地螾见；夏得木德，青龙止于郊，草木畅茂；殷得金德，银自山溢；周得火德，有赤乌之符。今秦变周，水德之时。”（《史记·卷二十八》）既然秦属水德，水德的特性是尚法严法，因为法者“刑也，平之如水，从水”（《说文解字·卷十上》）。所以，秦代奉法家学说为尊，治国尚法则是合乎阴阳五德的天意和顺理成章的选择：“刚毅戾深，事皆决于法。刻削毋仁恩和义，然后合五德之数。于是急法，久者不赦”（《史记·卷六》）。

第二，邹衍的法律思想参与塑造了封建正统法律思想。以儒家“三纲五常”为核心的封建正统法律思想形成于汉武帝时期，此时“最早拿阴阳五行之说来阐明法理的要数董仲舒”[②]，董仲舒所著《春秋繁露》一书运用阴阳家的阴阳五行学说阐释儒家《春秋》等经典的微言大义，《春秋繁露》篇目包括《五行逆顺》《五行对》《五行之义》《阴阳位》《阴阳终始》《阴阳义》《阴阳出入》《天地阴阳》《五行相生》《阳尊阴卑》等，以此将儒家关于君臣、父子、男女、贵贱、尊卑、长幼、德刑等人伦和政治法律关系全部纳入阴阳模式，极力宣扬君为阳、臣为阴，父为阳、子为阴，夫为阳、妻为阴，德为阳、刑为阴，这样，阴阳家的法律思想切切实实参与并帮助神化了封建正统法律思想。这不仅造

①② 杨鸿烈：《中国法律思想史》，97页，北京，中国政法大学出版社，2004。

成“汉法春月不行重刑”（《资治通鉴补·卷十八·汉纪十》）的司法时令说的固化，而且造成以后历朝历代的秋冬行刑以及秋审、朝审、热审等法律制度逐渐成为定制。

深度阅读

1.《吕氏春秋》《礼记》《春秋繁露》。

2. 张国华、饶鑫贤主编：《中国法律思想史纲》（上），第八章，兰州，甘肃人民出版社，1984。

3. 马小红：《礼与法：法的历史连接》（修订本），第十一章，北京，北京大学出版社，2017。

4. 杨鸿烈：《中国法律思想史》，第四章，北京，中国政法大学出版社，2004。

5. 修建军：《〈吕氏春秋〉与阴阳家》，《管子学刊》1995 年第 3 期。

问题与思考

1. 阴阳说和五行说是如何演化的？

2. 邹衍的“五德终始”理论的价值和缺陷是什么？

3. 阴阳家的法律思想对封建正统法律思想的形成有何影响？

4. 阴阳五行理论与德刑时令说有何联系？

PART THREE

| 第三编 |

3 秦至清代（1840年以前）的法律思想

第十章

秦汉时期的法律思想

常考知识点

- 法家的思想与秦代的立法指导思想
- 刘安的法律思想与汉初黄老学派
- 董仲舒与封建正统法律思想
- 德主刑辅
- 《春秋》决狱
- “原心定罪”

第一节　概　述

秦汉时期是我国封建制度的巩固与发展时期。公元前221年，秦灭六国，建立了我国历史上第一个统一的中央集权制的封建君主专制国家。秦始皇奉行商、韩之说，在政治、经济方面进行了若干改革：在全国范围内废除分封制，实行郡县制；统一文字、统一法律、统一度量衡、统一货币；下令“使黔首自实田”，在全国范围内确立封建土地私有制。这些改革，在历史上都起过进步作用。但与此同时，秦始皇滥用民力，征伐无度，实行严刑峻法和文化专制。特别是秦二世昏庸暴虐，对人民实行极为残暴的统治。史籍记载：“秦法繁于秋荼，而网密于凝脂”（《盐铁论·刑德》）；“诽谤者，族；偶语者，弃市”（《汉书·高帝纪》）；“以古非今者，族”（《史记·秦始皇本纪》），以致在全国出现了“赭衣塞路，囹圄成市，天下愁怨”（《汉书·刑法志》）的阴森恐怖局面。在如此残暴的统治下，人民没有活路，不久，就爆发了陈胜、吴广领导的农民大起义，秦王朝二世而亡。代秦而起的是西汉王朝。

西汉初期，连年战乱，经济凋敝，人民生活极度困苦。《汉书·食货志》记载：“汉兴，接秦之敝，诸侯并起，民失作业，而大饥馑。凡米石五千，人相食，死者过半。高祖乃令民得卖子，就食蜀汉。天下既定……自天子不能具醇驷，而将相或乘牛车。”封建统治者迫于当时的形势，吸取了秦王朝二世而亡的教训，在政治上实行“与民休息”“轻徭薄赋”“约法省刑”的政策；在思想领域内，则推崇黄老之术，并取得了明显的效果，生产得到恢复和发展。到汉武帝时，国家经济实力大增，出现了空前繁荣的局面。史载当时“都鄙廪庾皆满，而府库余货财。京师之钱累巨万，贯朽而不可校。太仓之粟陈陈相因，充溢露积于外，至腐败不可食”（《史记·平准书》）。这就为好大喜功的汉武帝在政治上、军事上提供了雄厚的物质基础。在这种新的形势下，封建统治者需要建立一种新的思想体系，以董仲舒为代表的新的儒学体系便应运而生。汉武帝抛弃了黄老之术，接受董仲舒的建议，“罢黜百家，独尊儒术”，从此，儒家学说取得统治地位。先秦儒家的法律思想，经过封建统治者加工改造之后，也被奉为封建正统思想。这个加工改造的过程从荀子开始，中间经过陆贾与贾谊，最后由董仲舒完成。这种封建正统法律思想有两个特点：一是以“三纲五常”为立法与司法的指导原则；二是主张礼法结合、德刑并用、德主刑辅。东汉时期，在封建帝王的亲自支持和倡导下，谶纬迷信思想泛滥成灾，儒家学说进一步神学化、宗教化。当时，著名的唯物主义思想家桓谭、王充等人勇敢地对“天人感应”论和谶纬迷信思想进行了批判，但在法律思想方面并没有摆脱儒家的礼法结合、德刑并用和德主刑辅的窠臼。东汉末期，王符、仲长统对谶纬迷信思想和腐朽的统治集团进行了批判。他们反对豪强兼并和宦官专权，并提出了人事为本、天道为末，为政之要首在安民和除弊求治的改革主张，在当时有一定的进步作用，对后世一些思想家也有重要影响。

第二节 秦始皇与李斯

秦始皇（公元前 259 年—公元前 210 年）即嬴政（见图 10－1），出生于赵国都城邯郸，故又名赵政，13 岁继承王位，22 岁执掌朝政，在李斯、尉缭等人的辅佐下，发挥秦国在政治、经济和军事方面所取得的优势，积极主动进行兼并战争，战胜六国，完成了全国统一，建立了中国历史上第一个统一的中央集权制的封建君主专制国家。他是一位雄才大略的政治家，也是有重大过错的封建帝王，在 50 岁的时候，病死在出巡途中。

李斯（？—公元前 208 年）是楚国上蔡（今河南上蔡县）人，年少时曾为郡小吏，与韩非一同师事荀况。“学已成，度楚王不足事”（《史记·李斯列传》），投奔秦国，得到秦王嬴政的重用，拜为客卿，先为长史，后升为廷尉。秦王称帝后，以李斯为丞相。李斯辅佐秦始皇，在兼并六国、建立与巩固统一的中央集权的封建帝国的过程中，起了重要作用。但此人有才少德，他曾设毒计，置其同学韩非于死地。秦始皇死后，李斯又被赵高陷害致死。

图 10－1 秦始皇

作为秦王朝的最高统治者的秦始皇和李斯的法律思想大体上是一致的。从现存史料来看，有时是秦始皇提出主张，李斯加以阐述；有时是李斯上书提出主张，秦始皇认可，然后发布诏书实施。二人的主张是“你中有我，我中有你”，难以截然分开。因此，我们将二人的法律思想结合在一起论述。

一、废除分封制，实行郡县制

从西周开始实行的分封制，对于加强中央与各地区间的联系曾起过积极作用。但后来随着社会经济的发展和地方诸侯实力的扩张，分封制的消极作用日益显露出来。到了东周时期，王室衰微，对各诸侯国逐渐失去控制。

各诸侯国相互攻伐、争城掠地，战争连年不断，破坏生产，危害百姓。到战国中期，在各诸侯国，封建土地所有制已占主导地位，新兴地主阶级已相继取得政权，中国社会已由奴隶社会转变为封建社会。结束分裂割据，实现国家统一，已成为时代的要求；改革政治体制，以新的制度代替分封制的课题已经提上历史的日程。此时，关东地区的一些诸侯国基于军事上的需要首先在边境地区设置县，出现了县隶属于郡的事例。秦国在秦孝公以前已经有县的设置，但未成为全国性的制度。商鞅变法正式废除分封制，把乡村、城镇合并为县，全国设 31 县，县设令、丞，由国君任免。事实证明，这一改革有利于加强中央集权。当时仍然是诸侯并立，这一改革只是在一些诸侯国的局部地区实行。虽然商鞅在秦国全境推行郡县制，但改革并不彻底。

秦始皇兼并六国，实现全国统一，为在全国废除分封制和实行郡县制创造了条件。

全国统一后，秦始皇和李斯总结历史经验，认为分裂割据、诸侯混战是封邦建国和法度不一造成的，为了维护国家的统一，应该废除分封制，实行郡县制。但当时统治阶级内部意见不一。公元前 221 年，丞相王绾等人提出："诸侯初破，燕、齐、荆地远，不为置王，毋以填之。请立诸子……"（《史记·秦始皇本纪》）意思是，各诸侯虽然被打败，但燕、齐、楚等地处边远，为了巩固秦国的统治，应该分封诸子为王。这种意见得到相当一部分大臣的支持。但廷尉李斯当即表示反对。他说："周文武所封子弟同姓甚众，然后属疏远，相攻击如仇雠，诸侯更相诛伐，周天子弗能禁止。今海内赖陛下神灵一统，皆为郡县，诸子功臣以公赋税重赏赐之甚足，易制，天下无异意，则安宁之术也。置诸侯不便。"（《史记·秦始皇本纪》）秦始皇听了群臣的议论后，立即表态说："天下共苦战斗不休，以有侯王。赖宗庙，天下初定，又复立国，是树兵也，而求其宁息，岂不难哉！廷尉议是。"（《史记·秦始皇本纪》）由李斯提议，经秦始皇拍板，分天下为三十六郡，郡置守、尉、监，在全国范围内确立了郡县制。

在统一六国之后，秦始皇和李斯以法家思想为指导，还采取了其他一些改革措施。公元前 216 年，秦始皇颁布"使黔首自实田"的法令，使封建土地私有制在全国范围内以法律的形式被确定下来。秦始皇还接受李斯的建议，颁布了"一法度衡石丈尺、车同轨、书同文字"（《史记·秦始皇本纪》）的法令与诏书，结束了"田畴异亩、车途异轨""言语异声、文字异形"的混乱现象。这些措施对于加强全国各地区间的经济联系和促进经济与文化的发展都有积极作用。

秦始皇在帝位多年，做了许多有利于统一的事情。尤其是他适应时代的要求，在战胜六国之后，废除分封制，实行郡县制，建立了中国历史上第一个统一的中央集权制的封建国家。这是秦始皇在中国历史上作出的重大贡献。这其中也有李斯的一份功劳。

二、维护极端君主专制

秦始皇与李斯废除分封制、实行郡县制，有利于国家的统一，但他们这样做，归根结底是为了维护君权。自秦孝公和商鞅开始，秦国的政治都是以法家学说为指导的，秦始皇尤其推崇韩非之说。

法家代表人物都视君权如命，而韩非尤甚。他说："能独断者，故可以为天下主。"（《韩非子·外储说右上》）"权势不可以借人，上失其一，臣以为百。"（《韩非子·内储说下》）"共辔而御，不能使马，人主安能与其臣共权以为治？……共琴而不能成曲，人主又安能与其臣共势以成功乎？"（《韩非子·外储说右下》）

秦始皇与李斯进一步阐发了法家的这套理论，并身体力行，付诸实践。

秦始皇还把阴阳家的"五德终始说"作为他实行极端专制的理论根据。《史记·封禅书》载："秦始皇既并天下而帝，或曰：黄帝得土德……夏得木德，青龙止于郊，草木畅茂。殷得金德，银自山溢。周得火德，有赤乌之符。今秦变周，水德之时，昔秦文公出猎，获黑龙，此其水德之瑞。于是秦更命河曰德水，以冬十月为年首，色上黑，度以六为名，音上大吕，事统上法。"《史记·秦始皇本纪》也有类似记载："始皇推终始五德之传，以为周得火德，秦代周德，从所不胜。方今水德之始，改年始，朝贺皆自十月朔。衣服旄旌节旗皆上黑。数以六为纪，符、法冠皆六寸，而舆六尺，六尺为步，乘六马。更名河曰德水，以为水德之始。刚毅戾深，事皆决于法，刻削毋仁恩和义，然后合五德之数。"阴阳家的"五德终始说"和法家的学说本来有很大差距，而秦始皇把二者结合起来，用法家的理论来实行专制统治，用阴阳家的学说神化皇帝的权威。

秦始皇、李斯认为，为了维护皇帝的权威，必须实行独裁统治，由皇帝个人独揽大权。李斯进一步阐发了韩非的君主"独制"的理论，认为君主必须"独断"，并应以刑罚手段来保证。他说："明主圣王之所以能久处尊位，长执重势而独擅天下之利者，非有异道也。能独断而审督责，必深罚，故天下不敢犯也。"（《史记·李斯列传》）

秦始皇把这种理论变成实际行动，成为独断专行的典型。据《史记》记载，当时是"天下之事无大小皆决于上"（《史记·秦始皇本纪》），皇帝集立法、司法、行政、军事大权于其一人之手。中央和地方的主要官吏都由皇帝任免，废除了"世卿世禄"的官吏世袭制。这种封建中央集权制度，便于皇帝个人专制独裁，实现了韩非的"事在四方，要在中央；圣人执要，四方来效"的君主集权的主张。

在这种君主专制制度下，"法自君出"。皇帝的诏令具有至高无上的权威，全体臣民都必须执行。皇帝的言论是金科玉律，神圣不可侵犯，皇帝一言能立法也能废法。皇帝可任意立法、更改法律、补充法律、取消法律。"法自君出"是秦王朝封建立法的基本原则。不但皇帝的成文诏令具有法律效力，皇帝个人的口头命令和随意性的言论也被视为法律，不允许任何人有批评意见。例如，秦始皇三十五年（公元前 212 年），本来受秦始皇器重的侯生、卢生批评秦始皇"天性刚戾自用""以刑杀为威""贪于权势"，秦始皇听到这些批评十分愤怒，说，"卢生等吾尊赐之甚厚，今乃诽谤我，以重吾不德也。诸生在咸阳者，吾使人廉问，或为妖言以乱黔首"（《史记·秦始皇本纪》），即谁要敢对皇帝的言行提出批评意见，就会被以“诽谤妖言罪”论处。这种极端专制的做法表明，秦始皇已经在重蹈周厉王的覆辙。

为了维护君权和显示封建帝王至高无上的地位，秦始皇还更名号、称皇帝。在统一六国之后，秦始皇立即召集群臣授意更改名号。在群臣的一片歌功颂德声中，秦始皇决定更名号为“皇帝”，并自称“始皇帝”（《史记·秦始皇本纪》），他“自以为关中之固，金城千里，子孙帝王万世之业也”（《过秦论》），秦王朝一定能够“二世三世至于万世，传之无穷”（《史记·秦始皇本纪》）。但秦王朝二世而亡的历史事实使这种幻想破灭。封建帝王独断专行、实行暴政，又想帝位永固、传之无穷，这纯属“南辕北辙”、背道而驰。

三、崇尚“法治”，推行严刑峻法

秦始皇是法家“以法治国”主张的信奉者和实践者。《史记·秦始皇本纪》说：秦始皇“刚毅戾深，事皆决于法”。秦始皇和李斯在很多刻石中，也把崇尚“法治”作为秦始皇的“功德”大加赞扬。如秦始皇二十八年（公元前 219 年）泰山刻石“皇帝临位，作制明法”，琅琊刻石“维二十八年，皇帝作始，端平法度，万物之纪”；秦始皇二十九年（公元前 218 年）芝罘刻石“大圣作治，建定法度，显著纲纪……普施明法，经纬天下，永为仪则”；秦始皇三十七年（公元前 210 年）会稽刻石“秦圣临国，始定刑名，显陈旧章。初平法式，审别职任，以立恒常”。这些刻石的内容显然是在歌功颂德，但从中可以看出秦始皇和李斯确实重视法的作用，是极为崇尚“法治”的。但是，他们所崇尚的“法治”有两大特点：一是维护君主专制，二是实行严刑峻法。

秦始皇、李斯崇尚的“法治”，其实质是把法当成维护其极端君主专制的工具。正如琅琊刻石中所说：“皇帝之明，临察四方。尊卑贵贱，不逾次行。奸邪不容，皆务忠良。细大尽力，莫敢怠荒。”这就是要在皇帝之下建立“尊卑贵贱，不逾次行”的封建等级秩序，臣下不得越轨，庶民百姓必须服服帖帖地服从封建法律。遵纪守法只是对臣民的要求，皇帝本人则凌驾于法之上，超越于法之外。秦始皇和李斯崇尚的“法治”和商鞅、韩非的“法治”一样，是和君主专制紧密结合在一起的。

轻罪重罚，实行重刑主义，是先秦法家的基本主张。商鞅之法，“刑及三族”。韩非也认为“罚莫如重而必”。秦始皇、李斯在这方面比之商、韩有过之而无不及。秦始皇之法，“诽谤者，族”，“以古非今者，族”，“偶语诗书者，弃市”。秦始皇二十年（公元前 227 年），“荆轲为燕太子丹刺秦王，后诛轲九族，其后恚恨不已，复夷轲之一里，一里皆灭”（《论衡·语增》）。《汉书·刑法志》说：秦始皇“兼吞战国，遂毁先王之法，灭礼谊（义）之官，专任刑罚……而奸邪并生，赭衣塞路，囹圄成市，天下愁怨”。秦始皇统治下的中国，已成了一个大监狱。秦二世上台后，承其父业，变本加厉，“法令诛罚日益深刻”。李斯不仅不加劝阻，而且助纣为虐、火上浇油，向秦二世献“督责之术”。他说：“商君之法，刑弃灰于道者。夫弃灰，薄罪也，而被刑，重罚也。彼惟明主为能深督轻罪。夫罪轻且督深，而况有重罪乎？故民不敢犯也。”（《史记·李斯列传》）秦二世对此大加赞扬，“于是行督责益严”，“杀人众者为忠臣，刑者相半于道，而死人日成积于市”。

法家的重刑主义主张被推向极端，所以，陈胜、吴广、刘邦起义时都发出了一个共同的呼声："天下苦秦苛法久矣。"秦王朝的灭亡，已经指日可待了！

四、实行文化专制

商鞅、韩非都主张实行文化专制。商鞅治秦，"燔诗书而明法令"。韩非说："明主之国，无书简之文，以法为教；无先王之语，以吏为师"（《韩非子·五蠹》）。

秦始皇、李斯为了维护极端的君主专制统治，不仅承袭了商、韩的主张，而且使其恶性发展，最突出的表现就是焚书坑儒。据《史记·秦始皇本纪》记载，秦始皇三十三年（公元前214年），博士淳于越向秦始皇提出"封子弟功臣"的主张。秦始皇令臣下议论。丞相李斯说："五帝不相复，三代不相袭，各以治，非其相反，时变异也……且越言乃三代之事，何足法也。"（《史记·秦始皇本纪》）李斯对淳于越的批驳是有道理的，但他借题发挥，向秦始皇提出了"焚书"的建议，他说："今皇帝并有天下，别黑白而定一尊。私学而相与非法教，人闻令下，则各以其学议之，入则心非，出则巷议，夸主以为名，异取以为高，率群下以造谤。如此弗禁，则主势降乎上，党与成乎下。禁之便。"（《史记·秦始皇本纪》）最后，李斯向秦始皇提议："史官，非秦记皆烧之"；"非博士官所职，天下敢有藏诗、书、百家语者，悉诣守、尉杂烧之"；"有敢偶语诗书者，弃市。以古非今者，族。吏见知不举者与同罪。令下三十日不烧，黥为城旦"；"若欲有学法令，以吏为师"（《史记·秦始皇本纪》）。秦始皇赞同和批准了李斯的建议，并立即颁布了《焚书令》，在全国大规模焚烧诗、书和百家语。

"焚书"后的第二年，侯生和卢生议论秦始皇"天性刚戾自用，起诸侯，并天下，意得欲从，以为自古莫及己。专任狱吏，狱吏得亲幸"；"上乐以刑杀为威，天下畏罪持禄，莫敢尽忠。上不闻过而日骄，下慑伏谩欺以取容"；"天下之事无小大皆决于上……贪于权势至如此"（《史记·秦始皇本纪》）。秦始皇闻言大怒，不顾长子扶苏的反对，把四百六十多名儒生坑于咸阳。

"焚书坑儒"的暴行，毁坏了我国古代文化典籍，扼杀了文化的发展，也把秦始皇的独裁专制统治推向了极点。这种极端的做法，并没有带来长治久安，反而使社会矛盾激化，加速了秦王朝的灭亡。历史已经对这种倒行逆施作出了公正的判决。

第三节　刘　安

刘安（约公元前179年—公元前122年）是汉高祖刘邦之孙，16岁时继承淮南王王位。当时，西汉王朝与地方分封诸王之间的矛盾不断激化，斗争尖锐，刘安因谋反消息走漏，被迫自杀。

《汉书·淮南衡山济北王传》说，"淮南王安为人好书，鼓琴，不喜弋猎狗马驰骋，亦欲以行阴德拊循百姓，流名誉。抬致宾客方术之士数千人"。现存的《淮南子》一书，就是刘安及其宾客集体编著的一部论文集，是研究刘安的法学思想的主要依据。

《淮南子》又名《淮南鸿烈》，内容庞杂，前后矛盾之处也不少，但它的主导思想还是比较明显的。汉代高诱在《淮南鸿烈解序》中说，《淮南子》在哲学思想方面，“旨近老子，淡泊无为，蹈虚守静”。这种解说基本上是符合实际情况的。《淮南子》一书不仅在哲学上自成体系，而且在法律的起源、法的概念与作用、立法与执法的基本原则等方面，都提出了一些新的见解。

一、无为与安民的法律观

《淮南子》“旨近老子”，其哲学思想的基本范畴是“道”。刘安很推崇“道”，《淮南子》一书，可以说是专门论“道”的。他所说的“道”有三层含义：一是指宇宙本源。《淮南子·天文训》说：“道始于虚霩”“道始于一”。“虚霩”“一”怎样产生宇宙万物呢？《淮南子·天文训》又说：“道始于一。一而不生。故分而为阴阳。阴阳合而万物生，故曰一生二，二生三，三生万物。”二是指自然界和人类社会发展的客观规律。《淮南子》和老庄一样，认为一切事物都有自己运行的客观规律，把这种客观规律称为“天之道”。三是指治国之道或为人处世之道。和老庄一样，在治国之道方面，刘安主张“无为而治”。但《淮南子》提倡的“无为”和老庄提倡的“无为”有所不同。老庄提倡的“无为”是消极的“无为”，认为“法令滋彰，盗贼多有”（《老子·五十七章》），“礼法度数，形名比详，治之末也”（《庄子·天道》）。而刘安认为只有实行礼法合治才算做到了“无为”。他在《淮南子》一书中，对“无为”作出了新的解释。他说：“吾所谓无为者，私志不得入公道，嗜欲不得枉正术，循理而举事，因资而立，权自然之势，而曲故不得容者。事成而身弗伐，功立而名弗有。”（《淮南子·修务训》）又说：“所谓无为者，不先物为也……无不治者，因物之相然也。”（《淮南子·原道训》）可见，刘安所说的“无为”，是指要按事物本身的条件和客观规律办事，反对违背事理的强作妄为。

实行“无为而治”还要不要法律？刘安并不否定法律的作用。他认为，对治国来说，法律还是不可缺少的，但法律必须符合“无为”的原则。他主张“以道统法”，认为理想的法律应该是“无为”之道的条文化，而不应加入任何“个人”的私意。他说：“故先王之法籍，非所作也，其所因也；其禁诛，非所为也，其所守也”（《淮南子·齐俗训》），“无为者，道之宗”（《淮南子·主术训》），“法修自然，己无所与”（《淮南子·诠言训》）。总之，“无为”是法律的依据和本源。

刘安不仅不否定仁义道德的作用，而且认为仁义是治国的根本。他说：“故法者，治之具也，而非所以为治也”，法虽然是治国不可缺少的工具，但不是根本。“治之所以为本者，仁义也；所以为末者，法度也。”（《淮南子·泰族训》）为什么？因为不务本而修其末，则“削薄其德，曾累其刑，而欲以为治”，无异于“执弹而来鸟”；“水浊则鱼，政苛则民乱”；“刑罚不足以移风，杀戮不足以禁奸”（《淮南子·主术训》）。把国家弄到民心思乱的地步，还要用严刑苛法来治乱，无异于火上浇油。刘安的以仁义为本、以刑罚为末的思想，是吸取了秦王朝灭亡的教训，也含有对汉武帝时法律趋向繁苛的讽谏。

在刘安的“无为”的政治理想中，有很明显的民本思想。他反复强调，治国必须以民为本。他说：“民者，国之本也；国者，君之本也。”（《淮南子·主术训》）“为政之本，务在于安民。安民之本，在于足用。足用之本，在于勿夺时。勿夺时之本，在于省事。省事之本，在于节欲。节欲之本，在于反性。反性之本，在于去载，去载则虚，虚则平。平者，道之素也。虚者，道之舍也。”（《淮南·诠言训》）统治者节欲、省事，不去侵夺人民生产的时机，才能使人民足用而安。而节欲、省事、省刑、薄赋，使人民足用而安，都是“无为”的表现。刘安用“无为而治”来要求统治者减轻对人民的剥削与压榨，这实际上也是对好大喜功、暴取于民的汉武帝的抨击。

刘安认为“无为而治”与安民既是治理国家的根本方针，也是立法与司法的指导原则。这种方针与原则的具体化就是“法修自然，己无所与”（《淮南子·诠言训》），只有符合自然无为的要求、不掺杂个人私意的法律才是最好的法律。“无为者，道之宗。”（《淮南子·主术训》）“无为”是法律的根本依据，只有实行这种法律，才能国治民安。而这种法律是举国上下应该一致遵守的行为规范。“法者，天下之度量，而人主之准绳也。县法者，法不法也；设赏者，赏当赏也。”（《淮南子·主术训》）这是刘安给他的理想法下的一个粗略的定义，也表达了他的“无为”与“安民”的法律观。

二、“发于人间”“法生于人”的法律起源论

刘安和先秦许多思想家一样，认为法律不是从来就有的，而是人类社会发展到一定阶段的产物。法律是怎样产生的呢？刘安认为，法律不是来自上帝，而是人自己制定出来的。他说：“天之所为，禽兽草木；人之所为，礼节制度。”（《淮南子·泰族训》）他明确指出：“法者，非天堕，非地生，发于人间，而反以自正。”（《淮南子·主术训》）即法律是人们根据自己的需要制定出来的，反过来又规范人们的行为。

刘安认为，法律的形式经历了从无到有、从简单到复杂而不断完备的过程。在伏羲、神农的“太古”时期，人们构木为巢，男女群居，“其为皆合于道”，“其言皆合于德”，不需要也不存在法律制度。到了“黄帝治天下”的“上古”时期，有了男女和尊卑的区分。但这时人性淳朴，不相争夺，“道不拾遗，市不豫贾，城郭不关，邑无盗贼”（《淮南子·览冥训》）。显然这是指没有私有财产与阶级的原始社会。这时仍然没有法律。到了夏、商、周已是“中世”，这时“人众而财寡”，“杂道以伪”，“巧故萌生”。为了防止争夺、维持社会秩序，带有强制性的法律就应运而生了。

法律是根据什么原则制定的呢？刘安说：“法生于义，义生于众适，众适合于人心，此治之要也”，“是故有诸已不非诸人，无诸已不求诸人。所立于下者，不废于上；所禁于民者，不行于身”（《淮南子·主术训》）。“义”即道义，“众适”即多数人的要求，“人心”即人性。在阶级社会里，这种普遍的人性是不存在的，说法律起源于人们的共同需要、符合普遍的人性，这仍然是一种唯心史观。但是说法律“发于人间”，这比董仲舒的“天下感应”论和“法自天出”要高明得多。他主张的“所立于下者，不废于上；所禁于民者，不行于身”，也含有法律面前上下平等的合理因素。

总之，在董仲舒极力宣扬“天人感应”论和神权思想盛行之际，刘安能吸收先秦各家之长，并独树一帜，力图通过社会的发展和需求来探索法律的起源，初步揭示出由原

始社会向阶级社会转变的历史轨迹，说明法律是人类社会发展到一定阶段的产物。应该说，在中国法学史上，刘安是一位有一定贡献的人物。

三、“应时而变”的历史观与立法思想

刘安继承与发展了商鞅、韩非等人的历史发展观，认为历史是不断发展变化的，法令制度也应该适应现实的需要而相应地改变。他明确提出，礼法制度没有一成不变的，“先王之制，不宜则废之”（《淮南子·汜论训》）。他说：“圣人制礼乐，而不制于礼乐。治国有常，而利民为本；政教有经，而令行为上。苟利于民，不必法古；苟周于事，不必循旧。”“故变古未可非，而循俗未足多也。”变与不变，都必须以“利民”与“周事”为转移。这是刘安提出的一个重要的立法原则。他进一步论证说：“是故世异则事变，时移则俗易，故圣人论世而立法，随时而举事”，“是故不法其已成之法，而法其所以为法。所以为法者，与化推移者也”（《淮南子·齐俗训》）。

这些言论和商鞅、韩非的“治世不一道，便国不必法古”（《商君书·更法》），“不期修古，不法常可，论世之事，因为之备”（《韩非子·五蠹》）的主张如出一辙。

刘安以“应时而变”的历史观与立法论对董仲舒等人的保守主义思想进行批判。董仲舒宣扬“天不变，道亦不变”，“古之天下，亦今之天下”。刘安驳斥说：“今之天下”已不同于“古之天下”，如果在“当今之世”，仍然“以神农之道治之，则其乱必矣”（《淮南子·汜论训》）。法律的制定，必须适应时代的变化和客观形势的需要，而不能让时代和形势去迁就过时的法律。道理很明显：“夫神农、伏羲不施赏罚而民不为非，然而立政者不能废法而治民；舜执干戚而服有苗，然而征伐者不能释甲兵而制强暴。由此观之，法度者，所以论民俗而节缓急也；器械者，因时变而制宜者也”（《淮南子·汜论训》）。

刘安的这种“因时而变”和利民的立法观是对中国传统法律文化的民本主义思想的继承与发扬。他这种主张，从根本上说是难以实现的。连他本人都在当时的政治斗争的旋涡中被迫自杀而未得善终。但在一定的历史条件下（如唐朝初期），他的主张对统治者的政治经济思想会产生一定影响，在客观上有利于生产的恢复与发展。

四、“精诚”“无私”的执法思想

刘安的法学思想是在老庄哲学的基础上形成的，主要倾向于道家，但也吸收了儒家的“仁义”和法家的重法思想，在执法思想方面吸收法家思想更多一些。刘安把“仁义”视为立国之本，同时又重视法律的作用，认为没有法律的保障，“仁义”也推行不了。他说：“人之性有仁义之资，非圣人为之法度而教导之，则不可使乡方”，因此，“无法不可以为治也”（《淮南子·泰族训》）。

“无法不可以为治”，但有法而不切实执法，法律也发挥不了作用。“有法者而不与用，无法等。”（《淮南子·主术训》）

刘安的执法思想的要点如下：

第一，公平执法。刘安认为法是靠人执行的，所以只有执法者精心诚意、公平无私，才能使法律得到贯彻执行。他说："赏善罚暴者，政令也；其所以能行者，精诚也。"（《淮南子·氾论训》）要做到"精诚"执法，执法者首先要精通法义，真正理解法律是"天下之度量，而人主之准绳"（《淮南子·主术训》）。在此基础上"平而不阿，明而不苛"（《淮南子·时则训》），公平执法。他特别强调执法要"公""平""正"。所谓"公"，就是"立公去私"，不以个人私意害法。所谓"平"与"正"，就是应做到法律面前贵贱平等，不分地位高低，一断于法。这就是刘安所强调的："执法施令……衡之于左右，无私轻重，故可以为平；绳之于内外，无私曲直，故可以为正。人主之于法，无私好憎，故可以为令……是故公道通而私道塞矣。"（《淮南子·主术训》）

第二，执法者必须带头守法。刘安吸收了儒家"正人"应先"正己"的思想，要求执法者要品行端正、带头守法。他说："矩不正，不可以为方；规不正，不可以为圆。身者，事之规矩也，未闻枉己而能正人也。"（《淮南子·诠言训》）法律就是"天下之度量"，要想使天下人人守法，执法者首先应带头守法。

第三，君主也应守法。刘安继承了先秦法家的"法者，君臣之所共操（守）也"（《商君书·修权》）和"令尊于君"（《管子·法法》）的思想，反对君主个人专断，明确提出法律具有高于君主的权威，君主也必须守法。他说："古之置有司也，所以禁民，使不得自恣也；其立君也，所以制有司，使无专行也；法籍礼义者，所以禁君，使无擅断也。"（《淮南子·主术训》）这就是说，老百姓犯罪，由司法官吏惩办；官吏犯罪，由君主制裁；君主的行为应受"法籍礼仪"的约束，而不可独断专行。这种"以法禁君"的主张的意义就在于把法律置于君主之上，以防止君主独断专行。

刘安的这些主张也是有针对性的。汉武帝骄横妄为、独断专行。司马光在《资治通鉴·汉纪十四》中评论说：汉武帝"穷奢极欲，繁刑重敛，内侈宫室，外事四夷，信惑神怪，巡游无度，使百姓疲敝，起为盗贼"。到了汉武帝晚年，这种情况更为严重。刘安的关于法高于君、君主也应守法的主张，既是对独握大权的汉武帝的批评，也是对汉武帝的期望。

刘安的执法思想，是对先秦法家和汉初黄老的执法思想的继承与发展，反映了封建统治者司法经验的积累和法律思想的进一步发展。与此同时，它又具有批判司法专断和"刑有等级"的积极意义，在客观上体现了广大庶民百姓反对封建等级特权的要求和中国传统法律文化的民本主义的特点。

第四节　董仲舒

董仲舒（公元前 179 年—公元前 104 年）系广川（今河北枣强县）人，是西汉中期儒家公羊学派大师，今文经学的创始人。据说他少时攻读经书，勤奋专心，曾"三年不窥园"。景帝时曾任博士官。汉武帝于建元元年（公元前 140 年）诏举贤良，并亲自策问。董仲舒对以"天人三策"，得到武帝的赏识。但因受丞相公孙弘的嫉妒，在朝中未被重用，先任江都相，后任胶西相，晚年托病归里，著书讲学。他的著作很多，现存的

《春秋繁露》（见图 10－2）和《贤良对策》是研究董仲舒的法律思想的重要资料。

图 10－2　董仲舒《春秋繁露》一书

董仲舒一生虽未被重用，但他提出的旨在巩固与加强西汉王朝封建专制统治的主张，大部分被汉武帝采纳。经过他加工、改造的儒家学说，也被奉为封建正统思想。

一、“罢黜百家，独尊儒术”与“一统纪”“明法度”

董仲舒为适应西汉封建统治者的政治需要，极力鼓吹封建大一统的理论，认为封建大一统是“天地之常经，古今之通谊”（《汉书・董仲舒传》）。他把孔子的大一统思想和法家的君主集权思想捏合在一起，力主加强君权，主张大一统必须“一统乎天子”（《春秋繁露・符瑞》）。他挖空心思为抬高君主的地位寻找理论根据，扬言：“古之造文者，三画而连其中，谓之王。三画者，天地与人也。而连其中者，通其道也。取天地与人之中以为贯而参通之，非王者孰能当？”（《春秋繁露・王道通三》）他把君主与臣民的关系看作干与枝、本与末的关系，主张“强干弱枝，大本小末”（《春秋繁露・十指》），本末关系不可颠倒。他这些话，和先秦法家的君主集权论已相去不远。

怎样才能加强君主集权和维护封建大一统呢？董仲舒认为关键在于统一思想，他说：“今师异道，人异论，百家殊方，指意不同，是以上亡以持一统，法制数变，下不知所守。”（《汉书・董仲舒传》）只有禁绝异说、统一思想，才能统一制度、统一法令，使上下有所遵循。因此，他向汉武帝建议：“诸不在六艺之科、孔子之术者，皆绝其道，勿使并进。邪辟之说灭息，然后统纪可一，而法度可明，民知所从矣。”（《汉书・董仲舒传》）用儒家学说统一思想，“一统纪”“明法度”，以加强君主集权和维护封建大一统，这就是董仲舒提出的所谓的“罢黜百家，独尊儒术”的主张。这种主张被汉武帝采纳和实行。从此，儒家学说定于一尊，成为中国封建社会的统治思想，一直延续了近两千年。

董仲舒之“罢黜百家，独尊儒术”和“一统纪”“明法度”主张的提出，并不是偶然的。董仲舒生活的年代是西汉中期，这时，经过几十年的休养生息之后，社会经济得到恢复与发展。汉景帝平定了吴楚七国之乱，中央集权也得到了巩固与加强。特别是在汉武帝即位时，西汉的国力已相当强大，封建统治者手中掌握了大量财富，这就为汉武帝“好大喜功”提供了雄厚的物质基础。他北伐匈奴、内削诸藩，使中央集权进一步加强，西汉王朝发展到鼎盛时期，中国的封建社会出现了前所未有的繁荣景象。

但是，在这繁荣的背后，已隐伏着严重的社会危机。随着封建制度的巩固与发展，封建统治者逐步加重了对广大农民的剥削与压迫，兼并势力日益膨胀，土地兼并过程加速，农民和地主阶级之间的矛盾开始激化。就在汉武帝时期，各地已经出现了不同规模的农民起义。在这种形势下，汉初统治者所标榜的“无为而治”的黄老思想已经过时。封建统治者为了加强思想统治，维护封建专制王朝，迫切需要一种新的思想体系。董仲舒的“罢黜百家，独尊儒术”和“一统纪”“明法度”的主张，正是适应封建统治者的这种政治需要而提出的。

不过，应该看到，董仲舒虽然主张“罢黜百家，独尊儒术”，但他所鼓吹的“儒术”和先秦的原始儒术已有明显差别。他鼓吹的儒术是以孔孟思想和荀子思想为主，吸收其他各家有利于维护封建统治的思想而建立起来的新的儒家思想体系。由于这种思想体系吸收了法家的君主集权思想和重法思想，又吸收了阴阳家的“五德终始”说，把封建君主专制制度神秘化、绝对化，所以它比原始儒术更适合封建统治者的胃口。汉武帝之所以采纳他的“罢黜百家，独尊儒术”的主张，原因也在于此。

二、“三纲五常”说

为了维护封建秩序，董仲舒继承与发展了先秦儒家“君君、臣臣、父父、子子”的伦理思想和仁义道德的说教，提出了“三纲五常”说。所谓“三纲”，即“君为臣纲，父为子纲，夫为妻纲”。所谓“五常”，即“仁、义、礼、智、信”五种永恒的道德。图 10-3 为董仲舒像。

为了论证封建伦理纲常的合理性和永恒性，董仲舒用他的“天人感应”论给“三纲五常”说披上一层神秘的外衣。他说：“王道之三纲，可求于天。”（《春秋繁露·基义》）“君臣、父子、夫妇之义，皆取诸阴阳之道。君为阳，臣为阴；父为阳，子为阴；夫为阳，妻为阴。”（《春秋繁露·基义》）董仲舒宣称：天之道就是“阳尊阴卑”“阳贵阴贱”，阳永远处于主导地位，阴永远处于从属地位。因此，在人伦关系中，也应该是君、父、夫处于主导地位，臣、子、妻处于从属地位。臣对君、子对父、妻对夫绝对服从，是出自天意，不得违抗。在“三纲”之中，“君为臣纲”是第一纲。董仲舒说君主是“承天意以从事”，是人间的主宰者。封建社会的伦理道德和典章制度全是君主按照天的意志制定的。“夫仁、谊、礼、知、信五常之道，王者所当修饬也。五者修饬，故受天之晁，而享鬼神之灵，德施于方外，延及群生也。”“圣人法天而立道，亦溥爱而亡私，布德施仁以厚之，设谊立礼以导之。”（《汉书·董仲舒传》）“王者配天，谓其道。天有四

图 10-3 董仲舒

时，王有四政，四政若四时，通类也，天人所共有也。庆为春，赏为夏，罚为秋，刑为冬。庆赏罚刑之不可不具也，若春夏秋冬之不可不备也。”（《春秋繁露·四时之副》）既然封建伦理道德，庆、赏、罚、刑和典章制度都是君主按照天意制定的，那么，谁要违反，谁就是上违天意、下抗君命，国法难容。

“三纲五常”思想，不是由董仲舒最先提出的。战国时期，韩非就说过：“臣事君，子事父，妻事夫，三者顺则天下治，三者逆则天下乱。此天下之常道也。”（《韩非子·忠孝》）不过，经过董仲舒的加工，这种伦理纲常思想便更加系统化、理论化了。

董仲舒所说的“三纲”，也就是封建政权、族权和夫权。“三纲”是出自天意，三权之上，还有一个神权。在中国封建社会中，这四种权力代表了全部封建宗法的思想和制度，是束缚中国人民特别是农民的四条坚韧绳索。在漫长的封建社会中，“三纲”不仅是“纲常名教”的核心，而且是封建立法与司法的指导原则。

三、德主刑辅说

董仲舒和贾谊一样，很重视吸取秦王朝灭亡的教训。他说：秦“师申商之法，行韩非之说，憎帝王之道，以贪狼为俗，非有文德以教训于下也……又好用憯酷之吏，赋敛亡度，竭民财力，百姓散亡，不得从耕织之业，群盗并起，是以刑者甚众，死者相望，而奸不息”（《汉书·董仲舒传》）。又说：秦“用商鞅之法，改帝王之制，除井田，民得卖买，富者田连阡陌，贫者无立锥之地……或耕豪民之田，见税什五。故贫民常衣牛马之衣，而食犬彘之食。重以贪暴之吏，刑戮妄加，民愁亡聊，亡逃山林，转为盗贼，赭衣半道，断狱岁以千万数。”（《汉书·食货志》）秦王朝实行法家的主张，专任刑罚，不重文德，赋敛无度，造成贫富极端悬殊，逼得人民四处逃亡、铤而走险。董仲舒认为，汉朝江山“继秦之后，如朽木粪墙矣”（《汉书·董仲舒传》），即汉朝从秦朝手里继承下来的是个烂摊子。如果不改弦更张，改变秦时的统治办法，那么“虽欲善治之，亡可奈何”！（《汉书·董仲舒传》）汉朝的失误，恰好就在于当改而不改。“汉得天下以来，常欲善治而至今不可善治者，失之于当更化而不更化也。”（《汉书·食货志》）官吏“暴虐百姓，与奸为市”，使“群生寡遂，黎民未济”，富门豪族“身宠而载高位，家温而食厚禄，因乘富贵之资力，以与民争利于下，民安能如之哉！是故众其奴婢，多其牛羊，广其田宅，博其产业，畜其积委，务此而亡已……富者奢侈羡溢，贫者穷急愁苦”（《汉书·董仲舒传》）。长此以往，势必“法出而奸生，令下而诈起，如以汤止沸，抱薪救火”（《汉书·董仲舒传》），更加不可收拾。因此，他向汉武帝提出“更化”的主张，其具体内容是：“限民名田，以澹不足，塞并兼之路。盐铁皆归于民。去奴婢，除专杀之威。薄赋敛，省徭役，以宽民力”（《汉书·食货志》）；“立太学以教于国，设庠序以化于邑，渐民以仁，摩民以谊，节民以礼”（《汉书·董仲舒传》）。其基本精神就是强调教化，主张用“仁德”代替严刑。

董仲舒在《天人三策》中，反复强调教化的作用。他说：“道者，所繇适于治之路也，仁义礼乐皆其具也，故圣王已没，而子孙长久安宁数百岁，此皆礼乐教化之功也”；“古者修教训之官，务以德善化民，民已大化之后，天下常亡一人之狱矣”。他把礼乐教化视为维护封建统治秩序的堤防，认为教化的堤防一毁，刑罚再重也难奏效。“是故教化立而奸邪皆止者，其堤防完也；教化废而奸邪并出，刑罚不能胜者，其堤防坏也。古之王者明于此，是故南面而治天下，莫不以教化为大务。”（《汉书·董仲舒传》）

董仲舒在强调教化的同时，也重视刑罚的作用。他说：“圣王之治天下也……爵禄以养其德，刑罚以威其恶，故民晓于礼谊而耻犯其上”（《汉书·董仲舒传》）；“国之所以为国者，德也；君之所以为君者，威也”（《春秋繁露·保位权》）；“庆赏罚刑，异事而同功，皆王者之所以成德也”（《春秋繁露·四时之副》）。对于敢于起来反抗封建统治的农民，董仲舒是不惮于用刑的：“农者，民也，不顺如叛，则令司徒诛其率正矣。”（《春秋繁露·五行相胜》）

不过，在德与刑两手之中，董仲舒主张以德为主、以刑为辅，先德而后刑。他说：“刑者，德之辅”（《春秋繁露·天辨在人》），“教，政之本也；狱，政之末也。其事异域，其用一也，不可不以相顺”（《春秋繁露·精华》）。他从儒家的传统思想出发，主张“明德慎罚”，“厚其德而简其刑”（《春秋繁露·基义》），反对“刑戮妄加”和“诛杀无罪”。

他的这些主张，是和他对犯罪根源的看法相联系的。对于犯罪根源问题，董仲舒和荀子有类似的看法。荀子说：“多积财而羞无有，重民任而诛不能，此邪行之所以起，刑罚之所以多也。”（《荀子·大略》）董仲舒也说：“富者奢侈羡溢，贫者穷急愁苦；穷急愁苦而上不救，则民不乐生；民不乐生，尚不避死，安能避罪！此刑罚之所以蕃而奸邪不可胜者也。”（《汉书·董仲舒传》）这就是说，犯罪多的原因是封建统治者压榨过度，使人民失去了生路。他从社会经济方面探索犯罪的根源，认为犯罪多是由“富者奢侈羡溢”，使“贫者穷急愁苦”“民不乐生”而造成的。这种分析已经接触到问题的实质。

怎样才能减少和防止犯罪呢？董仲舒认为，单靠刑罚无济于事。继续使用秦朝那种严刑峻法的办法等于火上浇油，只能把事情弄得更糟。要想减少和防止犯罪，还是要靠“德治”：减轻租赋，使“贫者足以养生而不至于忧”（《春秋繁露·度制》）；加强教化，使“万民皆安仁乐谊”（《汉书·董仲舒传》）。这样，就能达到“刑罚甚轻而禁不犯”“上下相安”“天下合洽”（《汉书·董仲舒传》）的目的。总之，只有“德主刑辅”，才是西汉王朝的长治久安之计。

董仲舒的这些主张，是先秦儒家“德主刑辅”“宽猛相济”“先教后诛”思想的延续，不同之处是他把“德主刑辅”说置于天人感应和阴阳五行说的基础之上。他说：“王者欲有所为，宜求其端于天。天道之大者在阴阳。阳为德，阴为刑，刑主杀而德主生。是故阳常居大夏，而以生育养长为事；阴常居大冬，而积于空虚不用之处。以此见天之任德不任刑也……王者承天意以从事，故任德而不任刑。刑者不可任以治世，犹阴之不可任以成岁也。为政而任刑，不顺于天。”（《汉书·董仲舒传》）又说：“天出阳，为暖以生之；地出阴，为清以成之。不暖不生，不清不成。然而计其多少之分，则暖暑居百，而清寒居一。德教之与刑罚，犹此也。故圣人多其爱而少其严，厚其德而简其刑，以此配天。”（《春秋繁露·基义》）他牵强附会，把德与刑和天意、阴阳联系在一起，硬说天之道就是“任德而不任刑”“大德而小刑”，而王者是上法于天，所以为政也应该以德为主、以刑为辅，先德而后刑。就这样，他给先秦儒家的“德主刑辅”说披上了一层宗教神学的外衣。

董仲舒还把这种阴阳五行说和他的人性论捏合在一起，用来论证德主刑辅说。他说："天两，有阴阳之施，身亦两，有贪仁之性。"（《春秋繁露·深察名号》）天有阴阳二气，人也有贪与仁两种不同的品性。仁的品性是阳的体现，贪的品性是阴的体现。由于天施于人的阴阳二气的搭配因人而异，所以，人的品性也就不同。董仲舒把人的品性分为三等，即所谓的"圣人之性"、"中民之性"和"斗筲之性"。他说："圣人之性，不可以名性。斗筲之性，又不可以名性。名性者，中民之性。"（《春秋繁露·实性》）圣人之性是天生的善性，斗筲之性是天生的恶性，都是不可改变的，因此，都不可以叫作性。只有中民之性可以叫作性。中民之性可以为善，也可以为恶，关键在于教化。他把中民之性比作原始材料，把"善"比作加工后的成品："中民之性，如茧、如卵，卵待覆二十日而后能为雏，茧待缫以涫汤而后能为丝，性待渐于教训而后能为善。"（《春秋繁露·实性》）卵与茧只有经过加工，才可以变为雏与丝；人性只有经过教化，才可以为善。所以他说："性者，天质之朴也，善者，王教之化也；无其质，则王教不能化，无其王教，则质朴不能善。"（《春秋繁露·实性》）

董仲舒在上述言论中，虽然没有直截了当地肯定人性恶，但实际上他是主张人性恶的。他说："今案其真质而谓民性已善者，是失天意而去王任也。万民之性苟已善，则王者受命尚何任也？"（《春秋繁露·深察名号》）这和荀子的性恶论已相差无几。荀子宣扬性恶论，是为了论证隆礼重法的必要性。董仲舒宣扬性三品说，则是为了给德主刑辅说提供理论根据。他说："天令之谓命，命非圣人不行；质朴之谓性，性非教化不成；人欲之谓情，情非制度不节。是故王者上谨于承天意，以顺命也；下务明教化民，以成性也；正法度之宜，别上下之序，以防欲也。修此三者，而大本举矣。"（《汉书·董仲舒传》）"天生民性有善质而未能善，于是为之立王以善之，此天意也。民受未能善之性于天，而退受成性之教于王。王承天意以成民之性为任者也"（《春秋繁露·深察名号》）。既然"性非教化不成"，"情非度制不节"，那么，王者秉承天意，用礼仪教化以成民性，用法度以防人欲，就是完全必要的。不过，董仲舒认为，民性虽然是"有善质而未能善"，但多数人经过教化就能够去恶就善。因此，为政必须"以教化为大务"，把教化置于首位，当教化不能奏效时，再使用刑罚。

经过董仲舒这番加工，来自先秦儒家的德主刑辅说，变得神秘化了。他把德主刑辅说成是天的意志，用神权来掩盖封建纲常名教和刑罚的阶级实质，这更符合封建统治者的政治需要。因此，从西汉起，德主刑辅说为历代封建统治者所推崇，成为他们统治人民的基本方法。

四、《春秋》决狱和"原心定罪"

《春秋》本是儒家的一部经书，西汉时期由于儒家思想逐步取得统治地位，《春秋》对政治生活、法律制度和法律思想的影响越来越大。汉武帝特别提倡《春秋》公羊学。他即位后曾召集全国文人，亲自出题考试，亲自阅卷，并选公羊学大师董仲舒和公孙弘为首列。董仲舒作为公羊学大师，对《春秋》更是推崇备至。他称孔子为素王，把《春秋》奉为圣典，并极力鼓吹把《春秋》作为断案的依据。

《春秋》被封建统治者选中，不是偶然的。从内容上说，《春秋》中贯穿着一个基本思想，那就是强调“尊尊”与“亲亲”的原则，维护“君君、臣臣、父父、子子”的宗法等级制度。从文字方面来说，《春秋》的文字简单而隐晦，便于随意引申附会。因此，用《春秋》的经义解释法律和指导司法实践，很符合封建统治者的需要。正因为如此，《春秋》决狱的主张一提出，就得到封建帝王的赞赏。董仲舒以《春秋》经义附会汉律，“作《春秋》决狱二百三十二事”（《后汉书・应劭传》）。此书已失传，现仅存数例，散见于其他书籍中。董仲舒在当时的名声很大，他老病家居后，“朝廷如有大议”，汉武帝还“使使者廷尉张汤就其家而问之，其对皆有明法”（《汉书・董仲舒传》）。

董仲舒在提倡《春秋》决狱的同时，还提倡“原心定罪”。他说：“《春秋》之听狱也，必本其事而原其志。志邪者不待成，首恶者罪特重，本直者其论轻。”（《春秋繁露・精华》）董仲舒主张听狱应弄清犯罪事实，并分析犯罪动机。这无可非议，但问题在于，他所强调的是“原其志”而不是“本其事”，是“原心定罪”，而不是“原本定罪”。在这里，他以《春秋》决狱作为他立论的前提。而《春秋》决狱是和“原本定罪”不相容的。因为以《春秋》来决狱，就意味着“事”与“志”的正与邪、善与恶、直与曲，都必须以《春秋》作为判断的标准和依据。可是，《春秋》是一把伸缩性很大的橡皮尺子，以它为标准，对同样的事情可以作出完全不同的解释和结论。这既不是本于事，也不是本于法，而是本于《春秋》。这实际上是没有什么固定的标准的，一切以断案者的主观意志为转移。这样一来，所谓“本其事”也就成了一句空话。

《盐铁论》说得很清楚：“《春秋》之治狱，论心定罪，志善而违于法者免，志恶而合于法者诛。故其治狱，时有出于法之外者。”

以《春秋》的微言大义为判断犯罪者动机是善是恶的标准，凡是符合《春秋》之义的，就是“志善”，否则就是“志恶”。被认为是“志善”的，有罪也可以免刑；被认为是“志恶”的，不违法也可以定罪。这就为封建官吏的司法专横和罪刑擅断开了方便之门。可见，董仲舒所提倡的《春秋》决狱和“原心定罪”，就是以封建统治者的意志和利益为准绳，任意解释《春秋》经义，附会现行法律，从而维护封建等级制度。

由于封建统治者极力提倡，《春秋》决狱在西汉时期曾风靡一时，一些经学大师纷纷以儒家的观点解释汉律，聚徒讲授，广为流传。《晋书・刑法志》说，当时“诸儒章句，十有余家，家数十万言。凡断罪所当由用者，合二万六千二百七十二条，七百七十三万二千二百余言”。《春秋》决狱和“原心定罪”成为封建司法实践的指导原则。

董仲舒提倡的《春秋》决狱的实质和弊端是显而易见的。不过，也应该看到，《春秋》决狱的主张是在一定时期出现的，有它的历史必然性。它虽有弊端，但并非一无是处。如上所述，自从汉武帝采纳董仲舒“罢黜百家，独尊儒术”的主张，儒家被定为一尊，儒家思想成为汉代封建社会的统治思想。可是，在当时儒家经典尚未法典化，儒家经典与法典、礼与律处于分立状态，礼与律的结合尚需经过一个漫长的历史过程。汉律在汉初六十年的“约法省刑”原则的指导下，与秦律相比，趋向宽简。但到了汉武帝时期，汉律的内容又日益庞杂，以致出现了刑罚“蕃而奸邪不可胜”和“法出而奸生，令下而诈起”的局面。在这种情况下，董仲舒提倡《春秋》决狱，起到了一定的限制繁苛的作用。因为儒家学说重教化、轻刑罚，含有反对过度压榨和酷刑滥罚的因素。西汉初萧何定法律凡 9 章，到汉武帝时，律和令增至 359 章，其中，死罪律 409 条、凡 1 882 目，又有死罪例 13 472 条。法令繁多，连掌管法令的官吏都不能全部看完。官吏按罪人贿赂的有无，任意引用一条法令作根据，判轻罪为死罪，或判死罪为轻罪。董仲舒断疑狱 232 件，大体上从轻判决，救活了许多人。图 10－4 为董子祠。

图 10－4　董子祠

总之，董仲舒的这套以儒家思想为主，兼收阴阳家、法家思想而建立起来的神学化的政治法律思想体系，是为巩固君主专制、维护封建大一统和强化对农民的思想控制服务的。不过对他的思想也不可一概而论，应作具体分析。

他提倡封建大一统，主张加强中央集权，都是为了维护封建君主专制制度。但在封建社会初期，这种主张对于促进国家统一、反对分裂割据，尚有一定的进步作用。

他吸取秦朝灭亡的教训，提倡"德主刑辅"，主张"限民名田""塞并兼之路"，要求封建统治者"薄赋敛，省徭役，以宽民力"。这些主张在客观上有利于减轻农民的负担和促进农业生产的恢复与发展。

他用"天人感应"来论证"德主刑辅"说，假借天威来规劝和恐吓封建帝王，并声称"天之生民非为王也，而天之立王以为民也。故其德足以安乐民者，天予之；其恶足以贼害民者，天夺之"，"有道伐无道"乃是天理。他的这些思想，也是良莠混杂。其中的重民思想是积极因素，但他鼓吹的"天人感应"论是一种唯心主义的反科学的理论。

"三纲五常"说是他的法律思想的核心，也是封建立法与司法的指导原则。这种思想在中国两千多年的封建社会中，流毒极深，但对其中的"仁、义、礼、智、信"五种道德规范不应全盘否定。

他的《春秋》决狱和"原心定罪"说，片面强调犯罪动机，以儒家的经义附会法律，为封建酷吏的司法专横和任意出入人罪开了方便之门。但在当时的历史条件下，引《春秋》以决狱，对封建统治者的繁法严刑，也曾起到一定的缓解作用。

第五节　王　充

王充（27 年—97 年）字仲任，会稽上虞（今浙江绍兴上虞）人，出身于"细族孤门"。王充少年时曾在东汉京都洛阳读书，以当时的名儒班彪为师，学习勤奋，精通诸子百家之说，并成一家之言。

王充曾当过几次地方下级官吏。但由于他出身寒微，又不肯阿谀权贵，所以任职时间都不长，年老弃官归里，以致“贫无一亩庇身”（《论衡·自纪》）。他自称，他的人生态度是“不贪富贵”，“不慕高官”，“得官不欣，失位不恨”，“居贫苦而志不倦”（《论衡·自纪》）。他一生虽穷困潦倒，但始终能奋斗不懈、著书立说，批判当时流行的虚妄之言。

王充的著作流传至今的只有《论衡》一书，这是我们研究王充的法哲学的主要依据。从《论衡》全书的内容来看，王充不仅是一位唯物主义哲学家，而且他在法哲学方面提出了一些颇有价值的见解。

一、批判君权神授和天罚论

王充生活的年代是东汉初期。这时的社会矛盾进一步深化，封建统治者为了加强思想统治，更加依靠神学唯心主义。在西汉后期逐渐发展起来的谶纬迷信思想，经过封建帝王的亲自倡导，成为官方的统治思想。公元56年，刘秀以皇帝的名义，正式“宣布图谶于天下”。公元79年，汉章帝亲自主持召开了白虎观会议。会后，由班固编纂的《白虎通义》进一步把儒学和宗教迷信结合起来，并被统治者奉为“国宪”与“圣典”，强迫人们信奉。谁表示异议，谁就是“非圣无法”，弄得思想领域乌烟瘴气，谶纬迷信泛滥成灾。就在这样的历史条件下，王充勇敢地以朴素唯物主义为武器，对天人感应论、君权神授说和天罚论进行了有力的批判。

王充首先打破关于“天”的神学观念，明确指出：“天”是没有意志、没有人格、没有目的的自然界，而不是神。他说：“天者，体也，与地同”（《论衡·祀义》，以下引《论衡》只注篇名）。天与地一样，都是物质实体，没有什么神秘可言。“天地，含气之自然也。”（《谈天》）“天去人高远，其气莽苍无端末。”（《变动》）天与地都是由物质性的元气构成的。元气充满宇宙之中，无边无际。王充明确提出这种唯物主义的元气一元论，是对中国古代唯物主义思想宝库的重大贡献，也是对当时泛滥成灾的神学目的论的有力打击。

神学目的论者声称：宇宙万物和人类都是“天”有意识地创造的。王充认为这完全是一种虚妄之言。王充批判继承了老子的自然无为思想，认为“天道”就是自然无为。“天覆于上，地偃于下，下气蒸上，上气降下，万物自生其中间矣。”（《自然》）“夫天不能故生人，则其生万物，亦不能故也。天地合气，物偶自生矣。”（《物势》）人和万物的产生，都是自然而然的事，根本没有什么创世主。“儒者论曰：‘天地故生人。’此妄言也。”（《物势》）

王充从唯物主义的自然观出发，把批判的矛头直接指向君权神授说。两汉时期，封建统治者编造许多荒诞无稽的说法，来论证君权神授。如有人说：刘邦的母亲做梦与龙相遇，遂生刘邦。王充驳斥说，“同类相产”是最普通的常识，“今龙与人异类，何能感于人而施气”（《奇怪》）。龙与人不同类，怎能与人交配而产生后代呢？编造这种谎言，是为了说明封建帝王生来就比别人高贵。王充针锋相对地指出：“夫人，物也。虽贵为王侯，性不异于物。”（《道虚》）就自然属性来说，人和其他动物并没有什么两样，王侯也不例外。“人生于天地也，犹鱼之于渊，虮虱之于人也，因气而生”（《物势》），人和其他动物一样，都是凭借物质性的元气生成的。

总之，不论是从宇宙观的高度，还是从普通常识的角度，都可以说明：君主和“天”并没有什么联系，君主不是“天”的儿子，君权并非天授。在当时，封建帝王亲自出马鼓吹君权神授，而王充明确提出：“虽贵为王侯，性不异于物。”应该说，这是对王侯将相和豪门贵族的勇敢挑战。

王充对谴告说和天罚论也进行了批判。天人感应论者声称，帝王的行为顺应天意，就会得到天的奖赏，违反天意，天就要降灾异以示警告。王充说，这是一种骗人的说法。“天自然也，无为，如谴告人，是有为，非自然也。”（《谴告》）天是自然无为的，天与人事不可混淆。“人不能以行感天，天亦不随行而应人。”（《明雩》）天人感应论者说：天能赏善，也能罚恶。王充反问说，为什么“恶人之命不短，善人之年不长”（《福虚》）？有人说，雷把人劈死，是天在发怒。王充指出：“何以验之，雷者火也？以人中雷而死，即询其身，中头则须发烧燋，中身则皮肤灼燌；临其尸上闻火气……然则雷为天怒，虚妄之言。”（《雷虚》）打雷和日食、月食、山崩、地震、水旱灾害一样，都是自然现象，都有自己的规律，与人事无关。“食有常数，不在政治。”（《治期》）他的这种观点，是对荀子“天行有常，不为尧存，不为桀亡”（《荀子·天论》）思想的继承与发挥。从现代自然科学发展水平来看，王充对雷电等自然现象的解释还比较粗浅，但他对谴告说和天罚论的批判是以当时的自然科学知识为依据的。他力图以自然界的本来面目来解释上述自然现象，这种精神是很可贵的。

既然没有“天怒”与“天罚”，那么为什么会有谴告说和天罚论呢？王充说，“末世衰微，上下相非，灾异时至。则造谴告之言矣”，“谴告之言，衰乱之语也”（《自然》）。意思是：谴告说是有人故意编造的，谴告说的盛行，是政治腐败的结果。这种论断是相当深刻的。

王充的上述一系列言论，都是针对两汉时期封建统治者宣扬的天人感应论和谶纬迷信思想提出的。他以朴素唯物主义和无神论思想为武器，从理论上有力地批判了君权神授说和天罚论。这十分突出地表现出他在理论上的勇气和战斗精神。

二、主张德刑并用，反对专任刑罚

从王充对天人感应论和天罚论的批判中可以看出，在自然观方面，王充和董仲舒是对立的。但在法律观方面，王充和董仲舒大体相同。王充主张礼法结合、德刑并用，反对专任刑罚。这是和荀子、贾谊、董仲舒的思想一脉相承的。

王充说：“治国之道，所养有二：一曰养德，二曰养力……此所谓文武张设，德力具足者也。事或可以德怀，或可以力摧。外以德自立，内以力自备。慕德者不战而服，犯德者畏兵而却。”（《非韩》）“古礼三百，威仪三千，刑亦正刑三百，科条三千。出于礼，入于刑，礼之所去，刑之所取，故其多少同一数也。”（《谢短》）又说：“故叔孙通定仪，而高祖以尊；萧何造律，而汉室以宁。”（《效力》）这些话都是在强调，礼与法、德与刑相辅相成，都是治国不可缺少的手段。

儒家提倡“仁政”说，宣称：成康时期，“刑错不用四十年”。王充认为，这种说法根本不符合历史事实。他说：“尧舜虽优，不能使一人不刑；文武虽盛，不能使刑不用。言其犯刑者少，用刑希疏，可也；言其一人不刑，刑错不用，增之也。”（《儒增》）王充很形象地表述了他的观点：“夫刑人用刀，伐人用兵，罪人用法，诛人用武。武、法不殊，兵、刀不异。巧论之人，不能别也。夫德劣故用兵，犯法故施刑。刑之与兵，犹足之与翼也。走用足，飞用翼。形体虽异，其行身同。刑之与兵，全众禁邪，其实一也。”（《儒增》）兵与刑，从来就是密不可分，“刑人用刀，伐人用兵，罪人用法，诛人用武”，自古皆然。王充把兵与刑比作足与翼，鸟兽离开足与翼就不能飞奔，国家离开兵与刑就不能动作。王充以此来论证，兵与刑是统治者实现国家职能不可缺少的手段。

不过，比较起来，王充认为礼与德更为重要。他说：“国之所以存者，礼义也。民无礼义，倾国危主”，“治国犹治身也。治一身，省恩德之行，多伤害之操，则交党疏绝，耻辱至身。推治身以况治国，治国之道当任德也”（《非韩》）。他反对韩非专任刑罚的主张：“人君治一国，犹天地生万物。天地不为乱岁去春，人君不以衰世屏德……夫治人不能舍恩，治国不能废德，治物不能去春。君子欲独任刑用诛，如何？”（《非韩》）

治国固然离不开礼德与刑罚，但王充又认为，要使礼德与刑罚发挥作用，首先要解决人民的衣食问题。他说：“夫世之所以为乱者，不以贼盗众多，兵革并起，民弃礼义，负畔其上乎？若此者，由谷食乏绝，不能忍饥寒。夫饥寒并至而能无为非者寡，然则温饱并至而能不为善者希。”（《治期》）他反对孔子的“去食存信”的说法，认为不得已的时候，应该“去信存食”，“去信存食，虽不欲信，信自生矣；去食存信，虽欲为信，信不立矣”（《问孔》）。他引用并发挥管子的说法：“传曰：‘仓廪实，民知礼节；衣食足，民知荣辱’。让生于有余，争起于不足。谷足食多，礼义之心生。礼丰义重，平安之基立矣。”（《治期》）王充认为，如果统治者聚敛无度，弄得百姓饥寒交迫，那么百姓就会起来反抗。在这种情况下，任何礼义与刑罚都无济于事。他把人民的衣食温饱放在首位，并密切联系人民的物质生活状况去探寻国家治乱和犯罪的原因，这是他的朴素唯物主义思想在法律观方面的体现。他的这种观点，对于不顾人民死活而空谈礼义法度的封建统治者，是一种有力鞭挞与批判。

三、法律观上的命定论

王充用唯物主义的自然观批判天人感应神学目的论，认为宇宙万物不是天有意识地创造的，自然界有其不以人的意志为转移的客观规律。这种见解是卓越的。但是，他对天人关系的看法是消极的：他忽视了人在自然面前的主观能动作用，没有认识到人不仅能认识自然规律，而且能利用自然规律为人类谋利。和荀子的“制天命而用之”的思想相比，他的思想后退了一步。

王充不了解自然规律和人类社会规律的区别，用“天道自然”的观点直接解释社会现象，认为一切社会现象都决定于“自然”。他说：“夫朝之当亡，犹人当死……人死命终，死不复生，亡不复存……王命之当兴也，犹春气之当为夏也。其当亡也，犹秋气之当为冬也。”（《异虚》）王充认为，国家的治乱、王朝的兴衰，就像四季的更迭、生死的转化一样，有一个客观的必然过程。这对于批判神学目的论也有一定的积极意义。可是，国家的治乱、王朝的兴衰，究竟是由什么决定的？王充对此并没有找到正确的答案。他说："昌衰兴废，皆天时也……国当衰乱，贤圣不能盛；时当治，恶人不能乱。世之治乱，在时不在政；国之安危，在数不在教。"（《治期》）这就是说，国家的治乱盛衰，完全是由"天时""天数"决定的，与政治的好坏无关。很显然，这是一种命定论的观点。

他认为，个人的遭遇、贫富贵贱、生死寿夭，也都是如此。同样的人，有不同的遭遇。伊尹和箕子都是贤者，伊尹遇到成汤，当了宰相，箕子遇到纣王，当了奴隶。太公、伯夷也都是贤人，可是太公受封，伯夷饿死。为什么会这样呢？王充说："凡人遇偶及遭累害，皆由命也。有死生寿夭之命，亦有贵贱贫富之命。自王公逮庶人，圣贤及下愚，凡有首目之类，含血之属，莫不有命。命当贫贱，虽富贵之，犹涉祸患矣。命当富贵，虽贫贱之，犹逢福善矣。"（《命禄》）王充把个人的遭遇和贫富贵贱都看成是命中注定，谁也无法逃脱。这实际上是把偶然性夸大为必然性，要人们放弃主观努力，完全听从命运的安排。这种命定论思想的消极性是显而易见的。

王充在《幸偶》中，用这种命定论的观点解释赏罚与犯罪的问题。他说："举事有是有非，及触赏罚，有偶有不偶……俱欲纳忠，或赏或罚；并欲有益，或信或疑。赏而信者未必真，罚而疑者未必伪，赏信者偶，罚疑不偶也。"人做事有对有不对，但受赏或受罚，纯属偶然。做了好事，运气不好，也不一定受赏；做了坏事，运气好，也不一定受罚。为人臣的，都想向君主或上级效忠，可是，受赏受罚全凭运气。"渔者罾江湖之鱼，或存或亡。或奸盗大辟而不知，或罚赎小罪而发觉。"渔夫在江湖上用网捕鱼，有的鱼侥幸逃脱，有的鱼不幸被捕获。同样的道理，有人犯了杀头大罪而未被发觉；有人犯了罚赎小罪却免不了受罚。王充说："灾气加人，亦此类也。不幸遭触而死，幸者免脱而生。"幸者免祸，不幸者遭殃，一切全凭运气，事事决定于偶然。王充讲的偶然性，离开了人类社会中起支配作用的必然规律，把封建社会中的赏罚与犯罪都归结为偶然，从而陷入命定论的错误。这种有关犯罪与赏罚的命定论，抹杀了封建法的实质，否认了在封建社会中统治者要用刑罚手段镇压农民反抗这一必然规律。

虽然王充的思想有这种命定论的缺陷，但应该肯定，王充是我国古代一位杰出的思想家。他不仅对我国古代唯物主义思想宝库有重大贡献，而且在法哲学方面也提出了一些颇为深刻的见解。特别是他对君权神授说和天罚论的批判，不仅在当时起了进步作用，而且对后来的柳宗元、刘禹锡、王安石、黄宗羲等人的法哲学思想也有很大的影响。

第六节　仲长统

仲长统（179 年—220 年），山阳高平（今山东邹平）人。《后汉书·王充王符仲长统列传》（以下简称《后汉书·仲长统传》）记载：他"少好学，博涉书记，赡于文辞。年二十余，游学青、徐、并、冀之间，与交友者多异之"，但他"敢直言，不矜小节，默语无常，时人或谓之狂生。每州郡命召，辄称疾不就"。他后经尚书令举荐为尚书郎，参丞相曹操军事。"每论说古今及时俗行事，恒发愤叹息。因著论名曰《昌言》，凡三十四篇，十余万言。”该书早已佚失，《后汉书》本传中保存了《理乱》《损益》《法诫》三篇的片段，《群书治要》中也有片段记载，从中可以看出仲长统思想的梗概。

仲长统生活在东汉王朝的崩溃时期，目睹黄巾农民起义，对汉末的黑暗有较深刻的认识。他批判传统的谶纬迷信思想，分析封建王朝的治乱之道，提出了“人事为本，天道为末；德教为本，刑罚为辅；变革制度，利时便物”等主张。

一、人事为本，天道为末

仲长统在天人感应与谶纬迷信盛行的时代，明确提出了“人事为本，天道为末”的观点，既批判了谶纬迷信思想，又纠正了王充的“命定论”，这是他在中国法律思想史上的一大贡献。他认为，天之道是自然规律：“所贵乎用天之道者，则指星辰以授民事，顺四时而兴功业。”人们认识天之道，只是为了有利于发展农业生产。国家的治乱，王朝的兴衰决定于“人事”，而与“天命”无关。他说，两汉开国的帝王名臣“震威四海，布德生民，建功立业，流名百世者，唯人事之尽耳，无天道之学也”，“故知天道而无人略者，是巫医、卜祝之伍，下愚不齿之民也；信天道而背人事者，是昏乱迷惑之主，覆国亡家之臣也。”（《群书治要》四十五卷）仲长统不仅直接批判了谶纬迷信思想，而且斥责当时君臣是“昏乱迷惑之主，覆国亡家之臣”，表现出他的卓识与胆量。

从这种“人事为本”的思想出发，仲长统总结秦汉以来的历史经验，探讨国家治乱的规律，认为王朝的兴亡有其事理的必然性。他把封建王朝兴亡的过程分为三个阶段，即兴起、保守和衰亡，并对这三个阶段的特点作了具体分析。第一个阶段，即兴起阶段。王朝创立的时期，群雄角力，胜者为王。“豪杰之当天命者，未始有天下之分者也。无天下之分，故战争者竞起焉。于斯之时，并伪假天威，矫据方国，拥甲兵与我角才智，程勇力与我竞雌雄，不知去就，疑误天下，盖不可数也。角知者皆穷，角力者皆负，形不堪复伉，势不足复校，乃始羁首系颈，就我之衔绁耳。”（《后汉书·仲长统传》）这就是说，一个王朝的建立，并不是靠“天命”，而是靠“才智”与“勇力”的角逐，以强胜弱而建立起来的。所谓“天命”，只不过是竞争者的假托，事实上是根本没有的。第二个阶段，即保守阶段。这时，天下已定，“贵有常家，尊在一人”。由于有开国者打下的基础，“虽下愚之才居之”，仍可保持一段时期的安定。第三个阶段，即衰亡阶段。这时，君主昏暴，奸邪当道，“君臣宣淫，上下同恶。目极角觝之观，耳穷郑卫之声。入则耽于妇人，出则驰于田猎。荒废庶政，弃亡人物，澶漫弥流，无所底极。信任亲爱者，尽佞谄容说之人也；宠贵隆丰者，尽后妃姬妾之家也。使饿狼守庖厨，饥虎牧牢豚，遂至熬天下之脂膏，斫生人之骨髓。怨毒无聊，祸乱并起，中国扰攘，四夷侵叛，土崩瓦解，一朝而去。昔之为我哺乳之子孙者，今尽是我饮血之寇仇也。”仲长统通过对封建王朝治乱根源的深刻分析，得出了两点结论：一是王朝兴衰的三个阶段是一个必然的过程，是“天道常然之大数”，而不是什么上天降福或降灾；二是“乱世长而化世短”。他说：“昔春秋之时，周氏之乱世也。逮乎战国，则又甚矣。秦政乘并兼之势，放虎狼之心，屠裂天下，吞食生人，暴虐不已，以招楚、汉用兵之苦，甚于战国之时也。汉二百年而遭王莽之乱，计其残灭夷亡之数，又复倍乎秦、项矣。以及今日，名都空而不居，百里绝而无民者，不可胜数。此则又甚于亡新之时也。悲夫！不及五百年，大难三起，中间之乱，尚不数焉。”（《后汉书·仲长统传》）他总结了封建王朝更迭的历史，认识到封建社会的历史是乱世的时间长而治世的时间短，社会的动乱、王朝的灭亡，完全是由君主的昏庸、朝政的腐败引起的，“乱世长而化世短”是“人事”使然，而不是“天命”造成的。他这一认识，真实地反映了封建王朝治乱兴亡的客观过程。

仲长统生活的年代正值乱世，社会动乱，危机四伏。面对这样的乱世，应该怎么办？仲长统提出的主张是：“明版籍以相数阅，审什伍以相连持，限夫田以断并兼，定五刑以救死亡，益君长以兴政理，急农桑以丰委积，去末作以一本业，敦教学以移情性，表德行以厉风俗，核才艺以叙官宜，简精悍以习师田，修武器以存守战，严禁令以防僭差，信赏罚以验惩劝，纠游戏以杜奸邪，察苛刻以绝烦暴。”（《后汉书·仲长统传》）这十六条施政原则归纳起来，主要是限制兼并、加强法制、加强君权、整顿吏治、重农抑商、注重教化、信赏必罚、去除烦苛等。这些主张多半来自先秦儒法两家，同西汉的董仲舒、贾谊、王符的思想也有相似之处。但这些主张，是仲长统在深刻总结历史经验的基础上，针对东汉末期的弊政而提出的。

二、德教为本，刑罚为辅

在法律思想方面，仲长统继承了儒家的传统思想，主张以德为本，刑罚为辅。他说：“德教者，人君之常任也，而刑罚为之佐助焉。古之圣帝明王，所以能亲百姓、训五品、和万邦、蕃黎民，召天地之嘉应，降鬼神之吉灵者，实德是为，而非刑之攸致也。”（《群书治要》四十五卷）要使国家长治久安，主要靠德教，而不能靠刑罚。他也主张要根据形势的变化确定治国的方略，应该有“权宜”之计。如在改朝换代、奸邪横行、“网禁疏阔”的时候，不能不重视武力和使用刑罚。“至于革命之期运，非征伐用兵，则不能定其业；奸宄之成群，非严刑峻法，则不能破其党。时势不同，所用之数，亦宜异也。”（《群书治要》四十五卷）但是，武力与刑罚都不可常用。“常道行于百世，权宜用于一时，所不可得而易者也。”（《群书治要》四十五卷）

东汉后期，政治腐败不堪，仲长统认为当时正是乱世。他从“刑乱国用重典”的思想出发，主张加强法制，“用重典”，并明确提出应恢复肉刑。自从汉文帝下令废除肉刑以后，就不断出现恢复肉刑的言论，仲长统就是坚决主张恢复肉刑的人物之一。他在《损益》篇中阐述了他主张恢复肉刑的理由：“肉刑之废，轻重无品，下死则得髡钳，下髡钳则得鞭笞。死者不可复生，而髡者无伤于人。髡笞不足以惩中罪，安得不至于死哉！夫鸡狗之攘窃，男女之淫奔，酒醴之赂遗，谬误之伤害，皆非值于死者也。杀之则甚重，髡之则甚轻。不制中刑以称其罪，则法令安得不参差，杀生安得不过谬乎？”这就是说：废除肉刑之后，生刑与死刑之间，悬殊太大，缺少中间环节，违反了刑罪相称的原则。恢复肉刑，在生刑与死刑之间增加中间刑，就可避免畸重畸轻，能更好地体现刑罪相称的原则。因此，仲长统力主恢复肉刑。主张恢复肉刑，是违反刑罚由野蛮到文明这一历史发展总趋势的。这也表明，仲长统的主张和先秦儒家的德主刑辅的思想相比，已有明显的差别。

三、变革制度，利时便物

仲长统在揭露与批判当时黑暗政治的同时，提出了变革制度的主张。他变革制度的总原则是："作有利于时，制有便于物者……故行于古有其迹，用于今无其功者，不可不变。变而不如前，易而多所败者，亦不可不复也。"（《后汉书·仲长统传》）其基本精神是：变革制度应对今天有利，行之有效的良制要坚持，违犯事理、行之有害的弊政要废除。从这一原则出发，他主张首先要废除分封制，恢复郡县制。他指出："汉之初兴，分王子弟，委之以士民之命，假之以杀生之权。于是骄逸自恣，志意无厌。鱼肉百姓，以盈其欲；报蒸骨血，以快其情。上有篡叛不轨之奸，下有暴乱残贼之害。"这种上危国家、下害百姓的分封制度如不改变，其害无穷。不论是异姓王还是同姓王都是如此。"虽借亲属之恩，盖源流形势使之然也。"上危国家，下害百姓，这是分封制本身的弊端所带来的必然后果。有鉴于此，所以从文、景时起，就着手"削藩"，"降爵削土"，使王侯们只是"坐食俸禄"。对于"淫昏"的王侯，必须坚决削除。通过"削藩"，"收其奕世之权，校其纵横之势"，可使"下土无壅滞之士，国朝无专贵之人"。可见，"削藩"是"变之善，可遂行者也"（《后汉书·仲长统传》）。

仲长统还认为，豪强地主的土地兼并是导致天下大乱的根本原因。为此，他主张恢复井田制，以抑制豪强兼并。他说："井田之变，豪人货殖，馆舍布于州郡，田亩连于方国……荣乐过于封君，势力侔于守令。财赂自营，犯法不坐。刺客死士，为之投命。至使弱力少智之子，被穿帷败，寄死不敛，冤枉穷困，不敢自理。虽亦由网禁疏阔，盖分田无限使之然也。"（《后汉书·仲长统传》）"分田无限"是造成豪强恣肆、贫富对立的祸根。他还说："豪人之室，连栋数百，膏田满野，奴婢千群，徒附万计。船车贾贩，周于四方；废居积贮，满于都城。琦赂宝货，巨室不能容；马牛羊豕，山谷不能受……是使奸人擅无穷之福利，而善士挂不赦之罪辜……斯下世人主一切之愆也。"（《后汉书·仲长统传》）种种黑暗的现实，都是由君主的过失造成的。仲长统看到了土地兼并的恶果，为此，他提出"井田宜复"的主张。"今欲张太平之纪纲，立至化之基趾，齐民财之丰寡，正风俗之奢俭，非井田实莫由也。"（《后汉书·仲长统传》）土地兼并是封建社会无法医治的痼疾。他想通过恢复井田制来抑制兼并，只不过是一种无法实现的善良愿望而已。

仲长统还怀着激愤的心情，揭露当时外戚宦官专权的罪恶。他指出：东汉以来，"权移外戚之家……亲其党类，用其私人，内充京师，外布列郡，颠倒贤愚，贸易选举，疲驽守境，贪残牧民，挠扰百姓，忿怒四夷，招致乖叛，乱离斯瘼……此皆戚宦之臣所致然也"（《后汉书·仲长统传》）。内忧外患是由外戚与宦官专权造成的，仲长统对此深恶痛绝。面对百姓遭难、四夷愤怒的现实，朝廷不思悔改，却"策让三公，至于死免，乃足为叫呼苍天，号咷泣血者也"。这是仲长统对东汉腐朽的统治集团的血泪控诉。对于君权衰微、大权旁落和外戚宦官专权的局面，应该怎么办？仲长统除了批判与控诉之外，把希望寄托于"明君"与"贤臣"身上。他认为一旦有了"明君"与"贤臣"，"政不分于外戚之家，权不入于宦竖之门。下无侵民之吏，京师无佞邪之臣"（《群书治要》四十五卷），就可力挽狂澜，天下得治。显然，这也是一种不切实际的幻想。仲长统的主张难以实现，但是，他对东汉末年腐朽统治集团的揭露与批判却是深刻的。他的抑制豪强、限制兼并、唯才是举的主张，后来在曹魏时期曾部分被采纳，他的思想对后世的一些进步思想家也有重要影响。

深度阅读

1.《史记·秦始皇本纪》《淮南子》《春秋繁露》《汉书·董仲舒传》《论衡》。

2. 李光灿、张国华总主编：《中国法律思想通史》，第2卷，第七章；第3卷，第二、三、四、七章，太原，山西人民出版社，1998。

3. 刘新主编：《中国法哲学史纲》，第四章，北京，中国人民大学出版社，2005。

4. 段秋关：《新编中国法律思想史纲》，第三章第五节，北京，中国政法大学出版社，2008。

5. 马小红：《中国古代法律思想史》，第四章，北京，法律出版社，2004。

问题与思考

1. 秦代为何奉行法家的法律思想？

2. 如何理解汉初黄老学派的法律思想的历史价值？

3. 董仲舒对封建正统法律思想的形成的主要贡献是什么？

4. 封建正统法律思想为什么形成于汉代？

5. 封建正统法律思想有何历史局限性？

6. 如何理解《春秋》决狱对中国传统法律文化的历史影响？

第十一章

魏晋南北朝时期的法律思想

常考知识点

- 名法之学
- 玄学法律观
- 律学的产生、特点和历史发展
- 曹操法律思想的内容和特点
- 诸葛亮“科教严明”的法律思想
- “名教本于自然”说
- “越名教而任自然”说
- 张斐、杜预对律学理论的贡献
- 刘颂的立法思想

第一节　概　述

从东汉末年到隋朝建立，是中国封建制进一步发展的时期，也是中国历史上由统一到分裂，又从分裂到重新实现统一的时期。与此相适应，中国封建正统法律思想也有进一步的发展。不过，这一时期的正统法律思想不再像西汉那样以整齐划一的方式出现，而是以多种方式表现出来，先后出现了强调名法、崇尚玄学和注重律学等不同的理论和主张。

三国时的魏、蜀基本上是庶族地主政权，曹操、诸葛亮是比较开明而有作为的政治家。他们都重视以法治国与治军，并提出了一系列以有令必行、科教严明为特征的执法主张，大力推行抑制豪强的政策，力图实现全国的统一。三国时期以曹操和诸葛亮为代表的名法思想是这一时期法律思想的代表。

名法思想的复兴：在先秦诸子百家争鸣的过程中，名家以“循名责实”见长，法家以主张“法、术、势相结合”和“以法治国”著称。名家和法家虽然也有一些争论，但二者思想倾向的一致性和交叉性也很明显，早在先秦时期就有所谓的“刑名法术之学”的说法。随着西汉中期儒家一统局面的形成，名家和法家的思想受到了一定程度的遏制，但并没有消亡。随着社会现实条件的具备，名家和法家的思想在力图融入封建大一统整体思想格局的前提下，会以新的形式复兴起来。因为名家之学在于考核名时、知人善任，而法家理论在于崇尚法律权威、以法治国，这恰恰适应了当时的现实政治需要，所以名法思想复兴也就成为必然。

曹魏统一后不久，便在门阀士族的强大压力下逐渐放弃打击豪强的政策，转而为豪族服务，并开启了玄学之风。

玄学的产生与流行，有其特定的历史背景。魏晋时期，社会动荡，门阀士族生活腐败、内部倾轧。这使他们失去了正统礼教的信念，转而崇尚和提倡纵欲享乐、放任自流、空谈玄理的玄学。玄学是西汉儒学与老庄“自然无为”思想结合的变种，在魏晋时期成为主导的思想形态。玄学家大致分为在朝的和在野的两大派。在朝的玄学家以何晏、王弼为代表，主张“名教出于自然”，为曹魏政权和门阀士族纵欲享乐辩护。在野的玄学家以嵇康、阮籍为代表，主张“越名教而任自然”，否定虚伪的礼法，反对人为的束缚，批判司马氏政权的残暴。

玄学是魏晋时代思想领域的主要思潮。玄学的“玄”字，最早出现在先秦《老子》一书中。魏晋时代著名玄学家王弼认为，玄学是指一种高深莫测的学问。当时人们把先秦的《老子》《庄子》《周易》看作深奥的学问，这三部典籍被人们称为“三玄”，玄学就是以研究这“三玄”而著称的。就玄学的思想内容和思想倾向而言，它主要是玄学家们用老庄道家学说来解释儒家经典《周易》，因此，玄学主要是继承了先秦道家思想尤其是汉初黄老之学的传统。作为对汉代经学和谶纬神学的一种有限度的冲击，它大体上属于道家思想的一种变相复兴和在魏晋特定历史时代背景下同正统儒学相融合的产物。

历代封建统治者为了巩固自己的统治，都很重视法典的编订和运用，魏晋至南北朝时期关于立法、司法的理论以及法律的注释学说有很大发展。如晋代著名的司法官吏和法学家杜预、张斐等人通过对前代法制实施的经验、教训的总结，提出了自己的律学理论，在立法、执法和审判原则等方面都有不少有独创性的见解，并开创了注释法典的先例。这也是魏晋时期的法律思想的特点之一。

律学是中国古代特定历史条件下的法学。它以阐明法律本意、辨析法律原则、解释名词术语为基本内容，以加强用律执法为最终目的。中国古代律学的最大特点是注释律学，它以注释国家制定法为基本特征。其注释对象是历代王朝颁布的主要法典；注释的内容既包括对构成法典主要基干的律的注释，也包括对从属性的令和例的注释；注释的宗旨是在统治者设定的框架之内，准确注释法律条文的含义，阐明法典的精神实质。

对中国古代律学影响最大的思想是儒家思想，中国古代律学的形成和发展过程中基本上贯穿了儒学的精神。这主要表现在：律学的指导思想是儒学的核心——纲常名教；律学的理论根据是儒学的教条；律学所追求的境界是明礼无讼的儒家理想王国。所以，中国古代律学既释律又尊儒，既释法理又宣德意。可以说，中国古代律学家以引述儒家经典解释国家法律的特有方式，维护了儒学在中国传统法律文化中的统治地位。

中国古代注释律学的价值特点在于它的实用性，律学从一开始就设定了崇尚实用的价值目标。着眼于实用，这是它的长处，也是统治者对律学家的要求。同时，也正是因为如此，中国古代律学缺乏理论上的概括，这又变成了它的短处。因此，律学的实用价值大大超过了它的学术价值。从律学的注释方法角度来看，中国古代律学重归纳轻演绎、重考证轻分析；从律学家注律内容角度来看，相对说来重刑事轻民事、重成案轻判断。

由中国古代律学的一系列特点所决定，中国传统律学与西方注释法学有着明显的区别。西方注释法学产生于商品经济高度发达的西欧，始于对罗马法的注释，其依据是人文主义的理性原则。由于罗马法主要是关于私法的内容，因而西方注释法学多侧重于对权利、契约、公平、正义等问题的阐发，通过注释对现行法律进行批判和评估，寻找法律中的一般规则和普遍原理，从而为近代法学的产生奠定基础。中国古代注释律学与西方注释法学共始于对法典本身进行注释，但产生了不同的结果，这就是：中国古代注释律学以注释法律为起点，经过两千多年的发展，仍以注释法律为终点，并没有像西方那样，通过注释法律而创造出法学理论。这其中的原因有很多，但王权政治的要求、儒学的统帅地位、文化的禁锢专制、重术轻学的功利观和学术传统等无疑是非常重要的原因。

中国古代律学贯穿于整个传统大一统社会的始终，它最初是经学的一个分支，发端于汉代引经注律，可以说，《春秋》决狱开启了以经注律的风气。西汉开始用儒家学说改造秦代遗留下来的法律制度，于是，律学作为经学的附属品而诞生了。到东汉时，以经注律之风大为盛行，据《晋书·刑法志》记载，当时有叔孙宣、郭令卿、马融、郑玄等十多家以儒家经典为原则对汉律进行了详细注释，以至于对律的解释重复繁杂，于是，曹魏初期曾下令规定在司法实践中以郑玄注释为准。

中国古代注释律学的鼎盛时期在晋代。司马氏取代曹魏，建立晋朝，其统一中国以后，为了巩固自己的统治，极力主张恢复正统学说的地位，并以名教礼法自我标榜。于是，以维护正统法律思想为己任的律学，受到了司马氏统治集团的高度重视和推崇。晋武帝司马炎于泰始三年（公元 267 年）颁布了《泰始律》，也就是《晋律》。《晋律》颁布以后，晋武帝敦请当时著名的律学家杜预、张斐、刘颂等人，以儒家经典为指导，对《晋律》逐条进行注解阐释，从而使《晋律》成为中国第一部儒家化的法典。后来，杜预、张斐又分别作《律本》《律表》，对《晋律》的原则进行阐述，对《晋律》篇章作了说明，对一些具体的罪名和刑名作了准确的阐释。晋代律学不仅上集两汉律学发展之大成、下启隋唐律疏之先河，而且使晋代律学家在中国古代律学发展史上占有重要地位。

第二节　曹　操

曹操（155 年—220 年），字孟德，沛国谯（今安徽亳州）人。其父曹嵩为宦官曹腾的养子，曹腾由于迎立桓帝有功，被封费亭侯。曹腾死后，曹嵩继承其侯位，官至太尉。曹操是曹嵩的长子，“少机警，有权术”（《三国志·魏志·武帝纪》），作风豪爽放荡，博览群书，“揽申、商之法术，该韩、白之奇策”（《三国志·魏志·武帝纪》）。曹操年二十举孝廉，并很快升任洛阳北部尉、顿丘令。黄巾起义爆发后，曹操在参与镇压的过程中，迅速充实自己的军事力量，表现出卓越的政治和军事才能。在长达 21 年的豪强、军阀大混战中，曹操“挟天子以令诸侯”，逐渐统一了中国北方。作为权倾朝野的丞相，曹操被汉献帝封为魏公，死后被其儿子魏文帝曹丕追谥为魏武帝。

曹操戎马一生，没有系统的著作，他的法律思想散见于令、书信和诗文当中。现存《曹操集》为清人所整理汇编，是研究曹操的法律思想的主要参考资料。

一、“治定之化，以礼为首；拨乱之政，以刑为先”

中国法律思想史上有名望的思想家包括两种大的类型：一类是纯粹思想型的，另一类是政治军事家型的。曹操无疑属于后者。曹操注重从古代思想家、政治家的思想学说当中汲取营养，同时，他更善于根据时势的变化，以政治家的远见卓识，阐述其对于法的看法。他的“治定礼为首，拨乱刑为先”的思想，就是针对当时特定的社会形势而提出的。曹操在其任命高柔为理曹掾的令中说：“夫治定之化，以礼为首；拨乱之政，以刑为先。是以舜流四凶族，皋陶作士。汉祖除秦苛法，萧何定律。”（《三国志·魏书·韩崔高孙王传》）也就是说，在国家太平安定的时期，治理国家应该先礼义而后刑罚，但是，在天下纷争的大乱之世，应该以法治为主，先刑罚而后礼义。曹操认为，这种方法不是他的独创，远古的舜和汉高祖刘邦就曾经运用刑罚以拨乱政。

曹操的刑拨乱政的思想是对封建正统法律思想的补充和发展。封建正统法律思想确立以后，“德主刑辅”“先礼后刑”的思想被视为理所当然，不仅立法要以礼为核心，而且在统治方法上也要坚持先礼后刑的顺序。曹操“拨乱刑先”的思想显然是对汉代封建正统思想的超越。但是，在这里必须注意，曹操“拨乱刑先”的思想并不是对封建正统法律思想的否定，而是对封建正统法律思想的一种补充和完善。曹操所说的“拨乱刑先”，并不是反对礼义教化，而恰恰是以正统儒家所主张的纲常礼教为立法的依据和司法的归宿。曹操所推行的法治，不是先秦法家所主张的原始意义上的法治，而是一种“名法之治”，即名家的循名责实与法家的法治思想的结合。不仅如此，曹操提出“拨乱刑先”，并不是他不主张遵从儒家传统，而完全是出于一种因时制宜的考虑，也就是“天下尚未安定，未得遵古也”（《三国志·魏志·武帝纪》）。所以，曹操“拨乱刑先”的思想并没有突破儒家思想的框架，只是对其进行完善而已，也就是他更加强调在特定的情况下要充分重视法的重要性。

二、“唯才是举”与“选明达法理者使持典刑”

曹操对人才的重视在中国历史上是颇为出名的，针对东汉以来根据“门第世资”选拔官吏造成对人才压制的状况，曹操先后三次下令求贤。公元208年，曹操在赤壁之战中大败，这使他深感事业的艰难。他反思后认为，只有大量招揽人才，才能不断壮大自己的力量，完成统一大业。于是在公元210年曹操第一次发布《求贤令》，明确提出了“唯才是举”的方针，不论贵贱贫富，只要是人才，一律举荐，委以重任。《求贤令》的发布，使曹操先后网罗了一大批人才。公元214年，曹操发布了第二道求贤令——《敕有司取士勿废偏短令》，要求选拔的官吏只要是有所作为的“进取之士”即可，而不必对其品德上的缺点横加指责，因为“有行之士，未必能进取，进取之士，未必能有行也。陈平岂笃行，苏秦岂守信邪？而陈平定汉业，苏秦济弱燕。由此言之，士有偏短，庸可废乎！有司明思此义，则士无遗滞，官无废业矣”（《曹操集·敕有司取士勿废偏短令》）。基于此，曹操对郭嘉等品行虽然有缺陷但有奇才的人予以重用。公元217年，曹操发布第三道求贤令——《举贤勿拘品行令》，详细、全面地阐述了“唯才是举”的方针。曹操力图说明任人不应该以出身、家世、门第为标准，他举例说，历史上伊尹、傅说、萧何、曹参等虽然出身卑贱，但后来都成了历史上的名相，吴起、韩信、陈平虽然都有“负辱之名”和“见笑之行”，但后来都成了名将。总之，任用贤才的唯一标准是“唯才是举”。曹操说“吾任天下之智力，以道御之，无所不可”（《三国志·魏志·武帝纪》）。由于曹操知人善任，贯彻“唯才是举”的方针，因而他争取和团结了一大批人才，在他手下，“猛将如云，谋臣如雨”，这为其统一北方奠定了坚实的基础。

与“唯才是举”思想相联系，曹操在司法官吏的任用问题上提出了一个重要论断，这就是“选明达法理者使持典刑”。曹操认为，刑法是关系众人生命的大事，一定要选用精通法律的人来掌握。“明达法理”既是对法律专门人才的要求，也是成为司法官吏的必要条件。曹操说：“夫刑，百姓之命也，而军中典狱者或非其人，而任以三军生死之事，吾甚惧之，其选明达法理者使持典刑。”（《三国志·魏志·武帝纪》）曹操之所以主张“选明达法理者使持典刑”，是因为他敏锐地洞察到：其一，由于汉代以来谶纬经学长期占据统治地位，形成了重礼教轻法律、重德行轻才能、重儒臣轻刑官的局面，因而司法官吏多不懂法理而滥竽充数，更有甚者贪赃枉法，使国家政治和司法产生了很大弊病。正所谓：“刑法者，国家之所贵重，而私议之所轻贱；狱吏者，百姓之所悬命，而选用者之所卑下。王政之弊，未必不由此也。”（《晋书·刑法志》）其二，曹操认为，统一和治理国家尚且需要有一技之长的人才，掌握国家司法大权更应该依靠懂得法理的专门人才。对于这种专门人才，不管其出身、经历如何，都要予以重用。如高柔原本是袁绍的部下，但这个人“清识平当，明于宪典”（《曹操集·以高柔为理曹掾令》），曹操专门设立了掌握刑法的“理曹”，任命高柔为“理曹掾”。任用司法官吏，高度重视所用之人是否懂得法理，这充分表现了曹操的远见卓识。

三、赏罚分明与以法治军

曹操实现其政治抱负的重要手段是统一战争，他积累了丰富的战争经验，其中非常重要的就是赏罚分明和以法治军。曹操认为，儒家的礼在治军时没有多大的作用，他说：“军容不入国，国容不入军，礼不可以治兵也。”（《曹操集·孙子谋政篇注》）曹操自己总结他的治军经验说：“吾在军中持法是也。”（《曹操集·遗令》）可以说，以法治军是曹操的思想的一个重要方面。为了做到以法治军，曹操发布了一系列的军令，今存并收录于《曹操集》中的军令主要包括《论吏士行能令》《败军抵罪令》《军令》《步战令》《船战令》《置屯田令》《遗令》《明罚令》《选军中典狱令》等。这些军令的侧重点虽然有所不同，但贯彻的总原则都是赏罚分明、有法必行、从严治军。

曹操特别重视在军队中建立严明的赏罚制度，他在《论吏士行能令》中明确指出：“君不官无功之臣，不赏不战之士”，对于有功的将士“一律重赏”，而对于无功的将士“分毫不予”。不仅如此，军中只赏不罚是远远不够的，他在《败军抵罪令》中指出：“赏功而不罚罪，非国典也。”为此，他不但在此令中明确规定“败军者抵罪，失利者免官爵”，而且还在《步战令》中制定了诸如“擅前后左右者斩”“违令不进者斩”“妄行阵间者斩”“妄呼大声者斩”等空前残酷的军令。所有这些规定都大大地保证了军队的战斗力。曹操的军法、军令虽然有些过于残酷，但其以法从严治军的军事法治思想为中国军法建设留下了若干可供借鉴的东西。

第三节　诸葛亮

诸葛亮（181 年—234 年）字孔明，阳都（今山东沂水南）人。诸葛亮早年父母双亡，由叔父抚养长大。公元 194 年袁术征讨南方时，诸葛亮被叔父带领随军前往，后寄居湖北襄阳隆中山下，“躬耕陇亩”（《三国志・蜀书五》），过着隐居的生活。这时诸葛亮静观时势，熟读兵书，“自比管仲、乐毅”（《世说新语・中之上》），等待时机，一展抱负。公元 207 年，刘备三顾茅庐，请诸葛亮出山帮助他平定天下。从此诸葛亮协助刘备南征北战，终于建立蜀汉政权，三分天下有其一。

诸葛亮是我国古代著名的思想家和军事家，他以“鞠躬尽瘁，死而后已”（《诸葛武侯文集・卷一》）之精明贤相的名声为后人所乐道。在法律思想上，诸葛亮与同时代的曹操颇相类似，即在不突破儒家思想总体框架的前提下强调刑名法术，尤其在执法上以“科教严明，赏罚必信”（《三国志・蜀书五》）著称。

诸葛亮没有专门的法律著作，他的思想主要反映在陈寿所著《三国志・蜀书五》中。另外，据说陈寿当时辑录有《诸葛亮集》，但今不复见。今本《诸葛武侯文集》为清人所编辑，史料学界大多认为，这个集子保存了诸葛亮的一些著作以及军令等材料，可作为研究诸葛亮之法律思想的参考资料。

一、审势立法，厉行法术

诸葛亮面对天下分裂、战乱频繁的时代，深刻地认识到：要想拨乱反正，必须审时度势，厉行法术。他说：“孙武所以能制胜于天下者，用法明也……四海分裂，兵交方始，若复废法，何以讨贼邪！”（《三国志・蜀书九》）为此，诸葛亮在进入西川以后，与李严、刘巴、伊籍等人共同制定《蜀科》，用法甚严。这时，刘备的重要谋臣法正批评诸葛亮“刑法峻急”，并劝诸葛亮效法刘邦“约法三章”，“缓刑弛禁”。对于法正的批评，诸葛亮解释说：“君知其一，未知其二。秦以无道，政苛民怨，匹夫大呼，天下土崩。高祖因之，可以弘济。刘璋暗弱，自焉已来有累世之恩，文法羁縻，互相承奉，德政不举，威刑不肃。蜀土人士，专权自恣，君臣之道，渐已陵替。宠之以位，位极则贱；顺之以恩，恩竭则慢。所以致弊，实由于此。吾今威之以法，法行则知恩；限之以爵，爵加则知荣；恩荣并济，上下有节，为治之要，于斯而著。”（《三国志・蜀书五》）在这里，诸葛亮认为，法正所说刘邦当年施行“约法省禁”政策并没有错，因为当时刘邦所面对的是如何去秦苛法，以安定天下，但是，诸葛亮所面对的现实情况却是西蜀地区长期“文法羁縻”“威刑不肃”。所以，时代不同，所面临的情况各异，从现实出发，必须审时度势，厉行法术。

二、“科教严明，赏罚必信”

诸葛亮认为，治理乱世必须“威之以法”（《诸葛武侯文集·卷一》），同时，诸葛亮之思想中最突出的地方在于他的“科教严明，赏罚必信”（《三国志·蜀书五》）的执法思想。《三国志》作者陈寿对此评价诸葛亮“科教严明，赏罚必信，无恶不惩，无善不显，至于吏不容奸，人怀自厉，道不拾遗，强不侵弱”（《三国志·蜀书五》）。具体来说，诸葛亮的法治思想在执法上主要体现在如下几个方面。

第一，“赏善罚恶”。诸葛亮认为，乱世执法，必须严格坚持“赏善罚恶”的主导思想。他说：“赏罚之政，谓赏善罚恶也。赏以兴功，罚以禁奸，赏不可不平，罚不可不均。赏赐知其所施，则勇士知其所死；刑罚知其所加，则邪恶知其所畏。故赏不可虚施，罚不可妄加。赏虚施则劳臣怨，罚妄加则直士恨……赏罚不正，则忠臣死于非罪，而邪臣起于非功。”（《便宜十六策》）“赏于无功者离，罚加无罪者怨。”（《诸葛武侯文集·卷四》）诸葛亮不仅力劝君主“赏善罚恶”，把“赏贤罚罪”的君主称为有德的君主，认为那些无德的君主通常“赏罚不明，教令不常，以私为公”（《便宜十六策》），而且他在自己一生执法的过程中，努力做到“善无微而不赏，恶无纤而不贬”（《三国志·蜀书五》）。诸葛亮挥泪斩马谡并重用王平的事迹充分说明了诸葛亮“赏善罚恶”的执法原则。

第二，“执法必信”。诸葛亮吸收法家关于“刑罚必信”的思想，特别强调在执法中要言而有信、令出必行。他说：“决之以赏罚，故人知信”，“人不知信，而贤良退伏，谄顽登用”（《心书》）。最能表现诸葛亮执法必信思想的例子发生在公元 231 年：诸葛亮北伐曹魏，在防守重要关隘剑阁的时候，遇司马懿率 30 万大军来攻，而此时蜀军中有 8 万人按照法令规定服役已满期限，应当立即返乡。当时，部下都劝诸葛亮重新下令“停下兵一月”，即让到期应该复员的士兵暂缓一月，等到打完这一仗再复员，但诸葛亮却说：“吾统武行师，以大信为本，得原失信，古人所惜；去者束装以待期，妻子鹤望而计日，虽临征难，义所不废。”（《三国志·蜀书五》）于是他下令让该复员的士兵按期复员。这样一来，应复员者备受感动，都愿意留下来继续打仗，而且“临战之日，莫不拔刃争先，以一当十”（《三国志·蜀书五》），从而大获全胜。

第三，“刑不择贵”。先秦法家曾经提出“法不阿贵”的思想，虽然这种思想在等级森严的封建社会不可能真正实现，但它对于封建执法多多少少有着某种警示、制约作用。因此，在等级特权法时代，诸葛亮效法先秦法家，提出“刑不择贵”的思想，有其特定的积极意义。诸葛亮要求在执法时必须做到“进有厚赏，退有严刑，赏不逾时，刑不择贵”（《诸葛武侯文集·卷四》）。诸葛亮的这种思想在刘备去世以后，有更加深入的发展。针对当时的情况，诸葛亮力劝刘禅要执法公平，刑赏不别亲疏贵贱。诸葛亮在著名的《前出师表》中说：“宫中府中，俱为一体，陟罚臧否，不宜异同。若有作奸犯科及为忠善者，宜付有司论其刑赏，以昭陛下平明之理，不宜偏私，使内外异法也。”（《诸葛武侯文集·卷一》）

第四，“刑不枉纵”。这主要是说，执法要做到不枉不纵，尤其在定罪量刑时不能重罪轻判或者轻罪重判，更不能造成“无罪被辜”的现象。诸葛亮认为，轻罪重判和“无罪被辜”必然造成枉罪，而重罪轻判必然造成纵罪，这两者都是执法的大忌。他说：“或有过重罚轻，法令不均，无罪被辜，以致灭身；或有重罪得宽，扶强抑弱，加以严刑，枉责其情。此所苦二也。”（《便宜十六策》）如果君主决狱行刑时枉纵犯罪的话，必然造成祸乱之灾：“故人君决狱行刑，患其不明：或无罪被辜，或有罪蒙恕；或强者专辞，或弱者侵怨；或直者被枉，或屈者不伸；或有信而见疑，或有忠而被害。此皆招天之逆气，灾暴之患，祸乱之变。”（《便宜十六策》）为了做到不枉不纵，执法者本人必须正身守法，“非法不言，非道不行”（《便宜十六策》），执法者本人尤其不能依个人的喜怒来定罪量刑。执法者必须严于律己、勇于自责，真正做到“怒不犯无罪之人，喜不纵可戮之士……喜不可纵有罪，怒不可戮无辜”（《便宜十六策》）。只有这样，执法才能不枉不纵。

需要指出的是，诸葛亮的法律思想的最大特点在于厉行法术、严明执法，但是，诸葛亮的法律思想同先秦法家的法律思想已经有很大区别，这表现在诸葛亮的法律思想都是在承认“以教令为先，诛罚为后”（《便宜十六策》）的儒家正统思想的前提之下阐发的。因此，诸葛亮之法律思想的精髓是在承认儒家正统的前提下，根据天下大乱的特定情况，强调以执法严明为核心的刑名法术。

第四节　王　弼

王弼（226 年—249 年），字辅嗣，魏国山阳（今河南修武）人。虽然王弼的一生非常短暂，24 岁时即因病而亡，但他被公认为魏晋玄学的主要奠基人。史载王弼自幼聪颖好学，十余岁便能通读《老子》《庄子》。此时，吏部尚书是后来同为魏晋玄学创始人的何晏（190 年—249 年）。一次，王弼的父亲带他去谒见何晏，二人深谈以后，何晏感叹说：“仲尼称后生可畏，若斯人者，可与言天人之际乎。”（《三国志·魏书·钟会传》）另据《世说新语》记载，当时何晏已经开始注释《老子》，当他听说王弼正在注释《老子》时，何晏因佩服王弼之才，便不再为《老子》作注。

虽然王弼的一生短暂，但其著述颇多，至今保存完整的有《老子注》《周易注》《周易略例》。王弼的玄学思想大多是在作注的过程中阐发的。

一、“名教本于自然”说

王弼的玄学法律观是从“贵无”论开始的。他认为，“无”是自然、社会和人类一切事物的本源。他说：“万物万形，其归一也。何由致一？由于无也。由无乃一，一可谓无。”（《老子·四十二章注》）“天下之物，皆以有为生。有之所始，以无为本。将欲全有，必反于无也。”“道者，无之称也，无不通也，无不由也，况之曰道。”（《老子·四十章注》）

既然万事万物都以“无”“道”“自然”为本源，那么，包括法律在内的名教遵从自然就是顺理成章的了，因为“物有其宗，事有其主”（《老子·四十九章注》）。“万物以自然为性。故可因而不可为也，可通而不可执也。”（《老子·二十九章注》）因此，“名教本于自然”是天经地义的。

基于“名教本于自然”的原则，王弼认为，立法定制和法律变革时都应该“以自然为宗”。首先，关于立法定制的问题，王弼认为，处理争讼的关键在于“作制”，即所谓“无讼在于谋始，谋始在于作制”（《周易·鼎卦注》）。到底应该怎么样“作制”呢？王弼提出了“始制有名”的观点：“始制，谓朴散始为官长之时也。始制官长，不可不立名分以定尊卑，故始制有名也。”（《老子·三十二章注》）这是说人类在“从无到有”“立官设制”的时候，要遵循“朴”的原则建立尊卑等级名分，立法定制必须严格依据自然而来的名分，只有这样，才能“物有其分，职不相滥，争何由兴”（《周易·鼎卦注》）。其次，法律变革时也应该遵循“名教本于自然”的原则：“革既变矣，则制器立法以成之焉，变而无制，乱可待也。法制应时，然后乃吉。贤愚有别，尊卑有序，然后乃亨。”（《周易·讼卦注》）显然，王弼认为，无论是法律的制定还是法律的变革，都应该以符合自然的名教为依据。这也从一个侧面说明，王弼“名教本于自然”的思想的目的之一在于论证封建纲常礼法的合理性，从而为稳定封建统治秩序服务。

二、无为而治论

无为而治论是先秦道家创始人老子的重要理论主张，王弼在注释《老子》的时候，对老子的“无为而治”思想大加推崇。他效仿老子的说法：“言善治政者，无形、无名、无事，无政可举。闷闷然，卒至于大治。”（《老子·五十八章注》）在王弼看来，无为而治的道理很简单，那就是以自然为法：“道不违自然，乃得其性。法自然者，在方而法方，在圆而法圆，于自然无所违也。”（《老子·二十五章注》）自然天性要求人们依自然法则行事，而不能靠人的心力去强行改变自然法则，否则，必然违背事物的自然本性，遭到失败的命运：“万物以自然为性，故可因而不可为也，可通而不可执也。物有常性，而造为之，故必败也。物有往来，而执之，故必失矣。”（《老子·二十九章注》）可见，无为的真实意义，就是统治者崇尚自然，以自然为法，世间万物都可以各得其所，从而天下大治。

从无为而治出发，王弼反对统治者以“智”统治天下，认为统治者“任智”，必然造成天下争讼，对于统治者来说，最大的危害莫过于其故作聪明、运用智巧，即“甚矣！害之大也，莫大于用其明矣，夫任智则人与之讼，任力则人与之争”（《老子·四十九章注》）。之所以会这样，是因为统治者用聪明智巧对付民众，民众也会用同样的办法对付统治者；统治者用武力刑罚对付民众，民众也会用暴力反抗统治者。总之，统治者有为，民众也会有为，大家都无所不为，必然产生争讼、混乱。因此，真正聪明的统治者必须做到：“故不攻其为也，使其无心于为也。不害其欲也，使其无心于欲也。谋之于未兆，为之于未始。如斯而已矣。”（《老子指略》）

三、反对严刑峻法

从自然无为的思想出发，王弼坚决反对严刑峻法。他说：“若乃多其法网，烦其刑罚，塞其径路，攻其幽宅，则万物失其自然，百姓丧其手足，鸟乱于上，鱼乱于下。”（《老子·四十九章注》）这是因为，“夫刑以检物，巧伪必生……息淫在乎去华，不在滋彰；绝盗在乎去欲，不在严刑；止讼在乎不尚，不在善听”（《老子指略》）。如果统治者一味地推行严刑峻法，那么，万物就会失去自然本性。严刑不但不能制服民众，而且会激起民众反抗，造成天下大乱。正所谓“离其清静，行其躁欲，弃其谦后，任其威权，则物扰而民僻，威不能复制民，民不能堪其威，则上下大溃矣”（《老子·七十二章注》）。

应该说，王弼反对严刑峻法的思想除了直接源于老子之外，一个很重要的原因是当时的社会状况使然。曹魏统治时期，奉行曹操“名法之治”的思想，社会一度出现了“尚法”的倾向。但是，中国古代“尚法”总是伴随着法繁刑酷的弊病，这种情况在魏晋南北朝时期门阀士族制度的影响下表现得更为明显。从这个意义上说，王弼反对严刑峻法有其特定的积极意义。当然，由于王弼过分推崇老子，甚至效法老子主张“国之利器不可示人”，反对任用刑罚，因而其又把问题推向了极端。因此，王弼崇尚空谈的玄学法律观，其积极意义是有限的。

第五节　嵇　康

嵇康（223 年—262 年），字叔夜。根据《晋书·嵇康传》记载，嵇康“早孤，有奇才”“远迈不群”“尚奇任侠”“美词气”“有风仪”“恬静寡欲”“宽简有大量”“学不师受，博览无不该通”“长而尤好老庄之业”。嵇康是著名的“竹林七贤”之一。

竹林七贤是在魏晋时期的特定历史背景下士大夫阶层中出现的一批任性放达、纵酒谈玄、疾恶傲世、不遵礼法的名士（见图 11－1）。《世说新语·任诞》中说：“陈留阮籍、谯国嵇康、河内山涛，三人年皆相比，康年少亚之。预此契者，沛国刘伶、陈留阮咸、河内向秀、琅琊王戎。七人常集于竹林之下，肆意酣畅，故世谓竹林七贤。”

图 11－1　竹林七贤

嵇康的确“有奇才”，但他拒绝同司马氏合作。最终，其由于为好友吕安被诬“不孝殴母”一案进行辩护和作保，被司马昭以“言论放荡”“害时伤政”“不事王侯”为由，以思想言论定罪处死。据《晋书·卷四十九·列传第十九·嵇康传》记载，嵇康临刑前有“太学生三千人，请以为师”，“海内之士，莫不痛之”。如此多的太学生和士大夫为嵇康鸣冤抗议，不仅在当时产生了巨大影响，而且对后世也有着强烈的警示作用。

《隋书·经籍志》载有《嵇康集》13 卷，《唐书·经籍志》载有《嵇康集》15 卷，《宋史·艺文志》载有《嵇康集》10 卷。现存《嵇康集》为鲁迅所校订，仍为 10 卷。

一、“越名教而任自然”说

嵇康作为在野的玄学思想家，他的思想与在朝的何晏、王弼等人的思想不同，其中最主要的一点是在名教与自然的关系问题上，嵇康强调“自然”，否定“名教”，主张“越名教而任自然”。一般说来，“名教”主要是以儒家思想为蓝本而形成的，“自然”主要是道家思想中极力推崇的用语，在儒家与道家之间，嵇康“托好老庄”，“不涉经学”（《晋书·卷四十九·列传第十九·嵇康传》），在对待纲常礼教的态度上，他“傲然自纵”，“非圣无法”（《晋书·卷四十九·列传第十九·嵇康传》）。

嵇康之所以在“名教”与“自然”的关系上主张“越名教而任自然”，主要是因为他清醒地看到司马氏集团与曹魏集团斗争的实质。魏晋时期，司马氏集团与曹魏集团的斗争十分激烈，双方都以维护“名教”为由，欲置对方于死地，最终，司马氏正是利用“名教”的“不孝”罪名废黜了曹氏皇帝。嵇康作为一个在野奇才，深刻洞悉司马氏提倡的“礼教”的虚伪，并对那些阿谀逢迎的礼法之士深恶痛绝。为此，他坚决主张顺应自然，保持人类的淳朴本性，摆脱礼法的束缚，不尚虚荣，不谋富贵，不崇权势，摆脱物质享受欲望，求得精神上的解脱。只有如此，才能做到不以外物累心：“夫气静神虚者，心不存乎矜尚；体亮心达者，情不系于所欲。矜尚不存乎心，故能越名教而任自然；情不系于所欲，故能审贵贱而通物情。”（《嵇康集·释私论》）“故世之难得者，非财也，非荣也。”（《嵇康集·答难养生论》）从这里可以看出，嵇康的这种思想无非是他所说的“旷然无忧患，寂然无思虑”的隐士心态的一种反映。

二、“以《六经》为芜秽，以仁义为臭腐”

嵇康强调“自然”的重要性，认为世间万事万物都有“自然之理”，人也有“自然之性”，因此，国家的“礼律”，只有符合“自然人性”，才是最好的“礼律”。据此，嵇康认为，儒家所鼓吹的《六经》和当权者所推行的“礼律”，都是压抑、束缚人性的桎梏，是对“自然”的违背。嵇康对于魏晋时期的士大夫吹捧《六经》大不以为然。当时有一个叫张辽叔的士大夫写了一篇《自然好学论》，说《六经》是太阳，不学就变成了黑夜；并说学习《六经》是人的本性的要求。对此，嵇康针锋相对地指出，这些士大夫骨子里是把学习《六经》作为获取名利的手段和通向做官的途径，而事实上，《六经》中的“名教”绝不是“自然”。他说：“《六经》以抑引为主，人性以从欲为欢，抑引则违其愿，从欲则得自然。然则自然之得，不由抑引之《六经》；全性之本，不需犯情之礼律。”（《嵇康集·难自然好学论》）嵇康不但明确指出自然与作为名教体现的《六经》是对立的，而且坚决反对统治者立法设制“以《六经》为准”，反对“以周孔为关键”（《嵇康集·难自然好学论》）。他甚至明确提出：“以《六经》为芜秽，以仁义为臭腐……于是兼而弃之，与万物为更始。”（《嵇康集·难自然好学论》）也就是将《六经》中的仁义礼法经典宪章统统抛弃，一切从头开始。

我们说，自从西汉董仲舒提出“以儒为主，杂糅阴阳”，形成封建正统法律思想以后，儒学思想占据了统治地位，纲常名教、《六经》礼义成为法律的指导原则，甚至成为立法、司法的直接依据，特别是“引经决狱”使儒家纲常名教神圣化。在这种背景下，嵇康以“非圣无法”的精神，“轻贱唐虞而笑大禹”（《嵇康集·卜疑》），“非汤武而薄周孔”，断然宣称：“老子、庄周，吾之师也。”（《嵇康集·与山巨源绝交书》）这表明，以嵇康为代表的这派魏晋玄学，在一定程度上力图打破封建正统法律思想的禁锢。应该说，这种玄学法律观对于摆脱礼教的束缚、否定经学神圣等起到了一些积极的作用，这在一定意义上可以被看作对封建礼教正统法律思想的挑战。当然，其对封建正统法律思想挑战的程度是极其有限的，这不仅是因为当时儒道思想已经开始融合，还因为嵇康批判《六经》礼法，更主要的是缘于他对司马氏集团以“名教”篡权和恣意妄为的谴责与愤恨，这从下面嵇康对刑罚的看法当中可以得到更好的说明。

三、“刑本惩暴，今以胁贤”

嵇康对于刑罚本身的目的和刑罚在当时的执行状况发表了重要的看法。他认为，人类制定法律、规定刑罚，本来是用来惩罚暴恶的，但是，在魏晋时期，刑罚被用作残害贤良的工具。刑罚本来是制止犯罪、给天下带来安宁的，但现在成了为最高统治者一己服务的工具。这样，必然导致上下离心，国家混乱，甚至灭亡。他说：“刑本惩暴，今以胁贤。昔为天下，今为一身。下疾其上，君猜其臣。丧乱弘多，国乃陨颠。”（《嵇康集·太师箴》）不仅如此，古代先贤制定法律，本来是“赏罚不避亲戚……戮挞所施，必加有罪”（《嵇康集·管蔡论》），现在却被用来“凭尊恃势，不友不师，宰割天下，以奉其私”（《嵇康集·太师箴》），其必然导致“赏罚虽存，莫劝莫禁”（《嵇康集·太师箴》）。

应该说，嵇康作为一个玄学法律思想的代表人物，他对刑罚本身的作用和目的的认识是正确的，他对现实中刑罚被误用的揭露也是中肯的。正是基于此，他主张“越名教而任自然”。但在这里也必须注意，嵇康的“越名教而任自然”，并不是完全否定礼教，也不是主张废弃法令刑罚，而是嵇康基于在野士人的正直和清醒对当时门阀士族礼法的虚伪和残酷进行的抨击、批判。嵇康所要求的是恢复封建礼教和法制的真正性能，即他所说的君臣上下都要“奉法循理，不鲑世网，以无罪自尊，以不仕为逸；游心乎道义，偃息乎卑室”（《嵇康集·答难养生论》）。从这个意义上说，嵇康的玄学法律观对于维护封建法制的长远利益是有好处的。但在专制社会这是不可能做到的，也不可能受到重视。嵇康的理想，终究只是幻想而已。

第六节　杜　预

杜预（222 年—284 年）字元凯，西晋著名律学家。杜预出身名门望族，后娶曹丕之妹高陆公主为妻。杜预在仕途上历任河南尹、度支尚书、镇南大将军等职。杜预虽然多年为官，但平生好学，据《太平御览・卷第六百一十四・学部八》记载，杜预“少而好学，在官则勤于吏治，在家则滋味典籍”，因此，其成为一个“博学多通，明于兴废之道”，并受到“朝野称美”的大学者。杜预博学多识，尤其推崇《左传》，自称有“《左传》癖”。他编撰的《春秋左氏经传集解》影响很大，流传至今。杜预在律学方面有重要成就，他不仅亲自参与了《晋律》的制定，而且奉命为《晋律》作注。据《唐书・艺文志》说，杜预著有《刑法律本》21 卷、《杂律》7 卷，但现已失传。至今保存得比较完整的杜预的法学著作是他在注律完成以后向晋武帝所上的《律本》，收录于《晋书・刑法志》中。

杜预在《律本》中谈到，他注律的总的指导思想是“纲罗法意，格之以名分”（《晋书・卷三十四・列传第四・杜预传》），也就是以儒家的三纲五常解释法律原理，坚持“纳礼入律”。在这个总原则的指导下，杜预详细阐发了立法的一些具体原则。

一、“文约而例直，听省而禁简”

虽然杜预主张以儒家经典为指导原则进行注律，但他反对将儒家经典与立法混为一谈。他认为，法律是人们的行为准则，是官吏审判案件的依据，而不是士大夫论理说教的经书，因此，不能用解释经典的烦琐方式来立法，而必须使法律条文简明扼要、文字清晰准确，从而使法律明白易晓，也就是：“法者，盖绳墨之断例，非穷理尽性之书也。故文约而例直，听省而禁简。”（《晋书・卷三十四・列传第四・杜预传》）这主要是因为“刑之本在于简直”（《晋书・卷三十四・列传第四・杜预传》）。杜预区分“刑”与“经”，认为立法不应该像单纯的解经那样冗繁，立法应该坚持“文约”“禁简”。这既是他在制定和注解《晋律》时对汉魏前朝律令繁多的纠正，也是他坚持以经注律，反对将“经”“律”等同的思想的流露。

关于为什么立法应该简明扼要，杜预是从两个方面进行论证的。他认为，立法以后，就是官吏执行和百姓遵守的问题。从执法角度来说，如果法律条文过于冗赘繁杂，那么它只能为贪官污吏舞文弄法、营私舞弊提供方便：“简书愈繁，官方愈伪，法令滋彰，巧饰弥多。”（《晋书・卷三十四・列传第四・杜预传》）反之，如果法律条文简明、准确，人们一看就明白，那么贪官污吏就没有空子可钻，“使无淫巧”（《晋书・卷三十四・列传第四・杜预传》），法律才能更好地得到贯彻。从百姓守法的角度来说，法律制定得简明易懂，普通百姓看到法令以后，能够知道自己应该做什么、不应该做什么，从而主动约束自己，不轻易违法犯罪，这样，法律就在百姓自觉遵守的情况下得以实施，即“例直易见，禁简难犯；易见则人知所避，难犯则几于刑厝”（《晋书・卷三十四・列传第四・杜预传》）。

二、立法“必审刑名”

现今世界各国的立法，一般都分为总则和分则两部分。古代的立法技术并不发达，没有严格的总则和分则的区分，但中国古代立法到《晋律》时，已经开始制定“刑名篇”，并将其作为首篇。由于“刑名篇”规定的是犯罪与刑罚的一般原则，因而人们大多认为“刑名篇”大致相当于现代刑法的总则部分。杜预认为制定法律应该尤其重视“刑名篇”的作用。他说：“刑之本在于简直，故必审名分。”（《晋书·卷三十四·列传第四·杜预传》）因为在“刑名篇”中，最容易将儒家的立法指导思想贯穿于立法条文的法意当中，从而便于司法官吏断案：“纲罗法意，格之以名分。使用之者执名例以审趣舍，伸绳墨之直，去析薪之理也。”（《晋书·卷三十四·列传第四·杜预传》）

三、“律以正罪名，令以存事制”

“律”和“令”这两个概念在先秦时期就已经产生了，但在《晋律》制定以前，这两个概念一直混淆不清，没有明确的界限。杜预等人在制定《晋律》时对这两个概念进行了严格的区分，他在《律序》中说：“律以正罪名，令以存事制。”也就是说，“律”是指关于如何定罪量刑的法律，而“令”是指处理各种临时性事件的规章制度。这就是历史上最早的对如何区分“律”和“令”这两种法律规范的说明。关于“律”与“令”二者的关系，可以说，“律”是永久的、正式的法律，而“令”是临时性的针对具体事件的规章，违反“令”以后，有罪就依“律”进行处罚。对此，《晋书·刑法志》明确记载称，晋代在制定《晋律》时，除了删减旧有的律令条文，制定永久性的法律外，还规定有暂时性的“令”：“其余未宜除者，若军事、农田、酤酒，未得皆从人心，权设其法，太平当除，故不入律，悉以为令。施行制度，以此设教，违令有罪则入律……令以设范立制。”这既是杜预区分“律”“令”思想的翻版，也是中国人解释“律”“令”的方式的集中体现。

总之，杜预作为魏晋时期的一个律学家，他的贡献还是应该得到肯定的。杜预区分了律与经、律学与经学，实际上多少起到了批判“引经决狱”和限制司法擅断的作用。他主张立法简约，区分“律”“令”，重视“刑名篇”等，为中国封建社会立法的相对正规化付出了很大努力。当然，杜预注律的指导思想是儒家的纲常名教，而且杜预的立法主张也没有上升到更深的理论层面。这是当时的社会历史条件使然，也是中国古代律学和律学家的局限所在。

第七节　张　斐

张斐系魏晋时人，生卒年月不详。关于张斐的身世，现明确可考的是其在晋代曾任明法掾，专门负责解释律令。张斐由于注解《泰始律》（《晋律》）而闻名于世。关于张斐的著作，据《隋书·经籍志》载，“《汉晋律序注》一卷，晋僮长张斐撰；《杂律解》二十一卷，张斐撰”。《新唐书》说“张斐《律解》二十卷”。这些著作在唐代以后，均已失传。张斐的著作至今保存完整的只有《晋书·刑法志》中的《律注表》一篇，这是张斐在注解《晋律》以后，为向晋武帝说明注解要点所上的表。《律注表》全文两千多字，吸取了前人的注律成果，概述了《晋律》的基本内容和特点，详细解释了一系列法律概念和术语，阐发了一些具体的司法审判原则。它不仅是我们研究张斐的法律思想的重要资料，而且是我国古代律学中一篇不可多得的理论性的著作。

一、“以理统法”与“以礼率律”

在我国古代法律思想家当中，自觉探讨具有理论意义的“法”与“理”关系的人并不多见。作为一个律学家，张斐可以说是探讨这方面问题的为数不多的思想家之一。张斐在《律注表》中强调，“理”是“法”的灵魂，“法”是“理”的体现，统治者施政立法都应该以“理”为指导原则。这是因为：“理者，精玄之妙，不可以一方行也；律者，幽理之奥，不可以一体守也。”（《律注表》，载《晋书·刑法志》。本节以下引《律注表》不再另注）这是说，“理”非常精深、奥妙，不能仅仅从一个方面来理解它，在法律当中，尤其要体现精深的“理”，以“理”为原则，即“律者，当慎其变，审其理”。因此，在法律适用时，要探讨“理”的精神，不能固守法律条文，必须用“理”的精神指导立法、司法活动，即“论罪务本其心，审其情，精其事，近取诸身，远取诸物，然后乃可以正刑”。

张斐这里的“以理统法”的思想，有一定的法哲学含义。张斐认为，“理”是属于“形而上”的“道”的范畴的概念，而“法”或“律”是属于“形而下”的“器”的范畴的概念。他在《律注表》中说：“形而上者谓之道，形而下者谓之器，化而裁之谓之变。”张斐认为，“道”在“器”上，因此，“理”应统“法”。这种法律是“理”或“道”体现的思想，同魏晋时期盛行的玄学有着密切的关系。当时，玄学家们用老庄道家学说解释儒家经典《周易》，张斐则进一步论证了制定法律也应遵循《周易》中所体现的“道”或“理”的原则：“王者立此五刑，所以宝君子而逼小人，故为敕慎之经，皆拟《周易》有变通之体焉。”

当然，我们也要看到，虽然张斐把“理”解释成属于“道”的范畴的概念，但实际上，张斐所说的“理”，其“形而上”的意蕴是有一定局限的。通观张斐的《律注表》就可以看出，他所说的“理”，其直接的现实表现就是儒家的所谓“礼”，即儒家所谓的纲常伦理。因此，张斐注律的落脚点仍然是“以礼率律”。他说：“礼乐崇于上，故降其刑；刑法闲于下，故全其法。”张斐强调制定法典的原则是“理直刑正”，这里的“理”，就是反映封建等级秩序的礼仪原则，只有“尊卑叙，仁义明，九族亲，王道平”（《晋书·刑法志》）才能保证“刑正”。他说：“夫奉圣典者，若操刀执绳。刀妄加则伤物，绳妄弹则侵直。”因此，立法必须做到：“提纲而大道清，举略而王法齐，其旨远，其辞文，其言曲而中，其事肆而隐。”

二、“刑名篇”的内容与意义

魏晋时期，考核名实、论辩明理的明辩之学颇为盛行，并对律学的发展产生了重要影响。其表现就是：魏晋时代的律学家们已经开始运用精确的语言，采取较为系统的逻辑思维方法概括性地表述法律名词概念的确切含义，并且，进一步将这部分统率法典全篇的内容以“刑名篇”的名义，规定在法典的首位。张斐不仅极力主张“集罪例以为刑名，冠于律首”，而且从理论上详细阐发了为什么要将“刑名篇”置于律首。他说：“律始于《刑名》者，所以定罪制也。”这是说，法律之所以要把“刑名篇”放在首位，是因为“刑名篇”是用来规定定罪量刑的基本原则的，或者进一步说：“《刑名》所以经略罪法之轻重，正加减之等差，明发众篇之多义，补其章条之不足，较举上下纲领。”可见，“刑名篇”之所以意义重大，是因为它是关于各种犯罪惩罚轻重的规定，它确定加刑和减刑的标准，它阐发法典的基本精神，它对法律条文规定不到的地方予以原则性的补充，它是统率法典全篇的纲领。

张斐对“刑名篇”的内容与意义的认识是深刻的，他主张“刑名篇”的地位高于法典其他各篇的地位，并且应该将其置于律首，这不仅直接影响了《晋律》的制定，而且对后世立法起到了指路的作用。张斐所主张的“刑名篇”规定了法典纲领原则，起着法典全篇统率的作用，用现代的话语来说实际上就是，“刑名篇”是刑法的总则部分。张斐对“刑名篇”的推崇，反映了我国古代刑法理论的成熟，同时也从一个侧面说明了我国古代律学的成就。

三、若干法律术语的界定

律学家在注解律令的过程中，会对一些法律的名词术语进行必要的解释。这既是注律本身的要求，也无形中促进了律学的发展。张斐在注解《晋律》时，区分了一系列容易混淆的罪名和法律概念，其中包括对“不道”“不敬”“恶逆”的区分，包括对“斗”“戏”“贼”的区分，包括对“故”“失”“过失”的区分等。此外，他还对“谩”“诈”“戕”“造意”“谋”“率”“强”“略”“群”“盗”“赃”等术语作了必要的解释。

张斐认为，“不道”“不敬”“恶逆”三罪，虽然都属于封建社会的严重犯罪，但相互之间是有差异的。按照张斐的解释，“逆节绝理谓之不道”，即凡是有悖人性、违反纲常伦理的行为，就是“不道”；“亏礼废节谓之不敬”，即凡是违反封建等级制和违背封建礼仪规范的行为，就是“不敬”；“陵上僭贵谓之恶逆”，即凡是卑贱者侵犯尊贵者和破坏封建等级名分的行为，就是“恶逆”。总之，虽然“不道”“不敬”“恶逆”都侵犯了封建统治者的根本利益，但它们又是各不相同的罪名：“不道”是对纲常伦理的侵犯；“不敬”是对封建等级制的侵犯；“恶逆”不仅破坏了封建等级名分，而且对尊贵者的人身有所侵犯。

“斗”“戏”“贼”三罪都属于杀伤罪的范畴，但由于它们的犯罪性质不同，因而处罚也不同。张斐说：“两讼相趋谓之斗”，“两和相害谓之戏”，“无变斩击谓之贼”。这是说，双方为各自理由争辩导致相互殴打而杀伤对方称为“斗”；双方并无恶意，而是在嬉戏过程中将对方杀伤即为“戏”；毫无理由而故意将他人杀伤则称为“贼”。虽然都是杀伤他人，但由于主观恶性不同，因而处罚有很大差别：于“戏”，由于行为人无主观动机和恶意，因而处罚最轻；于“斗”和“贼”，虽然行为人主观上都有故意，但“斗”是双方争辩时杀伤人，而“贼”是无端故意杀伤人，因此，“贼”比“斗”处罚要重。

“故”“失”“过失”等都是表示行为人主观动机和心理状态的概念。中国古代思想家很早就重视这些概念在确定犯罪人罪行轻重和承担刑事责任上的区别，但在张斐之前，很少有人对这些概念作出定义性的解释。张斐在《律注表》中对这些概念作了明确的区分，他说：“其知而犯之谓之故，意以为然谓之失……不意误犯谓之过失。”也就是说，行为人在主观上明确知道自己的行为会造成危害后果，但仍然实施危害行为就是“故”；行为人对自己的行为有一定的认识，但轻信能够避免，以致发生了危害结果的就是“失”；行为人对自己的行为没有认识，但发生了出乎意料的结果的是“过失”。张斐对“故”“失”“过失”等概念的区分，未必完全符合当代刑法的区分标准，但张斐提出要明确区分“故”“失”“过失”，表明其注律时已经关注到刑法的具体原则问题。这种区分对我国古代法典“刑名篇”的发展有很大意义。

第八节　刘　颂

刘颂（?—300 年），字子雅。刘颂年轻时曾在司马昭手下充当相府掾，公元 265 年，晋代曹魏时期，刘颂为尚书三公郎，负责“典科律，伸冤狱”，后升任中书侍郎、议郎、廷尉等，主管刑狱。晋惠帝永康元年，刘颂病死，被追封为梁邹县侯。刘颂一生，大部分时间是掌管司法的高官。《晋书·卷四十六·列传第十六·刘颂传》对其评价颇高，称其“在官严整，甚有政绩”，“上疏论律令事，为时论所美”，“百姓歌其平惠”，“时人以颂比张释之”。

与张斐、杜预以注律为主不同，刘颂长期从事司法实践，相传他关于法律方面的奏疏很多，但流传至今的很少。刘颂的律学思想，主要反映在《晋书·卷四十六·列传第十六·刘颂传》和《晋书·刑法志》中。刘颂的律学思想的主要内容的特点有两大方面：一是他的“复肉刑”论和重刑思想，二是他的“法令断一”和依法断案思想。

一、“复肉刑”论

肉刑是人类文明早期普遍采用的刑罚，世界各国概莫能外。古代中国也曾长期采用肉刑制度，至汉文帝宣布废除肉刑以后，肉刑一度受到一定范围的遏制，但关于肉刑存废的问题一直被争论着。东汉初年，不满于废除肉刑的意见就有所抬头。东汉末年，更有崔实、荀悦等倡议恢复肉刑。到晋代，恢复肉刑的呼声很高。刘颂正是在这一背景下，多次上表，力主恢复肉刑，并系统地从理论上阐述了恢复肉刑的依据和意义。

刘颂认为，古代先王创立肉刑制度是有非常深远的道理的，废除肉刑的做法纯粹是“拘孝文之小仁，而轻违圣王之典刑”（《晋书·刑法志》），废除肉刑的结果是“刑不制罪，法不胜奸”，“贼盗日烦”，“奸恶凌暴”。社会混乱，完全是废除肉刑的恶果。因此，刘颂主张必须恢复肉刑。他认为，恢复肉刑至少存在以下三个非常重要的理由。

第一，恢复肉刑能够解决死刑太多和生刑太轻的问题。他说：“今死刑重，故非命者众；生刑轻，故罪不禁奸。所以然者，肉刑不用之所致也。”（《晋书·刑法志》）刘颂具体解释说，废除肉刑以后，原来的刖刑改为死刑，所以死刑加重，丧命的人更多；而黥刑、劓刑等改为徒刑，所以生刑减轻，犯罪的人就会越来越多。为了解决这个问题，必须恢复介于死刑和生刑之间的肉刑，只有这样，才能做到“简而不漏，大罪必诛，法禁易全”。

第二，恢复肉刑对于犯罪者来说，能够“去其为恶之具”，从而达到“止奸绝本”的目的。也就是“圣王之制肉刑，远有深理。其事可得而言，非徒惩其畏剥割之痛而不为也，乃去其为恶之具，使夫奸人无用复肆其志，止奸绝本，理之尽也。亡者刖足，无所用复亡；盗者截手，无所用复盗；淫者割其势，理亦如之。除恶塞源，莫善于此，非徒然也”（《晋书·刑法志》）。在刘颂看来，砍掉逃亡者的脚，让他没有办法再逃亡；截断偷盗者的手，让他没有办法再偷盗；割掉强奸犯的生殖器，使其没有办法再为恶，这是解决问题的最好办法。因此，残害犯罪者的身体、恢复肉刑是一种“止奸绝本”的好办法。

第三，恢复肉刑对于一般人来说能够起到威吓的作用，从而达到“以刑去刑”的目的。刘颂对法家的“严刑峻罚”和“以刑去刑”的观点颇为欣赏，主张重刑，并且认为如果对本应处重刑的人从轻处罚的话，那就是“以刑生刑”“以徒生徒”。对于那些“类性元恶不轨之族”和“本性奸凶无赖之徒”，只有用重法重刑才能制服，“不刑，则罪无所禁；不制，则群恶横肆”（《晋书·刑法志》）。因此，对于那些无法改造的罪恶之徒只能施以肉刑，使其不敢重新犯罪。同时，肉刑给犯人终身做下了记号，对一般人一定会起到威慑作用，使他们不敢去犯罪，也就是“残体为戮，终身作诫。人见其痛，畏而不犯，必数倍于今”（《晋书·刑法志》）。

虽然刘颂“复肉刑”的思想不乏抨击当时社会的刑罚过繁过密的积极因素，但从整体上说，这是一种倒退的主张，违背了法律制度由野蛮走向文明的总趋势。

二、“划一法律，简而不漏”的立法思想

刘颂主张以“复肉刑”为突破口，实行重刑，同时，他更清楚地看到了当时立法的两大弊病：一是当时“法多门，令不一”（《晋书·刑法志》），二是法繁令密。针对这两种情况，刘颂提出在立法上要坚持“划一法律，简而不漏”的指导思想。

刘颂在主持司法的过程中，经常由于“法渐多门”而不知所措。他认为，这种情况一再延续，对于加强封建法制极为不利。对此，他专门写了《请刑法划一疏》，上奏晋武帝，明确指出“法令不一”的两大危害：一是使法律失去信用与权威，从而不能发挥法律应有的作用。他说：“人君所与天下共者，法也。已令四海，不可以不信以为教，方求天下之不慢，不可绳以不信之法。”（《晋书·刑法志》）按照刘颂的看法，法律必须以信用为根本，法律不讲信用，朝令夕改、法出多门、前后矛盾，必然失信于民，官吏无所遵循：“是法多门，令不一，则吏不知所守，下不知所避。”（《晋书·刑法志》）二是给舞文弄法的贪官污吏制造了可乘之机，从而损害法律的公正：“奸伪者因法之多门，以售其

情；所欲浅深，苟断不一，则居上者难以检下。于是事同议异，狱犴不平，有伤于法。”（《晋书·刑法志》）为此，刘颂提出“法令断一，事无二门”的主张，认为只要严格规定各级官吏的立法、司法权限，法令不一的问题就能够得到解决：“人主轨斯格以责群下，大臣小吏各守其局，则法一矣。”（《晋书·刑法志》）

与“划一法律”思想相联系，刘颂主张在立法上还应做到“简而不漏”“居易执要”，也就是立法要做到提纲挈领、简而不繁。他说过：“天下至大，万事至众，人君至少，同于天日，故非垂听所得周览。是以圣王之化，执要而已。”（《晋书·卷四十六·列传第十六·刘颂传》）那么，怎么样才能做到立法从简执要呢？刘颂认为，要做到这一点，在立法时就要贯彻一条“诛大罪、赦小过”的原则。首先，法律的矛头要直指“害政之奸”的“大奸”和大罪，因为“害政之奸”的危害极大，如果“大纲不振，则豪强横肆，豪强横肆，则百姓失职矣”。法律必须“善权轻重，不以小害大，不以近妨远……此又法之大概也”（《晋书·刑法志》）。反之，如果一味地求全求善，那么往往适得其反：“每尽善，故事求曲当，则例不得直；尽善，故法不得全。”因此，法律必须集中主要精力对付“大奸”所犯之大案：“人主不善碎密之案，必责犯强举尤之奏，当以尽公，则害政之奸自然禽矣。”（《晋书·刑法志》）其次，立法要遵循“赦小过”的原则，对于人们的一般过失行为不应该求全责备：“夫细过微阙，谬妄之失，此人情之所必有，而悉纠以法，则朝野无全人，此所谓欲理而反乱者也。”在这里我们看到，虽然刘颂主张重刑和以刑去刑，但同先秦法家主张“轻罪重判”不同，他认为“害法在尤”，主张“赦小过”，最终的结论就是“简而不漏，大罪必诛，法禁易全也”（《晋书·卷四十六·列传第十六·刘颂传》）。

三、“律法断罪，皆当以法律令正文”的执法思想

刘颂作为一个司法官吏，能更加深刻地理解执法的重要性。他认为，立法以后，司法官吏绝对不能“背法意断”，必须严格依法断案：“法轨既定则行之，行之信如四时，执之坚如金石，群吏岂得在成制之内，复称随时之宜，傍引看人设教，以乱政典哉！”（《晋书·刑法志》）

从严格依法断案角度出发，刘颂提出了下面几点具体主张。

第一，定罪量刑以法律正文为准。刘颂认为，司法官吏应该完全依照法律正文定罪量刑，司法官吏的执法行为不得突破立法规定的界限。他说：“律法断罪，皆当以法律令正文，若无正文，依附名例断之，其正文、名例所不及，皆勿论。”（《晋书·刑法志》）刘颂的这一主张，与近代刑法“法无明文不为罪”的原则颇为类似，其主导思想都是以国家颁布的正式法律条文为定罪量刑的依据。当然，我们不能把这二者等同起来：刘颂强调“律法断罪，皆当以法律令正文”，其出发点和落脚点是要求司法官吏依法断案；而近代“法无明文不为罪”思想是罪刑法定原则的典型体现，它除了包括依法断案的要求以外，还包括审判独立、刑罚人道、官吏守法等内容。所以，我们既要看到刘颂“依律法正文断案”思想的积极意义，又不能把它与近代“罪刑法定”原则简单等同。

第二，司法解释只能依律进行，不能在法外作任意解释。刘颂认为，司法官吏在执

法过程中，对法律正文有不同的理解，是正常现象。但是，如果将司法解释作为定罪量刑的依据，那么就必须遵循以法律解释法律的原则，不能脱离法律正文而“牵文就义”，即所谓“法吏以上，所执不同，得为异议。如律之文，守法之官，唯当奉用律令。至于法律之内，所见不同，乃得为异议也。今限法曹郎令史，意有不同为驳，唯得论释法律，以正所断，不得援求诸外，论随时之宜，以明法官守局之分”（《晋书·刑法志》）。

第三，断案只能遵从成文法而不能依据习惯法。刘颂认为，执法断案与立法定制是有区别的，根据人之情性、社会习俗来设典定制，那是制定法律的事情。立法者在制定法律的时候，就已经把大量的、普遍的人情、习俗考虑其中了，因此，司法官吏在审理案件时只能依据成文法，坚定不移地遵从成文法定罪量刑，不能迷信古人，以所谓的“看人设教”“随时之宜”为借口，干涉法律的实施。如果成文法不完善，那么应该修改成文法，而不能以习惯法为由破坏成文法的执行：“古人有言：‘善为政者，看人设教’，看人设教，制法之谓也。又曰：‘随时之宜’，当务之谓也。然则看人随时，在大量也，而制其法。法轨既定则行之，行之信如四时，执之坚如金石，群吏岂得在成制之内，复称随时之宜，傍引看人设教，以乱政典哉！何则？始制之初，固已看人而随时矣。今若设法未尽当，则宜改之。若谓已善，不得尽以为制，而使奉用之司公得出入以差轻重也。”（《晋书·刑法志》）

深度阅读

1. 《曹操集》《嵇康集》《晋书·刑法志》。

2. 杨鹤皋：《魏晋隋唐法律思想研究》，第二、三、五章，北京，北京大学出版社，1995。

3. 刘新主编：《中国法哲学史纲》，第五章，北京，中国人民大学出版社，2005。

4. 何兹全、张国安：《魏晋南北朝史》，北京，人民出版社，2014。

5. 武树臣：《中国古代的法学、律学、史学和谳学》，载何勤华编：《律学考》，北京，商务印书馆，2004。

问题与思考

1. 何谓名法之学？
2. 曹操为何主张“选明达法理者使持典刑”？
3. 魏晋时期为何兴起玄学法律观？
4. 如何理解中国古代律学的产生、特点和历史发展？
5. 中国古代律学与西方中世纪的注释法学有何联系和区别？
6. 中国古代律学能够直接发展出现代法学吗？
7. 玄学法学家中为什么存在“名教本于自然”和“越名教而任自然”两种主张？
8. 张斐、杜预对律学理论的主要贡献是什么？
9. 如何理解刘颂关于“律法断罪，皆当以法律令正文”的法律意义？

第十二章

隋唐时期的法律思想

常考知识点

- 隋唐时期法律思想的特点
- 李世民的纳谏思想
- 韩愈的“道统”说与“性三品”说
- 柳宗元的司法时令说
- 刘禹锡的人定胜天思想的法律意义

第一节　概　述

中国封建社会发展到隋唐，已经到了鼎盛时期。隋文帝灭陈，结束了魏晋南北朝以来三百多年的分裂割据的局面，又实现了国家的统一。隋文帝在统治前期，为了稳定局面，在政治上采取一系列加强中央集权的措施；在经济上推行均田制；在法制方面，颁布《开皇律》，废除前代苛惨之法。这些措施使社会经济得到一定程度的恢复与发展，阶级矛盾有所缓和；但到了后期，又逐步走向反面。隋文帝晚年刚愎自用，实行暴政苛法。特别是隋炀帝，荒淫无度，横征暴敛，滥用民力，以致民怨沸腾，很快激起农民大起义。隋王朝经过 37 年便短命而亡。

李世民父子在农民起义的烈火中，夺取了胜利果实，于公元 618 年建立了唐王朝。唐初的统治者吸取了隋朝灭亡的教训，采取了一些缓和社会矛盾的措施。在经济上进一步推行均田制、租庸调制；在政治上实行“安人宁国”的方针，“偃武修文”，安抚百姓，任贤纳谏；在法制上删除繁苛、力求宽简，致使社会生产得到恢复与发展，国势日强，并出现了所谓的“贞观之治”。从唐朝建立到唐玄宗前期，有一百多年的社会相对安定与和平发展的时期。经过广大农民的辛勤劳动，社会经济出现了空前的繁荣景象。在此期间，人口数量有显著增长，科学技术、文学艺术、对外交流也都有长足发展，唐朝成为当时闻名于世界的封建大帝国。

唐玄宗时期是唐朝由盛到衰的转折点。唐玄宗即位初期尚有所作为，还曾出现过所谓“开元之治”。但为时不久，这个“半明半昏的皇帝”就逐渐腐化，终日迷恋酒色，不理朝政，重用宦官与权佞。公元 755 年爆发了“安史之乱”，严重地削弱了唐朝的社会经济，“均田”“府兵”等制度均遭到破坏。经过 8 年时间，叛乱被平定，但唐朝也由此而一蹶不振。

唐朝后期，政治更加黑暗，宦官专权、藩镇割据、土地兼并剧烈，生产凋敝，大量农民流离失所，社会已面临严重危机。公元874年爆发了黄巢起义。在农民起义的打击下，唐王朝土崩瓦解，中国历史又进入了“五代十国”的分裂时期。

与隋唐时期的政治、经济发展状况相适应，其时的法律思想也有一个发展变化过程。总的来看，隋唐时期，封建立法渐趋完备，礼法结合已用法典形式固定下来，封建法制得到了进一步加强，封建正统法律思想也发展到一个新的阶段。当时占统治地位的法律思想的基本倾向是强调遵守封建法制。但隋初与隋末、唐初与唐末，情况又有很大区别：隋文帝前期比较重视法制，主张“法令宽简”“疏而不失”，后期又独断专行、滥用刑罚。到了隋炀帝时期，已经是“宪章遐弃，贿赂公行”。唐贞观年间统治者重视法制，注意以身守法，并整饬吏治、严惩贪浊。这是促成“贞观之治”的重要原因。到了唐朝中期，法制日益松弛，后来竟出现了“法令弛坏”的局面。这就再次说明，王朝的政治与法制状况息息相关。政治清明，法制严明；政治衰败，法制松弛；政治黑暗，法制荡然，王朝也就走向灭亡。从隋唐时期的法制与法律思想的演变中，我们可以得到不少启示。

第二节　杨　坚

杨坚（541年—604年）即隋文帝，弘农华阴（今陕西华阴）人（见图12-1）。其父杨忠曾随宇文泰起事于关西，因功被封为隋国公。杨坚从政较早，曾任上柱国、冢宰，袭爵隋国公。公元581年，杨坚废掉北周静帝，夺取了北周政权，建立隋朝，改元开皇。公元589年隋灭陈，重新统一中国。杨坚是一个比较重视法制的帝王。他在位期间，为了维护社会稳定、巩固国家的统一，在立法与司法方面采取了一些新措施，并收到明显效果。他直接指导的隋初法制建设对后世封建法制的发展有很大影响。

图12-1　隋文帝杨坚

一、抑制兼并，减轻赋税与徭役

自从南北朝以来，由于长期战乱，加上繁重的赋役，生产遭受破坏，人民生活极度困苦。隋朝建立后，其当务之急是尽快使百姓生活安定下来，以恢复与发展生产。杨坚称帝后，于开皇二年（公元582年）颁布《新令》，沿用北魏以来的均田制，分配给无地或少地的农民以一定数量的土地，以开荒种地、发展生产。均田制是隋朝政权的物质基础，推行结果是在一定程度上抑制了土地兼并和地方豪强势力的恶性发展。

在推行均田制的同时，隋朝统治者又调整与减轻赋税、徭役。《新令》规定：丁男一床，交租粟三石，调绢一匹或布一端，棉三两或麻三斤；单丁和仆隶照半床交纳；未受地者皆不课；丁男每年为官府服徭役一月。

开皇三年（公元583年），隋文帝又下令进一步减轻赋役：成丁年龄由18岁改为21岁，每年服役期限由1月减为20天，调绢由1匹改为2丈。开皇十年（公元590年）又规定，免役年龄由60岁改为50岁。经过多次调整，农民的赋役负担比前朝时有所减轻。这对于改善农民的处境和发展农业生产是有利的。

隋文帝减轻赋役是从维护封建统治者的长远利益出发的，但也和他个人的作风有关。隋文帝与汉文帝有相似之处，他们都是比较崇尚节俭的皇帝。他在北周辅政时就提倡节俭，积久成习。

史书称赞隋文帝："其自奉养，务为俭素，乘舆御物，故敝者随宜补用。自非享宴，所食不过一肉"（《资治通鉴·隋纪四》）；"高祖大崇惠政，法令清简，躬履节俭，天下悦之"（《隋书·帝纪·卷一·高祖纪》）。

隋文帝曾经教训太子杨勇说："自古帝王未有好奢侈而能久长者。"（《资治通鉴·隋纪三》）一个封建帝王能够躬行节俭，实属不易。这对于改善政治、转变社会风气和减轻人民的负担是有益的。

二、"以轻代重"，削繁除苛

隋文帝为了缓和社会矛盾和巩固国家的统一，在抑制兼并、减轻赋役的同时，在立法上又贯彻"以轻代重"，削繁除苛的原则。他即位不久，就命令高颎、郑译等人制定新律。开皇三年（公元583年），又命令苏威、牛弘等人更定新律，删繁就简，成12篇，共500条，是谓《开皇律》。《开皇律》比较集中地体现了隋文帝"以轻代重，化死为生"（《隋书·卷二十五·志第二十·刑法》）的立法思想。

《开皇律》在一定程度上克服了前期刑罚的野蛮性，废除了枭首、裂、鞭刑等惨刑；除了谋叛罪以上罪，一概不用灭族刑；刑名有死、流、徒、杖、笞五种，死刑分绞、斩两种；删去死罪81条，流罪154条，徒、杖等罪1 000多条，剩500条。《隋书·卷二十五·志第二十·刑法》记载："帝王作法，沿革不同，取适于时，故有损益……虽云远古之式，事乖仁者之刑，枭轘及鞭，并令去也……其余以轻代重，化死为生，条目甚多，备于简策。宜班诸海内，为时轨范，杂格严科，并宜除削。"

《开皇律》的制定和颁行未必像《隋书·卷二十五·志第二十·刑法》所说"至是尽除苛惨之法"，但相比秦、汉、南北朝时的刑律确实有重大改变。隋朝在"以轻代重，化死为生"思想的指导下制定新律的理论与实践是中国古代法律史上的一大进步。它对唐代的立法有直接影响。

三、慎狱恤刑，秉公执法

隋文帝在执法上主张慎狱恤刑，秉公执法。他针对当时"天下用律者多驳，罪同论异"的状况，下令"诸州死罪，不得辄决，悉移大理按覆，事尽，然后上省奏裁"（《资治通鉴·隋纪二》）。对死刑的判决，他持更加慎重的态度，如公元596年，他决定死罪要经过三次奏请方可行刑；同时还废除前世讯囚酷法，规定“……讯囚不得过二百，枷杖大小，咸为之程品，行杖者不得易人”（《隋书・卷二十五・志第二十・刑法》）。

为了使封建法律能得到贯彻执行，隋文帝还强调各级官吏都要秉公执法，即使是朝廷重臣，有罪也要依律论处。如一度任宰相的苏威是隋文帝曾经很器重的人，可是，当苏威任人唯亲，“曲道任其从父弟彻、肃等罔冒为官”时，他就免其官爵，与此案有牵连的一百多“知名”人士也受到惩处。晋州刺史、南阳郡公贾悉达，隰州总管、抚宁郡公韩延等人，都“以贿伏诛”。他的第三个儿子杨俊在任并州总管期间，奢侈无度，放纵不法。他知道后，依法论处，免去杨俊的官职。左仆射杨素和左武卫将军刘升出面为杨俊求情，隋文帝气愤地说：“我是五儿之父，若如公意，何不别制天子儿律？以周公之为人，尚诛管、蔡，我诚不及周公远矣，安能亏法乎？”（《隋书・列传・卷十・文四子》）意思是：我杨坚不仅是我五个儿子的父亲，而且是“兆民之父”，要对天下万民负责，法是任何人也不得违背的。我不能为袒护自己的儿子而毁坏法律。大都督崔长仁是皇后独孤氏的至亲，“犯法当斩，高祖以后之故，欲免其罪”，独孤氏说：“国家之事，焉可顾私！”（《隋书・列传・卷一・后妃》）隋文帝接受独孤氏的意见，崔长仁“竟坐死”（《资治通鉴・隋纪五》）。隋文帝在位二十多年，《隋书・帝纪・卷二・高祖下》说他“躬节俭，平徭赋，仓廪实，法令行，君子咸乐其生，小人各安其业，强无凌弱，众不暴寡，人物殷阜，朝野欢娱。二十年间，天下无事，区宇之内宴如也”。这种说法虽然难免有溢美的成分，但也不会与事实相差太远。他能取得这些成就，是和他主张慎狱恤刑、秉公执法分不开的。

不过，隋文帝慎狱恤刑、秉公执法并没有始终如一，他到了晚年时，刚愎自用，独断专行，法外用刑，自己带头破坏法制，愈演愈烈。史书记载：“帝晚节用法益峻，御史于元日不劾武官衣剑之不齐者，帝曰：‘尔为御史，纵舍自由。’命杀之。谏议大夫毛思祖谏，又杀之……左右出使，或授牧宰马鞭、鹦鹉，帝察知，并亲临斩之。”（《资治通鉴・隋纪二》）“逮于暮年，持法尤峻，喜怒不常，过于杀戮。”（《隋书・帝纪・卷二・高祖下》）开皇后期，隋文帝以“盗贼繁多”为由，竟规定“盗一钱以上皆弃市，或三人共盗一瓜，事发即死”（《资治通鉴・隋纪二》）。他原先标榜的慎狱恤刑、秉公执法、依律断罪，逐步被法外用刑、酷刑滥罪代替，隋王朝已出现了短命的兆头。

四、整顿行政体制，选用良吏

隋文帝为了巩固统一的中央集权的封建统治，对行政体制实行改革。他本着“存要去闲，并小为大”的原则，于公元583年废郡一级行政机构，只存州、县两级，减少层次，裁汰冗员，提高了行政机构的效能；在官制方面，废除北周官制，恢复汉、魏旧制，建立三省六部制，设尚书、门下、内史三省，吏部、礼部、兵部、工部、都官、度支六部；三省六部分掌国家政务。此制自隋基本定型，一直沿袭到清代。与此同时，隋文帝还废除了已推行三百多年的九品中正制，初创科举制。公元587年，命每州岁贡士三人，并举行秀才考试，通过考试选拔人才。公元599年，又命京官五品以上者，地方官总管、刺史，以志行修谨（有德）、清平干济（有才）二科举人。这标志着科举制度已具雏形。

隋文帝多次强调选拔官吏“唯在得人”、不限门第，只要“有文武才用”“志节高妙”，就应该选拔重用。实行科举制就是他这种思想的体现。隋初科举取士制度的创立，冲破了门阀世族的特权，也为唐朝科举制度的建立、发展奠定了基础。

但是，隋文帝重用贤才的思想，和他的慎狱恤刑、秉公执法思想一样，并没有贯彻到底。他也患有封建帝王的通病：唯我独尊，个人专断，听不进不同意见。史籍记载：“上性猜忌，不悦学，既任智以获大位，因以文法自矜，明察临下，恒令左右觇视内外”（《资治通鉴·隋纪一》），“帝既喜怒不恒，不复依准科律。信任杨素，素复任情不平，与鸿胪少卿陈延有隙，尝经蕃客馆，庭中有马屎，又众仆于毡上樗蒲，以白帝。帝大怒，主客令及樗蒲者皆杖杀之，棰陈延几死”（《资治通鉴·隋纪二》）。他对臣下疑神疑鬼，把身边的一些亲信，当作监视臣下的耳目爪牙。他信任的是杨素一类的佞臣，这就难免信谗言、受蒙蔽，而忠良之士也就很难进言。这种状况，到了他的晚年时更为严重。他对功臣旧人多以小罪重罚，杀逐殆尽，剩下一个最阴险狡猾的杨素，而正是杨素帮助杨广将他杀害。隋文帝本来是个比较有作为的封建帝王，到后来竟因“亲小人，远贤臣”而惨死于自己的儿子与奸佞之手。当然，我们不能因此而否定他的历史功绩。他整顿行政体制、选用良吏所起的积极作用，也不应被忽视。

第三节　李世民

李世民（599 年—649 年）是唐高祖李渊的次子，祖籍陇西狄道（今甘肃临洮），生于陕西武功。李世民自幼聪慧，学文习武，18 岁随父亲起兵，后被封为秦王。武德九年（公元 626 年），李世民发动玄武门之变，杀太子李建成及齐王李元吉，迫使高祖交权，即帝位，称唐太宗，次年改号贞观。李世民（见图 12-2）在位期间，在魏徵、房玄龄等大臣的辅佐下，广开言路，任贤纳谏，采取了一系列稳定社会、发展经济的措施，使社会经济很快恢复和发展，人民安居乐业，史称“贞观之治”。李世民的法律思想、观点和执政事迹，被主要记录在《贞观政要》一书中。李世民还总结历代王朝特别是隋朝兴亡的教训，作《帝范》12 篇，传给后人。

图 12-2　唐太宗李世民

一、“君依于国，国依于民”的重民思想

重民思想是儒家的传统思想之一，唐王朝是在隋末农民起义之后建立起来的，李世民对民众在社会历史中所显示的力量和重大作用，有亲身的感受。在唐初国库空虚、经济凋敝、人民极度贫困的情况下，统治者稍有放纵，便会激起百姓的反抗，所以李世民特别关注君和民、民和国的关系，以保民、养民来为自己的统治打下稳固的社会

基础。

李世民指出："君依于国，国依于民。"(《资治通鉴·唐纪八》)"为君之道，必须先存百姓，若损百姓以奉其身，犹割股以啖腹，腹饱而身毙，君富而国亡。故人君之患，不自外来，常由身出。夫欲盛则费广，费广则赋重，赋重则民愁，民愁则国危，国危则君丧矣。"(《资治通鉴·唐纪八》)以往人们总是强调君主在国家政治生活中的决定作用，而李世民作为统治者从历史的教训中认识到民众的力量，并反复引用荀子的话来告诫臣下和太子："舟所以比人君，水所以比黎庶，水能载舟，亦能覆舟。"(《贞观政要·教戒太子诸王》)即君主失去民众，就不能成为君主，而民众没有君主依然还是民众。李世民把民众看作国家的根本，并提醒太子诸王，如果不重视民众的利益，那么必将失去民心，亦即丧失专制统治的社会基础，招致家破国亡的命运。

为此，李世民接受了大臣魏徵的守成比创业更艰难的主张。魏徵认为：帝王创业都是在世道衰败混乱之时，推翻昏庸无道的统治者，深得老百姓的拥戴和支持，所以四方归顺而得天下并不算难。但打下江山以后，如果君主骄纵淫逸，徭役、赋税无休无止，百姓穷困不堪，那么必定重蹈国破家亡的覆辙，所以守天下比打天下更难。因而，李世民一再强调要安人宁国，特别是统治者要节制，国君清心寡欲，百姓则安居乐业。他把从民意、顺民心的重民思想作为制定国策方略的出发点，在经济上采取了一系列与民休息、发展生产的措施，在法治方面倡导法务宽简、执法公正和严格吏治。

二、法务宽简的立法思想

唐初统治者善于从历史中总结吸取教训，李世民尤其如此。任何帝王都希望长治久安，而不愿灭亡。但如何能够长治久安不是每个帝王都能解决得好的严峻问题。李世民说："古来帝王以仁义为治者，国祚延长，任法御人者，虽救弊于一时，败亡亦促。"(《贞观政要·仁义》)也就是说，古来帝王用仁义治理天下的，国家就长久，专任刑罚制裁人民的，虽可救一时之弊，却很快灭亡，隋朝就是因为不修仁义而招致群臣、百姓怨恨、背叛的。可见，刑政繁苛是导致社会矛盾激化的一个重要原因。所以李世民十分推崇儒家的治国之道，把仁义看作治国的根本、把刑罚看作治国之末，治理国家需要刑罚就像驾车需要鞭子一样，如果人人都服从教化，那么刑罚就没有用处了。单靠刑罚不可能治理好国家，治国必须以仁义使百姓知恩，以诚信使百姓守法。立法的目的，不在于制裁百姓，而在于防止邪恶、补救祸患。因此，李世民再三强调法务宽简的原则。他说："国家法令，惟须简约，不可一罪作数种条。格式既多，官人不能尽记，更生奸诈，若欲出罪即引轻条，若欲入罪即引重条。"(《贞观政要·赦令》)意即法令要简明扼要，不能一罪定好几个条款，执法者不能记住，反容易被人钻空子，想减轻某人之罪便引用处罚轻的条文，想加重某人之罪就用处罚重的条文。李世民还要求保持法律稳定，不轻易出诏令；认为法律一旦发布，便不轻易改变，以免使人无所适从，丧失法律的权威。他说："诏令格式，若不常定，则人心多惑，奸诈益生。"(《贞观政要·赦令》)在李世民的这种思想指导下制定的《贞观律》，比隋朝的法律要持平得多。在《贞观律》500 条中，死刑比隋律中的死刑减少了 92 条，流刑改为徒刑者 71 条。

为保证法律的贯彻执行，李世民尤其重视法的实施。他说，“法者，非朕一人之法，乃天下之法”（《贞观政要·公平》），并要求执法者秉公执法，依律断罪。他在自己有失误时，也敢于承认自己有失。在一次朝廷选举中，有人伪造身份资历，李世民下令伪造身份资历者自首，不自首者处以死罪。不久有个伪造者暴露出来，大理少卿戴胄依律对其处以流刑。唐太宗认为这是让全国都知道自己说话不算数，戴胄认为：如果陛下当时即把罪犯杀了，臣没有办法，但既然交给为臣处理，就要依照法律定罪。法律是为国家布信于天下而定的，不能受君主一时喜怒的影响。李世民接受了戴胄的意见，并深为自己有这样的执法官而欣慰。

对于死刑，李世民尤为慎重，他一再强调：“人命至重，一死不可再生。”（《旧唐书·志·卷三十》）他要求死刑案由中书、门下两省四品以上大臣以及尚书九卿讨论，避免出现冤案。所以从贞观元年至贞观四年（公元 627 年—公元 630 年），被判处死刑的人，全国只有 29 个，几乎达到了不用死刑的地步。贞观五年（公元 631 年），李世民又意识到，对于死刑犯，虽有三复奏，但在一天之内就完成，根本来不及仔细审查，如有差错，事后追悔也来不及了。所以规定，以后京师地区的死刑应在两天之内五复奏，地方的三复奏。对于依法应处死刑，而情有可原者，还要上报皇帝，生怕因法官死抠法条而造成冤案。即便如此，李世民还时刻担心执法人员用法过于苛酷，他说：“做盔甲的都想使盔甲坚固，以免人受到伤害；做箭矛的都想使箭矛更锐利，以便将人杀伤，这是因为职业的不同。现在的法官常说刑罚宽于前代，但我还是担心主管断案的人员以杀人为功，沽名钓誉，对此必须严加禁止，刑罚务必宽平。”

李世民虽然主张以仁义治国，却明确反对赦罪。他认为明智的人不会犯法，只有愚昧的人才会常常违法，所以凡赦罪宥刑的恩惠只是给了不法之人，让不法之徒得到好处则好人必定遭殃。李世民认为，周文王也采用刑罚惩治罪犯而不赦免他们。诸葛亮治蜀十年不赦，而蜀国社会秩序很好，梁武帝每年大赦几次，反而国家很快灭亡。可见，赦罪是贪图小仁，必定损害大仁。李世民坚持治国执法要有一个统一的标准，他对有功的老部下犯罪也一样依法处理，不肯赦免，以免他人产生投机侥幸的心理，捣乱犯法，而不能改正自己的错误。由于李世民强调立法宽平、执法严格，所以，贞观时期社会稳定，“法治”也比以前前进了一步。

三、纳谏任贤

“贞观之治”是中国历史上有名的治世，这与李世民的求贤纳谏、君臣关系协调密不可分。李世民在位之时，集中了魏徵、房玄龄、杜如晦等一批优秀人才。

李世民是中国历史上少有的开明君主，他十分注重君臣关系。“君臣本同治乱，共安危，若主纳忠谏，臣进直言，斯故君臣合契，古来所重。若君自贤，臣不匡正，欲不危亡，不可得也。君失其国，臣亦不能独全其家。”（《贞观政要·君臣鉴戒》）天下治乱，对君主来讲，其应承担首要责任。国家有良君，良臣自然安定。若君主自以为是，臣下又不直言相谏，则国家的危亡就不可避免。所以君主首先要正己，以自己的良好言行去影响臣子和百姓。“若安天下，必须先正其身，未有身正而影曲，上治而下乱者。”（《贞观政要·君道》）在中国这样君主专制的社会里，君主的一言一行都具有某种程度的法律效力，所以，李世民一再强调君主要慎言语、慎所好。他说："言语者，君子之枢机，谈何容易？凡在众庶，一言不善，则人记之，成其耻累，况是万乘之主？不可出言有所乖失。其所亏损至大，岂同匹夫？"（《贞观政要·慎言语道》）针对中国上行下效的习惯，李世民也十分注意节制自己的欲望，慎重自己的好恶。他说："古人云：'君犹器也，人犹水也，方圆在于器，不在于水。'故尧舜率天下以仁，而人从之；桀纣率天下以暴，而人从之。下之所行，皆从上之所好。"（《贞观政要·慎所好》）

李世民同时意识到：天下之大，四海之众，绝非君主个人独断所能治理的。君主个人能力有限，必须借助统治集团集体的力量。他强调君、臣之间在利益上的一致性，君、臣在政治实践中可互相补充，紧密联系在一起。大臣魏徵曾在上疏中把国君比作人的脑袋，把大臣比作四肢，它们协调起来才构成一个人的整体，缺少任何一部分，都不算是完整的人。脑袋虽然重要，但是必须靠手足的配合才能组成一个人体。国君虽然明哲，但是必须依靠大臣们的辅佐才能治理好国家。

但是，协调好君臣关系并不是一件容易的事。君臣关系的关键，在于君臣之间相互信任，特别是君主对臣下信任。贞观初年，曾有人请李世民用诈谋考察臣下的忠佞，被李世民拒绝。他认为：水的清浊在于源头，君主好比源头，君主使诈，想要臣下正直，好比源头浊而希望水流清，不合乎常理。所以，君主只有充分信任臣下才能保证他们没有二心。在君臣相互信任的基础上，君主只有广开言路、兼听博采，才能成为明君。李世民清醒地意识到，君主并不是完人，也会犯错误，虚心听取臣下的意见，既可以减少君主的过错，也可以防止偏听偏信。"人欲自照，必须明镜；主欲知过，必藉忠臣。"（《贞观政要·求谏》）

在求谏纳谏方面，李世民是历代君主中最开明的一个。在他的倡导下，唐朝初期，君主求谏、臣下直谏成为一时的风气。李世民一再要求群臣百官"尽情极谏"（《贞观政要·求谏》），而且规定中书省、门下省及三品以上的官员到朝廷议事，一定要有谏官跟随，发现有错误要及时规谏。在贞观年间的众多谏臣当中，首推魏徵。魏徵在当谏议大夫的三年中，进谏二百多条，大多被李世民采纳。在魏徵病故以后，李世民悲痛地说："夫以铜为镜，可以正衣冠；以古为镜，可以知兴替；以人为镜，可以明得失。朕常保此三镜，以防己过。今魏徵殂逝，遂亡一镜矣！"（《贞观政要·任贤》）正是因为李世民善于倾听不同的意见，集思广益、择善而从，所以贞观年间，君臣关系协调，政治开明，整个统治集团的作用得到了充分的发挥。这也是形成"贞观之治"的一个重要原因。

李世民不仅纳谏，而且能知人善用。他是从治国安邦的角度来考虑用人问题的。他说："为政之要，惟在得人。用非其才，必难致治。"（《贞观政要·崇儒学》）他在位期间，十分注重培养和选拔人才，办学校，兴科举。

李世民确立的选拔人才的标准是德才兼备，而且是以德为主。因为"用得正人，为善者皆劝；误用恶人，不善者竞进。赏当其劳，无功者自退；罚当其罪，为恶者戒惧。故知赏罚不可轻行，用人弥须慎择"（《贞观政要·择官》）。

在品行端正的前提下，再考察人的能力、学识，两者俱兼，才可任用。这样就保证了整个官吏队伍的政治素质和文化素质，为巩固统治打下了牢固的基础。

在选拔出大批优秀人才充实到官吏队伍以后，要保证整个统治机构的正常运转，还必须加强对官吏的考核。在这方面，李世民严格贯彻了赏罚严明、不徇私情的原则，根据官吏的政绩优劣，决定对他们的黜陟，论功行赏。对于皇亲国戚，若是无能者，则一律降官。李世民把地方官的姓名、政绩都录在自己寝宫的屏风上，作为奖赏的依据；并派黜陟大使分别到全国各地考核官吏，该赏的赏，该罚的罚，取得吏治清明的效果。

第四节 韩 愈

韩愈（768 年—824 年），字退之，河南南阳人。因其祖上曾居住于昌黎，所以后人又称他为韩昌黎。韩愈是唐代著名的思想家和文学家，唐德宗贞元进士，曾任监察御史、国子监博士等职。宪宗元和十二年（公元 817 年），随同裴度平定淮西藩镇之乱，升为刑部侍郎，后因上《谏迎佛骨表》，劝阻宪宗迎佛骨，被贬为潮州刺史。唐穆宗长庆年间，被召回为国子监祭酒，后又任京兆尹及兵部、吏部侍郎等职。他的著作汇集为《韩昌黎集》。

韩愈是古文运动的倡导者，苏东坡曾称赞他是“文起八代之衰”。他还是一位著名的教育家，曾提出过许多有深刻意义的教育思想。在法哲学思想方面，他也提出过一些独到的见解。不过，总的来说，他的法哲学思想是比较保守的。

一、“道统”说与“性三品”说

在唐朝，佛教盛行，而韩愈坚决排斥佛教。为了排斥佛教，韩愈仿照佛教传法世系的法统，提出了“道统”说。他说，中国自古以来就存在一种“道统”，世代有其继承者和传播者，传播的顺序是：“尧以是传之舜，舜以是传之禹，禹以是传之汤，汤以是传之文、武、周公，文、武、周公传之孔子，孔子传之孟轲。轲之死，不得其传焉。”（《韩昌黎集·原道》，下引此书只注篇名）他认为，这个“道统”在孟轲死后就失传了。韩愈说，他的历史使命就是要继承从尧舜至孟子的“道统”，并表示其决心，“使其道由愈而粗传，虽灭死万万无恨”（《与孟尚书书》）。韩愈所说的“道统”的内容与实质是什么？他在《原道》中说：“博爱之谓仁，行而宜之之谓义，由是而之焉之谓道。”这就是说，儒家所推崇的仁义道德就是韩愈所说的“道统”的中心内容，这也就是韩愈反佛的思想武器。

唐宪宗元和年间，皇帝把陕西凤翔法门寺的佛骨迎到宫中供奉，在皇帝的倡导下，皇亲贵戚和广大平民百姓纷纷效仿“焚顶烧指，百十为群，解衣散钱，自朝至暮，转相仿效，唯恐后时”（《谏迎佛骨表》）。韩愈在《谏迎佛骨表》中历数迷信佛教所造成的种种恶果，并指出对这种迷信佛教的风气如不坚决制止，则“必有断臂脔身，以为供养者。伤风败俗，传笑四方”。他奉劝唐宪宗把佛骨“投诸水火，永绝根本，断天下之疑，绝后代之惑”（《谏迎佛骨表》）。为此，他触怒皇帝，被贬潮州。途中他赋诗说：“一封朝奏九重天，夕贬潮阳路八千。本为圣朝除弊政，敢将衰朽惜残年”（《左迁至蓝关示侄孙湘》），从而表达了他坚持反佛、虽死无悔的决心。韩愈反佛的思想武器是“道统”说，韩愈的法律观就是以这种“道统”说为其哲学基础的。

韩愈继承了董仲舒的“性三品”说，并对孟子、荀子的人性论补充和修正，提出了他自己的带有一定特点的“性三品”说。他在《原性》一文中说：“性也者，与生俱生也。情也者，接于物而生也。性之品有三，而其所以为性者五。情之品有三，而其所以为情者七。”韩愈认为，人性是与人的生命俱生的。性的具体内容是仁、义、礼、智、信，这是人人都有的，只是程度有差别。情是人与外界接触后在内心引起的反应，是“接于物而生”。情的具体内容是喜、怒、哀、惧、爱、恶、欲。

韩愈用儒家所推崇的道德标准，把人性分为上、中、下三品。他说：“上焉者，善焉而已矣；中焉者，可导而上下也；下焉者，恶焉而已矣。”（《原性》）这就是说，上品的性，始终是善；中品的性可上可下；下品的性，始终是恶。与人性三品相适应，人情也有三品。上品情的发动都符合仁、义、礼、智、信的道德原则，中品情的发动有过也有不及，下品情的发动都不符合道德规范。韩愈认为，上品的善性和下品的恶性都是先天注定，不可改变。只有中品之性通过教化，可以改变。通过教化，上品的性可以“就学而愈明”，下品的性“畏威而寡罪”，只有依靠严刑峻法才可使下品减少犯罪。

韩愈提出“性三品”说，在当时是为了批判佛教的僧侣主义和禁欲主义，但归根结底是为了论证封建等级制度和封建特权法的合理性。这种人性论对后来宋儒提出气质之性和天理、人欲之说有启示作用。

二、国家与法的起源论

韩愈认为历史是由“圣人”创造的。这种“圣人”史观是韩愈“道统”说的理论基础。他用这种历史观观察国家与法，认为封建国家和法既是圣人创造的，又是“道”的体现。他描绘的国家与法产生的过程是：在原始社会，人和禽兽混居，但是由于人无羽毛鳞介以御寒，又无爪牙以争食，所以不断受到禽兽的伤害。后来，圣人出现了，他为人们的君师，教导人们谋生之道，驱除禽兽，制造、发明衣服、食物、宫室、器皿和医药，使人类免于饥寒。圣人不仅创造了人类社会，而且创造了礼乐政刑，“为之礼以次其先后，为之乐以宣其湮郁，为之政以率其怠倦，为之刑以锄其强梗”（《原道》）。韩愈断言：“如古之无圣人，人之类灭久矣”，“是故君者，出令者也；臣者，行君之令而致之民者也；民者，出粟米麻丝，作器皿，通货财，以事其上者也。君不出令，则失其所以为君；臣不行君之令而致之民，则失其所以为臣；民不出粟米麻丝，作器皿，通货财，以事其上，则诛”（《原道》）。君主是管发号施令的，臣是执行君令的工具，民是出粟米麻丝以供养君主的奴隶，如有怠慢，就要杀头。韩愈按照他的“道统”论和圣人创造历史的唯心史观，赤裸裸地并且理直气壮地宣扬他的压迫有理的理论，为封建君主专制制度和封建特权法辩护。

三、礼法兼用，以礼德为先

在礼与法的关系方面，韩愈继承了儒家的传统思想，主张“礼法兼用”“礼德为先”。他说：“孔子曰：‘道之以政，齐之以刑，则民免而无耻；不如以德礼为先，而辅之以政刑也。'”（《潮州请置乡校牒》）又说：“礼法二事，皆王教之端。”（《复仇状》）他认为，“道莫大乎仁义，教莫正乎礼乐刑政，施之于天下，万物得其宜，措之于其躬，体安而气平”（《送浮屠文畅师序》）。意思是，仁和义是“道”的体现，礼乐刑政又是仁义的体现，总之，道德仁义和礼乐刑政都是“道”的体现。这就从理论上把封建礼法统一起来。

韩愈认为，要消除犯罪，必须先正心，把犯罪动机消灭在萌芽之中。而礼德的作用就在于“治心”，用礼德“治心”，以达到治国平天下的目的。他在《原道》中引用《大学》的话说：“古之欲明明德于天下者，先治其国；欲治其国者，先齐其家；欲齐其家者，先修其身；欲修其身者，先正其心；欲正其心者，先诚其意。”这就是说，“治国平天下”，要从个人道德修养做起，只有“正心”“修身”，才能治国平天下。因此，他也强调要从加强礼义教化入手，化解人民的犯罪念头，从根本上减少和消除犯罪。韩愈认为，封建社会的基本道德准则是“仁”和“义”。“仁”是要求人们安分守己，“顺而祥”，“爱而公”。“义”是要求人们的一切行为都不得越轨，不能违反封建社会秩序。因此，加强道德教化，能使人逐渐自觉地遵守法律制度和社会道德规范，这样，社会秩序就会得到维护。

韩愈强调道德教化，主张“德礼为先”，但他不是主张不要刑罚。他说：“赏厚可令廉士动心，罚重可令凶人丧魄。”（《论淮西事宜状》）这表明，他不仅主张用刑，而且主张用重刑。上面他所说的“民不出粟米麻丝……以事其上，则诛”，使韩愈这位文人秀士露出一副凶险的面孔。他的“德礼为先”的说教被置于脑后，他关于礼刑关系的理论陷于自相矛盾之中。这一点在他对待复仇的问题上显得更加突出。

唐宪宗元和六年（公元 811 年），“富平县人梁悦，为父报仇杀人，自投县请罪。敕：复仇杀人，固有彝典，以其申冤请罪，视死如归，自诣公门，发于天性，志在徇节，本无求生，宁失不经，特从减死，宜决杖一百，配流循州”（《昌黎先生文集·卷第三十七·复仇状》）。韩愈针对这一案例，提出自己对处理复仇杀人案件的原则。他说：“复仇，据《礼经》，则义不同天；征法令，则杀人者死；礼法二事，皆王教之端，有此异同，必资论辩。”（《昌黎先生文集·卷第三十七·复仇状》）韩愈认为，关于子复父仇的事，《春秋》《礼记》《周官》等诸子经史中均有记载，但是“未有非而罪之者也，最宜详于律，而律无其条，非阙文也。盖以为不许复仇则伤孝子之心，而乖先王之训；许复仇则人将倚法专杀，无以禁止其端矣”（《昌黎先生文集·卷第三十七·复仇状》）。也就是说，从礼经的大义来看，其是鼓励复仇的，但法律上并没有这样的规定。面对封建礼法关系在司法实践中的矛盾，韩愈想把礼与法两者统一起来，主张司法官吏在处理这类案件时，要根据不同的情况区别对待，因为“复仇之名虽同，而其事各异”（《昌黎先生文集·卷第三十七·复仇状》）。一般地说，百姓之间相杀，子可以为父复仇；父被官方所杀，子不得复仇。他还主张“凡有复父仇者，事发，具其事由，下尚书省集议奏闻，酌其宜而处之，则经律无失其指矣”。他这种模棱两可的主张，并没有解决礼、法在司法实践中的矛盾。与韩愈同时期的以及后来的一些思想家对他的主张提出了不同的意见，有关复仇的争论一直延续到明清时期。

四、“君言必信”，“法令大行”

有了法令，怎样才能保证“法令大行”呢？韩愈认为，只有君主守信，才能使“法令大行”。他说：“自古以来，未有不信其言而能有大功者。”（《论捕贼行赏表》）孔子主张存信去食，宁肯舍生以存信，可见守信的重要性。又如商鞅为了取信于民，“立三丈之木于国都市南门”，并声明，谁能把这三丈之木移到北门，就赏五十金。不久有人这样做了，果然得到五十金。此事使秦国人相信“君言为必信”，从而“法令大行，国富兵强”。韩愈对商鞅的这种做法深表赞同，认为“秦用商君之法，人以富，国以强，诸侯不敢抗”（《进士策问十三首》）。他用历史上君主守信的事例，说明兴国之君无不守信。他希望唐宪宗也能以此为鉴，言而有信。只有“君言必信”，才能“法令大行”，民众才能遵从君主的法令。在这里，韩愈既引用了孔子的“存信去食”，又引用了商鞅的“立木为信”，但是他的刑罚理论更接近商鞅的刑罚理论。他从“性三品”说出发，认为属于下品的平民百姓贪财好利的本性是不可改变的，“百姓小人，重财轻义，不能深达事体”（《论捕贼行赏表》），只要赏钱，官府便可及时捕获“盗贼”而正刑法。下品之性对刑罚是畏惧的，即所谓“下者畏威而寡罪”，只有用严刑镇压，使之畏惧，才能达到使之“寡罪”的目的。韩愈的这些主张和商鞅的“人性好爵禄而恶刑罚”和“以刑去刑”的重刑主义理论已相去不远了。

从上述内容可以看出，韩愈的以维护“道统”为主线的法哲学思想相当保守。他的法律起源论、德刑关系说、立法与执法的基本原则以及“性三品”说的出发点都是维护封建等级秩序和君权，他的“民不出粟米麻丝、作器皿、通货财以事其上，则诛”的言论更加露骨。正如严复所说，韩愈的这种言论是“知有一人而不知有亿兆也”（严复：《辟韩》）。

不过，也不能因此就把韩愈的政治法律主张看成一无是处。他在从政期间，也提出过一些积极的主张，做过一些有益于平民百姓的事情。他主张广开言路，称颂子产不毁乡校，认为子产执政“诚率是道，相天下君”，“乡校不毁，而郑国以理”（《子产不毁乡校颂》）。他主张减轻赋役，认为为官不可“恒急于其赋”，“敛不可以独急”（《送许郢州序》）。唐宪宗元和十四年（公元 819 年），他在被贬为袁州刺史时，曾明令禁止典帖良人男女做奴婢，一次就释放 731 名男女奴婢。他认为，典帖良人男女做奴婢“既乖律文，实亏政理”（《应所在典帖良人男女等状》）。为此他“伏乞令有司重举旧章，一皆放免，仍勒长吏严加检责，如有隐漏，必重科惩”（《应所在典帖良人男女等状》）。穆宗长庆二年（公元 822 年），他在复任京职后，为了减轻人民负担，反对户部侍郎张平叔请变更盐法的建议。对于韩愈的政治法律主张中的这些积极因素，我们应充分肯定。

第五节 柳宗元

柳宗元（773 年—819 年），字子厚，祖籍河东（今山西运城西南解州镇），故称柳河东。柳宗元 21 岁中进士，历任校书郎、蓝田县尉、监察御史、礼部员外郎，参与“永贞革新”失败后，被贬为永州司马，10 年后，改任柳州刺史，直至去世。

柳宗元所处的时代，正是封建社会由前期向后期急剧转变的时代，意识形态领域也随之剧烈动荡，旧的思想在政治、经济、经学、宗教、文学等方面都遭到前所未有的挑战。柳宗元正是这个时期思想文化界的代表人物。他在政治学、哲学、宗教学、经济、法学等方面都提出了新的见解，影响深远。

柳宗元从小怀有发扬圣人之道的宏大志向，特别推崇尧、舜、孔孟之道；一生忧国忧民，关怀人民的疾苦；在柳州任职期间，竭力为民兴利除弊，做了许多好事，如解放奴婢、发展生产、兴办学校等，因此他又被称为柳柳州。

柳宗元前半生积极从政，以参加“永贞革新”为政治生涯的顶点。柳宗元是王叔文政治革新集团的重要成员。“永贞革新”虽因贵族、官宦、藩镇割据势力的打击而告失败，但在当时产生了重大影响。

柳宗元一生著作颇丰，临终前他整理好自己的作品，嘱托好友刘禹锡为他编撰成集，今有《柳河东集》。柳宗元的政治、法律思想集中反映在他的著述中。

一、国家、君主与法律起源论

关于国家与君主的起源，传统观念认为：帝王受命于天，代表上天来统治。柳宗元则提出完全不同的观点。柳宗元认为，有生之初，人类生活在万物之间，“草木榛榛……人不能搏噬，而且无毛羽，莫克自奉自卫，荀卿有言：‘必将假物以为用者也。’夫假物者必争，争而不已，必就其能断曲直者而听命焉。其智而明者，所伏必众；告之以直而不改，必痛之而后畏；由是君长刑政生焉”（《柳河东集·封建论》）。也就是说，人不能像野兽那样用爪牙来搏斗撕咬，身上没有羽毛御寒，不能单独保卫自己，必须借助外物来生存，这样就出现了争夺、相互仇视、斗杀的现象。因而，需要找能评判是非的人来调解，使大家听从他的号令。对于不听从号令的人，就要加以处罚，使他们因害怕而改过。由此产生了君长和刑法政令。可见，君主、法律完全是适应人类社会发展的客观需要而产生的，绝非神或圣人所创造的。国家与法的产生，“非圣人之意也，势也”（《柳河东集·封建论》）。

那么，何人能够成为君主，帝王又是根据什么来改朝换代呢？柳宗元否认君权神授，认为帝王受命不是来自天，而是来自人。他反对以符命来解释朝代的更替。柳宗元认为：世间只有人的仁德，没有什么天降祥瑞。只有人的仁德，才是真正的符命。柳宗元通过对中国历史的研究得出结论：没有谁丧失了仁德还能够长治久安，也没有谁依靠了祥瑞而能长寿延年。历史上的圣王如夏禹、商汤、周文王、周武王能够享有天下，不在天命，而在他们自身的仁德以及他们对人民实行的仁政德治。从汉、唐两代来看，刘邦推翻秦朝做皇帝是因为他宽宏大量，关怀人民，选贤任能，使百姓生活安乐，这就是汉朝的符命；隋末，人民生活在水深火热之中，李渊、李世民父子扑灭烈火，滋润大地，废除酷刑，人民不再流离失所，便抛弃隋朝，归顺唐朝。这就是帝王获得和维持统治权的真正依据。反观春秋时期，鲁国虽然得了麒麟，但是很快衰弱。西汉虽得白雉，但终于灭亡。所以说，美好的符瑞不是来自吉祥物，而是来自人的仁德。

柳宗元作这些论证，是希望皇帝能把注意力从天上转向人间，一心一意把现实政治搞好，并把争取民心看作帝王获得统治权和维护统治权的决定性条件。这样就在理论上提高了人民在历史政治中的地位，也有利于破除人们对上天和君主的迷信。

二、反对天罚论和司法时令说

在封建社会，天命论始终是统治阶级提倡的官方哲学，是政治和人生方面的重要指导思想。董仲舒的天人感应论更是把天和人紧密联系在一起，认为天是有意识、有意志的，它在暗中主宰着人间的命运：人们顺从天意则有赏，逆天之意则被罚。后世因之。例如，公元785年，关中大旱，又闹蝗灾，庄稼颗粒无收，到处都是饿死和冻毙的老百姓。对于这样的天灾，当时人们都认为是天对人的惩罚。唐德宗因此下了一道诏书，表示接受“天诫”，以为这样就可以平息天的愤怒，解除人间的灾荒，以此来愚弄自己，也愚弄人民。

柳宗元则大胆坚持天人相分的唯物主义思想，反对天罚论。他说：“古之所以言天者，盖以愚蚩蚩者耳。”（《柳河东集·断刑论下》）他一针见血地指出，古时一些关于天命迷信的说法都是愚弄老百姓的。在柳宗元看来，宇宙起源于元气的不断运动，神灵开天辟地之事是不存在的，四季的变化是由元气放出的相互交替的冷气和热气造成的，而不是天有意识地造成了春、夏、秋、冬。天地无边无际，阴阳二气无穷无尽，弥漫于天地之间，阴阳二气的聚散分离，就可能发生意想不到的天灾，所以山崩、地震等天灾都是自然界内部元气的运动所造成的，根本不是天对人的惩罚。

柳宗元认为天不过是一种自然物，“天地，大果蓏也；元气，大痈痔也；阴阳，大草木也。其乌能赏功而罚祸乎？功者自功，祸者自祸，欲望其赏罚者大谬；呼而怨，欲望其哀且仁者，愈大谬矣”（《柳河东集·天说》）。他把天比作大瓜果、大草木，瓜果、草木不能对人赏功罚过，天又怎么能这样做呢？有功的人自己立功，有祸的人自己闯祸，想要天来赏罚是非常荒谬的，而呼喊和怨恨，想得到天的怜悯和恩赐，就更加荒谬了。

汉朝儒者根据《吕氏春秋》十二纪的内容，写成《月令》一文当作治理国家的根本大法，即按照气候寒暑变化的顺序，归纳出在某个时令要做的事情，要人们依时令行事，并称这是圣人所作。当时的人们也普遍认为：霜雪，是天的常道；雷霆，则是天的权变。对犯了特别大的罪的人，随时可以杀掉，这是人的权宜之计；而对犯一般死罪的人必须顺应季节来杀掉，这是人的常道。

柳宗元指出，雷霆霜雪，只不过是一种“气”而已：“春夏之有雷霆也，或发而震，破巨石，裂大木，木石岂为非常之罪也哉？秋冬之有霜雪也，举草木而残之，草木岂有非常之罪也哉？彼岂有惩于物也哉？彼无所惩，则效之者惑也。”（《柳河东集·断刑论下》）也就是说，春夏有雷霆震动，击破大石，击裂大树，摧残草木，难道说草木也犯了大罪吗？难道是天有意识地惩罚人间事物吗？完全不是。既然天不是有意识地惩罚人间的事物，那么效法它的人便是自己糊涂。

对于董仲舒以来的曲顺时令、效法于天，赏在春夏、罚在秋冬的做法，柳宗元更是提出尖锐的批评，认为：大凡制定出的政令，都是因为实际需要，有的要等待季节时令来颁布施行，有的不能等待季节时令来颁布实施。例如，早春要做好春耕春种的准备工作，夏季要除草施肥，秋季收麦储菜，冬季修仓习武，这些事情，当然是要等待和按照季节时令来做。但有很多政事，不能等季节时令到了才去办理，如选拔人才、进行奖赏、抚恤孤寡、制定法律，都是必须及时办理的。相反，有些事情，于国于家不利，即使合乎季节时令，也不可以做。施行政令要以“利于人，备于事”（《柳河东集·时令上》）为原则。

特别是统治者行赏施罚，其目的是劝勉和惩戒，因此，奖赏必须及时，才有劝勉的作用，惩罚务必迅速，才有惩戒的作用。春夏行赏和秋冬行刑，是骗人的。如果在秋冬做好事的人，一定要等到春夏才能得到奖赏，则做好事者必然会变得懈怠。而在春夏做坏事的人，一定要等到秋冬才被处罚，那么做坏事者必然不在乎，这实际上是驱使天下人走上犯罪的道路。因此，柳宗元主张“赏罚务速”，“使为善者不越月逾时而得其赏，则人勇而有劝焉；为不善者不越月逾时而得其罚，则人惧而有惩焉。为善者日以有劝，为不善者日以有惩，是驱天下之人而从善远罪也”（《柳河东集·断刑论下》）。也就是说，使做好事的人及时得到奖赏，人们才会勇于做好事，从而有劝勉的作用；使做坏事的人及时受到处罚，人们才会害怕做坏事，从而有惩戒的作用。这样，鼓励天下人都做好事而避免犯罪，就能达到刑罚不用而实现教化的目的。

三、礼法统一论

在中国古代，礼法关系一直是思想家探讨的重要问题。从汉朝开始，礼、法渐渐融合，儒家思想占据了统治地位。但在现实生活中，依然存在着礼教和法律的矛盾，在有关复仇的案件中，礼法冲突尤为突出。儒家思想特别重视礼教，孝又是礼教中最重要的范畴，可任何社会都需要法律来维持安定的局面。因此，如何解决复仇案件中的礼与法的矛盾，就成为中国古代法学中经常探讨的问题。

唐宪宗时期发生过一起案件：富平人梁悦为报父仇，杀死父亲的仇人，自己到县衙去请罪。此案报到长安，唐宪宗认为，复父仇是尽孝，合乎礼，但杀人是犯法，礼和法都是国家的大事，此案该如何处理？他指示尚书省进行讨论。韩愈为此写了《复仇议》，柳宗元得知以后，写了《驳复仇议》。梁悦这个案件与武则天执政时期影响很大的徐元庆案件性质相同：徐元庆为报父仇，杀死了县官，又投案自首。那时候，根据担任右拾遗的谏官陈子昂的意见，以杀人罪名处死徐元庆，同时以孝子名义立牌坊对他进行表彰。

柳宗元提出了根据原始罪属于哪一方来进行判决的新见解，即：如果徐元庆的父亲徐爽没有犯罪，而是县官仗势欺人，杀害无辜，罪在县官一方，那么徐元庆无处申冤，为父报仇，杀死县官后自首，就应该受到表扬而不应被处死。这种行为是“守礼而行义”（《柳河东集·驳复仇议》）。如果徐元庆的父亲犯了罪，县官杀他是执法，他是被国家法律杀死，则徐元庆为报父仇杀死县官，就是“仇天子之法”（《柳河东集·驳复仇议》），理应处以死刑，而不能加以表扬。在这个问题上，柳宗元认为，如果按礼的原则表扬徐元庆，又按刑的原则处死他，那么是自相矛盾，难圆其说。审理案件应根据事实和法律来定罪量刑，就这个案件而言，他主张根据原始罪属于哪一方来定罪。这样做，就解决了礼、法这对矛盾。他认为，礼与法是统一的，因为“礼之大本，以防乱也……刑之大本，亦以防乱也”（《柳河东集·驳复仇议》），礼与法在根本上是一致的。

四、定经界，核名实，均赋役

唐中期以来，赋税不均、贫富分化等社会问题日益严重。柳宗元认为造成这种情况的原因有两个：一是公然贿赂。唐德宗时期开始实行两税法，即根据户籍，按各家各户贫富差别纳税，商人按资产多少纳税。因为是分为每年夏季和秋季两次纳税，所以称为两税法。这种税制产生了一些弊病：穷人无钱去求官吏免税，虽然有贫苦之实，但得不到贫苦之名；富人则通过贿赂官吏、隐瞒田产逃避赋税，虽无富裕之名，但有富裕之实。结果穷人更加困苦，富人越发骄横。二是土地不均，经界不定。由于土地兼并，很多农民都失去土地，为富户所役使。皇帝有时以救济为名，减免赋税，富裕户因为有户口而享受到减免的好处，而受富人奴役的贫苦人，还要把收成的一部分交给富人。赋税已成为广大贫民无法承受的沉重负担。柳宗元大声疾呼："赋敛之毒，有甚是蛇者乎。"（《柳河东集·捕蛇者说》）

柳宗元提出通过从立法和执法上改进赋税制度来解决这一问题。在立法方面，柳宗元主张对两税法进行修正。两税法是按户籍资产的多少收税。柳宗元认为农业税应该按照人丁占有土地的多少来收税。他不同意把税收依据扩大到土地以外，因为一旦宣布征收树木税和牲畜税，等于动员人砍树、杀猪。所以除工商业税以外，一律应不按财产，只凭人丁占有土地计税。在执法方面，柳宗元提出，应认真整顿吏治，用法律严格约束官吏，逐级核查民户资产，一旦查实了贫富之间的真正差别，可以减免穷人的赋税，增加富人的赋税。

中唐的两税法规定农民除应缴纳一定数量的实物外，其余应交布帛部分都要换算成钱，按一定钱数交纳。但是，由于古代货币制度不健全，因而币价波动较大，如一匹绢折价一千文，若币值上升，一匹绢只值五百文，那么，原来一匹绢的税额，现在就要用两匹绢才能抵上。农民的负担一下子增加了。所以，柳宗元建议取消以钱纳税的规定，恢复用实物布帛计算，以免农民的利益受到损害，"赋不以钱，而制其布帛之数，则农不害；以钱，则多出布帛而贾，则害矣"（《柳河东集·大线》）。

柳宗元主张缩小贫富差别，减轻穷人负担，使贫富负担比较合理，对于社会生产发展、人民生活稳定都是有利的。

柳宗元从我国古代的重民思想出发，明确提出了公仆说。他在《送薛存义序》一文中指出：人民是主人政府官吏，应该是为人民办事的公仆。他的这种主张不仅在历史上起过进步作用，而且直到今天仍有现实意义。

第六节　刘禹锡

刘禹锡（772 年—842 年），字梦得，洛阳（今河南洛阳）人。其父亲刘绪，天宝末年进士及第，就遇上"安史之乱"，举家迁往苏州，刘禹锡就出生在苏州。刘禹锡自幼勤奋好学，不仅熟读儒家经典，还涉猎天文、医学、乐舞、书法、棋艺等。贞元九年（公元793年），刘禹锡登进士第，两年后，应吏部取士科考试合格，授太子校书。贞元十八年（公元802年），被调补为京兆府渭南县主簿。32岁时，刘禹锡担任监察御史，正式进入唐朝政权上层，并深得太子侍读王叔文赏识。贞元二十一年（公元805年），唐顺宗李诵即位，著名的"永新革新"开始，刘禹锡是这次革新的积极参与者。他与柳宗元等人一起，从维护唐王朝的统治出发，评议朝政，力主革新，抑制宦官和藩镇势力，减轻对农民的剥削。这在当时，无疑是有进步意义的。只可惜这次改革只有短短8个月的时间。唐宪宗继位后，立即将革新派贬官，刘禹锡被贬为朗州司马，10年后受诏入京，又经几进几出，最后迁太子宾客，这是他一生中所任最高的官职。

刘禹锡是唐朝中期的一位伟大的思想家，也是一位著名的诗人和散文家，他的许多诗句脍炙人口，至今广为传诵。作为一个哲学家，其朴素的唯物主义思想在中国哲学史上占有重要地位。他的法律思想的独到之处，在于他从哲学世界观的高度分析法制，认为法是人战胜自然的手段。他不是研究法律、法律规范本身的结构，而是着重探讨法与哲学、宗教、政治之间的关系，对于人们深入理解法律起了开拓理论视野的作用。他的著作有《刘禹锡集》。

一、依靠法制，人能胜天

刘禹锡继承与发扬了荀子的唯物主义自然观和人定胜天的思想，对人与自然的关系进行了更加系统和有说服力的分析，提出了"天与人交相胜，还相用"（《刘禹锡集·天论中》）的观点，从世界观的高度分析了天与人即自然界与人类社会既相互对立又相互联系的关系。

刘禹锡认为，自然界和人类社会各有自己的特殊规律，天人各有所长。他说："天之道在生植，其用在强弱；人之道在法制，其用在是非。"（《刘禹锡集·天论上》）即天的职能在于生长万物，其间强胜弱败的自然规律在发挥作用；而人的职能在于制定和运用法制以维持一定的社会秩序，其间判断是非善恶的原则在起作用，法制所定的是非是人们的行为准则。这样，刘禹锡就否定了前人以自然规律代替社会规律的错误观点，把自然的特征、规律与社会的特征、规律区别开来，强调人的主观能动性。

天与人虽然各有所"能"和"用"，但不是互不相干的，而是互相联系、交互作用。人虽然不能创造阴阳水火，但有认识自然、改造自然为我所用的能力。"天之所能者，生万物也；人之所能者，治万物也。"（《刘禹锡集·天论上》）自然界繁衍万物，而控制、利用自然的是人。天人各有所能，亦各有所用。所以刘禹锡又说："万物之所以为无穷者，交相胜而已矣，还相用而已矣。天与人，万物之尤者耳。"（《刘禹锡集·天论中》）天的功能人办不到，人的本领天亦不能胜任。宇宙间万物普遍存在着互相取胜、互相利用的规律，天与人是其中最突出者。他既看到了天人之间的区别，又看到了天人之间的联系和作用，把柳宗元天人不相干预的对立关系，发展为既对立又统一的辩证关系。

人能胜天靠什么？刘禹锡明确提出："人能胜乎天者，法也。"（《刘禹锡集·天论上》）他肯定了法律在人类社会生活中的重要作用。他认为：人类是最有智慧的动物，"能执人理，与天交胜，用天之利，立人之纪"（《刘禹锡集·天论下》），即人类能建立法制，执行法制；“义制强讦，礼分长幼；右贤尚功，建极闲邪”（《刘禹锡集·天论下》），即以义限制强梁，用礼分别长幼；尊贤尚功，立法防邪。刘禹锡把法制看作维护真理的必要条件，认为“法大行，则是为公是，非为公非。天下之人，蹈道必赏，违之必罚……福兮可以善取，祸兮可以恶召，奚预乎天邪”（《刘禹锡集·天论上》）。在刘禹锡看来，天下有符合社会全体成员利益、为全体成员所公认的公是公非，为善可以得赏，为恶必受惩罚。这些并无天的干预。而人们言行是非的判断标准就在于法制。刘禹锡把法制作为规定社会秩序的准则，充分肯定法制在社会生活中的积极作用。特别是他强调法制对维护真理的巨大作用，强调人们的言行要合乎“公是公非”的法制原则，为善必赏，为恶必罚，客观上反映了庶族地主阶级反对特权的意愿。他把人的祸福归结为人的自身行为，在他看来，无论什么人，只要为善就能够得到法律的奖赏，只要为非作歹就应该受到法律的惩罚。这样，只要法制畅行，人们都平等行事，大家也就不会迷信天命了。

二、法大行，则国大治

刘禹锡认为，在法制遭到破坏的情况下，人们就又会回到迷信天命的最初状态中，“纪纲或坏，复归其始”（《刘禹锡集·天论下》）。他从法制的“行”“弛”不同情况入手展开论证，揭示宗教迷信产生的社会根源。

刘禹锡把人类社会实行法制的状况分为“法大行”“法小弛”“法大弛”三类。在“法大行”的情况下，是非均有公论，赏罚得当，福以善取，祸以恶召，人们行动有标准，能够预见自己行为的后果，可以掌握自己的命运，不会信仰神灵。在“法小弛”的情况下，是非混淆，赏罚不明，“赏不必尽善，罚不必尽恶。或贤而尊显，时以不肖参焉；或过而僇辱，时以不辜参焉”。“福或可以诈取，而祸或可以苟免”（《刘禹锡集·天论上》）。到了是非、法制混乱的“法大弛”情况下，人们就会对自身的力量和命运产生怀疑，这导致贤良受罚，正义不足以制服强暴，刑罚不足以克服邪恶。人们对自己的力量和命运完全失去信心，而祈命于天，把天神化，最终陷入宗教迷信。由此，刘禹锡得出结论：“生乎治者，人道明，咸知其所自，故德与怨不归乎天；生乎乱者，人道昧，不可知，故由人者举归乎天。非天预乎人尔！”（《刘禹锡集·天论上》）他把法制的实行与政治的清明紧密联系在一起。在他看来，国家的治乱、法制的遵守或违反，不仅涉及人间的曲直，也会影响人对天的看法。政治腐败，法制不能实行，宗教迷信和天命论就会流行。所以他坚决反对当时豪强贵族的横行霸道，为建立封建的清明政治而积极投身于国家的政治革新运动。

刘禹锡提出，治理国家应把使百姓生活富足安定放在重要地位。他把普通百姓的温饱与否和守法犯罪联系起来。他说：“民足则怀安，安则自重而畏法；乏则思滥，滥则迫利而轻禁。”（《刘禹锡集·答饶州元使君书》）因此，发放征收要轻重适宜，满足人们的日常生活需要和欲望。统治者应实行宽猛迭用政策，因时而异，防民但不苛求，爱民又不使他们侵害朝廷的利益。刘禹锡甚至提出了设检举箱揭露、打击豪强奸恶的办法，“厚发奸之赏，峻欺下之诛”（《刘禹锡集·答饶州元使君书》），即对揭发奸恶者重赏，对欺压百姓者重罚。他认为，官吏治理百姓，本人必须有良好的个人修养，廉洁奉法，关心群众疾苦，救孤济贫，这样，“以思治之民，遇习治之守，欲不至于富庶，得乎”（《刘禹锡集·答饶州元使君书》），即百姓必然会生活富裕。同时，刘禹锡认为，统治者治理国家的关键在于取得百姓的信任，而要想获得这种信任，必须实行法制，令行禁止。“徙木之信必行，则民不惑。”（《刘禹锡集·答饶州元使君书》）他还以砥石为喻进一步指出法制在治理国家中的作用：“石以砥焉，化钝为利；法以砥焉，化愚为智。”（《刘禹锡集·砥石赋》）历史证明，凡是实行法制的社会都能赢得人心。唐朝的振兴，就是高悬法制，以法制治理天下的结果。

可以看出，刘禹锡的治国主张，基本上没有超出传统儒家的仁政爱民思想。但他从唯物主义自然观出发，试图论证自然发展规律与社会发展规律的区别，认为人和自然界既相互联系又相互对立，提出“天人交相胜”“还相用”学说；他力图从法制施行的好坏这种社会现象去探索宗教有神论和无神论产生的原因。这些都是有积极意义的。尽管在探索宗教有神论产生的社会根源时，他和古代所有无神论者一样，没有认识到宗教产生的最主要根源——阶级压迫，而只意识到政治混乱、赏罚不公是促使宗教产生的原因，从而并没有揭示问题的本质，但刘禹锡注意从社会生活中观察问题，提出法制松弛、赏罚不明、是非混淆是产生有神论的根源。这正是对当时社会现实情况的总结，具有针砭时弊的进步意义，对于人们进一步深入探索有神论产生的根源起了积极的推动作用。尽管刘禹锡的公是公非概念无法摆脱阶级的局限，但他提出天不能干预人间的是非、善恶是完全正确的。特别是刘禹锡从发挥人的主观能动性的高度来认识法制问题，这种思想已达到了一个较高的认识层次。

第七节　白居易

白居易（772年—846年），生于新郑（今河南新郑），祖籍太原，字乐天，别号醉吟先生，晚号香山居士。其父亲白季庚做过萧山县尉、左武卫兵曹参军、彭城令、大理少卿兼衢州别驾等官职。白居易生性聪颖，异于常人。他29岁中进士，32岁授秘书省校书郎，后任周至县尉、集贤校理、翰林学士、左拾遗、京兆府户曹参军、江州司马、杭州刺史、苏州刺史、刑部侍郎、太子宾客、河南尹、太子少傅等官职，晚年以刑部尚书致仕。

白居易自幼攻读儒家经典，精通儒学。他说：“仆本儒家子，待诏金马门。”（《白氏长庆集·白氏文集卷第十一》）成年之后他又接受了佛家思想与道家思想。白居易是唐朝著名的诗人，同时也是杰出的政治、法律思想家。白居易的作品现有《白居易集》。

一、刑、礼、道迭相为用

中国历史上的礼刑关系，至唐朝时已经基本形成了儒法合流、以礼为主、礼法统一的局面。这在白居易的思想中也明显反映出来。白居易曾专门著文对刑、礼、道的关系进行阐述，他说："刑者，礼之门；礼者，道之根。知其门，守其根，则王化成矣。"（《白氏长庆集·白氏文集卷第四十七》）在白居易看来，刑罚是礼义的门户，礼义是道德的根本，知道刑罚这个门，守住礼义这个根，君主的教化就可以成功。圣王治理天下时，用刑罚惩治人们的恶行，人们因此知道相互劝勉而不敢作乱；用礼义引导人们的情理，人们因而懂得廉洁羞耻而心悦诚服；以道德统率人的本性，人们因此返璞归真，恢复醇和。因此，刑、礼、道三者不可偏废，就好比天有日月、年有四季。但这三者的运用要有层次："循环表里，迭相为用。"（《白氏长庆集·白氏文集卷第四十七》）国君要根据社会治乱的程度，安排运用这三者的轻重缓急。在社会动荡、道德衰败的时代，国君就应加重刑罚，缓用礼义；在社会稳定、人心思安的时期，国君就应重视礼义教化而减轻刑罚；而至天下太平时期，国君就应减少礼义教化而提倡道德。就好比人们顺应季节的变化，合理地利用水火：在寒冷的冬天，人们近火而远水；而在酷热的暑天，人们避火而戏水。国君顺应社会情况的变化，适时运用刑、礼、道，可以收到最大功效。这三者异曲同工，关键在于君主运用得是否恰当。

白居易认为他所处的时代，正是朝廷内无忧外无患、国泰民安之时，礼义道德更符合社会实际，所以他力劝国君抓住时机减轻刑罚、崇尚礼乐、实行道德教化。

二、先富后教，止狱措刑

孔子曾经说过："贫而无怨难。"因此，他主张先富后教，希望让百姓衣食富足而后进行教化，若礼义教化成功，则无人犯罪，刑罚就会弃置不用。这是儒家一直向往的目标。白居易也希望消除犯罪，并且认为这完全可以做到。他举例说：古代贤王周成王、康王统治天下时，天下人富足长寿，百姓知廉耻而愿归顺，监狱空虚四十多年。汉文帝、汉景帝统治之时，国家奖励农桑，海内殷实，人人自爱，不触犯法律，每年判决的刑事案件只有约四百件。到唐太宗时期，国家以勤俭教人，人口众多，物质丰富，社会安定，一年判决的刑事案件不到三十件。这些情况一方面是由于圣君审慎用刑，另一方面是由于百姓富足，品德端正而很少有过失。而当暴君夏桀、商纣统治时，残暴地征收赋税、榨取人民财物，百姓穷困潦倒，以致"奸宄并兴""比屋可戮"。到了秦代，人民负担更重，百姓力尽财空，"群盗满山，赭衣塞路。故每岁断罪，数至十万"（《白氏长庆集·白氏文集卷第四十八》）。造成这种情况的原因，固然是暴君滥施刑罚，但主要的还是百姓贫穷困苦。因此圣王不担忧刑罚使用多少，而担心犯罪增多；不忧虑教化遭到废弃，而只担心百姓贫穷。他认为：归根结底贫穷是引起犯罪的根源。如果财产分配不均，贫富悬殊，即使尧、舜也无法平息怨恨争夺而使刑案减少。假如吃穿不足，人们又冻又饿，即使皋陶作法官，也无法制止犯罪而消除盗贼。所以君主要正本清源，"富其人，崇其教，开其廉耻之路，塞其冤滥之门；使人内乐其生，外畏其罪，则必过犯自省，刑罚自措"（《白氏长庆集·白氏文集卷第四十八》）。君主要从根本上使百姓富裕，推崇道德教化，启发他们的廉耻心，阻塞冤屈与滥刑的邪门，使人们从内心乐生，从而害怕犯罪。这样，才能使犯罪自然减少，刑罚被弃置不用。

三、理大罪，赦小过

白居易饱读经书，作为朝廷官吏，他也知法重法，十分关注刑罚的适用问题。白居易认为：为政不可过于宽大，过宽则百姓会懈怠轻慢；用刑不可过分严苛，过严则人民会受到伤害。如果法网过宽，会使罪重者逃离法网；若用法过密，则只会致力于细小的过失。因此为政者应使政令宽猛相宜、法律疏密并用，运用使人民既畏惧又爱戴的原则统治天下，使民众对君主心悦诚服。具体来说，就是在司法实践中，"理大罪，赦小过"，即严惩重大犯罪，宽赦细小过失。

白居易认为：宽宥小过体现仁慈。君主以宽容仁慈对待百姓，百姓自然爱戴君主，乐意接受统治。严惩重罪是申明大义，以正义惩办犯罪，人民对君主的法令就会畏惧顺服。白居易通过观察得出结论：现今国家的惩戒都针对小吏，对大官宽纵不究，使无权势者因小过被绳之以法，有权势者罪大恶极却逍遥法外，违背了先王宥小过、刑大罪的用刑之道。因此，他建议君主治理国家要"举其纲，疏其网。纲举则所罗者大矣，网疏则所漏者小也"（《白氏长庆集·白氏文集卷第四十八》），这样，百姓对君主的政道才会心悦诚服，社会才能安定。

四、慎选司法官吏

白居易十分重视法学教育，认为执法官吏的合适与否是国家能否安泰和顺的重要原因。他说："今之刑法，太宗之刑法也；今之天下，太宗之天下也。"（《白氏长庆集·白氏文集卷第四十八》）但为什么同样的法律过去施行能达到贞观之治的效果，而今施行却难以使社会安定呢？白居易认为不是因为刑法过时，而是因为官吏不依法办事。而官吏不依法办事，是由于朝廷不重视法学、轻视法官。参加法科考试和充任法官的人选，大多不是德才兼备的君子，而多为无才无德的小人。如果是有德的君子执法，法就会可信又简单易行，老百姓也安定无事；如果是无才无德的小人执法，就会虚假不实，造成"刑一而用二，法同而理殊"（《白氏长庆集·白氏文集卷第四十八》）。唐朝中期的实际情况是：执法官吏多为小人，他们贪赃枉法、包庇亲故、陷害无辜。白居易认为，在这种情况下，法制又从何谈起？因此，要铲除司法弊端，必须切实提高司法机关的品位等级，重视培养和选拔司法官吏。为此，白居易向皇帝建议，"悬法学为上科"（《白氏长庆集·白氏文集卷第四十八》），即提升法学为上等的应考科目，同时提升法官的品位等级，考察他们的能力，选拔精明善守、谨守律令之人为御史，任命严肃谨慎、善于思考之人为法官，这样，仁爱忠恕、廉洁公正的风气，就会长存于公文判牍之间；贪财刻薄、残忍狠毒、玩弄法条的弊端，也不会出现在法官的笔墨之中。

五、废肉刑

自汉文帝下令废除肉刑至唐时已有千年，中国历史上关于肉刑存废的争论却一直没有停止过。坚持废肉刑的人认为：肉刑毁掉人的容貌，截断人的肢体，使人终身残疾。君主容忍并使用这种刑罚，与平易宽和、怜悯仁慈相违背。因为人死不能复生，致残不能复原，受刑者想改过自新，也无路可寻。提倡恢复肉刑的人认为，改肉刑为笞刑，如果是由酷吏滥用，依然存在专断擅杀的弊病，造成徒有轻刑之名实为故意害人致死，同样失去君主宽惠待民的本意。

白居易对此也专门谈了自己的看法。他认为，论事需以事实为根据，用刑则应考虑具体情况。肉刑绝对应废除而不可复用，因为肉刑在《尚书》中就被称为五虐之刑。秦统治者采用肉刑，造成人心背离。从肉刑使用的事实来看，它已使众多无辜者不幸惨死。直到汉文帝首先废除肉刑，刑罚的适用才得以清平公正。唐太宗也废置肉刑不用，再没有蓄意害人致死之事。这些历史事实表明肉刑可废而不可复。此外，圣人用刑的原则是，适应时势变化而适用轻重不同的刑罚，顺乎人情决定刑罚的取用和废弃。因此，不应脱离当前的社会实际情况，去恢复古代的旧制。何况肉刑废除已久，甚至已被人们忘掉，现在突然复用，有的被断筋，有的被折骨，有的被刺伤脸面。人们见到此景，必定会痛心；听到此情，必定会惊恐不已。这就有悖圣人主张刑罚的适用应适应时代变化、顺应人情的本意了。因此，白居易认为肉刑“复之有害而无利也”(《白氏长庆集·白氏文集卷第四十七》)。

白居易反对恢复肉刑，顺应了人类社会从野蛮走向文明的发展趋势，是值得肯定的。

深度阅读

1. 《贞观政要》《韩昌黎集》《柳河东集》《资治通鉴》《刘禹锡集》。

2. 杨鹤皋：《魏晋隋唐法律思想研究》，第九、十、十一、十二章，北京，北京大学出版社，1995。

3. 刘新主编：《中国法哲学史纲》，第六章，北京，中国人民大学出版社，2005。

4. 俞荣根主编：《中国法律思想史》，第十五章，北京，法律出版社，2000。

5. 刘新、杨鹤皋主编：《中国法律思想史简明教程》，第六章第一、三、四节，济南，山东人民出版社，1986。

问题与思考

1. 隋唐时期的法律思想的基本倾向是什么？隋初与隋末、唐初与唐末的法制状况有何变化？变化的原因是什么？

2. 如何评价李世民的纳谏思想？

3. 怎样理解韩愈的“性三品”说的法律意义？

4. 如何解析柳宗元的司法时令说？

5. 刘禹锡的朴素唯物主义哲学在其法律思想上有何体现？

6. 白居易废肉刑思想有何历史价值？

第十三章
宋元时期的法律思想

常考知识点

- 宋元时期的法律思想的特点及演变
- 包拯的执法思想
- 王安石的变法思想
- 朱熹“存天理，灭人欲”的思想对法律理论的影响
- 义理决狱

第一节　概　述

我国的封建社会自宋朝开始已进入衰落时期。公元960年，赵匡胤建立了北宋王朝，结束了五代十国分裂、动乱的局面，初步实现了国家的统一。宋太祖为加强中央集权所采取的一些措施，虽然对于抑制割据势力、维护国家统一和促进社会经济发展起到了一定的积极作用，但他削弱相权，个人独断专行，也是造成北宋长期“积贫积弱”的一个重要原因。

继北宋之后，偏安江南的南宋统治者，从皇帝到大官僚、大地主，竭力搜刮百姓，兼并土地，致使社会矛盾日益尖锐，农民起义不断发生。金兵南下，掠夺土地，侵扰百姓，加重了人民的苦难，各族人民的抗金斗争日益高涨。面对严峻的现实，南宋统治者不顾人民的利益，残酷镇压农民起义，对金屈辱投降。以宋高宗赵构和秦桧为首的投降派按照金人的授意把民族英雄岳飞和岳家军的重要将领张宪、岳云一起杀害。后来，南宋和金先后为蒙古贵族建立的元朝所灭。

在暴力征服的基础上建立起来的元朝，社会经济遭到严重破坏，阶级压迫和民族压迫更加沉重，农民起义一直没有间断。最后，在朱元璋起义的打击下，元朝灭亡。

与社会状况相适应，宋元时期的法律思想具有以下几个特点：其一，面对“积贫积弱”的局面，统治集团内部出现了改革与守旧、维护法制与破坏法制的斗争；其二，由于唯心主义理学占了主导地位，封建正统法律思想披上思辨哲学的外衣；其三，重刑主义思想有所发展，恢复肉刑的主张相当强烈。元朝的统治者多半是“只识弯弓射大雕”的人物，但也有一些开明的政治家极力提倡汉法，主张仿效汉族封建法制，改革落后而残暴的统治方法，实行新的治国方针。耶律楚材就是其中的代表人物。

第二节　包　拯

包拯（999 年—1062 年），字希仁，庐州合肥（今安徽合肥）人，曾任知县、知州、监察御史、三司户部判官、转运使、谏议大夫、开封知府、御史中丞、三司使、枢密副使等职。包拯是北宋中期有名的政治家，也是中国历史上最著名的清官之一。戏曲舞台上铁面无私的“包公”在中国已是家喻户晓、妇孺皆知。史称，包拯在以产砚闻名的端州任知州时，每年都要上贡一定数量的端砚给皇帝，他却一块也不曾私留。包拯在家训中留言：“后世子孙仕宦，有犯赃滥者，不得放归本家；亡殁之后，不得葬于大茔之中。不从吾志，非吾子孙。”（《能改斋漫录·卷十四记文、类对·包孝肃公家训》）

包拯所处的时代，还是北宋的太平时期，但此时的宋王朝已开始走下坡路，政治腐败，危机四伏。外有少数民族的不断侵扰，内有豪强贵族的强取豪夺，官僚机构庞大，苛捐杂税沉重，社会矛盾日益加深。包拯对这些社会问题充满危机感，提出了民为国本、严整吏治、秉公执法等政治法律主张，并在现实中努力实践自己的主张。

包拯的遗著被辑录为《包拯集》。

一、立法当以恤民为本

民为国本是中国传统的儒家政治思想。儒家经邦治国的思想对包拯影响很大。作为封建统治阶级中的一员，包拯所做的一切都是为了赵宋王朝的长治久安。要想做到这一点，包拯认为根本在于安民。他说：“且民者，国之本也，财用所出，安危所系，当务安之为急。”（《包拯集·请罢天下科率》）

宋朝自建立以后，在强化君主专制的中央集权过程中扩大官僚机构，给予各级官吏前所未有的优厚待遇。统治者不断扩大军队，增加军饷，使国库开支成倍增加。大地主、大官僚疯狂兼并土地，使大量农民失去土地，沉重的赋税负担不断转嫁到占有少量土地的农民身上。因此，要想维护封建统治，必须设法减轻赋税负担，使农民生活安定，使“重困之民，渐获苏息”，否则，后果不堪设想。包拯从忠君爱民的基本立场出发，针对当时赋役繁重的情况，向皇帝提出：“安民之道，惟在不横赋、不暴役”（《包拯集·请出内库钱帛往逐路籴粮草》），要“薄赋敛、宽力役、救荒馑”（《包拯集·论历代并本朝户口》），即宽待百姓，减轻农民的额外负担，防止灾民流亡；同时又提出裁减冗员、冗兵，停止不紧急的建筑工程，通过节省朝廷费用等措施来解决国用不足的问题。

在以民为本思想的指导下，包拯在任职期间经常深入民间，了解百姓疾苦；在立法上坚持于国有利、于民无害，兼顾国家与民众两方面利益的原则，主张改革一些单纯追求朝廷利益、损害百姓利益的法律。包拯认为，陕西盐业官营的旧法以及茶法、冶铁法等旧法都存在只图“目前之小利，忽经久之大计”的弊端，应予修改。因此，他在奏疏中指出：“国家富有天下，当以恤民为本。今虽财用微窘，亦当持经久之计，岂忍争岁入数十万缗，不能更延一二年以责成效？轻信横议，不惟命令数有改易，无信于下，而又

欲复从前弊法，俾关中生灵何以措其手足？”（《包拯集·言陕西盐法·一》）

二、肃吏治，选清官

用人之道是关系国家治乱安危的大事。包拯说：“用人之得失，系国之轻重”（《包拯集·请召还孙甫张环》），“治乱之原，在求贤取士得其人而已”（《包拯集·论取士》）。封建国家机器能否正常运转，取决于各个机构的人员能否发挥作用。封建君主专制是集权统治，但是君主个人能力毕竟有限，正如包拯所言，“以万务之无极也，一统于上，岂可以思虑尽之耶”（《包拯集·论取士》），所以才要“立三公，设九卿，百执事，以维持之，俾群材尽力，而百工无旷，则王者正其本，执其要，而天下之大务举矣”（《包拯集·论取士》）。

用什么样的人来治理国家是统治者必须解决的问题。包拯曾任职谏官，有权就朝廷内外大小事的利弊向皇帝提出意见和建议。在任此职期间，他以勇于进谏而著称，要求皇帝任忠贤、别奸佞的内容在他的进谏中占了很大部分。包拯弹劾利用裙带关系掌握国家财政大权的三司使外戚张尧佐就是一著名例子。包拯提出，在国家财政困难之时，用此种人理财，上违天意，下背民心，危害国家；要求把张尧佐革职。宋仁宗开始并未听进去，后包拯再三上奏，皇帝才不得不免去张的职务，并作出了外戚不得担任军政要职、干预国家大事的规定。

包拯疾恶如仇，痛恨贪官污吏，曾专门上过《乞不用赃吏》的奏疏，要求朝廷罢免贪官污吏。包拯认为，廉洁的官吏，是老百姓的表率，而贪赃的官吏，好比危害百姓的盗贼。如酷吏王逵任转运使时，对百姓横加掠夺，许多百姓被迫逃入山洞生活。如此对待百姓的王逵却官运亨通。包拯对他一再弹劾，多达 7 次，最后宋仁宗只好罢免了王逵转运使的职务。

包拯担任过御史中丞，他从平反冤狱、纠正错案的实践中，感到冤案是官吏偏听偏信、主观武断，特别是官吏妒才嫉能、挟私报复、贪赃枉法所致，因此要想制止冤狱、维护法纪的尊严，必须选择正直的官吏担任职务。包拯赞成先德行后词学的取士办法，反对单纯论资排辈，主张先看本人的实际工作能力再参考资历。在选人上，包拯坚持选用敢于担当天下之责、无所畏惧的人士。他说：“臣谓今之切务者，在择政府大臣敢当天下之责，独立不惧而以安危为己任者”（《包拯集·天章阁对策》），“谁能尽心敢救天下之弊、敢当天下之责者，果得其人，愿陛下主张而委任之”（《包拯集·七事》）。

三、执法严明，不避权贵

包拯十分重视法律在国家的政治生活中的作用，他说：“法令者，人主之大柄，而国家治乱安危之所系焉。”（《包拯集·上殿札子》）法律是统治者治理国家的有效工具，要保证这个工具最大限度地发挥作用，需要看它在民众中的威信如何。法律要取信于民，不仅要靠国家强制力，还要靠法令的稳定和统一，不能轻易更改。包拯一再强调，“凡处置事宜，申明制度，不可不慎重，或臣僚上言利害，并请先下两制集议，如可为经久之制，方许颁行；于后或小有异同，非蠹政害民者，不可数有更易”（《包拯集·论诏令数改易》）。

法令颁布后，必须坚决执行，要依法办事。包拯是中国历史上最著名的严格执法者之一。他执法如山、不避权贵、不讲情面的事迹在民间广为流传，京城里当时流行这样一句谚语："关节不到，有阎罗包老。"（《宋史・包拯传》）这是指包拯像阎王一样，不讲情面，铁面无私。

秉公执法、赏罚分明是包拯执法的最大特点，他说："赏者必当其功，不可以恩进；罚者必当其罪，不可以幸免"（《包拯集・上殿札子》），规劝宋仁宗要以身作则，遵守法律。对于皇帝破坏法制的行为，他也经常谏诤，如包拯激烈反对皇帝直接下诏赦免罪犯，认为由皇帝直接下诏赦罪的，都是依靠关系，求人情走后门的结果，这种做法严重败坏了法律的威信，也损害了朝廷的声誉，对国家有害无利。所以，在司法实践中，包拯坚决杜绝宦官、外戚以及权贵的弄权干预，审案一律依法公断。包拯自己的亲戚犯了法，他知道后，立即让人把亲戚逮到公堂依法重重笞杖一顿。从此以后，他的亲友们再也不敢任意妄为。

为方便民众诉讼，包拯在开封知府任上改革了诉讼受理制度。按照旧制，诉讼人只能先将状纸交给守门的吏役，由吏役转递。吏役往往从中故意刁难，勒索钱财，使百姓无钱无处申冤。包拯上任后下令，敞开大门，允许告状的人直接击鼓进入公堂，当面向他陈述案情，既方便了民众诉讼，又有利于查明案情，从而减少了冤案的发生。

包拯一生清廉俭朴，不谋私利，严于律己，刚正不阿。尽管他的法律主张及其实践，都是为巩固封建统治阶级的根本利益服务的，但是他的许多言行在客观上符合当时社会的要求，有益于人民，因而为历代人民所传颂。同时，我们也应看到，尽管包拯执法如山，但对于皇帝破坏法制的行为，作为一名封建官员，他也只能采取谏诤的方式。这说明在封建专制统治下，真正的法律面前人人平等、完全依法办事是不可能实现的。

第三节　王安石

王安石（1021 年—1086 年），字介甫，号半山，江西临川人，曾被封为荆国公，因此后人亦以王荆公称之（见图 13－1）。青少年时期，王安石都是在地方学习和生活的，其对于社会的黑暗、官吏的腐败、百姓的疾苦有较深的了解。庆历二年（公元 1042 年）王安石中进士甲科，任地方州县官职十几年。嘉祐三年（公元 1058 年），他奉诏担任三司度支判官，管理财政，并给仁宗皇帝上了一封万言书，全面阐述他的政治法律思想和主张。后王安石因丧母辞官守丧。宋神宗即位后，于熙宁二年（公元 1069 年）拜王安石为参政知事（副宰相），议行新法。翌年拜相。

图 13－1　王安石

熙宁七年（公元 1074 年）王安石被罢宰相，知江宁府；熙宁八年（公元 1075 年）复宰相职位；熙宁九年（公元1076年）被再罢相，其退居江宁，专心著述。虽然王安石亲自主持的变法在守旧的权贵们的反对下失败了，但是他的哲学思想、经济思想及法律思想，在当时乃至后世都有很大影响。王安石曾被列宁赞誉为中国11世纪的改革家。王安石的著作很多，有《王文公文集》传世。

一、革除弊政，因时立法

庆历新政失败以后，摇摇欲坠的宋王朝在政治、军事、财政和社会风气等方面出现全面危机，改革势在必行，王安石变法应运而生。

王安石的变法思想以他的哲学思想为基础。王安石坚持唯物主义世界观。他认为：物质是第一性的，天地万物都是由金、木、水、火、土这些基本物质元素构成的，这五种基本物质元素始终处于不断运动变化中。世界上的万物都在五行的运动变化中生长。而天地万物变化的原因，还在于万物自身的矛盾，这种矛盾贯穿于自然界，也贯穿于人类社会。因此，"天文之变无穷，人事之变无已"（《续资治通鉴长编》卷二百六十九）。王安石的结论是："尚变者，天道也。"（《临川集·临川先生文集·卷第六十三·河图洛书义》）

以这种朴素唯物主义和辩证法思想为指导，王安石针对以司马光为首的守旧派提出的"天变可畏，祖宗之法不可变，人言可恤"的反对变法的理由，提出了"天变不足畏，祖宗不足法，人言不足恤"（《宋史·王安石列传》）的富有战斗性的口号。这些口号表明了王安石锐意改革的进取精神，也为他的变法实践提供了坚实的理论基础。既然自然界与人类社会都处于不断运动与发展中，那么就不应该因循守旧，而应适应时代的要求，"变风俗，立法度"（《宋史·王安石列传》）。王安石把政治腐败、人心涣散的根本原因归结于法度不明，他说："天下之财力日以困穷，而风俗日以衰坏，四方有志之士，諰諰然常恐天下之久不安。此其故何也？患在不知法度故也。"（《临川集·临川先生文集·卷第三十九·上仁宗皇帝言事书》）

王安石所讲的法度，并不是指现有的法令。就宋朝当时的情况来讲，法令已有很多，但在王安石看来，这些法令大多不符合"先王之政"，所以说是无法度。也就是说，只有当法令合乎理想政治的要求时，才能称得上有法度。

什么是王安石所追求的理想政治即"先王之政"呢？王安石追求的"先王之政"也就是尧舜之政。他极力主张效法尧舜，而效法尧舜之政的关键在于"法其意"，即遵守先王之法的基本原则，实际上就是要统治者推行仁政，为民谋利。王安石对孟子的"有仁心仁闻而民不被其泽，不可法于后世者，不行先王之道也"（《孟子·离娄上》）这句话十分赞同，认为"方今之失，正在于此而已"（《临川集·临川先生文集·卷第三十九·上仁宗皇帝言事书》）。中国历史上许多著名的改革家为了使其改革容易被人接受，往往打出"复古"的旗号，在旧的理论形式下提出新的要求。王安石的变法改革也是如此。他的"法先王之政"主张是为他的变法实践服务的。在"法先王之政"的旗号下，他对传统封建意识及其政治制度进行了勇敢的挑战，提出要"视时势之可否，而因人情之患苦，变更天下之弊法"（《临川集·临川先生文集·卷第三十九·上仁宗皇帝言事书》）。

王安石指出，当时的许多法令都应该被变更或废除，特别是宋初以来的各种弊法即保守派所谓的“祖宗之法”。他对保守派“祖宗之法不可变”的谬论进行了针锋相对的斗争。王安石说：“道有本末。本者，万物之所以生也；末者，万物之所以成也。”（《临川集·临川先生文集·卷第六十八·老子》）“本”是指自然界和自然规律，人力无法干预，“末”是指礼乐刑政等具体规范制度。“圣人唯务修其成万物者，不言其生万物者”（《临川集·临川先生文集·卷第六十八·老子》），就是说人们所制定的制度规范都是可以更改的。对于先王之法，应遵守先王之法的基本原则改动其具体内容。特别是随着时代的发展进步，古人的制度未必适合今天的情况。“祖宗之法，不必尽善，可革则革，不足循守。”（《司马温公集》卷第七十五）一味因循祖宗之法，显然是“求合于其迹，而不知权时之变，是则所同者古人之迹，而所异者其实也。事同于古人之迹而异于其实，则其为天下之害莫大矣。此圣人所以贵乎权时之变者也”（《司马温公集》卷第七十五）。一味地效仿古人，会造成更大的危害，所以，必须立足于当今社会现实进行改革，这是历史发展规律的要求。王安石讲求法度、变革弊政的思想，就是适应社会现实的要求而提出的。

二、创立善法，抑制兼并

王安石改革弊政首先要解决的问题是立善法。他提出：“盖君子之为政，立善法于天下，则天下治；立善法于一国，则一国治；如其不能立法，而欲人人悦之，则日亦不足矣。”（《临川集·临川先生文集·卷第六十四·周公》）只有创立善法，才能治理好国家。如果立法不善，则于国于民有害无利，自然不会得到人民的支持。

所谓的善法，包括形式和内容两方面：一方面，在形式上，善法必须是简明易行的。法网严密未必就能做到令行禁止。宋朝法网林立，法令却“滋而不行”，犯法者诛不胜诛。如果法令简易，那么老百姓就容易遵守。因此说，“若法令简而要，则在下易遵行；烦而不要，则在下既难遵行，在上亦难考察”（《四明尊尧集·卷三·论道门第二》）。另一方面，在内容上，所谓的善法是指便民之法。王安石说：“朝廷制法，当内自断以义，而要久远便民而已。”（《续资治通鉴长编》卷二百二十三）推行仁政，因世就民。立法要立便民之法，这是他在变旧法、创新法过程中遵循的一项立法原则。

在创立善法这一原则的指导下，王安石提出变法要侧重于抑制兼并，打击豪强，平均贫富，以减轻广大劳动者的负担和痛苦。北宋中期以后，土地兼并的情况日益严重。大官僚、大地主阶级不仅不承担国家赋役，而且依仗特权强取豪夺，造成社会贫富差距越来越大。封建政府的赋税和徭役主要落在劳动人民尤其是农民身上。农民极度贫困，生计荡然。国家税收锐减，财用匮乏，社会动乱。曾长期担任地方官的王安石十分清楚土地兼并给社会造成的严重后果，对这种腐败的社会现象深恶痛绝。他视兼并为犯罪，把兼并势力看作国家祸患之源。他认为只有通过创立新的法律来抑制兼并、打击豪强，才能消除贫富差距悬殊的现象。

王安石在任宰相期间大胆地实行变法，推行新政。他制定的新法的中心内容就是抑制大官僚、大地主阶级的垄断和兼并。王安石先后提出了“青苗法”“均输法”“免役法”“市易法”“方田均税法”等。

“青苗法”提倡由政府在青黄不接时向贫苦无靠的农民贷放钱粮，以备凶荒。这种用官钱“轻息以贷”的政策直接抵制了地主豪强对农民的重息盘剥。宋朝时高利贷是大地主、大官僚吞并自耕农及中小地主和剥削人民的一种残酷手段。用“青苗法”抑制高利贷，在一定程度上可以收到“抑制兼并，均济贫乏”的效果。为了打击贪官污吏和富商大贾控制输纳的行为，王安石还提出“均输法”。在宋朝，路途遥远，交通不便，人民交纳的实物贡赋往往需要辗转输送。于是，一些贪官污吏得以任意敲诈勒索，并勾结富商大贾从中作弊取利。“均输法”的目的在于通过加强国家管理来抵制在输纳税赋过程中的作弊行为。此外，王安石提出的“免役法”取消了豪绅、官吏、富商、僧侣等不负担国家赋役的特权，减轻了农民及中小地主负担全部赋役的痛苦；“市易法”加强了政府对市场的管理，限制了富商大贾的囤积居奇、垄断物价和高利盘剥；“方田均税法”严禁大地主“隐产漏税”。

这一切立法措施，都是为了打击豪强、抑制兼并、抑富济贫。虽然王安石在变法过程中没有能够实现他一度“愿见井地平”的平均土地主张，但是，他的新法的推行，的确起到了限制兼并的作用，客观上有利于生产的发展和减轻农民的痛苦。正因为这样，代表大官僚、大地主阶级的保守派人物诬蔑他“侵官”“生事”“征利”“拒谏”等。对此，王安石虽然进行了坚决的斗争，但也不禁感叹“创法立制，未尝不艰难也”（《临川集·临川先生文集·卷第三十九·上仁宗皇帝言事书》）。

三、礼法兼用，德主刑辅

王安石对中国古代的儒法之争基本上抱折中的态度。他认为治理国家不能专任一种手段，任德与任刑的观点都是片面的。他的主张是德刑并举、礼法兼用。

王安石在讨论古代治国理论时指出：“昔论者曰：君任德，则下不忍欺；君任察，则下不能欺；君任刑，则下不敢欺；而遂以德察刑为次。盖未之尽也。”（《临川集·临川先生文集·卷第六十七·三不欺》）任德、任察和任刑这三种主张，都没有尽情尽理，“未闻圣人为政之道”（《临川集·临川先生文集·卷第六十七·三不欺》）。三者都是各执一面，仅“得圣人之一端耳”（《临川集·临川先生文集·卷第六十七·三不欺》）。

对于上述三种主张的片面性，王安石一一进行了剖析。任德之政、任察之政和任刑之政这三种统治方式各有利弊。“任德则有不可化者，任察则有不可周者，任刑则有不可服者。”（《临川先生文集·卷第六十七·三不欺》）以所谓的任德之政来说，这种统治方式虽然能够使不少人受到感动，但是，总有一些冥顽不化、穷凶极恶的歹徒是感化不了的，所以，这种统治方式的缺点就在于“无以正暴恶”。以任察之政来说，虽然这种统治方式使许多大臣不能妄想违法乱纪而蒙混过关不受惩罚，但是，总有一些善于隐蔽罪恶、乔装打扮的贪官污吏得以侥幸逃脱，所以，任察之政的缺点就在于“无以周隐微”（《临川集·临川先生文集·卷第六十七·三不欺》）。同样，任刑之政，其缺点在于“无以渐柔良”（《临川集·临川先生文集·卷第六十七·三不欺》）。由此，王安石指出，虽然分别使用这三种统治方式收到了一定效果，但其所为只能实现“小治”，而不能实现“大治”。所谓“大治”，就是“圣人之政”（《临川集·临川先生文集·卷第六十七·三不欺》)，也就是结合使用这三种统治方式，从而做到“仁足以使民不忍欺，智足以使民不能欺，政足以使民不敢欺”(《临川集・临川先生文集・卷第六十七・三不欺》)。

王安石在主张德刑并举、礼法兼用的同时，在德礼与刑法之间也有所偏重。他的政敌们往往攻击他“行申商之法”。可是，实际上，在对于刑名法制的看法上，王安石与申不害、商鞅大不相同。王安石是非常重视“仁义礼信”这些道德规范的。他认为刑名法制并不万能，甚至不能将其视作治理国家最重要的手段。一次，宋神宗赵顼说：“举官多苟且不用心，宜严立法制。”(《续资治通鉴长编》卷二百三十) 对此，王安石直截了当地反驳说：“刑名法制，非治之本，是为吏事，非主道也。精神之运，心术之化，使人自然迁善远罪者，主道也。今于群臣邪正情伪勤怠，未能明示好恶，使知所劝惧，而每事专仰法制，固有所不及也。当更讲论帝王之道术而已。若不务此，而但欲多立法制以驭群臣，恐不济事。”(《宋通鉴长编纪事本末・卷五十九・神宗皇帝》) 意思是，刑名法制并不能使人迁善远罪。专门依赖法律手段只是治标，不是治本。为治之本在于仁义道德的感化作用，在于推行仁政。

王安石重视仁义道德的倾向，在他关于王道与霸道的论述中表现得最为突出。他指出，从表面上看，行王道与行霸道都讲“仁义礼信”，但是，实际上，王道与霸道“心异”“事异”“功异”“名异”，二者完全不同。王者之道只寻求仁义，别无他求，“其心非有求于天下也，所以为仁义礼信者，以为吾所当为而已矣。以仁义礼信修其身而移之政，则天下莫不化之也。是故王者之治，知为之于此，不知求之于彼，而彼固已化矣”(《临川集・临川先生文集・卷第六十七・王霸》)。这就是说，仁义道德的作用是潜移默化的，追求仁道，终会得到天下人的拥护。霸者之道则相反：霸者在本质上是不仁不义的，但是，为了得到人们的拥护，偏要“示之以仁”，“故霸者之心为利，而假王者之道以示其所欲”(《临川集・临川先生文集・卷第六十七・王霸》)。王者求仁，霸者求利，这是王道与霸道的根本区别。从功利方面来看，由于二者有此区别，所以，霸者虽求利，但终不得利；王者虽求仁，但由于天下归心，利必归之。由此可见，王安石是很重视孔孟之道、讲求仁义道德的。

王安石重视道德礼教的作用，但他也讲求实用、注重功利，所以，当王安石听说他的政敌们攻击他“但知经术，不晓事务”时，他明确地表明了讲实用、重功利的态度：“经术正所以经世务，但后世所谓儒者，大抵皆庸人，故世俗皆以为经术不可施于世务尔。”(《宋史・王安石列传》)

四、“有司议罪，惟当守法”

王安石不但强调创立“善法”，而且十分重视执法问题。他尤其强调执法者在执法过程中要严格依法办事。

宋仁宗、神宗年间，司法实践中舍法论罪的现象非常严重。司法人员在处理具体案件时往往循礼不依法，甚至贪赃枉法，任意出入人罪。针对这种不依法办事、破坏法制的现象，王安石提出：“臣以为有司议罪，惟当守法。情理轻重，则敕许奏裁。若有司辄得舍法以论罪，则法乱于下，人无所措手足矣。”(《文献通考・刑考九》) 在当时的司法实践中，司法官员之间存在较大分歧的是定罪量刑是从礼还是依法的问题，这在对轰动一时的阿云一案的处理上表现得最为突出：

登州妇人阿云于母服中出嫁，婚后嫌丈夫“寝陋”，谋杀未死。案发后自首。在处理这一案件时，一种意见认为，阿云于母服中出嫁，违反封建礼教，应定为死罪；另一种意见认为，案发后犯人有自首之举，应“比死刑减二等”。

围绕着阿云案，朝廷上下展开了一场为时一年之久的激烈争论。皇帝亲自过问，指令翰林学士对此案进行评议。经过反复论辩，最后在王安石等人的坚持下，皇帝决定仍然定为“比死刑减二等”。在这场争论中，王安石的观点非常鲜明：司法人员审理案件必须以律为依据，依法断狱，不能法外论罪、以礼释法、非礼不决。

王安石主张依法断狱的观点还表现在他写的《复仇解》一文中。在这篇文章中，他一方面强调要在行动上守法，另一方面认为在思想感情上也不要悖礼。复仇是封建社会中时常发生的现象，在王安石看来，这种现象非治世之道。所谓的太平盛世，不应该在法律上提倡复仇。他说：“明天子在上，自方伯、诸侯以至于有司，各修其职，其能杀不辜者少矣。不幸而有焉，则其子弟以告于有司；有司不能听，以告于其君；其君不能听，以告于方伯；方伯不能听，以告于天子；则天子诛其不能听者，而为之施刑于其仇。”（《临川集·临川先生文集·卷第七十·复仇解》）意思是，在所谓的“明天子”的统治下，一般不会出现妄杀无辜的现象，即使偶有发生，只要上告，最终也会得到正确处理。因此，没有理由提倡复仇。复仇发生于乱世，因为“乱世则天子、诸侯、方伯皆不可以告”（《临川集·临川先生文集·卷第七十·复仇解》），民无可告，就只好自己复仇。复仇之义是“为乱世之为子弟者言之也”（《临川集·临川先生文集·卷第七十·复仇解》）。

为了解决在执行刑律过程中司法人员用刑不当的问题，王安石主张加强对司法部门的监督。他说：“有司用刑不当，则审刑、大理当论正；审刑、大理用刑不当，即差官定议；议既不当，即中书自宜论奏，取决人主。此所谓国体。”（《宋史·刑法三》）他提议中书省有权改定刑名，以纠正司法部门用刑不当的错误做法。王安石的这一主张遭到了宰相曾公亮的反对，经过斗争，王安石最终赢得了皇帝的支持。后来，在王安石任宰相期间，中书省在司法方面的监督权力不断得到加强。至于中书省应否掌握监督司法的权力，这里暂且不论。但有一点可以肯定，王安石的这一主张的立足点在于强调依法定罪量刑，反对舍法议罪、用刑不当。这对于维护和加强封建法制无疑是有利的。

五、“吏不良，则有法而莫守”

北宋后期，政治腐败，积贫积弱，一个重要原因就是“在位不才”，贪官污吏不可胜数。对此，王安石不断向封建统治者呼吁人才的重要性。严整吏治、选取人才也是王安石变法改革思想的重要组成部分。

王安石将人才与法度紧密联系起来，认为二者都是国家治乱安危的关键所在。他说：“盖夫天下至大器也，非大明法度，不足以维持；非众建贤才，不足以保守。”（《临川集·临川先生文集·卷第三十九·上时政疏》）人才和法度是相互依存、相互联系的，二者缺一不可。一个国家不用贤才、不修法度，势必大乱。王安石对于孟子的“徒法不能以自行”的观点极为推崇，数度引证，因为，“在位非其人，而恃法以为治，自古及今，未有能治者也”（《临川集·临川先生文集·卷第三十九·上仁宗皇帝言事书》）。法律最终是要由人来推行的，如果“不才苟简贪鄙之人，至不可胜数”（《临川集·临川先生文集·卷第三十九·上仁宗皇帝言事书》）的话，那么，“朝廷每一令下，其意虽善，在位者犹不能推行，使膏泽加于民，而吏辄缘之为奸，以扰百姓”（《临川集·临川先生文集·卷第三十九·上仁宗皇帝言事书》）。法律虽“善”，但是如果没有良好的官吏来执行的话，那么也不能达到国治民安的目的。从财、法和吏三者关系来看，“夫合天下之众者财，理天下之财者法，守天下之法者吏也。吏不良，则有法而莫守；法不善，则有财而莫理”（《临川集·临川先生文集·卷第八十二·度支副使厅壁题名记》）。虽然，对理财来说，法善和吏良都是重要的，但在法与吏二者之间，王安石更为强调吏的重要性。

王安石从强调人才和法度的重要性出发，进一步对宋朝人才匮乏、法度松弛的腐败现象进行了揭露和批判。他上书皇帝，直陈无隐，指出“方今朝廷之位，未可谓能得贤才；政事所施，未可谓能合法度”（《临川集·临川先生文集·卷第三十九·上时政疏》）。他慨然谴责皇帝“高居深拱，未尝有询考讲求之意”（《临川集·临川先生文集·卷第三十九·上时政疏》）。

鉴于宋朝人才缺乏，“天下在位之人，未有乏于此时者也”（《临川集·临川先生文集·卷第三十九·上仁宗皇帝言事书》），王安石提出了培养、选拔人才的四种方法：其一，“教之之道”。为了教育培养人才，王安石提出立学校、设教官，对于教学内容要从实用角度严格选择，“苟不可以为天下国家之用，则不教也。苟可以为天下国家之用者，则无不在于学”（《王荆公年谱考略》卷六）。其二，“养之之道”。这是造就人才的重要手段，包括“饶之以财，约之以礼，裁之以法”（《王荆公年谱考略》卷六）共三方面的内容。鉴于“人之情，不足于财，则贪鄙苟得，无所不至”（《王荆公年谱考略》卷六），王安石认为必须使为官者的俸禄“足以代其耕”，使其不用参加生产劳动而生死无忧。这就是“饶之以财”。可是，“人情足于财而无礼以节之，则又放僻邪侈，无所不至”（《王荆公年谱考略》卷六），因此，在婚丧、祭祀、服食、日用等方面要设立各种制度以节制官吏。礼之外，还需要有法，否则不足以使官吏畏服、恪尽职责。其三，“取之道”。人才的发现和挑选主要靠“使众人推其所谓贤能，书之以告于上而察之”（《临川集·临川先生文集·卷第三十九·上仁宗皇帝言事书》），从在下者方面来说，要讲究推举；从在上者方面来说，要善于考察，考察人才的最好方法是“试之以事”，看他的实际工作能力如何。其四，“任之之道”。在用人方面，为了使“其德厚而才高者以为之长，德薄而才下者以为之佐属”（《临川集·临川先生文集·卷第三十九·上仁宗皇帝言事书》），王安石强调要创立“考绩之法”。对于那些久处其职而无所作为或成绩甚微的官吏，必须绳之以法，做到“居职任事之日久，不胜任之罪，不可以幸而免故也”（《临川集·临川先生文集·卷第三十九·上仁宗皇帝言事书》）。对于那些成绩卓著、能够胜任者，则要大力提拔。上述四种挑选和使用人才的重要方法，缺一不可。四者之中，“有一非其道，则足以败乱天下之人才”（《临川集·临川先生文集·卷第三十九·上仁宗皇帝言事书》）。

王安石特别重视对司法官吏的培养。为此，他主张设立法律学校，专门教授律令断案。在科举方面，设“明法”新科，以律令、《刑统》大义和断案为考试科目。凡是已经参加过“明法”考试而被录取的，即由吏部将其列入备用的司法人员名单中，其名次列在及第进士之上。后来又进一步规定，凡是已经参加过进士和诸科的考试而被录取的人，还必须参加“律令大义或断案”的考试，合格者才可委派官职。从史籍记载中可知，宋神宗时期曾进行过一次司法改革，为使司法成为专门事业，采取了一系列的具体措施。宋神宗时期重视培养司法专门人才，和王安石提倡律学和设立“明法”新科的主张是分不开的。

王安石主张变革弊法、创立新法，强调执法者依法断案，反对大官僚、大地主阶级兼并土地，提倡为政重德、仁民爱物、任用贤才，这些在当时的历史条件下具有进步意义。所有这些主张，都有助于促进社会生产的发展，改善广大贫苦农民的悲惨处境。不过，需要指出的是，王安石的变法在当时还缺乏深厚的社会基础，主要依靠皇帝个人的支持才得以推行。神宗皇帝死后，随着代表大官僚、大地主阶级利益的保守派得势，王安石的新法流于失败。但变法的失败不是王安石个人的失败，而是由整个封建制度的本质所决定的。特别是到了北宋时期，封建制度衰败之势已成，任何个人力量都无法挽回，不能因变法失败而全盘否定王安石变法在历史上的进步作用。

第四节　朱　熹

朱熹（1130 年—1200 年），字元晦，又字仲晦，晚年自称晦庵，徽州婺源（今江西婺源）人。他 19 岁中进士，做过县主簿，以后还当过浙东、江西等地的司法官和漳州、潭州的地方长官及焕章阁侍制的职务；晚年在福建招徒讲学。

朱熹一生在政治上未得重用，大部分精力用于著书和讲学。他博学识广，著作很多，主要有《朱文公文集》《朱子语类》《四书章句集注》《诗集传》《周易本义》《易学启蒙》等。后人辑有《朱子全书》（参见图 13-2）。

图 13-2　朱熹《朱子全书》

朱熹是中国历史上著名的思想家，是宋代理学体系的最后完成者。他集中了宋代理学的成就，又吸收佛、道思想，建立了儒学体系。其思想被视为儒家的正统，作为官学，统治中国思想界达七百年之久。

一、“法者，天下之理”

理是理学体系中最基本的范畴。何谓理？朱熹认为理是逻辑上先于、超越于物质之外的，是产生万物的本原。“未有天地之先，毕竟也只是理。有此理，便有此天地；若无此理，便亦无天地”（《朱子语类》卷一）。理是宇宙间的绝对真理，这个最高的理可以表现为各种具体的理，各种具体的理又分别显现为各种具体的事物，即任何事物都有自己的理，这种理源于天理，是天理的具体体现，也就是理学家所说的“理一分殊”。朱熹认为，理既适用于自然界，也适用于人类社会。他说：“宇宙之间，一理而已，天得之而为天，地得之而为地，而凡生于天地之间者，又各得之以为性；其张之为三纲，其纪之为五常，盖皆此理之流行，无所适而不在。”（《晦庵集·晦庵先生朱文公文集·卷第七十·读大纪》）“未有君臣，已先有君臣之理，未有父子，已先有父子之理”（《朱子语类》卷九十五），“自君臣之大，以至事物之微，莫不知其所以然与其所当然，而亡纤芥之疑”（《朱文公文集·卷第十四·行宫便殿奏札二》）。这样一来，封建伦理道德和君臣、父子、等级差别就具有了如法规似的普遍性，有了不受人支配的绝对权威和永恒性，人们必须绝对遵循、服从和执行三纲五常。

理学家实现理，并不限于思辨中，而是十分强调把理付诸实际行动。这种实现又必须是高度自觉的。朱熹认为人是理与气的结合物。人兼有两种属性，一是源于天理的天命之性，即封建的伦理道德观念；二是源于气禀（人的生理素质）的气质之性，即人的感情和物质欲望。由于有“日月清明、气候和正……日月昏暗、寒暑反常”（《朱子语类》卷四）之差别，因而气也有清明、清高、精英、浑厚、长久、衰颓、薄俗之区分。人们的禀气不同，接受的天理也不同，所以人的资质、寿命有很大差别。圣人禀得精英之气，得理之全，得理之正。贫贱者只禀得浑浊、衰颓之气，便为愚、不肖、贫、贱。他以此来论证人类社会的不平等是必然的，君主专制制度和封建纲常伦理是天然合理的。

朱熹认为，气质之性是可以改变的。因此他提出了“存天理，灭人欲”的口号，只要能“存天理，灭人欲”，就能够完成人本性的归复，达到人生的最高目的。朱熹提出这一口号的目的是维护封建统治秩序，反对离经叛道。在他看来，天理是宇宙本体和道德本原，对于人来说，构成人的本质，“人之所以为人者，以有天理也”（《河南程氏粹言·人物篇》）。人欲指的是超出维持人的生命所必需的欲求和违背礼义规范的行为。朱熹说：“饮食者，天理也，要求美味，人欲也”（《朱子语类》卷十三），“非礼而视听言动，便是人欲”（《朱子语类》卷四十）。人欲与天理截然对立，天理使人成为人，“天理之不存，则与禽兽何异矣”（《河南程氏粹言·人物篇》）。因此，人存在的根本意义就在于人能“存天理，灭人欲”。这个口号发展到后来，成为僧侣主义的禁欲主义，把一切物质欲望都看成是人生的罪恶。“存天理，灭人欲”口号的实质，就是使人们的言行处处合于封建伦理纲常的要求，让人们俯首帖耳地服从封建君主的专制统治。

为了实现封建统治阶级的要求，朱熹把礼和法都纳入其庞大的理学体系。他说："礼者，天理之节文，人事之仪则也。"（《朱子语类》卷六）"天理只是仁义礼智之总名，仁义礼智便是天理之件数。"（《晦庵集·晦庵先生朱文公文集·卷四十·答何叔京》）"法者，天下之理。"（《晦庵集·晦庵先生朱文公文集·卷六十九·学校贡举私议》）"礼字、法字实理字，日月寒暑往来屈伸之常理，事物当然之理。"（《朱文公文集·卷第四十八·答吕子约》）这就是说，封建礼法是理在人间的体现，是永恒不变的。谁要违反封建礼法，谁就是违反天理，这是大逆不道、罪不容诛的。朱熹说得很清楚："废三纲五常这一事，已是极大罪名。"（《朱子语类》卷第一百二十六）这样，他就给礼和法都披上了神秘的外衣，用其思辨哲学愚弄百姓，为封建统治者提供了新的理论武器。

二、德治与重刑并用

孔子曾经说过："道之以政，齐之以刑，民免而无耻；道之以德，齐之以礼，有耻且格。"（《论语·为政》）自孔子、孟子以来，一般儒家在政治上大都主张以德治为主要手段。

朱熹以儒家正统自命，因此，德治亦为朱熹的一贯主张。他仔细探讨了政刑、德礼的相互关系。他认为，德礼为治国的根本，政刑为治国之具，与德礼相比，政刑只能为末。他说："……政者，为治之具。刑者，辅治之法。德礼，则所以出治之本，而德又礼之本也。此其相为终始，虽不可以偏废，然政刑能使民远罪而已。德礼之效，则有以使民日迁善而不自知，故治民者不可徒恃其末，又当深探其本也。"（《论语集注·为政第二》）

朱熹所讲的德是指父子有亲、君臣有义、夫妇有别、长幼有序、朋友有信的伦理道德观念，统治者实行所谓的德治，就是通过修德以使民众感化。然而单纯的道德感化还不能使民众完全达到至善，这就需要以礼齐之。礼在这里可以被看作为维护上述道德而制定的外在的行为规范。礼是德的保障，礼治能够协调君臣、父子、夫妇等各种社会关系，维护社会秩序的稳定。

朱熹认为，所谓的政就是法律政令，刑就是刑罚，是迫使人们服从的法律强制手段。刑罚的目的是迫使人民服从统治者的命令。没有政，刑罚就失去了所依据的标准；而没有刑罚作为后盾，政令也无法贯彻执行。因此，朱熹说："政者，法度也。法度非刑不立，故欲以政道民者，必以刑齐民。"（《晦庵集·晦庵先生朱文公文集·卷第四十一·答程允夫》）

尽管朱熹认为德治为治国之本，但他并不忽视法律、刑罚的作用，认为刑罚是使人们向善的必要补充手段。他认为，古时圣人治国，以德治为化民之本，而以刑罚为辅政的手段。其开始要用刑，是为了达到最终不用刑罚的目的。既然圣人都要以刑辅政，那么在南宋这种社会矛盾尖锐、道德伦常混乱的情况下，用刑更在所难免。尤其是看到封建统治由兴盛走向衰落的趋势，他更感到单纯靠德治已无济于事，还必须有法制作为后盾。面对声势浩大的农民起义以及统治阶级内部纲纪荡然无存的局面，朱熹甚至一反儒家德主刑辅的主张，主张重刑治国。他说："古人为政，一本于宽，今必须反之以严。盖必如是矫之，而后有以得其当。今人为宽，至于事无统纪，缓急予夺之权皆不在我；下

梢却是奸豪得志，平民既不蒙其惠，又反受其殃矣!”(《朱子语类》卷第一百八)

儒家历来提倡德治、仁政，朱熹的理想政治也是如此，但严峻的社会现实又使他不得不提出与其理想看似矛盾的政治主张。朱熹对先秦法家学派多有攻击，但对他们以刑去刑的主张颇为欣赏。他认为，人们往往评价法家过于残苛，其实以刑辅政，即使圣人也不能避免。实行重刑，以刑止刑正是实行仁爱的有效途径，对民“教之不从，刑以督之，惩一人而天下知所劝戒，所谓‘辟以止辟’。虽曰杀之，而仁爱之实已行乎其中”(《朱子语类》卷七十八)。朱熹在任地方官时就曾以严刑峻法对待走投无路而抢地主粮米的农民，对劫掠财物米谷的农民处以严刑。

朱熹还主张恢复残害人肢体的肉刑。他认为，对有些犯罪，仅仅处以徒刑、流刑不足以防盗止奸，处以死刑又显得过重，所以应该恢复介于这二者之间的肉刑，残其肢体而保全其生命。他主张恢复肉刑的理论依据依然是儒家的仁义。他说：“杀之似亦太过，不若斩其左足，使终身不复能陆梁，全生之仁，禁非之义，并行不悖，乃先王制刑督奸之本意也。”(《晦庵集·晦庵先生朱文公文集·卷第二十五·答张敬夫》)

朱熹的德治与重刑理论看似矛盾，实则其只是强调在不同情况下统治方法的侧重点应有所不同而已。他的严刑峻法思想，主要针对日趋尖锐的阶级矛盾，矛头是指向广大劳动人民的，不过也有打击贪官污吏和整顿吏治的用意。无论是德治还是刑治，朱熹的最终理想依然是要实现儒家一贯倡导的父子有亲、君臣有义、夫妇有别、朋友有信的伦常秩序。他期望能够通过法律的外在强制力量和人们内心的自觉行动，实现“存天理，灭人欲”，以维护封建统治。

三、变法改革与人治

朱熹相信“道统”说，认为夏、商、周三代是最完美的时代。然而由于天理未能战胜人欲，因而世道越来越坏，尧、舜、禹、汤、文、武、周公、孔子所传之道未能行于天地之间。这种道，如父慈子孝、君仁臣忠等，是永恒不变的常理，但实行道的各种具体制度应因时而变，要及时改革现实中出现的弊端。

朱熹对当时的弊端和潜在的社会政治危机已有相当深刻的认识。朱熹说，“窃观今日天下之势，如人之有重病，内自心腹，外达四肢，盖无一毛一发不受病者”(《晦庵集·晦庵先生朱文公文集·卷第十一·戊申封事》)，只有变法改革才是唯一的出路。对于祖宗之法不能一味恪守，因为祖宗之法，皆是当时因事而制，时代变了，法律制度也必须有所改革。再好的法律，行之已久，不能无弊。后人的责任就是改变旧法，使之适应新的社会情况。

那么后人对祖宗之法在实践中应如何变革呢？朱熹提出：首先，要以维护纲常名教为变法的指导思想。他认为王安石变法之所以有许多弊端，是因为其指导思想不正。其次，要准确找出弊病之所在，再加以变革。

尽管朱熹十分重视变法改革，但他又认为，无论怎样改革，都不可能有尽善尽美之法，治国的关键还在于人，君主的表率、感召作用更是关键的关键。君主应遵循天下之理，保持其心的公正。此外，君主还需要师友规劝以及谏官的直言来避免犯错误。君主选择好的宰相，宰相选择长官，长官选择其僚属，层层分工负责，不必事事由君主躬亲。这样，就可以避免君主的独断专行。为了培养人才，朱熹还主张改革科举制度的内容，反对死读书。他还身体力行，积极兴办学校、招徒讲学，为复兴国家、整肃纲纪培养人才。

四、义理决狱，明谨用刑

朱熹认为法律是治国的工具，以维护天理为目的，在司法上应以三纲五常为基本原则，即以义理决狱。他说："凡听五刑之讼，必原父子之亲，立君臣之义以权之，盖必如此，然后轻重之序可得而论，浅深之量可得而测。""凡有狱讼，必先论其尊卑、上下、长幼、亲疏之分，而后听其曲直之辞。凡以下犯上，以卑凌尊者，虽直不右，其不直者罪加。"（《晦庵集·晦庵先生朱文公文集·卷第十四·戊申延和奏札一》）以义理决狱，实际上是以礼指导司法，礼、法统一，使礼、法进一步糅合成一个统一体。

狱讼关系着人的生命，所以朱熹也认为对断案不可不谨慎行事。司法官在审理案件时要明察案情，根据犯罪情节审慎断案、慎重量刑，以上合法意、下慰民情。

朱熹还反对拖延审案，要求尽量不留狱。地方各类案件，只要犯罪事实清楚，证据确凿，就应及时判处执行，不得拖延。反之，不论大小案件，稍有疑问就上报审理，必将严重影响审判效率。所以他主张对案件应及时裁决，以提高司法审判效率。

五、恤民与省赋

朱熹生活的南宋时期，尽管南宋统治区域比北宋要小得多，但其对人民的经济剥削比前朝有过之而无不及。南宋政府既要维持军队、官僚机构的开支和统治集团的奢侈享受，又要对金支付大量岁贡，因此不断巧立名目，加重赋税。朱熹对此非常愤慨，他希望统治者能够体恤民情、减轻赋税。他说："天下国家之大务，莫大于恤民，而恤民之实在省赋。"（《晦庵集·晦庵先生朱文公文集·卷第十一·庚子应诏封事》）他多次向统治者提出减轻赋税、限制土地兼并的建议。他在任地方官期间，曾采取了一系列蠲免钱税和整顿赋税名目的措施。如他在任同安主簿期间，曾向皇帝上书，要求豁免各地所欠的经总制钱，并且要求惩办制定有关条例的官员。朱熹敏感地觉察到，国家财政之所以困难，农民之所以不断反抗，其根源之一在于赋税过重与不均。

朱熹认为，要贯彻执行省赋的原则，必须严惩贪官污吏。农民破产的原因在于为官者不体恤民情，农民造反是官吏侵扰所致，因此需要整顿吏治以推动省赋措施的实行。他主张赋税要公平负担，并实行社仓制以救济贫苦农民。这在当时，对于减少农民破产、稳定社会经济确有一定好处。

此外，南宋时期土地兼并发展到极点，土地集中在少数官僚、地主手中。朱熹为此提出清丈土地、均平赋税、抑制兼并的设想。他说："宜以口数占田，为立科限，民得耕种，不得买卖。以赡贫弱，以防兼并。"（《晦庵集·晦庵先生朱文公文集·卷第六十八·井田类说》）然后，再进行清丈土地数额，按田地的多少计税，杜绝贫者无田有税而富者有田无税的不合理现象。但是，经界法由于触动了官僚地主们的利益，因而遭到强烈反对，最终未能实行。

总之，朱熹的政治法律思想中有一些积极因素，如其主张限制土地兼并和减轻赋税；提倡社仓制度，主张救济贫苦农民；提倡明谨用刑，反对法外制裁，反对滥刑，反对留狱等。

但总体看来，朱熹的政治法律思想是相当保守的。他用唯心主义理学论证封建纲常的合理性与永恒性。他把三纲五常和封建礼法说成是天理的体现，给封建正统法律思想披上了一层思辨哲学的外衣，使其哲理化，从而更为细致、更富于欺骗性。他鼓吹“存天理，灭人欲”，这是“以理杀人”。他使用的是一把杀人不见血的刀子。他还鼓吹重刑主义和恢复肉刑。他的这些思想的提出，适应了封建社会后期封建统治者加强对农民镇压的需要，是封建社会后期社会矛盾加深的反映。也正因为如此，朱熹的思想被封建统治者看中，被奉为官方的正统思想。

第五节 陈 亮

陈亮（1143 年—1194 年），字同甫，原名汝龙，浙江永康人。他一生怀才不遇，至晚年光宗时才中进士。在陈亮生活的年代，南宋小朝廷正处于内忧外患的困境。他曾多次上书孝宗皇帝，提出改革政治、法律制度的建议。他力主抗战，反对顽固派的投降主义路线。由于当权者的忌恨，他曾三次被诬害入狱，但他力主抗战和改革的意志始终没有动摇。他晚年回归故里，设讲学堂。

陈亮是南宋时期的唯物主义哲学家，他以其朴素唯物主义和功利主义思想与空谈义理的理学家进行了激烈的争论。他的著作有《龙川集》《龙川词》。1974 年中华书局出版《陈亮集》。

一、功利主义的法律观

以朱熹为代表的理学家从天理与人欲不相容、王与霸互相排斥的理论出发，认为夏、商、周三代天理流行，是王道政治，三代以后人欲横行，是霸道政治，历史是在退化，一代不如一代。陈亮用“义利双行”“王霸并用”的观点对朱熹崇三代而抑汉唐的理论进行驳斥。他说，“王霸可以杂用，则天理人欲可以并行矣”（《龙川集·卷二十》）。他认为，私欲是人的本性，或曰天性，是合理的，谁都不能去掉。汉高祖、唐太宗都有“救民之心”，而不是像朱熹所说的“无一念之不出于人欲”，他们充分施展本领，使国家得到治理，“人物赖以生息”。汉、唐的政治与夏、商、周三代的相比并不逊色，更不能说汉、唐已经退化，不能与三代相比。

陈亮以他的功利主义的历史进化观来观察历史，提出了他的国家与法的起源论。他认为最初的君主是由民众推举出来的，因为他的能力最强，民众都乐于推举他为君主。不仅君主，辅相、王公大臣也都是民众推举出的，而不是他们自封的。陈亮的原话是：

“方天地设位之初，类聚群分，以戴其尤能者为之长君，奉其能者为之辅相，彼所谓后王君公，皆天下之人推而出之，而非其自相尊异据乎人民之上也。及法度既成，而君臣有定位。”（《龙川集・卷三》）大意是：有了君主，有了法度，君臣便有了定位。这样，国家也就产生了。

法律的作用是什么？陈亮认为，自古以来君主立法定制都不应离开“利”，都要适应人的趋利避害的本性，但是君主本身却不能“以其喜怒之私而制天下”（《龙川集・卷四》），而要“以法为公”（《龙川集・卷十八》）。他说：“故天下不得自徇其欲也，一切惟君长之为听。君长非能自制其柄也，因其欲恶而为之节而已。叙五典，秩五礼，以与天下共之。其能行之者，则富贵尊荣之所集也；其违之者，则危亡困辱之所并也。君制其权，谓之赏罚；人受其报，谓之劝惩。使为善者得其所同欲，岂以利而诱之哉！为恶者受其所同恶，岂以威而惧之哉！得其性而有以自勉，失其性而有以自戒。”（《龙川集・卷四》）这就是说，赏罚本身就包含着“利”和义的统一，完全离开“利”，赏罚也就无法起作用。法的产生及作用，正是适应了人们趋利避害的天性的需要。为了使追求富贵尊荣的欲望得到满足，人们就能够“有所利而为善，有所畏而不为恶”（《龙川集・卷四》）。正是这种利害关系决定了人们必须听从君命、遵纪守法，否则就要受罚。但是，君主在行动中不能依自己的私欲滥施赏罚，不能把刑赏大权据为己有，要“与天下共之”（《龙川集・卷三》），“以法为公”（《龙川集・卷十八》），实行王者之政。尽管陈亮主张义利双行、王霸并用，但他认为在具体治国的过程中，还是应该坚持以法为公、王道为先的原则。

陈亮用功利主义观点来解释国家与法律的起源和作用，未能揭示国家与法的实质，有的观点还前后矛盾，不能自圆其说，但比起“君权神授说”“天罚论”，无疑是一大进步。他尤其对“存天理，灭人欲”的理论作出了有力的批判和否定。

二、求真务实，改革弊政

陈亮从朴素唯物主义和功利主义的思想出发，强调要着眼于解决社会的现实问题。他认为理学家专讲“尽心知性”，空谈道德性命之说，这无助于解决国家所面临的各种实际问题，对国家的安危起不到有益的作用。要想使社会安定和国家强盛，就不能空发谈论，应发扬求实的精神。他说，“孔明之治蜀，王者之治也。治者，实也”（《龙川集・卷七》）。凡是王者之治，都很重视“各务其实”。“为士者”要有良好的品行，“居官者”要有熟练处理政事的本领。从事各项工作的人都要各尽其职，发挥应有的作用。为了做到这一点，重要的问题在于求真务实，“更法易令”（《龙川集・卷一》）、改革弊政。

陈亮提出的更法易令、改革弊政的具体内容大致有以下几方面。

（1）修订法律。陈亮认为治理国家必须有法律，“使天下奉规矩准绳以从事”（《龙川集・卷一》）。立法要精简，不可烦琐。国君应当以法为公，不可因私赏而违反公论，不可因私刑而损害法律的公正性，也就是“法不得自议其私”（《龙川集・卷一》）。他认为，必须重视法律的执行。“法如江河，使之易避”（《龙川集・卷十八》），即要使人对法律有所畏忌而不轻易触犯。他认为修订法律不应泥古——“法令不必尽酌之古，要以必行”

(《龙川集·卷十二》),古代的法律制度再好,也不应照搬,应该"顺风气之宜,而因时制法"(《龙川集·卷十》)。

(2)任贤使能。陈亮认为,治理国家应该"贤者在位,能者在职,而无一民之不安,无一物之不养,则大有功之验也"(《龙川集·卷九》)。意思是,使贤能之人在职在位,天下之民都能安居乐业,天下之物都能得到养护,这就是治国有功的验证。他请求皇帝根据不同情况善于用人,要做到"疑则勿用,用则勿疑",使他们有权有职,不任意加以干预。

(3)严考核、惩奸吏。陈亮主张加强吏治,要"严政条以核名实,惩吏奸以明赏罚"(《龙川集·卷二》)。意思是:要严格考核官吏的政绩,做到赏罚分明,该赏就赏,该罚必罚,对奸吏必须严加惩处。

(4)加强监察制度。他主张"多置台谏以肃朝纲,精择监司以清郡邑"(《龙川集·卷二》),也即在中央设置台谏,以整肃朝廷的法纪;在地方精选州、县的监司,以整顿地方的政事。

陈亮在立法与司法方面提出的这些更法易令的主张,在当时是切中时弊的。但南宋统治者腐朽昏庸,并没有采纳和实行他提出的这些改革措施。南宋孝宗皇帝看了陈亮的上书之后,也曾想给他一个官职,可是陈亮却说"吾欲为社稷开数百年之基,宁用以博一官乎"(《通鉴续编·卷十八》),遂渡江还乡。

三、法深无善治

陈亮认为,刑罚本身是保民爱民的一种手段,而不是为了残害人民。因此,他主张宽刑,反对重刑,强调法深无善治。他说:"同风俗以正人心,清刑罚以全民命,而明效大验,可以为万世无穷之法","正人心以立国本,活民命以寿国脉,二帝三王之所急先务也。"(《龙川集·卷十一》)这就是说:清刑罚、活民命是先王治国的成功经验,后世君主应该效法。从这种思想出发,陈亮主张实行轻刑,废除繁法严刑。

陈亮在主张法令宽简的同时,还特别反对恢复肉刑。他抨击朱熹这些道学伪君子一边空谈义理一边又鼓吹恢复肉刑,用心何其相反。他指出:"使民有耻,则今法足矣;民不赖生,虽日用肉刑,犹为无法也"(《龙川集·卷四》)。意思是,如果是为了使民有羞耻之心,那么现有的法律就足够了;如果民众已经生活不下去,即使恢复肉刑,也无济于事,也等于没有法律。陈亮指出,圣人制刑是出于爱民,是为了消除人们相互争夺残杀之患。而朱熹等人恢复肉刑的主张,则完全违背了圣人爱民的本意。应当肯定,陈亮反对恢复肉刑、主张废除肉刑,是符合历史发展的趋势的,是有益于人民的。

陈亮在中国法哲学史上主要的贡献是他明确提出了功利主义的政治、法律主张。他不仅在国家与法的起源、立法与司法的基本原则等方面阐发了他的功利主义的法律观,而且着重批判了朱熹等人的"存天理、灭人欲"的荒谬理论。他认为所谓"天理"就是人的衣食住等生活需要能得到满足,天理就在人欲之中。他承认人欲的普遍性与合理性,否认"义"是先验的"天理",认为"存天理、灭人欲"是理学家的一种骗人、害人的谬论。陈亮的功利主义思想在当时有一定的启蒙意义,在抵制理学家的"存天理、灭人欲"和以理杀人的理论等方面,有明显的进步作用。

第六节　耶律楚材

耶律楚材（1190年—1244年），字晋卿，号湛然居士，契丹族，辽皇室的后裔。《元史》说他“……三岁而孤，母杨氏教之学。及长，博览群书，旁通天文、地理、律历、术数及释老、医卜之说”（《元史·耶律楚材传》）。在金朝，他考中进士科，曾任开州同知与左右司员外郎等职。元太祖取燕后，耶律楚材被召用，很受信任。在元太祖和元太宗时期，他任事近三十年，官至中书令，成为蒙古汗国的一位重臣与谋士。从《元史》的记载来看，他博览群书、旁通释老，但儒家的传统思想对他影响最深。他精通儒家的一套治国之术，这也是他受重用的主要原因。他著有《湛然居士集》，在法律思想方面颇有建树。

一、崇尚儒学，标榜文治

耶律楚材一生崇尚儒学，主张“以儒治国”。他曾向元太宗建议：“制器者必用良工，守成者必用儒臣。儒臣之事业，非积数十年，殆未易成也。”（《元史·耶律楚材传》）曾有人嘲笑耶律楚材说：“国家方用武，耶律儒者何用？”（《元史·耶律楚材传》）耶律楚材反驳说：“治弓尚须用弓匠，为天下者岂可不用治天下匠耶？”（《元史·耶律楚材传》）太宗南征破汴梁时，耶律楚材遣人入城，求孔子后，得五十一代孙元措，并奏请袭封衍圣公，付以林庙地；又设立经籍所、编修所。由是，文治渐兴。为了广泛收罗儒者，元太宗采纳耶律楚材的建议，考试儒生，分经义、词赋、论三科，并规定儒者被俘为奴者也可应试，主人隐匿不让应试的就要处死。结果得士四千三十人，免为奴隶的占四分之一。

元太祖与元太宗为何会采纳耶律楚材的重儒生、兴文治的建议呢？这是由当时的客观形势所决定的。

马克思曾经说过，野蛮的征服者总是被那些他们所征服的民族的较高文明所征服，这是一条永恒的规律。元太祖创立蒙古帝国时，蒙古社会尚处于奴隶制阶段。在蒙古贵族的统治扩大到中原地区以后，旧的奴隶制的统治方式已经严重不适应形势的发展。中原文明对蒙古贵族的影响越来越大。接受先进地区的一套文化与礼仪典章制度，走封建化的道路，已成为不可抗拒的历史潮流。相反，如果蒙古贵族继续坚持并向先进的中原地区强制推行原来的奴隶制度，那么其势必遭到中原人民的激烈反抗，蒙古贵族的统治也就难以立足。元太祖与元太宗正是为这种客观形势所迫，才采纳了耶律楚材重儒学、兴文治的主张。

耶律楚材重儒学、兴文治，主张“以儒治国”，其实质就是要用儒家的纲常名教来维护蒙古贵族的统治。这一点，他自己说得很清楚：“三纲五常，圣人之名教，有国家者莫不由之，如天之有日月也。”（《元史·耶律楚材传》）他把三纲五常视为“万世常行之道”。他所提出的政治法律主张，都是以此为核心的。

应该肯定，在蒙古贵族落后和野蛮的统治下，耶律楚材重儒学、兴文治的主张有一定的进步作用。它有利于安定社会秩序，减轻人民的痛苦和促进社会生产的复苏。这种进步作用，在他的立法定制、宽刑慎杀的主张中表现得更为具体。

二、立法定制、宽刑慎杀

立法定制、宽刑慎杀，是耶律楚材“文治”主张的重要内容。蒙古贵族在进入中原地区之前，还没有系统的成文法。蒙古部落的传统习惯在实践中占统治地位。后来，随着蒙古军队的南进，一些落后和野蛮的习惯扩散到中原地区，起了很大的破坏作用。蒙古贵族把他们占领的土地与人民视为自己的猎物，每到一处，就把财产抢光，把土地当作牧场，把掳来的人民充作奴隶。他们攻打城邑遇到抵抗的，一旦攻克，就要屠城。除将少数妇幼掠为奴隶外，其余一律杀光。元太祖即位后，还给他的功臣以各种特权，规定有功之臣百次犯罪不罚。因此，王公将领们更加有恃无恐，各州郡的官吏“生杀任情，至孥人妻女，取货财，兼土田。燕蓟留后长官石抹咸得卜尤贪暴，杀人盈市”（《元史·耶律楚材传》）。

这种野蛮的屠戮政策和无法无天的状况，不仅严重地破坏了生产，对蒙古贵族的统治也极为不利。有鉴于此，耶律楚材便提出了立法定制、宽刑慎杀的主张。他针对官吏专横、生杀任情和无法无纪的状况，提出《便易十八事》，作为临时性法规，颁布天下。

《便易十八事》的主要内容是：（1）实行军民分治。“郡县置长吏牧民（管理民事），设万户总军，使势均力敌，以遏骄横”。（2）禁止官吏擅自科差。“中原之地，财用所出，宜存恤其民，州县非奉上命，敢擅行科差者罪之”。（3）“贸易借贷官物者罪之”。（4）“蒙古、回鹘、河西诸人，种地不纳税者死”。（5）“监主自盗官物者死”。（6）“应犯死罪者，具由申奏待报，然后行刑”。（7）禁止贡献。“贡献礼物，为害非轻，深宜禁断”。

采取这些措施，是为了安定社会秩序，确立和维护蒙古政权的法制。

元太祖时，“官吏多聚敛自私，赀至巨万”（《元史·耶律楚材传》），而官府没有什么储备。蒙古大臣别迭等扬言：“汉人无补于国，可悉空其人以为牧地。”（《元史·耶律楚材传》）耶律楚材坚决反对这种主张，他说：“陛下将南伐，军需宜有所资，诚均定中原地税、商税、盐、酒、铁冶、山泽之利，岁可得银五十万两、帛八万匹、粟四十余万石，足以供给，何谓无补哉？”（《元史·耶律楚材传》）他奏请设立燕京等十路征收课税使，专管钱谷之事。他提出这种主张是为了使元太祖的军需“有所资”，也是为蒙古贵族的长治久安着想。但是，和“悉空其人以为牧地”的野蛮政策比起来，这种主张有一定的积极作用。从此，元朝的统治者有了一定的赋税制度，其剥削方式也开始有所改变，官吏的贪暴聚敛也受到一定的约束。耶律楚材继承了儒家的传统思想，宣扬仁义道德，反对严刑酷罚。他赞扬西汉初期的统治者“约法三章日，恩垂四百基”（《湛然居士集·湛然居士文集·卷十二》），谴责秦始皇“焚书嫌孔孟，峻法用高斯”（《湛然居士集·湛然居士文集·卷十二》）。他从这种思想出发，主张宽刑慎杀，反对屠城旧制，反对滥刑滥杀。根据蒙古旧制，“凡攻城邑，敌以矢石相加者，即为拒命，既克，必杀之”（《元史·耶律楚材传》）。一次，元大将速不台攻汴梁，金人抗拒，久攻不下。他上奏元太宗：“金人抗拒持久，师多死伤，城下之日，宜屠之。”（《元史·耶律楚材传》）耶律楚材对元太宗说：

“将士暴露数十年，所欲者土地人民耳。得地无民，将焉用之！……奇巧之工，厚藏之家，皆萃于此，若尽杀之，将无所获。”（《元史·耶律楚材传》）元太宗接受了耶律楚材的意见，下诏：除了金朝皇族之外，其余一概不杀。当时在汴梁逃难的147万人免遭杀戮。此后，屠城之事，逐渐减少。

元太宗曾经下令：“居停逃民及资给者，灭其家，乡社亦连坐。”因此，逃亡者都无处存身，很多人都饿死在途中。耶律楚材认为，如此严酷的刑罚不利于稳定社会秩序。他对元太宗说：“河南既平，民皆陛下赤子，走复何之！奈何因一俘囚，连死数十百人乎？”（《元史·耶律楚材传》）元太宗被他说服，废除了上述诏令。耶律楚材还请求制旗数百，以给降民，使大批逃亡者返回田里，“全活甚众”。

据《元史》记载，蒙古贵族刚进入中原地区时，“民众误触禁网，而国法无赦令”。耶律楚材为此“议请肆宥”，并劝说元太宗用刑要宽，不可多杀人。耶律楚材主张宽刑慎杀，并不是要放弃刑杀手段，而是主张宽猛兼施、德刑并用。他认为“政猛民伤残，政慢贼猖狂”（《湛然居士集·湛然居士文集·卷十二》），因此要“一缓辅一急，一柔济一刚”（《湛然居士集·湛然居士文集·卷十二》）。很显然，这是儒家宽猛相济思想的翻版，并没有什么新东西。但在当时，蒙古贵族正热衷于征战，各级官吏“生杀任情”。在这种情况下，他能重视立法定制，主张宽刑慎杀，也算难能可贵。这些主张对于遏制屠杀与贪暴之风有一定的积极作用。

三、赏罚必信，不徇私情，不畏权贵

耶律楚材不仅主张立法定制，在执法方面也提出了一些值得称道的见解。他的《陈时务十策》的第一策就是强调治国必须“信赏罚”。《元史》记载，有一次有人告耶律楚材违制。元太宗盛怒之下把他拘捕起来，但不久又后悔，下命释放他。耶律楚材不肯解绑，并且说：“臣备位公辅，国政所属。陛下初令系臣，以有罪也，当明示百官，罪在不赦。今释臣，是无罪也，岂宜轻易反复，如戏小儿？国有大事，何以行焉！”（《元史·耶律楚材传》）这是在批评元太宗：不可拿国法当儿戏，赏罚不信，任心弃法，国政就难以推行。

耶律楚材在执法过程中，不徇私情，不计私仇。他说：“睦亲之义，但当资以金帛，若使从政而违法，吾不能徇私恩也。”（《元史·耶律楚材传》）对于曾陷害过他的人，他也能秉公处理。有一次权贵咸得卜以旧怨进谗言说：“耶律中书令率用亲旧，必有二心，宜奏杀之。”（《元史·耶律楚材传》）后来，元太宗发现这是诬陷，便指派耶律楚材去亲自审问咸得卜。耶律楚材回奏说：“此人倨傲，故易招谤。今将有事南方，他日治之未晚也。”（《元史·耶律楚材传》）为此，元太宗向侍臣称赞耶律楚材“不较私仇，真宽厚长者”（《元史·耶律楚材传》），并让侍臣效法他。

耶律楚材执法不畏权贵，也很值得称道。《元史》说：“燕多剧贼，未夕，辄曳牛车指富家，取其财物，不与则杀之。”朝廷派中使（帝王宫廷派出的使者）和耶律楚材一同去查处。耶律楚材经调查得知，盗贼“皆留后亲属及势家子”（《元史·耶律楚材传》）。耶律楚材把他们全部逮捕下狱。罪犯的家属贿赂中使，中使想宽纵罪犯，耶律楚材却坚持把这伙人审判定罪，“戮十六人于市，燕民始安”（《元史·耶律楚材传》）。

元太宗死后，皇后乃马真氏称制，政事昏暗，皇后使奥都剌合蛮持御宝空纸自行其是。耶律楚材坚决反对这样做。他说：“天下者，先帝之天下。朝廷自有宪章，今欲紊之，臣不敢奉诏。”（《元史·耶律楚材传》）皇后下诏：“凡奥都剌合蛮所建白，令史不为书者，断其手。”（《元史·耶律楚材传》）耶律楚材说：“事若合理，自当奉行，如不可行，死且不避，况截手乎！”（《元史·耶律楚材传》）

耶律楚材这种不畏权贵的精神，是和他能够廉洁自持、严于正己分不开的。他死后，有人诋毁他说：耶律楚材为官日久，天下贡赋，一半入其家。但经了解，他家除了有古今书画、金石、遗文数千卷外，别无他物。《元史》称赞他说：“楚材当国日久，得禄分其亲族，未尝私以官。行省刘敏从容言之，楚材曰：‘睦亲之义，但当资以金帛。若使从政而违法，吾不能徇私恩也。’”

总之，耶律楚材作为元朝开国时期的一位重臣，是比较开明和有远见的。他的政治法律主张，不仅在当时起了一定的积极作用，而且为后来的元世祖行“汉法”、走封建化的道路奠定了思想基础。应该说，在我国各民族的融合和经济文化交流的历史长河中，耶律楚材是一位有贡献的人物。

深度阅读

1.《包拯集》《王文公文集》《朱文公文集》《朱子语类》《四书章句集注》。

2. 刘新主编：《中国法哲学史纲》，第七章，北京，中国人民大学出版社，2005。

3. 马小红：《礼与法——法的历史连接》，第九章，北京，北京大学出版社，2017。

4. 刘新、杨鹤皋主编：《中国法律思想史简明教程》，第七章第一、二、四、六节，济南，山东人民出版社，1986。

5. 俞荣根主编：《中国法律思想史》，第十六、十八章，北京，法律出版社，2001。

问题与思考

1. 宋元时期的法律思想有哪些新特点？为什么会出现这些新特点？
2. 包公崇拜意识与传统中国法律文化有何内在联系？
3. 如何评价王安石变法以及其立法、执法思想？
4. 朱熹的法律思想的内容与实质是什么？
5. 义理决狱的实质是什么？
6. 为什么说朱熹的法律思想是封建正统法律思想在中国封建社会晚期的主要形态？

第十四章
明清时期的法律思想

常考知识点

- 明清时期的法律思想的新特点
- 丘浚对历代法律思想的评析
- 黄宗羲对“一家之法”的批判
- 天下之法
- 学校议政
- 王夫之“天理寓于人欲”说

第一节　概　述

明清时期（鸦片战争以前）是封建制进一步衰落的时期。封建君主专制的极端强化，导致了封建政治的更加腐朽；资本主义萌芽的产生与成长，促使封建经济进一步衰退。这一切都表明，中国的封建制度已经到了末日，法律思想领域也呈现出新旧交替的特点。

明朝是在元末农民大起义后建立的。鉴于元朝灭亡的教训，明朝的统治者在加强君主专制的同时，在经济方面采取了奖励开荒、减轻赋税等措施，这使明朝初期，即洪武、永乐、宣德 70 年间，出现了社会生产的恢复和发展，阶级矛盾也相对缓和。但是，好景不长，明中期以后，封建统治日渐腐朽，其主要标志是：皇帝昏庸腐化，长期不问政事；宦官专权，相互倾轧；官僚机构重叠，贪污成风；刑罚苛重，民不聊生。这时的官僚地主阶级，受到不断发展的商品货币经济的刺激，更加贪婪和富有掠夺性，以致皇族、权贵和地主豪强勾结起来，兼并土地，插手工商业，疯狂搜刮百姓，迫使农民大批逃亡或举行起义，从而造成新的统治危机。

面对这种局面，明朝的统治者在推行重典的同时，加强思想上的钳制，大力提倡程朱理学、陆王心学和纲常名教，并注重对封建正统法律思想进行总结与阐发，从而使以理学为基础的正统法律思想更加系统，进而僵化为教条。

资本主义萌芽的出现、工商市民阶层的形成，是明代社会的新特点，也为法律思想带来新的活力。在明代中期，就有少数思想敏锐的思想家提出了保障私人经济、放松封建束缚、鼓励工商业发展的要求。

明清之际，是社会发生巨大变化的时期，明王朝在农民大起义的打击下迅速灭亡。清兵入关以后，广大人民在遭受阶级压迫的同时，又遭受民族压迫，阶级矛盾和民族矛盾交织在一起。这时，资本主义萌芽已经有了相当的发展，工商市民阶层随之形成，并与地主阶级内部的反对派结成联盟，向大地主集团和封建专制制度发起冲击。这一切促使一些先进的思想家去思考和寻找新的社会出路、新的思想武器，从而出现了一种带有民主启蒙意义的反对君主专制的激进思潮。这些启蒙思想家的主要代表人物是黄宗羲、王夫之、顾炎武、唐甄等人，其中黄宗羲在政治法律思想方面的贡献最为突出。

清朝初期的统治者为了缓和阶级矛盾和民族矛盾，提出了安民心、清吏治和“以刑弼教”的主张，并实行减轻赋税、奖励生产、兴修水利等措施。在康熙、雍正、乾隆时期，社会生产有显著恢复和发展，专制主义中央集权制度也得到加强。但封建制度已病入膏肓，其没落是无法遏止的。就在取得上述成绩的时候，清统治者很快又对各族人民采取高压、恐怖政策，甚至变本加厉地大兴“文字狱”，摧残科学文化，从而激起各族人民的强烈反抗。

晚清，封建制度总崩溃的过程已经开始。但是，由于中国的资本主义经济没有得到充分发展，世界资本主义已进入帝国主义阶段，并把魔爪伸进中国，因而从 19 世纪 40 年代起，中国逐步成为半殖民地半封建社会。中国法律思想的发展，又进入一个新的历史时期。

第二节　丘　浚

丘浚（1420 年—1495 年），字仲深，广东琼山（今海南琼山）人，景泰五年（公元 1454 年）中进士。他出身贫寒，刻苦读书，是明代中期的著名学者。中进士后，他长期在翰林院任职，官至礼部尚书、文渊阁大学士。他著有《大学衍义补》（参见图 14－1），对历代法律思想和制度中的一些问题进行比较和评注，该书对研究古代法律思想和制度有重要参考价值。他在继承与总结封建正统法律思想的基础上，结合明代的现实，在立法、执法和守法等方面提出了自己的见解。

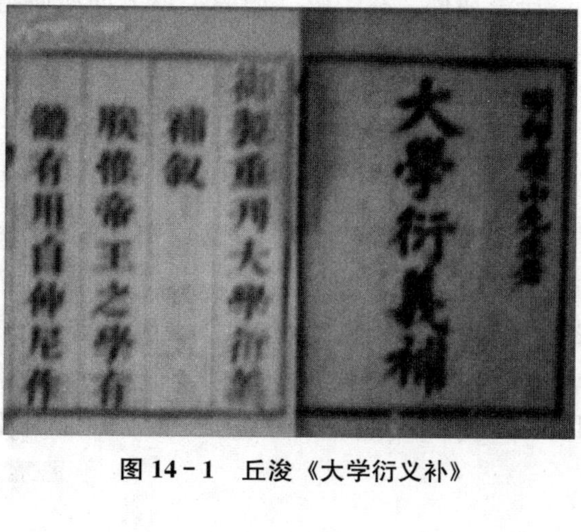

图 14－1　丘浚《大学衍义补》

一、礼、乐、政、刑兼用，以教化为先

丘濬认为，治理国家，要礼、乐、政、刑兼用，四者缺一不可。他说："礼、德、政、刑四者，王道之治具也。"（《大学衍义补》卷一百五十八）他把只有政刑而没有德礼叫作"徒法"，把只有德礼而没有政刑叫作"徒善"。"徒法"与"徒善"皆不足以治国。他认为，为政之本在于"修德以化民"，对化而不服的，就必须"齐之以礼"，用礼来规整他们的行动。但总有人教而不化、礼而不齐，这时，就必须以刑罚政令相见了。他主张把孔子的"道之以政，齐之以刑，民免而无耻；道之以德，齐之以礼，有耻且格"和朱熹的"政者，为治之具；刑者，辅治之法。德、礼则所以出治之本，而德又礼之本也。此其相为终始"结合起来。他认为孔子的话说明了四者的不同地位与作用，朱熹的话说明了四者之间的联系，把孔子的话和朱熹的话结合起来，就能全面把握德、礼、政、刑的关系。因此，丘濬在强调德、礼的同时，又肯定政令与刑罚不可偏废，认为四者应相辅相成、交替使用。

但是，丘濬从儒家传统出发，又主张"以教化为先"，以礼德为主。他说："保之以何为先？曰教之"；"大抵人君为治，教道之废兴，系天命之去留。教道兴，则天理明而民彝叙，民知尊君亲上，而不生背畔之心。不然则智者欲欺愚，强者欲凌弱，令之而不从，治之而不服，而至于用刑罚，动干戈，而国祚不能以久长矣。创业之君，惟知其然，故拳拳以教化为先。"（《大学衍义补》卷六十七）又说："人君为治，欲正天下之纪纲，先正一家之纪纲，家之纪纲，伦理是也。伦理既正，则天下之事，如挈纲然。一纲既张而万目之井然者各得其理矣。"（《大学衍义补》卷二）总之，重教化、隆礼义、正人伦，是治国的根本。

在法律与道德的关系上，丘濬认为，虽然法律与道德都是"王道之治具"，但道德高于法律。他说："礼者，其大者在纲常，其小者在制度。"（《大学衍义补》卷四十）"刑言其法，教言其理，一惟制之以义而已。"（《大学衍义补》卷一百八）法律与刑罚制度都要以纲常礼义为依据。他认为，符合纲常礼义的是"正礼""良法"，违反纲常礼义的是"非礼""淫刑"，因此，立法与司法都要以道德准则为指导，在法律与道德发生矛盾时，法律应服从道德。可见，丘濬在德、礼、政、刑的关系方面所坚持的仍然是儒家的德主刑辅和明刑弼教说，只不过略有发挥而已。

二、"应经合义"，因时立法

在立法方面，丘濬强调法律必须符合纲常礼义原则。他说："应经合义者，则百世定律之至言要道也。"（《大学衍义补》卷一百三）又说："经者，礼义之所自出，人必违于礼义然后入于刑法。律令者，刑法之所在也。议而校定，必礼义、法律两无歉焉。本是以立天下之法……"（《大学衍义补》卷一百三）意即礼义都出于儒家的经典，人总是违背了礼义才入于刑罚。这显然是对汉代以来礼律结合、出礼入刑思想的继承与发挥。

丘浚还强调要因时而立法，立法应该“本天之理，制事之义，以为民之利，因时立法，随时以处中”（《大学衍义补》卷二十七）。他主张法律既要有相对稳定性，又要随着形势的变化及时修订。“国家制为刑书，当有一定之制。”（《大学衍义补》卷一百八）对法律的废立应持慎重态度，法律不可朝令夕改，不仅能行之于一时，而且能为法于后世。在保持法律的稳定性的同时，也要注意“随时制宜，补偏起废”（《大学衍义补》卷一百八），即根据现实的需要，及时废旧立新，删除过时的，补充新的。

丘浚主张法律条文的意思要显明，文字要通俗易懂，力求“浅易其语，显明其义，使人易晓，知所避而不犯，可也”，“使愚夫愚妇皆知，则相率而远之”，“使天下有目者所共见，有耳者所共闻，粗知文义者开卷即了其义……则民知所趋避，不陷于机阱矣”（《大学衍义补》卷一百三）。

三、执法“坚如金石，信如四时”

丘浚认为，要想充分发挥法律的作用，就必须维护法律的严肃性。法律既立，就必须执之“坚如金石，信如四时”，这样，才能使“吏民信服，事可久行”（《大学衍义补》卷三）。

他强调，要想维护法律的严肃性，君主首先要带头守法。他指出，君主惩罚犯罪，应是承天意、安民生，是为了国家之“公”，而不是为了一己之私。“人君之刑赏，非一人喜怒之私，乃众人好恶之公焉。”（《大学衍义补》卷三）“居人上者，立法制，明禁令，必先有诸己，然后为之”（《大学衍义补》卷八十一），应“谨身正法”（《大学衍义补》卷一百十六）。

各级官吏，尤其是执法官吏，也必须以身作则，严格依法办事。执法官吏应“守法不挠”（《大学衍义补》卷一百十二），应“执一定之成法，因所犯而定其罪”（《大学衍义补》卷一百十二），而不应“人主好宽则宽，好急则急”（《大学衍义补》卷一百十二）。丘浚认为，造成冤狱的主要原因是执法者违法枉法、屈从于权贵。为此，他强调要慎重选拔执法官吏，执法官吏应该是“明义理，备道德，通经学”（《大学衍义补》卷一百十一）的人，应该是“仁厚之长者”（《大学衍义补》卷一百十一）和“秉性刚直之人”（《大学衍义补》卷一百十一）。这些话，反映了他对执法官吏素质的重视。

从这种思想出发，丘浚主张在执法方面应“任法”与“任人”相结合。他说：“法者存其大纲，而其出入变化固将付之于人。”（《大学衍义补》卷十）法律规定了基本原则和标准，但实际执行要靠人，具体要求是：“法所载者，任法；法不载者，参以人。”（《大学衍义补》卷一百二）法的执行离不开人，但人的作用的发挥又不能超出法律所允许的范围。法与人相比，法应居于首要地位。

四、慎刑恤狱

丘浚继承与发挥了我国古代传统的“明德慎罚”思想，主张慎刑恤狱。这种主张的提出，是和他对犯罪根源的看法分不开的。他认为产生犯罪的主要原因是统治者的横征暴敛，使百姓衣食无着而失去生路。他指出："饥寒迫身则散，徭役烦扰则散"（《大学衍义补》卷一百六），"横敛厚征，治天下之大蠹也"（《大学衍义补》卷二十四）。他的结论是："民之所以穷而至于犯法"（《大学衍义补》卷一百十三），"民之所以为盗之故不在朝廷则在官吏"（《大学衍义补》卷一百三十六）。要防止犯罪，首先要"养民""富民"，解决老百姓的衣食问题，而不能仰仗严刑峻法。为此，他主张慎刑恤狱、原情定罪。

丘浚反复强调，使用刑罚必须慎重，要"恤刑""慎刑"，其中包括治狱必先宽、罪疑从轻、"免不可得而后刑之……生不可得而后杀之"（《大学衍义补》卷一百八），以及及时结案和改善犯人待遇等内容。他多次引用《尚书》中有关慎刑恤狱的话并加以发挥。他认为最能够体现慎刑恤狱思想的是《尚书》中的"钦哉钦哉，惟刑之恤哉"（《大学衍义补》卷一百）这九个字。他还说："狱官者，能用敬慎以治狱……所行无非仁；是能重民命矣，能重民命则足以延国命矣"（《大学衍义补》卷一百十一）；"人君存哀敬以折狱，则典狱之官，不敢不尽其心。人臣存哀敬以典狱，则受刑之人，不敢不服其罪"（《大学衍义补》卷一百六）。所谓"哀敬折狱"，就是要怀着同情和怜悯的心情处理案件。丘浚认为，只有精通经学，并以经义的原则指导审判，才能做到"哀敬折狱"。他认为司法官吏的素质至关重要，司法官吏是"民命所系"，"国家所以得失民心，皆在于此，故非明义理，备道德，通经学者，不可以居之"（《大学衍义补》卷一百十一）。

丘浚还主张原情定罪。他认为，发扬"好生之德"是断案的出发点："用狱之际，养得一好生之德，自此发将去，方能尽得君德"（《大学衍义补》卷一百），"听狱者当于杀之中求其生，求其生而不得，然后杀之"（《大学衍义补》卷一百一）。怎样才能体现"好生之德"呢？这就要做到"原情定罪"。断狱应"先得其实情"，"因情以求法者，必备两造之辞，必合众人之听，必核其实，必审其疑……"（《大学衍义补》卷一百六）既要看行为效果，又要重视动机。在定罪量刑时，要"随事情而权其轻重……于经于律两无违悖"（《大学衍义补》卷一百十）。

丘浚对汉文帝废除肉刑倍加赞扬：文帝废除肉刑之后，"自是以来天下之人犯法者，始免断肢体、刻肌肤……文帝之德大矣"（《大学衍义补》卷一百二）。他认为，晋朝与宋朝复用刺面、恢复黥刑，是一种倒行逆施。实行这种酷刑，必将累及子孙，后患无穷。他还反对赎刑。他说："辟以止辟，此二帝三王立法之本意也。若死者而可以利赎，则犯法死者皆贫民，而富者不复死矣……而其寡妻孤子何以泄其愤哉！"（《大学衍义补》卷一百五）反对恢复肉刑，反对赎刑，这都是丘浚的慎刑恤狱思想的体现。

五、立法以便民为本

丘浚不仅对封建正统法律思想作了比较全面、系统的总结，而且在明朝当时的历史条件下，为适应资本主义萌芽发展的要求，提出了一些具有时代特点的法律主张。

丘浚反对封建国家垄断经济与贸易，主张开放市场，"听民自便"。他说："官不可与民为市，非但卖盐一事也。大抵立法以便民为本，苟民自便，何必官为？"（《大学衍义补》卷二十八）他抨击当时的"禁盐""榷茶"等法令，主张任民自煮自卖，只要报官上税就行。他认为封建官府垄断经济是违背天意、违背“立君养民”的宗旨的：“天生物以养人，非专为君也，而君专其利已违天意矣，为之禁且不可也，况又为不称其罪之重刑哉！”（《大学衍义补》卷一百十三）

他还主张以法保护私有财产和个人利益。他说：“天生五材，民并用之。君特为民理之耳，非君所得而私有也。”（《大学衍义补》卷二十一）意即自然财富，万民共同享用，君主应是为民理财的，其无权把天下的财富窃为己有。在“普天之下，莫非王土”观念的笼罩下，丘浚能发出这样的言论，实属不易。他认为：使“人人各得其分，人人各遂其愿”（《大学衍义补》卷二十），“各有其有”是“天理”的要求，保护个人权利是国家的职责。如果有人侵犯别人的私有权，那么其应受到法律的制裁。国家立法应以“便民”“利民”为宗旨。通过立法设刑，以达到“省力役、薄税敛、平物价，使富者安其富，贫者不至于贫，各安其分，止其所得矣”（《大学衍义补》卷二十五）的目的。

丘浚针对明王朝的“海禁”政策，主张开放对外贸易。明朝政府曾多次颁布禁止人民私自下海的命令，把出国的人看成是“无父无君之辈”和“化外之民”。这种闭关锁国的政策对于发展对外贸易极为不利。为此，丘浚提出建议，“许人泛海为商”，所贩货物抽税后许其变卖。这样做，既不扰中国之民，又得外邦之助，是“足国用”的一个途径。他这种设想，是冲破闭关锁国政策，用法律保护对外贸易思想的萌芽。

丘浚的这些主张，适应了刚出现的资本主义萌芽的要求，在当时的历史条件下无疑是具有进步意义的。但由于时代的限制，他的这些主张具有折中的色彩，还往往打着“古圣先贤”的牌子。这种带有理想主义的方案，在当时很难付诸实践。不过，从丘浚的法律思想中，已可看到一线曙光。

第三节　黄宗羲

黄宗羲（1610 年—1695 年），字太冲，号南雷，世称梨洲先生，浙江余姚人。其父黄遵素是东林党中的著名人物，也是一位学者，天启六年（1626 年）为阉党所害。黄宗羲 14 岁随父在京，深受其父及杨涟、左光斗等东林党人的影响。明代的江浙数省是我国早期资本主义萌芽发展的主要地区，也是东林党人活动的集中地带。这样的家庭和社会环境，使黄宗羲对当时政治上的黑暗有深切的了解，并使其养成一种勇于抗争的精神。他在青年时期就积极参加反对阉党的斗争。他 19 岁时，崇祯即位，阉党失势，他进京为父申冤。在审问阉党余孽时，黄宗羲当场以铁锥锥击阉党特务头子许显纯，打击邪恶，伸张正义，为父报仇。明亡之后，他进行了抗清武装斗争，出生入死，前后达十年之久。晚年他著书立说，坚持民族气节，拒不仕清。

在激烈、残酷的斗争中，黄宗羲不仅看透了明统治者的腐朽、黑暗，对明王朝失望，而且进一步对整个封建制度产生了怀疑和否定。黄宗羲从对封建制度的怀疑和否定出发，产生了对整个传统思想重新认识并加以清理的宏愿。他的著述，就是沿着这一思路前进的。黄宗羲最终成为伟大的启蒙思想家和学问家。黄宗羲站在当时时代的前列，提出了代表新兴市民阶层利益和要求、具有民主主义因素的启蒙思想。他的著作有《明儒学案》《明夷待访录》等（参见图 14－2）。在这些著作中，他批判君主专制，批判封建法制，阐发了他的富有时代特色的政治法律主张。

图 14－2 国家图书馆珍藏本《明夷待访录》

一、批判君主专制

黄宗羲的政治法律思想中最突出、最光辉的部分，是对封建君主专制的批判。黄宗羲经历过政治上的沧桑之变，深感君主专制制度是明王朝覆亡的直接原因，也是社会向前发展的主要障碍。因此，他把批判的矛头首先指向君主专制，这种批判主要是从君民关系和君臣关系方面展开的。

首先，他对君民关系提出了新的看法。他认为远古时期并没有君主。他说："有生之初，人各自私也，人各自利也，天下有公利而莫或兴之，有公害而莫或除之。有人者出，不以一己之利为利，而使天下受其利，不以一己之害为害，而使天下释其害。"（《明夷待访录・原君》）人类社会初期，由于人都有自私自利的本性，因而社会公利不能振兴、公害不能清除。若要使社会保持一定的秩序，满足人们的生活需求，则需要有人出来"兴利""除害"，为大家办事，于是，最初的君主便应运而生了。"古者以天下为主，君为客，凡君之所毕世而经营者，为天下也。"（《明夷待访录・原君》）这就是说，人民是天下的主人，君主是为人民谋利的公仆。统治者与人民谁为谁服务的问题，是民主思想中的首要问题。黄宗羲在这里已作出了明确的回答。

在阐发了民主主义的思想的同时，黄宗羲对封建君主专制进行了系统的批判。他指出，后来的封建专制君主与原来为人民谋利的君主根本不同："后之为人君者不然，以为天下利害之权皆出于我，我以天下之利尽归于己，以天下之害尽归于人……以我之大私为天下之大公……视天下为莫大之产业，傅之子孙，受享无穷。"（《明夷待访录・原君》）这种封建专制君主把全国的土地与臣民统统视为自己的私产，为了一己之利，不惜"荼毒天下之肝脑……敲剥天下之骨髓，离散天下之子女，以奉我一人之淫乐，视为当然，曰'此我产业之花息也'"（《明夷待访录・原君》）。原来的"天下为主，君为客"的君民关系被破坏，“主客”关系被颠倒。这种“以君为主，天下为客”的统治关系成为天下不得安宁的最根本的原因。黄宗羲尖锐地指出：“凡天下之无地而得安宁者，为君也……为天下之大害者，君而已矣。”（《明夷待访录·原君》）封建专制君主成为天下的大祸害，因此“……天下之人怨恶其君，视之如寇，名之为独夫，固其所也”（《明夷待访录·原君》）。天下的百姓把这样的君主称为独夫民贼，视其为不共戴天的仇敌，是理所当然、再恰当不过的了。因此，黄宗羲称赞诛伐纣王的武王为“圣人”，孟子的“闻诛一夫纣，未闻弑君”的话是“圣人之言”。黄宗羲大声疾呼：“岂天地之大，于兆人万姓之中，独私其一人一姓乎！”（《明夷待访录·原君》）他进一步提出大胆的设想：“向使无君，人各得自私也，人各得自利也。”（《明夷待访录·原君》）如果没有君主，那么人民“各得自私，各得自利”的要求就能得到满足。在封建君主专制的淫威下，如此尖锐地提出问题，在当时有振聋发聩之效。

在君臣关系上，黄宗羲认为君臣不是主从关系而是平等关系。他在《明夷待访录·原臣》中对“君为臣纲”的封建教条进行了猛烈的抨击。他认为，在实质上臣与君一样，“名异而实同”，都是人民的公仆。“君与臣，共曳木之人也。”君与臣作为人民的公仆，共同承担着责任。为人臣的职责是：“为天下，非为君也；为万民，非为一姓也。”因此，对君主的言行，不可随声附和，不可盲从，更不可助纣为虐。为臣的目的，“不在一姓之兴亡，而在万民之忧乐”。民众能得到幸福快乐，就是天下大治；民众遭受苦难和不幸，就是天下大乱，“是故桀纣之亡，乃所以为治也”。如果“为臣者轻视斯民之水火，即能辅君而兴，从君而亡，其于臣道固未尝不背也”。大意是：为臣的不为天下民众尽力，不拯救民众于水火，即使臣与君共兴隆、共灭亡，也不能说是尽到了为臣之道。他还说：“君臣之名，从天下而有之者也。吾无天下之责，则吾在君为路人。出而仕于君也，不以天下为事，则君之仆妾也；以天下为事，则君之师友也。”为了共同为天下民众办事，才有了君臣之名。如果一个人未担负公职，那么其同君主就和路人一样，并没有什么主从关系。如果出仕为官，那么其不以为天下民众服务为己任，就成了君主的奴仆。黄宗羲尖锐地批判那些死抱住“君为臣纲”教条不放的人：“小儒规规焉以君臣之义无所逃于天地之间，至桀、纣之暴，犹谓汤、武不当诛之，而妄传伯夷、叔齐无稽之事……”（《明夷待访录·原君》）大意是：这种人鼓吹“君臣大义”不可违反，即便遇到桀、纣一类的暴君独夫，也不可犯上。这种对暴君也要讲“愚忠”的人是目光短浅、不识时务的“规规”小儒。“君为臣纲”是“三纲”的第一纲。从黄宗羲对“君为臣纲”的猛烈批判中，可以看出他的鲜明的民主主义的政治主张。

二、君臣共治

黄宗羲对君主专制的批判是猛烈的，在批判中他还提出了“向使无君”的设想。但是，由于历史条件的限制，他没能从揭露与批判君主专制的罪恶中得出根本废除封建君主制的结论。君主专制要不得，用什么办法来代替呢？他的设想是保留君主，实行君臣共治，限制君权。

为什么要这样做？他说：“……天下之大，非一人之所能治，而分治之以群工。”

(《明夷待访录·原臣》) 这样大的一个国家，一个人是治理不了的，应该由君臣共同治理。他的具体方案就是恢复宰相制。在明代以前，历代封建王朝在皇帝之下都设有宰相，宰相是“一人之下，万人之上”的“百官之长”，其职责是辅佐皇帝统领百官，以治天下。在漫长的封建社会中，一直存在皇权与相权的矛盾。到了封建社会后期，随着君主专制日益强化，皇权与相权的矛盾也不断加深。到了明初，朱元璋为了加强独裁专制，防止臣下“谋反”，干脆废除宰相，集权于一身。黄宗羲认为，这就是明朝政治越来越腐败的症结所在。他说：“有明之无善治，自高皇帝罢丞相始也。”(《明夷待访录·置相》)因此，他主张恢复宰相制度，设宰相一人，参知政事无常员。宰相、六卿、谏官和皇帝“每日便殿议政”(《明夷待访录·置相》)。议政时，大臣“东西面以次坐”(《明夷待访录·置相》)，不必叩首奏事。宰相和皇帝共同批红。为了加强宰相的作用，他主张建立一个以宰相为主体的国家行政机构：“宰相设政事堂，使新进士主之，或用待诏者”(《明夷待访录·置相》)，政事堂下设“五房”，“分曹以主众务”(《明夷待访录·置相》)。由此可见，黄宗羲主张恢复宰相制度，并不是为了复古，而是着眼于限制君权。他主张宰相设政事堂，政事堂下分设五房。这套国家最高行政机构，已近似西方资产阶级的责任内阁制。他的这种主张，对后来的康有为、梁启超等人有直接影响。

三、学校议政

在《明夷待访录·学校》中，黄宗羲提出了近似议会政治的设想。他认为，学校不仅是培养人才的场所，而且应该是“治天下之具皆出于学校”。他说：“学校，所以养士也。然古之圣王，其意不仅此也，必使治天下之具皆出于学校，而后学校之意始备。”也就是说，学校应该是让知识分子评论国事和出谋划策的地方，国家的政事应以学校的意见为准。在君主专制制度下，“天下之是非一出于朝廷。天子荣之，则群趋以为是；天子辱之，则群擿以为非”。但实际上，“天子之所是未必是，天子之所非未必非”，因此往往是非颠倒，必须“公其非是于学校”，才能准确地评断是非。在这里，黄宗羲要求学校成为议论“天下之是非”的机关，朝廷应该以学校评定的是非为准则。学校应成为表达天下民众的舆论和代表民意参政的机构，由学校参与法律的制定并监督其执行。

黄宗羲对学校的历史作了附会，声称东汉时就有学校，那时太学生三万人，“危言深论，不隐豪强，公卿避其贬议”(《明夷待访录·学校》)。宋朝也有这种遗风，“宋诸生伏阙槌鼓”，“使当日之在朝廷者，以其所非是为非是”(《明夷待访录·学校》)。

黄宗羲主张，学校作为议政机关，分中央和地方两级。中央的“太学祭酒”，应推举当世大儒担任，或由已退职的宰相担任。“太学祭酒”的地位与宰相相同。每月初一，“太学祭酒”讲学，君主、宰相、六卿、谏议大夫都应亲临太学，“祭酒南面讲学，天子亦就弟子之列。政有缺失，祭酒直言无讳”(《明夷待访录·学校》)。郡县的学官，由“郡县公议，请名儒主之”(《明夷待访录·学校》)。每月初一、十五，由郡县学官讲学，郡县官员也在弟子之列。地方学官也有评议、监督、弹劾当地官员的权力。“郡县官政事缺失，小则纠绳，大则伐鼓号于众。”(《明夷待访录·学校》)

黄宗羲所说的这种学校，已经超出“学校”本身的含义，而带有近代资产阶级代议机关的性质。尽管他的这些设想现在看来较为幼稚，也不切实际，但在当时的历史条件下，他提出以“学校”监督政府和限制君权，这无疑是大胆的，具有民主主义思想的特点。可以说，他提出的主张，是二百年以后我国近代民主立宪运动的前奏。

四、立“天下之法”，去“一家之法”

在《明夷待访录·原法》中，黄宗羲猛烈批判封建法制，主张立“天下之法”，去“一家之法”。

黄宗羲主张实行“法治”。但他认为，要实行“法治”，首先要以“天下之法”代替“一家之法”。何谓“天下之法”？他说：“三代以上之法……未尝为一己而立也。”三代以上的法，不是为维护君主私利而立的。“三代之法，藏天下于天下者也。山泽之利不必其尽取，刑赏之权不疑其旁落，贵不在朝廷也，贱不在草莽也。”承认天下的公共性，把天下本身作为天下共有的东西加以尊重，这是三代之法的出发点。也就是说，天下人都有平等的权利，不但经济、司法方面的权利平等，而且不论出身、职业，人人都享有平等权利，当官的不因在朝为官就高人一等。有了这种“天下之法”，就能使天下人“各得自私，各得自利”。由此可见，在法律思想方面，黄宗羲是把保护个人权利和法律上的平等作为基本要求的。

黄宗羲指出：后世之法（封建法）与三代之法根本不同。“后之人主，既得天下，唯恐其祚命之不长也，子孙之不能保有也，思患于未然以为之法。然则其所谓法者，一家之法，而非天下之法也。”黄宗羲把这种“一家之法”视为“非法之法”。“后世之法，藏天下于筐箧者也……法愈密而天下之乱即生于法之中，所谓非法之法也。”在他看来，这种“非法之法”把天下当作自己箱子里的私有物，这种法不被废除，就无“法治”可言。因此，他反对荀子的“有治人，无治法”的思想。他说：“吾以谓有治法而后有治人。自非法之法桎梏天下人之手足，即有能治之人，终不胜其牵挽嫌疑之顾盼，有所设施，亦就其分之所得，安于苟简，而不能有度外之功名。”这种“非法之法”愈多，天下愈乱。在这种法的禁锢之下，即使有治国的人才，也无法施展其才能。如果有了为天下人谋利的“天下之法”，那么情况就大不一样了。“使先王之法而在，莫不有法外之意存乎其间。其人是也，则可以无不行之意；其人非也，亦不至深刻罗网，反害天下。故曰有治法而后有治人。”有了“治法”，治国之才就可以充分施展自己的才能，大胆放手地贯彻执行法律。即使遇到坏人，天下人也不致因坏人运用坏法罗织罪名而受其害。

黄宗羲的“有治法而后有治人”的法治论是以反对君主专制，主张以“天下之法”代替“一家之法”为前提的。这种法治论主张法律要为“天下之人”谋利，要求君民上下都要遵守法律，任何人都没有凌驾于法律之上的特权。这种具有明显的民主主义色彩的法治论是当时的资本主义萌芽在意识形态上的反映，适应了新兴市民阶层要求在法律上享有平等权利的愿望。图 14－3 为《黄宗羲全集》之一。

图 14-3 《黄宗羲全集》之一

五、工商皆本

黄宗羲的经济立法思想，突出地表现出他的法律思想的实质与特点。

在土地法与税法方面，他抨击当时的土地制度和赋税制度是“乱世苟且之术”（《明夷待访录·田制》），是“以法夺”民之田（《明夷待访录·田制》）。他针对当时土地高度集中、赋税繁重、贫富悬殊的状况，主张把土地收归国有，以“井田制”的形式，“授民以田”，每户五十亩，全国授田多余的田亩，“以听富民之所占”（《明夷待访录·田制》）。他认为这样做，就可使“天下之田自无不足”（《明夷待访录·田制》）。

他主张在平均授田的基础上改革赋税制度，税额是“授田于民，以什一为则；未授之田，以二十一为则。其户口则以为出兵养兵之赋”（《明夷待访录·田制》），如此则“国用自无不足，又何事于暴税乎”（《明夷待访录·田制》）。

他这种改革土地制度和赋税制度的主张，形式上是主张恢复“井田制”，但在实质上是主张在土地占有和赋税负担上取消封建特权。他在复古的形式下，表达了对封建土地与赋税制度的厌弃和对新土地与赋税制度的向往。

尤其值得重视的是，黄宗羲一反农业为本、工商为末的传统观念，明确地提出了工商皆本的思想。

在中国两千多年的封建社会中，重农抑商一直是封建统治者的基本经济政策，也是制定法律的指导思想。明清之际，随着资本主义萌芽的出现，工商业在国计民生中日益显现出它的重要性。黄宗羲又长期生活在江浙一带，他亲眼看到这些地区工商业发展的实况和市民阶层力量的增长。这就使他逐渐感到重农抑商政策已经不符合社会生活的要求。于是，他明确提出“工商皆本”的主张。他说：“世儒不察，以工商为末，妄议抑之。夫工固圣王之所欲来，商又使其愿出于途者，盖皆本也。”（《明夷待访录·财计》）意思是，工商业和农业一样，也是社会经济生活不可缺少的部分，是本而不是末。黄宗羲提出“工商皆本”的主张，是为了发展与人民生活关系密切的民间具有资本主义萌芽性质的工商业，而对于为封建统治者奢侈生活和迷信服务的工商业，他主张加以禁止，

“有为佛而货者，有为巫而货者，有为倡优而货者，有为奇技淫巧而货者，皆不切于民用，一概痛绝之”（《明夷待访录·财计》）。

由此可见，黄宗羲的工商皆本的主张，是要求发展当时出现的带有资本主义萌芽性质的私有经济，使“人各得自私”，“人各得自利”。与此同时，其要求在土地、赋税、币制、商品生产与流通等方面进行改革，并废除为封建帝王一家一姓谋利的“一家之法”，代之以“天下之法”，以实现“天下安富”的理想。他的“工商皆本”的主张，和他的民主主义的政治法律思想一样，都代表了当时出现的市民阶层的要求，具有明显的时代特点。

后来，由于政治、经济和文化相对落后的满族入主中原，中国社会的发展遇到挫折。中国两千多年的封建君主专制的流毒很深，使黄宗羲的思想一度受冷落。直到中国社会步入近代以后，他的思想才又被重视。

黄宗羲和他的《明夷待访录》在戊戌变法时影响非常大，正如梁启超所说：“梁启超、谭嗣同辈倡民权共和之说，则将其书节抄，印数万本，秘密散布，于晚清思想之骤变，极有力焉。”（梁启超：《清代学术概论》）

在当前我们加强社会主义法治建设、实行依法治国的过程中，黄宗羲的民主与法治思想，仍然值得借鉴与弘扬。

第四节　顾炎武

顾炎武（1613 年—1682 年），原名绛，后改名为炎武，世人称亭林先生。他是明末清初的著名思想家，出生于江苏昆山大官僚家庭。14 岁时他曾参加东南一带进步知识分子组织的复社，明亡后坚持抗清，失败后，退而专心从事学术活动。他的法哲学思想和黄宗羲、王夫之的一样，具有反对封建君主专制的民主主义性质，但也有自己的特点，即主张“明道”“救世”“经世致用”之学，反对空谈天道性命。他的代表作是《日知录》。

一、唯物主义与经世致用之学

顾炎武继承了张载的“太虚即气”的唯物主义思想，认为天地之间充满了物质性的气。他引用张载《正蒙》的话说：“太虚不能无气，气不能不聚而为万物，万物不能不散而为太虚。”在宇宙的本原上，他坚持了气一元论的唯物主义观点。

顾炎武还认为，天地万物都是不断变化的，日往月来，月往日来；寒往暑来，暑往寒来，永不会停息。他引用孔子的话说：“逝者如斯夫，不舍昼夜”（《论语·子罕》）。

这种朴素的唯物主义和辩证法观点，构成顾炎武反对理学空谈、提倡经世致用之学的哲学基础。他对宋明理学深恶痛绝。宋明时期，在理学的统治下，士大夫们虽然是高官厚禄，却不关心百姓疾苦和国家的命运，而空谈“心”“性”。他痛心地指出，清谈之风始于魏晋玄学，而“今日之清谈，有甚于前代者”（《日知录·卷七》）。昔日是清谈老庄，当今是清谈孔孟，但未得孔孟的精华，却抓住糟粕不放，“不习六艺之文，不考百王之典，不综当代之务”（《日知录·卷七》）；既不重视历史，又不研究社会的现状，“以明心见性之空言，代修己治人之实学，股肱惰而万事荒，爪牙亡而四国乱，神州荡覆，宗社丘墟”（《日知录·卷七》）。顾炎武认为，这种清谈之风不仅造就一批无用的废物，而且培植了一些无耻之徒。这帮空谈“心”“性”的道学先生，有的成为不顾国家安危而躲在自己的小天地里面墙而立的废物，有的则争当宦官的干儿子以趋炎附势。这种歪风害了自己是小事，迷惑大众却是罪大恶极。

顾炎武大声疾呼，要扫除清谈之风，提倡经世致用之学。他认为研究学问要学以致用，要把学术研究与解决社会实际问题结合起来；研究学问要有自己的创见和心得，不要一味蹈袭和模仿古人。他注重调查研究，注重事实，重视第一手资料。为了研究当时的社会状况，他曾经搜集了各府、州、县的地方志一千多部。他走遍半个中国，考察当时各地的社会风俗和民生利弊。他深入研究当时的政治制度、法律制度、经济制度和各种社会问题，并提出自己有根有据的见解。他治学特别严谨：他的主要著作《日知录》一共写了 32 年，全书由 1 037 个小专题构成，每题都言之有物、结论明确、论据充分。顾炎武的经世致用的思想和注重事实注重证据的治学方法，对清代二百多年的学术风气影响极大。

二、批判君主专制

明清之际，一些进步思想家都对君主专制进行了批判。顾炎武也是如此。他和黄宗羲一样，认为君主并非绝对尊贵的，君权不应该是至高无上的。

顾炎武认为“天下”是天下人的天下，而不是君主的私有物。他用“国”和“天下”两个概念，来区分属于一家一姓的王朝和属于民众的天下。在中国两千多年的封建社会里，封建王朝的君主总是把他们一家一姓的王朝和整个国家等同起来，把他们皇室贵戚的私利说成是整个国家和全民的利益。顾炎武认为，这纯属谬论。他把“亡国”与“亡天下”区别开来，认为：“亡国”是封建王朝的更替，是封建统治者的“改姓易号”。为此，人民不必管他。“亡天下”则关系到整个国家与民族的命运。“仁义充塞，而至于率兽食人，人将相食，谓之亡天下”（《日知录·卷十三》）。也就是说，政治腐败黑暗，道德沦丧，统治者鱼肉百姓，人民失去生路，这叫作“亡天下”。因此，天下兴亡，匹夫有责，“保天下者，匹夫之贱，与有责焉耳矣”（《日知录·卷十三》）。

在明代，君主独裁专制发展到极点。顾炎武和黄宗羲、王夫之等启蒙思想家一样，反对君主个人独裁专制，主张限制君权。他说：“人君之于天下，不能以独治也，独治之而刑繁矣，众治之而刑措矣”（《日知录·卷六》）。个人独裁专制，势必依靠严刑峻法来维持其统治。“独治而刑繁”，是个人独裁专制的第一大危害。第二大危害就是“废官而用吏”（《日知录·卷八》），培植个人亲信。皇帝个人独裁，对大臣心存猜忌，怕大臣夺权，事无大小都抓到自己手中，但又管不过来，于是培植亲信，重用对上善于阿谀逢迎、对下作威作福的谗佞之徒。这类人不学无术，一朝大权在手，就欺上瞒下、无恶不作。明朝的宦官专权，就是君主个人独裁的恶果。第三大危害是，皇帝个人独裁，势必造成守令无权无所为。君主猜忌郡县守令，并派耳目亲信监视守令，使地方官员终日战战兢兢，不求有功，只求免罪，而不可能有什么建树。

个人独裁有如此多的弊端，出路何在？由于历史条件的限制，顾炎武也同黄宗羲一样，没有能够从批判君主专制中得出不要君主的结论。君主专制要不得，用什么办法来代替？他的结论是限制君权："分天子之权"，"百官分治"，即要依靠百官来治理国家。他说："天子之所恃以平治天下者，百官也"（《日知录・卷八》），"一命之官，莫不分天子之权，以各治其事，而天子之权乃益尊"（《日知录・卷九》）。

顾炎武针对皇权至上、皇帝唯我独尊的封建信条，提出了君臣平等、君民平等的思想。他说："为民而立之君，故班爵之意，天子与公、侯、伯、子、男一也，而非绝世之贵……是故知天子一位之义，而不敢肆于民上以自尊；知禄以代耕之义，则不敢厚取于民以自奉"（《日知录・卷七》）。意思是：皇帝是为民而立的，设立皇帝是为了给人民办事，皇帝的爵位和其他各种爵位在政治上是平等的，并无什么特殊可言，只不过爵位比别人的高罢了。因此，皇帝不应该自以为无比尊贵，而凌驾于百官和广大平民百姓之上作威作福。

顾炎武还主张恢复过去的"清议"，允许庶民议政。他赞赏中国历史上的清议。他在《日知录》中说，"子产不毁乡校，汉文止辇受言，皆以此也。唐之中世，此意犹存。鲁山令元德秀，遣乐工数人，连袂歌于芀，玄宗为之感动，白居易……作乐府及诗百余篇，规讽时事，流闻禁中，宪宗召入翰林，亦近于陈列国之风，听舆人之诵者矣"（《日知录・卷十九》）。他又说，"立闾师，设乡校，存清议于州里，以佐刑罚之穷"（《日知录・卷十三》）。顾炎武赞扬乡校，意在提倡庶民议政，为士大夫和庶民百姓争取参政议政的权利。这是民权思想的萌芽。

为了限制君主的权力，顾炎武提出了"寓封建之意于郡县之中"的设想。他说，"寓封建之意于郡县之中，而天下治矣"（《亭林诗文集・文集卷之一》），也就是要在郡县制之中加入封建制所具有的一定的独立性。他认为这是"于不变之中，而寓变之之制；因已变之势，而复创造之规"（《亭林诗文集・文集卷之六》）。其用意是加强地方的自治权而削弱帝王的权力。他设想的是一种地方自治的雏形，在当时有一定的进步意义。但是他在主张加强地方自治权的同时，又主张地方官可以世袭，恢复古代的宗法制度。这是当时一些启蒙思想家所共有的时代局限性的表现。

三、立众治之法，以礼为先，疏法省刑

前面引用的"人君之于天下，不能以独治也，独治之而刑繁矣，众治之而刑措矣"（《日知录・卷六》）这句话充分表明，顾炎武对法的看法是同国家的政治体制紧密结合在一起的。他反对专制之法，向往众治之法。他认为法应该是"公天下而为之者也"（《日知录・卷八》）。所谓"公天下而为之"的法，也就是"众治"之法。他赞扬这种"众治"之法说："夫惟于一乡之中，官之备而法之详，然后天下之治若网之在纲，有条而不紊"（《日知录・卷八》）。顾炎武对专制之法进行了深刻的批判。他认为，在君主独裁政治下，"一兵之籍，一财之源，一地之守，皆人主自为之也。欲专大利而无受其大害，遂废人而用法，废官而用吏"（《日知录・卷八》）。因此顾炎武得出了"独治而刑繁"的结论。在

繁法严诛之下，人人自危，人不得尽其才。这种专制之法使“事功日堕，风俗日坏，贫民愈无告，奸人愈得志，此上下之所同患”（《日知录·卷八》）。

顾炎武反对专制之法并不是根本否定法律的作用，他说：“法制禁令，王者之所不废，而非所以为治也，其本在正人心，厚风俗而已”（《日知录·卷八》）。这就是说，法律和禁令也是必要的，但这不是治理国家的根本办法，治理国家的根本办法是“正人心、厚风俗”。为此，他主张以礼为先、疏法省刑。

顾炎武详细考察了历代王朝兴盛衰亡的历史，认为加强礼义教化、整顿社会风俗是根本问题，法制禁令是次要的。在他看来，国家的混乱，政治的腐败，归根到底是由人心不正、社会风气败坏引起的。他在抨击当时的颓风败俗时指出：“乃以今观之，则无官不赂遗，而人人皆吏士之为矣；无守不盗窃，而人人皆僮竖之为矣。自其束发读书之时，所以劝之者，不过所谓千钟粟、黄金屋，而一旦服官，即求其所大欲。君臣上下，怀利以相接，遂成风流，不可复制。”（《日知录·卷十三》）如何来破除这种颓风恶俗呢？顾炎武认为，这需要每个人都讲究修、齐、治、平之道，时刻都以礼义廉耻自勉。他指出：“礼义廉耻，国之四维，四维不张，国乃灭亡”，“礼义治人之大法，廉耻立人之大节。盖不廉则无所不取，不耻则无所不为，人而如此，则祸败乱亡亦无所不至”（《日知录·卷十三》）。

顾炎武在强调礼义教化的同时，反对封建法制的繁法严刑，主张疏法宽刑。顾炎武认为，明王朝法网繁密是和皇帝个人专制分不开的。皇帝为了维护其独裁统治，必然是“法令日繁，治具日密”（《日知录·卷九》），一法不足，又加一法，法上加法，弊又生弊。法令繁密，使奸吏弄法，人人自危。明王朝最终也未能逃脱灭亡的命运。他还以秦始皇为例说：天下事不论大小都取决于他一人，刚毅戾深，事皆决于法。但繁法严诛最终导致秦王朝二世而亡。

在抨击法繁刑酷的同时，顾炎武赞扬汉文帝采取“约法省刑”“去严除苛”等措施，而导致天下大治的局面。他说：“汉文帝诏置三老、孝弟、力田常员，令各率其意，以道民焉。夫三老之卑，而使之得率其意，此文景之治，所以至于移风易俗，黎民醇厚，而上拟于成康之盛也。”（《日知录·卷八》）

从上述内容可以看出，顾炎武和黄宗羲、王夫之一样，都是明清之际的启蒙思想家。他对宋明理学的批判，以及在政治法律思想方面提出的有明显民主主义色彩的主张，在历史上起过进步作用，就是在今天，仍然没有失去它的价值。他的“天下兴亡，匹夫有责”的名言，四百多年来激励了无数仁人志士为国家与民族的命运而献身。他的法哲学思想是和反对封建君主专制紧密结合的，在中国法哲学史上也占有重要地位。

第五节　王夫之

王夫之（1619年—1692年），字而农，湖南衡阳人，因晚年隐居故乡的石船山，故世称船山先生。他的经历与黄宗羲相似：青年时反对宦官专权，清兵入关后举兵抗清，失败后投奔南明政权。后来他辞职返乡，晚年定居于衡阳石船山，著书立说。他的著作很多，后人编为《船山遗书》。他的法律理论与主张多集中于《读通鉴论》《读四书大全说》《宋论》《黄书》等。

王夫之是明清之际著名的唯物主义哲学家和启蒙主义思想家。他以朴素唯物主义和辩证法思想为理论武器，深刻批判了程朱理学所宣扬的“存天理，灭人欲”的唯心主义理论。他在法律理论方面提出了法律应“趋时更新”的发展观点，在法律体系、立法和司法的基本原则等方面也提出了一些带有民主主义倾向的新见解。

一、朴素唯物主义思想与“天理寓于人欲”说

针对理学家“理在气先”，“未有这事，先有这理”的唯心主义思想，王夫之进行了有力的驳斥。他认为整个世界统一于物质性的“气”。他说：“凡虚空皆气也”，“阴阳二气充满太虚，此外更无他物，亦无间隙。天之象，地之形，皆其所范围也”（《船山遗书·张子正蒙注》卷一上）。这是说，物质性的“气”是宇宙的本原，“气”充满宇宙，无所不在，无所不包。由于“气”的运行而产生万物和人类，“其聚而出为人物则形，散而入于太虚则不形”（《船山遗书·张子正蒙注》卷一上）。万物和人类有生死的变化，而“气”不因此而增减。“（气）聚散变化，而其本体不为之损益”（《船山遗书·张子正蒙注》卷一上），“气”只有聚散，而没有生灭。物质性的“气”是永恒的。

王夫之从这种朴素唯物主义思想出发，认为整个宇宙之间，除了物质性的“气”之外，并不存在“虚托孤立之理”（《读四书大全说》卷十）。他认为“理”是“气”的聚散变化的法则，它只存在于“气”的变化运动的过程之中，离开了“气”就无所谓“理”，因此，他明确提出，“若其实，则理在气中”（《船山遗书·张子正蒙注》卷一上），并以此唯物主义思想有力地批判了朱熹的“未有这事，先有这理”（《朱子语类》卷九五）的唯心主义的说教，并进一步批判了理学家们“存天理，灭人欲”的谬论。

王夫之认为，“天理”离不开“人欲”，“天理”只能存在于“人欲”之中。“人欲”就是人们生存不可缺少的正当要求，“是故天地之产皆有所用；饮食男女，皆有所贞。君子敬天地之产而秩其分；重饮食男女之辨而协其安”（《诗广传》）。“人欲之各得，即天理之大同”（《读四书大全说》卷四）。他这种重视人们正当的欲望和要求的见解，是对理学家的唯心主义和禁欲主义的有力的批判与否定。为了满足人们的正当欲望和要求，他主张富厚民生、开发资源，并且提出了土地公有和“耕者有其田”（《噩梦》）的主张。

二、“趋时更新”，因时立法

王夫之认为，自然界和人类社会都处于不断变化与发展之中，新的不断代替旧的，这是不以人的意志为转移的客观规律。他认为，国家的政治法律制度也随着社会的变化而变化，随着时代的发展而发展。他针对明王朝的“奉天法古”的陈腐观念，明确提出“趋时更新”的政治法律主张。他把社会发展的趋势称为“势”，把发展的规律称为“理”。他说：“顺必然之势者，理也。”（《宋论》卷七）政治法律制度是一定的历史条件下的产物，随着时间的推移和社会条件的变化，有的已经过时，因此，必须“趋时更新”，因时而变，因时而立。他以郡县制取代分封制为例，阐述他的“趋时更新”的主

张。他说：在夏、商、周三代的时候，由于“民淳而听于世族”（《船山遗书·读通鉴论》卷二十一），所以可以分封各个诸侯领主，这种分封制是当时的“势”“理”使然。可是后来形势变了，分封制逐渐成为国家走向统一的障碍，已有违“势”“理”，终于为郡县制所代替。王夫之认为，中国历史发展的总趋势，是由野蛮走向文明、由万国分立趋于统一，郡县制是符合历史发展趋势的。他断言：“郡县之制，垂二千年而弗能改矣，合古今上下皆安之，势之所趋，岂非理而能然哉。”（《船山遗书·读通鉴论》卷一）郡县制是如此，其他政治法律制度亦然。政治法律制度的以新代旧也是由社会发展的规律决定的。

三、“必循天下之公”的立法原则

王夫之从他的“趋时更新”、因时立法的思想出发，明确提出“必循天下之公”的立法原则。他的这种立法主张是针对封建法制的宗法私有性而提出来的。他认为，立法“为公”“为民”是千古立法的“精意”之所在。他说：“帝王立法之精意寓于名实者，皆原本仁义，以定民志、兴民行，进天下以协于极，其用隐而化以神”（《船山遗书·读通鉴论》卷二十二）。以“公”取代“私”，是法制演变发展的必然趋势：“秦以私天下之心而罢侯置守，而天假其私以行其大公”（《船山移书·读通鉴论》卷一）。秦王朝废分封制，改郡县制，是从维护秦王朝私利出发的。可是废分封、置郡县并未给秦王朝带来好处，秦王朝短命而亡。然而这种政治制度对整个国家是有利的，客观上是符合公利与民意的。王夫之所强调的“公”与民意，已经超出了前代思想家所说的统治者整体利益的范围，而是指包括工、商、农等劳动者在内的多数人的意志和要求。在他看来，虽然君主位尊权重，但其个人的意愿仅仅是“一人之意”，属于私的范畴。即使君主的意志是从当时的形势出发提出的，那也只是“一时之意”，也没有脱离“私”的范畴。只有体现大多数人的利益，即“天下之大公”才是真正的“公”，才能作为立法的宗旨。他把这种“公”称为“古今之通义”，并主张区分“公”和“私”的界限，立“公”去“私”。“有一人之正义，有一时之大义，有古今之通义，轻重之衡，公私之辨，三者不可不察。以一人之义，视一时之大义，而一人之义私矣；以一时之义，视古今之通义，而一时之义私矣。公者重，私者轻矣，权衡之所自定也。”（《船山移书·读通鉴论》卷十四）因此，“不可以一时废千古，不可以一人废天下”（《船山遗书·读通鉴论》卷十四）。

王夫之从这种带有民主主义色彩的公私观出发，着重批判了一些封建卫道士所宣扬的所谓王朝的正统论。封建卫道士们声称：某某王朝是天经地义的统治者，它的统治应该世代相传，除它以外，皆非正统，都没有染指国权的权利。这种正统论是君主专制制度的精神支柱，是“家天下”的护命符。王夫之坚决反对这种正统论，他认为，几千年以来，中国的王朝不断更替，根本无法说明谁是正统、谁是非正统。天下本来就没有所谓的正统与非正统，天下者乃天下人之天下，“天下非一家之私”（《宋元学案》卷八十二）。判断天下大事的是非，必须“循天下之公”，即遵循“公天下”的原则。按照这一原则去判断一个政权的顺逆是非，不应看它是姓张还是姓王，而应看它实行什么政策、对社会有无好处。既然没有什么正统和非正统，那也就不必向某个王朝、某个皇帝效愚忠。王夫之认为，为臣的向一个祸国殃民的王朝和皇帝效愚忠是毫无意义的，向无道的皇帝效忠不仅是愚钝的，而且是有违天下之大公的。

据此，王夫之指出，法律也不应维护使天下归于一人的“大私”制度：法律应该循“天下之公”，维护天下人的公利。从这种观点出发，王夫之严厉斥责创立君主专制的“家天下”的秦始皇是“获罪于万世”（《船山遗书·读通鉴论》卷一）。他断言，凡是追求“私”利而损百姓之利的都不会有好结果：“天子而斤斤然以积聚贻子孙，则贫必在国；士大夫斤斤然以积聚贻子孙，则败必在家；庶人斤斤然以积聚贻子孙，则后世必饥寒以死。”（《船山遗书·读通鉴论》卷二）他进一步揭露，封建的礼法仁义实际上是谋取私利、束缚人民的工具：“天子无大公之德以立于人上，独灭裂小民而使之公，是仁义中正为帝王桎梏天下之具。”（《船山遗书·读通鉴论》卷五）这种深刻的揭露与批判，击中了封建礼义法度的要害，也反映了王夫之对“为公”“为民”的新法制的向往。

四、“法贵简而能禁，刑贵轻而必行”

王夫之从立法“为公”“为民”出发，要求“法简刑轻”，“法贵简而能禁，刑贵轻而必行”，要求废止酷刑。他说：“夫刑极于死而止矣。其不得不有死刑者，以止恶，以惩恶，不得已而用也。”（《船山遗书·读通鉴论》卷十九）“刑极于死而止”，不应该再用枭、磔等酷刑。他还反对秋冬行刑制度，要求及时结案等。“法贵简而能禁，刑贵轻而必行”，这是王夫之最理想的立法和司法原则。他认为，律简则刑清，刑清则罪允，罪允则民知畏忌。什么是简呢？他解释说：“简者，宽仁之本也。敬以行简者，居正之原也。敬者，君子之自治，不以微疵累大德；简者，临民之上理，不以苛细起纷争。”（《船山遗书·读通鉴论》卷二十二）他认为，“简”就是小过不察，大罪不漏。为了做到简，就要“挈大纲，略细法”（《船山遗书·读通鉴论》卷七），这个大纲就是安民、裕国、兴贤、远恶。为了做到法简，他还主张法律必须统一。君主立下法规，行于天下，不得随意变更或违背。他反对法外有例、例外有令。他要求“择折狱之吏，申画一之法，除条例之繁，严失入之罚”，使案件减少到最低限度。

在司法断狱方面，王夫之主张原情定罪、据罪论刑。比如，杀人者死，但杀人的情节各不相同：有积忿深毒，怀贪竞势，乘便利而杀之者；有两相为敌，一彼一此，非我杀彼，则彼杀我，偶胜而杀之者；有一朝之忿，虽无杀心，拳勇有余，要害偶中，而遂成乎杀者。因此必须原情定罪，不能一律对待。他主张根据罪行程度和情节的不同，区别对待，据罪量刑。

要做到原情定罪、据罪量刑，就必须明慎用刑。要明慎用刑，就要重证据。他认为证据有三方面——“同恶者”“见知者”“被枉者”，“三者具而可以明慎自旌”（《船山遗书·读通鉴论》卷三）。明慎用刑还应及时断狱，不应借口明慎而留狱。他认为留狱会在司法上造成很大危害，“留狱者法之所为大扰也”（《船山遗书·读通鉴论》卷七）。

王夫之认为，要做到明谨用刑，还应该准许民众越诉和请代书。他指出，禁民越诉，本来是为了堵塞奸民兴狱，但同时助长了污吏害民，因此，应准许民众越诉，并请人代书。王夫之还反对只图笼络人心的任意赦免，他说：“赦者，小人之幸，君子之不幸”（《船山遗书·读通鉴论》卷二十）。赦免只有在特殊情况下才可以实行，如夷狄盗贼民众为乱，或者遇到灾荒时，民众饥寒流离失所，不得已而做了坏事，但这不同于奸人为恶。他也反对鼓励告讦，认为鼓励告讦对官对民都不利，“告讦兴，则赏罚之权全移于健讼之匹夫”（《船山遗书·读通鉴论》卷二十）。他赞赏唐太宗关于“讦人细事，当以谗人罪之”（《船山遗书·读通鉴论》卷二十）的规定，认为当时因此出现了“吏不殃民，民不犯上”（《船山遗书·读通鉴论》卷二十）的情景。

五、任法与任人结合，严于治吏

王夫之认为，治理国家应该将任法与任人相结合，任法与任人二者缺一不可，没有法不行，单靠法也不行。他说：“任人任法，皆言治也。而言治者曰：任法不如任人。虽然，任人而废法，则下以合离为毁誉，上以好恶为取舍。废职业，徇虚名，逞私意，皆其弊也。于是任法者起而摘之，曰：是治道之蠹也，非法而何以齐之。故申、韩之说与王道而争胜。”（《船山遗书·读通鉴论》卷十）主张任法和主张任人的都各有各的理。在王夫之看来，既不能“任人而废法”，也不能“任法而不任人”，只有把二者结合起来，才能治理好国家。他说：“盖择人而授以法，使之遵焉；非立法以课人，必使与科条相应，非是者罚也。”（《船山遗书·读通鉴论》卷十）“择人”就是选贤任能，只有“循天下之公”的人才称得上贤能。“授法”就是要求严格依法办事。治国没有法律不行，但法律还是需要人去执行。“法者非必治，治者其人也。然法之不善，虽得其人而无适守，抑未由以得理，况乎未得其人邪?”（《船山遗书·读通鉴论》卷十九）总之，要“以法天纪，以尽人能”（《船山遗书·读通鉴论》卷十九）。这就是王夫之的任法与任人的统一论。

执行法律需要“择人”，需要选贤任能，因此必须加强吏治。“严者，治吏之经也；宽者，养民之纬也。”（《船山遗书·读通鉴论》卷八）这就是王夫之提出的“严于治吏”“宽以养民”的主张。他认为“严于治吏”与“宽以养民”是互相依存的：“治吏”必须以“养民”为目的，而“养民”又需要以“治吏”为保障。如果没有“宽以养民”，那么“严于治吏”就可能导致法律成为封建专制君主压迫天下臣民的工具；如果没有“严于治吏”，则“宽以养民”就会失去保障。所以二者必须紧密结合，并行不悖。

王夫之揭露和分析了封建官吏腐败的表现及原因。他指出，封建官场腐败层生，如“流品不清”“铨选不审”“秉宪不廉”“荐剡吹嘘”等，而产生这些现象的根子就是封建朝廷，“源浊于上，流污于下，其来久矣”（《船山遗书·读通鉴论》卷十五）。

王夫之认为“严于治吏”必须“严之于上官”，即首先要严厉打击那些横行不法的大官僚，“严之于上官，而贪息于守令，下逮于簿尉胥隶，皆喙息而不敢逞”（《船山遗书·读通鉴论》卷二十八）。他还主张严惩那些贪赃枉法和故入人罪的贪官污吏，使“问刑之吏，尚知所惩，而酷风衰止，贪亦无以济矣”（《噩梦》）。

总的来说，王夫之不愧为明清之际的一位著名的进步思想家。朴素唯物主义和辩证法思想是他的政治法律理论的哲学基础。他对理学家“存天理，灭人欲”的说教进行了深刻的揭露与批判，并明确指出，“天理”就在“人欲”之中。他和黄宗羲一样，反对封建君主专制制度，反对封建帝王的“家天下”，主张“公天下”。他主张“趋时更新”，因时立法，立法要“为公”“为民”；要求“法简刑轻”“严于治吏”“宽以养民”。他的这些主张都带有明显的民主主义色彩。他和黄宗羲一样，是明清之际的启蒙思想家。他们的思想对后来康有为、梁启超的维新变法有重要影响。

第六节　爱新觉罗·玄烨

爱新觉罗·玄烨（1655 年—1722 年）是清朝入主中原后的第二代皇帝，8 岁即帝位，次年改元康熙。共在位 61 年，是清朝一个有作为的皇帝（见图 14－4）。他即位初期，国内长期战争，社会经济遭到严重破坏，土地荒芜，人口减少，人民生活困苦，国家财政困难，阶级矛盾和民族矛盾激化。为了缓和矛盾，他在下诏停止圈地、减轻赋税、奖励生产的同时，在政治法律方面采取“以德化民、以刑弼教”、慎刑慎杀、整饬吏治、严惩贪蠹等政策措施，并收到一定效果，为“康乾盛世”奠定了基础。

图 14－4　康熙

一、“力行教化”，“尚德缓刑”

康熙虽出身于满族贵族家庭，但他自幼熟读儒家经书，崇尚儒学尤其是宋儒理学。他曾说：“朕御极五十年，听政之暇，勤览书籍。凡四书、五经、通鉴、性理等书，俱经研究。”（《四库全书·大清会典则例·卷一百五十三》）他对儒家的治国之道倍加赞扬，认为治国治民必须以礼义教化为主，“尚德缓刑”是“至治之极轨”。他自谓“心慕隆古，力行教化……终思尚德缓刑，乃为至治之极轨”（《东华录·康熙三十七》）。他曾诏谕三法司说：“帝王以德化民，以刑弼教，莫不敬慎庶狱，刑期无刑。”（《东华录·康熙二十七》）在这种思想指导下，康熙在立法与司法方面强调以下几点。

（1）立法要“因时制宜”，去除繁苛。康熙认为，立法的目的是“禁暴止奸”。他诏谕刑部：“国家设立法制，原以禁暴止奸，安全良善，故律例繁简，因时制宜，总期合于古帝王钦恤民命之意。”（《四库全书·大清会典则例·卷一百二十四》刑部）他还说：“国家致治，首在崇尚宽大、爱惜人才。俾事例简明，易于遵守；处分允当，不致烦苛。”（《东华录·康熙十三》）为此他命令部院各衙门，“将见行处分条例，重加订正，斟酌情法，删繁从简，应去应留，逐一分别详议具奏”，意在强调：法令简明，才便于吏民遵守；去除繁苛，处分允当，才能使法制起到“禁暴止奸、安全良善”的作用。

（2）依律断案，不徇私情。康熙要求司法官吏必须依照法律，秉公审案，不得徇私枉法。在当时，司法官吏贪赃枉法、营私舞弊的行为日益严重。为此，康熙下诏说：“刑罚关系人命，凡审谳用刑，理应恪守定制，精详慎重，不得恣行酷虐，致滋冤滥”（《四库全书·大清会典则例·卷一百二十四》刑部），今后“如有故违，即行指参，从重治罪”。司法官吏也不得袒护权贵。有一次，旗人史书等辱骂顺天府府丞王维珍，康熙下令从重治罪。勒德洪奏曰：“其主乃康亲王。”康熙说：定罪量刑应该“论事之是非，不论其为何人”（《东华录·康熙三十六》）。为了防止滥用刑罚和借故敲诈勒索，康熙规定审判时“有律者引律，无律者引例”（《东华录·康熙四十二》）。为避免受人嘱托，以此作弊，康熙命“嗣后将律例两引者，概行停止”（《东华录·康熙四十二》）。

（3）及时结案，不滞留囚犯。在封建社会中，官吏在审理案件时，久拖不决、滞留囚犯的现象十分普遍。康熙时亦然。各级官吏玩忽职守，许多案件拖延数年不结案。官吏乘机营私舞弊，酷刑滥罚，虐待犯人。康熙针对这种弊端指出：官吏审理案件，“不行速结，使良民久羁囹圄，改造口供，草率定案，证据无凭，枉坐人罪，其间又有衙门蠹役，恐赫索诈，致一事而破数家之产”（《东华录·康熙二十四》），使一些犯人“未死于法，先死于狱”（《东华录·康熙十》）。为此，康熙主张“刑官勘狱勿淹系”（《清史稿·圣祖本纪二》），即对案件的审理要及时，不滞留囚犯。他规定，凡刑狱不速结者，无故将人久禁者，承审官要受革职处分，“因而致死，及故勘致死者，俱依律治罪”（《大清律集解附例》）。

（4）慎刑慎杀。康熙从“敬慎庶狱，刑期无刑”的思想出发，一再强调司法官吏审案断狱要谨慎从事。他对刑部、都察院、大理寺的官吏们说：“刑曹民命攸关，国典所系”，“夫人命关系重大，必以中正之心，行平恕之道”（《东华录·康熙三十七》）。他曾批阅史册，采择历代贤臣慎刑事绩书简之牍，令三法司官吏“详加省视”，以后要“矢慎矢明”，领会历代实行“祥刑”的基本精神。他曾多次下诏，反复强调人命关系重大，要求司法官吏慎刑慎杀，“罪疑从轻”。他说：“朕念人命关系重大，每于无可宽贷之中，示以法外得生之路”（《东华录·康熙二十八》）。他实行了死刑监候缓决制度，死刑犯监候秋审，其中有大部分得到减等处理。

但是，康熙并不是一味从宽，对于侵犯封建统治者根本利益的行为，他是从不宽恕的。他曾下旨说：“犯十大恶凶乱之人，情实即宜正法”（《东华录·康熙九十三》），不必缓决，“执法之人，但当详情据理以定罪，一味从宽，则恶人何所儆戒?”（《东华录·康熙七十六》）他这副杀气腾腾的面孔，在大兴“文字狱”时更加暴露无遗。清朝最早的“文字狱”，就出现在康熙年间。康熙统治时期，大兴“文字狱”不下十次，大批文人被杀害，有的还株连到亲属、朋友和学生。这使许多知识分子噤若寒蝉，我国古代文化遗产也惨遭洗劫。

二、重视吏治，惩治贪蠹

康熙很重视吏治，认为“致治之道，首重人才”（《东华录·康熙十三》）。治理国家，首要的是有一大批廉洁自律、奉公守法的官吏，国家的法律要靠这样的官吏去执行。所以他认为，有治人，始有治法，“治国家者，在有治人，不患无治法耳”（《东华录·康熙二十四》）。他从儒家传统的“人治”思想出发，注重选拔良吏和惩治贪蠹。

康熙时，贪污成风，各级官吏贪赃枉法、鱼肉百姓，使“民生困苦已极”。为此，康熙尖锐地指出：“从来民生不遂，由于吏治不清。长吏贤，则百姓自安矣”（《东华录·康熙十三》），他把吏治的好坏看作关系安定民心和稳定封建统治秩序的关键，所以，他十分重视对官吏的选拔与考核。他在选拔官吏时，强调“才德兼优为佳”，但他又认为，“从来才德难以兼全”（《东华录·康熙二十六》），因此，在用人时，应当以德为本、才学次之。他用人的原则是：“观人必先心术，次才学。心术不善，纵有才学何用?”（《东华录·康熙十三》）

尽管康熙如此重视选拔官吏，但在当时的官场中，贪官污吏比比皆是。康熙本人对此早有耳闻，下级官吏贪赃枉法，上级官吏和在京大臣也不例外：“生民困苦已极，大臣长吏之家，日益富饶。民间情形虽未昭著，近因家无衣食，将子女入京贱鬻者，不可胜数，非其明验乎?”（《东华录·康熙二十四》）这种状况是如何造成的呢？康熙认为：“此皆地方官吏，谄媚上官，苛派百姓。总督巡抚司道，又转而馈送在京大臣，以天生有限之物力，民间易尽之脂膏，尽归贪吏私橐。”（《东华录·康熙二十四》）吏治不清，官吏贪赃，民生困苦已极，长此以往，势必危及清王朝的统治，因此，康熙下决心惩治贪官污吏。

康熙曾亲自果断执法，将满族贵族、山西巡抚穆尔赛处绞，将大贪污犯、大学士索额图拘禁宗人府，将满族大臣噶礼赐死，将侍郎宜昌阿处死。他多次谕示刑部、吏部，在加强对官吏的考核与督察的同时，要严禁贪赃枉法，严禁官吏相互馈赠和请托，如果有人仍无视法纪，“视为故事，仍蹈前辙，事经发觉，定行严加处分”（《东华录·康熙二十一》）。康熙为澄清吏治所提出的主张和采取的措施取得了一定的成效，在一定程度上缓和了各级官吏和民众的矛盾，进一步稳定了清王朝的封建统治。

深度阅读

1. 《大学衍义补》《明儒学案》《明夷待访录》《船山遗书》《清圣祖实录》。
2. 刘新主编：《中国法哲学史纲》，第八章，北京，中国人民大学出版社，2005。
3. 马小红主编：《中国法律思想史研究》，上编，第三章第三节，北京，中国人民大学出版社，2007。
4. 刘新、杨鹤皋主编：《中国法律思想史简明教程》，第八章，济南，山东人民出版社，1986。
5. 俞荣根主编：《中国法律思想史》，第十九章，北京，法律出版社，2001。

问题与思考

1. 明清时期的法律思想有何新特点?
2. 明末清初中国法律思想启蒙与西方近代法律思想启蒙有何异同?
3. 黄宗羲的“以天下之法代一家之法”思想有何法律意义?
4. 顾炎武经世致用之学与批判君主专制有何关联?
5. 如何理解黄宗羲的“学校议政”思想?
6. 王夫之为什么提出“天理寓于人欲”思想?
7. 明末清初启蒙法律思想的出现与当时中国的社会状况有何联系?
8. 清朝统治的建立是明末清初法律启蒙中断的主要原因吗?

PART FOUR

4

| 第四编 |

近代的法律思想

第十五章

近代法律思想变革的特点、发展阶段、经验教训

常考知识点

- 近代法律思想变革的一般特点
- 中国法律思想启蒙与法律近代化的关系
- 中国法律近代化与传统法律文化变革的关系
- 中国法律思维近代化与西化的关系
- 民权与宪政的关系
- 民主、民权与人权的关系
- 法律启蒙与救亡图存的关系
- 近代法律思想变革的主要发展阶段
- 近代法律思想变革的主要经验教训

从史学界较为公认的时间划分角度来说，自 1840 年鸦片战争到 1919 年五四运动，是中国历史上的近代时期，同时也是中国传统法律思想近代化变革的时期。

第一节　近代法律思想变革的一般特点

一、近代法律思想发展史是传统法律文化变革史，是中国法律思想“西化”史

如果说春秋战国时期思想家的法律思考为中国传统法律思想定型奠定了基础的话，那么，近代中国八十年思想家们的法律思考开启了中国法律思想的变革和转型。近代法律思想发展史是传统法律文化变革史，或者说，从 1840 年到 1919 年这一时期，是传统中国社会法律思想受到西方法律学说强烈影响的时期，直接地说，近代中国法律思想的变革就是一个“西化”的过程。近代法律思想家的法律思考，或主动或被动，多多少少、层次不同地受到了西方法学的冲击。一些法律思想家梦寐以求的是变革传统法制，实现近代民权法治。而在这一过程中，近代法律思想家们从感情上来说是相当痛苦的：其一方面要抵抗西方的军事、政治、文化侵略，另一方面又要破坏中国的传统法律思维模式，破坏与建设并举，学习同御辱同生。

二、近代法律思想变革头绪繁多、变化多端

1840年以后，从社会形态上考察，中国社会既不是典型的封建主义社会，又非完善的资本主义社会；从国家主权角度来说，既没有完全成为西方的殖民地，又受帝国主义压迫；从社会阶层和社会矛盾来看，地主与农民、资产阶级与无产阶级、资产阶级内部各个派别之间等充满了各种各样的矛盾。

正如鲁迅所描述："中国社会上的状态，简直是将几十世纪缩在一时：自油松片以至电灯，自独轮车以至飞机，自镖枪以至机关枪，自不许'妄谈法理'以至护法——都摩肩挨背的在。"①

这种情况导致在文化乃至法律思想领域，既有帝国主义思想，又有封建主义思想；既有地主阶级顽固派的思想，又有地主阶级改革派的思想；既有资产阶级改良派的思想，又有资产阶级革命派的思想；既有农民的平均主义思想，又有小资产阶级的无政府主义思想；后来，马克思主义思想登上历史舞台。

近代中国法律思想的变革不仅头绪繁多，而且速度快，令人目不暇接。这使整个中国近代的法律思想有两个显著特点：其一，能够紧紧跟随时代前进，迅速应对和解答现实中提出的政治法律问题；其二，其发展不免带有浮光掠影的性质，没能产生出比较完整、系统、深刻、精致的法律思想体系，在理论上显得比较肤浅、贫乏和杂乱。由于斗争的需要、时间的急迫，近代中国法律思想界常常饥不择食地搬用一些看来能够救国救民的西方法律思想武器。但是，历史的节奏特别快，时代前进如惊雷闪电，一种新思想不久就变成旧思想，风靡一时的维新变法思想转眼就由进步变成落后，康有为曾是激进派，转瞬即被章太炎讥讽为"国之将死必有（妖孽），老而不死是为（贼）"（因康有为拥戴张勋复辟，此为章太炎送给康有为的讥讽对联），被历史抛弃。这种情况使近代中国法律思想看上去变化多端，但最后没有一种法律思想和理念真正扎根。

三、中国近代法律思想的变革一直同反专制、争民主（民权）和救亡图存联系在一起

中国古代有法制无民主，在这种法律思想基础上的法律文化变革，在近代表现出的鲜明特色就是法制与民主相结合。或者说，反抗专制、争取民主法制，是近代无数法律思想家的夙愿。但是，必须指出的是，虽然近代法律思想家千人一面地反专制，然而，他们几乎全部反对使用"民主"概念，而普遍使用"民权"一词。其实，"民主"与"民权"都是从西方传入的舶来品，其意均为"人民的权利"。近代法律思想家倡"民权"而反"民主"，直接的原因是在翻译这两个词语时，人们把"民权"理解为"人们的权利"，而把"民主"理解为"人民作主"，这样，"民主"一词直面君权，而"民权"相对模糊。近代法律思想家策略性地选择了"民权"这一术语，这种情况甚至到了革命派那里也没

---

① 鲁迅：《鲁迅全集》，第1卷，344～345页，北京，人民文学出版社，1981。

有改变。

更深入一点儿说，在中国近代法律思想变革过程中，法律思想家以“民权”代替“民主”，同中国近代社会的救亡图存是紧密联系在一起的。民主与专制，从纯粹学术的角度看，完全是政体范围内的事情。然而，在近代中国，民主问题从来不是一个单纯的政体问题，而首先是一个国体问题，也就是由哪个阶级掌权来领导人们救亡图存的问题。所以，在近代中国，每当人们喊出争取民主（民权）法制的口号时，掌权的统治者意识到的首先不是民主政体的改革、民主政治的加强，而是自己的统治地位是否牢固。这一特点在很大程度上影响了近代法律思想的深入发展。但无论如何，对于我们这个封建历史漫长、吃够封建专制苦头的国度来说，近代无数仁人志士和法律思想家对民权法制的孜孜追求，其实质是反抗形形色色的封建专制。这是近代法律思想变革的一条最基本的线索。

四、宪法思想理论的产生和发展是近代法律思想变革的主旋律

中国自从早期改良派在 19 世纪五六十年代引入宪法观念，特别是早期改良派代表人物郑观应在中国法律思想史上第一次提出君主立宪口号以后，宪法意识开始逐步发达。康有为作为中国宪法思想理论的鼻祖，在全面研究了宪法理论之后，第一次以公开上书的方式要求颁布宪法。资产阶级革命派的代表人物孙中山则以“三民主义”和“五权宪法”理论将中国近代宪法思想理论推向了高潮。

第二节　近代法律思想变革的几个主要发展阶段

中国法律思想的近代化变革表现为一个过程。同时，以思想家不同的反映模式为标准，又可以看到，中国法律思想的近代化变革明显地存在着阶段性。

一、早期启蒙派

这一派以黄宗羲、王夫之、顾炎武为代表，活动于明末清初。从时间上看，他们属于前近代，但就其思想内容和其对中国传统法律思想的态度而言，他们批判封建君主制和传统中国法制，是中国传统法律思想变革的最早开端，具有早期启蒙的特点。这一派别对中国法律思想的近代化变革的历史贡献在于，它敏锐地意识到了中国传统法律思想变革的时代即将到来。

二、清末统治集团

1840 年是每一个有良知的中国人都不曾忘怀的年份。在这一年，帝国主义的炮舰轰开了中国的大门，从此，古老的中华帝国被拖上了近代化的航程。面对西方资本主义文

明的传入和清王朝日益严重的统治危机，清廷内部也不得不考虑统治方略的改变。从龚自珍、林则徐、魏源最初发出“更法改图”的强烈呼声，到洋务派“中学为体、西学为用”口号的提出，再到以沈家本为代表的法律改革派掀起轰轰烈烈的立法修律，传统法律思想的近代化变革被推向了第一个高潮。沈家本站在传统与近代的交汇点上，立足近代，评判传统。他的刑罚原则轻刑化思想、司法原则人道化思想、法律尊重人格的平等化思想、法治原则法典化思想，表明了他对传统法律思想近代化的基本态度，而且这些思想在立法修律过程中被具体化和实践化了，传统法律思想的近代化变革落到了实处。

三、太平天国

太平天国运动是近代中国农民阶级反抗封建专制统治和帝国主义侵略势力的一次规模空前的农民起义。在创立和发展太平天国政权的过程中，出现了以洪秀全、洪仁玕为代表的法律思想。这一法律思想具有鲜明的反帝反封建、提倡自由平等的革命性和民主性。在这一法律思想指导下建立的太平天国法制，对清王朝的封建统治及中国传统法律思想造成了一定程度的冲击。

四、早期改良派

早期改良派是相对于“戊戌变法”运动中的改良派代表人物而言的。这一派别主要活动在19世纪六七十年代到甲午战争期间。早期改良派的代表人物主要有王韬、薛福成、马建忠、郑观应、陈炽、何启、胡礼垣等。在早期改良派这一群体当中，有的是从洋务派中分化出来的开明人士，有的是中国最早期的留学生，有的是出使西方的外交官，有的是长期给传教士办报并游历欧美的知识分子，有的是长期居住在香港并担任议员的公众人物。这表明，早期改良派与其同时代的人相比，更多地接触了资本主义世界，更多地了解了西方社会。这就使早期改良派成为较早萌生近代法律思想特别是近代民权意识的群体。他们除了采用办报、教学手段之外，主要是通过著述宣传其朦胧产生的民权主张，如王韬撰有《韬园文录外编》，薛福成撰有《筹洋刍议》，马建忠撰有《适可斋记言记行》，郑观应撰有《盛世危言》，陈炽撰有《庸书》，何启、胡礼垣合撰有《新政真诠》。早期改良派在近代法律思想变革过程中的最大贡献在于，他们对中国近代宪法思想的发生、发展起到了早期启蒙和承上启下、继往开来的作用。尽管他们的宪法思想表现出很不成熟、很不系统，甚至很幼稚的倾向，但是，这毕竟是具有强大生命力的近代宪法思想的萌芽破土！正是从早期改良派开始，中国近代宪法思想的发展逐渐汇聚成一股强大的历史潮流。

五、戊戌维新派

19世纪90年代，随着民族危机的急速加剧，积蕴已久的改良思潮终于发展成为轰轰烈烈、振聋发聩的变法维新运动。这一空前的政治改革的主题——君主立宪，不仅造就了以康有为、梁启超、严复、谭嗣同等为首的一大批戊戌变法领袖，而且使中国近代法律思想变革特别是民权宪法思想进入了真正体系化、系统化的发展阶段。从思想家的反应来看，戊戌改良派的代表人物对西方近代法律思想的认识，已经从制度层面深入观念层面，从形式深入实质。他们对西方法律思想的宣传和引介，也从早期改良派时期的感性认识上升到较为理性的层次，并且，戊戌改良派代表人物能够结合中国的社会现实状况，对民权、宪法、人权、法治等概念的实质内涵进行初步的理论和逻辑的说明。所有这一切都表明，戊戌改良派对近代法律思想和宪法理论的认识极大地向前发展了。面对西方文化的挑战，以康有为、梁启超、谭嗣同、严复等为代表的维新变法派，鲜明地打出了变法维新的旗号，提出了以开议院、定宪法、设国会为主要内容的君主立宪制的政治方案，宣扬了近代政治体制，把中国法律思想近代化变革提到了“变制”的高度。

六、资产阶级革命派

以彻底推翻封建专制、建立资产阶级民主共和国为主要标志的资产阶级革命民权法制思想，在20世纪初取代了改良思潮，成为当时中国社会鲜明的时代主题。在“戊戌变法”失败以后特定的社会背景下，革命与改良“如黑白之不能混淆，如东西之不能移位”[①]。历史的进程并不允许人们讨价还价，历史成全了值得成全的人，它给了革命党人以“革命”的条件，而不再给立宪党人以进一步试验的机会。在这场关涉中国前途和命运的历史大决战中，不仅在“革命”的旗帜下，造就了一大批革命家、理论家、思想家、宣传家，如邹容、陈天华、章太炎、黄兴、宋教仁、孙中山等，而且在中国近代法律思想发展史上，近代中国法律思想变革的发展达到了一个理论归结的层次，这就是，由资产阶级革命派共同创立、由孙中山先生集其大成的民权主义和五权宪法思想，成为近代中国法律思想变革的最终成就（图15－1为孙中山题词）。

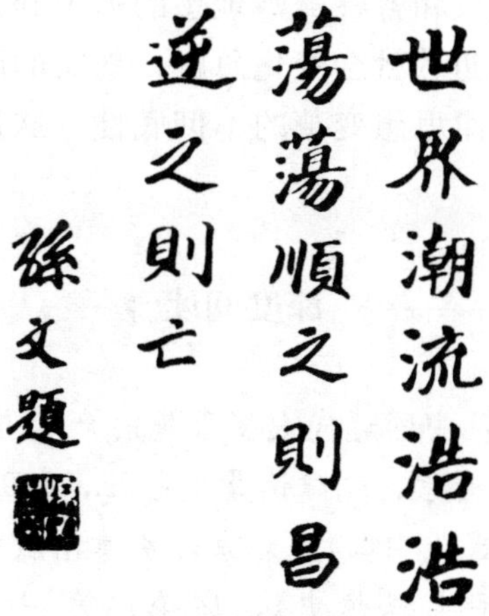

图15－1　孙中山题词

① 《孙中山全集》，第1卷，232页，北京，中华书局，1981。

第三节　近代法律思想变革的经验教训

中国近代的法律思想变革是悲壮的和代价沉重的，但不是成功的；是轰轰烈烈和波澜壮阔的，但不是彻底的。可以说，近代法律思想的变革只是从制度层面完成了由传统到近代的历史转变，然而，在法律思想的深层，人们的法律心态和价值取向依然故我。从这个意义上说，中国法律思想的近代化变革是一个畸形儿。

中国法律思想的近代化变革不成功的原因或许万千，诸如文化交流碰撞规律、政治变量、国民素质等，这里仅指出下面两点。

（1）商品经济的不发达是中国法律思想近代化变革受阻的最深刻、最直接的原因。从世界范围来看，传统法律思想存在的根基是自给自足的自然经济，而对于传统法律思想的革命性变革来说，商品经济的高度发达起着最终的决定作用。西方法律思想的近代化就是建立在典型的商品货币关系基础上的。然而，在中国，法律思想近代化变革不具备应有的社会物质条件。自 1840 年以后，中国的自然经济虽然受到一定程度的冲击，但仍然是经济的主导形态，商品经济虽然有一定的发展，但一直是一棵弱不禁风的幼芽，中国的资本主义经济没有得到充分的发展。在此基础上展开的中国法律思想的近代化变革，从一开始就注定了必然夭折。

（2）救亡压倒启蒙是传统法律思想近代化变革受阻的又一重要因素。救亡和启蒙是近代中国的两大时代主题。从一定意义上说，中国法律思想的近代化变革就是中国的近代法律启蒙。法律启蒙的方向同近代化的方向是一致的，然而，中国法律启蒙的历史进程在中国内忧外患的现实背景下，不得不让位于救亡图存的时代主题，法律文化启蒙往往被救亡图存湮没。“救亡的局势、国家的利益、人民的饥饿痛苦压倒一切，压倒了知识者或知识群对自由平等民主民权和各种美妙理想的追求和需要，压倒了对个体尊严和个人权利的注重和尊重。”① 中国近代社会变化急剧，现实的政治要求法律配合和发挥作用不免急功近利，这导致近代法律思想变革的不彻底性。这是我们必须汲取的中国近代法律思想变革的教训之一。

深度阅读

1. 王振东：《民权与宪政：中国近代人权思想的产生与发展》，载郑杭生、谷春德主编：《人权：从世界到中国》，北京，党建读物出版社，1999。

2. 王人博：《宪政文化与近代中国》，北京，法律出版社，1997。

3. 熊月之：《中国近代民主思想史》，序论、第一章，上海，上海人民出版社，1986。

4. 韩大元：《中国宪法学说史研究》，上，北京，中国人民大学出版社，2012。

---

① 李泽厚：《中国现代思想史论》，12 页，北京，东方出版社，1987。

问题与思考

1. 近代法律思想变革有哪些主要特点？
2. 如何理解中国法律思想启蒙与法律近代化的关系？
3. 如何理解中国法律近代化与传统法律文化变革的关系？
4. 如何理解中国法律思维近代化？
5. 近代思想家为什么选择“民权”而忌讳“人权”？
6. 法律启蒙与救亡图存的关系如何？
7. 为什么说前近代黄宗羲的法律思想实质上属于近代范畴？
8. 近代法律思想变革的主要经验教训是什么？
9. 如何理解近代中国法律思想激进主义产生的原因？

第十六章
早期革新派的法律思想

常考知识点

- 龚自珍的"更法""改图"思想
- 龚自珍的法的概念和起源思想
- 龚自珍的经济立法思想
- 魏源"善治民者不泥古"的法律改革思想
- 魏源的"师夷之长技以制夷"思想的历史影响

第一节　龚自珍

龚自珍（1792 年—1841 年），字瑟人，号定庵，浙江仁和（今杭州）人，出身于官僚家庭，自幼深受汉学的熏陶，曾从外祖父段玉裁专门学习文学。他从 19 岁开始参加科举考试，屡试不第，原因是他往往胪举时事、直陈无隐，使阅卷人大为惊恐。21 岁时他由副榜贡生考取武英殿校录。科场失意和颠沛流离的动荡生活，使龚自珍逐渐接触到下层社会的民情，看到了中国封建社会的黑暗现实。此后，他写了不少惊世骇俗的批判封建现实的政论，以"究心经世之务"崭露头角。1817 年，他考中举人；1824 年，他考中进士。其间，曾从今文经学家刘逢禄学习《春秋》。对《春秋》的深入研究，使他后来写出《春秋决事比》。这是研究龚自珍的法律思想的重要文献之一。他先后在京做官二十多年，历任内阁中书、礼部主事等闲职，甚不得志。1839 年，龚自珍因得罪权臣穆彰阿辞官南下，两年后病逝于丹阳云阳书院。他的著作被编入《龚自珍全集》。

从 18 世纪末开始，清王朝的封建统治日见腐朽：一方面，吏治败坏，军备废弛，财政窘困，统治阶级内部矛盾重重；另一方面，阶级斗争日益激化。统治阶级加强了对被统治阶级的剥削和镇压。被逼得走投无路的广大农民群众纷纷举起武装斗争的旗帜，各种民间秘密结社遍及全国。尖锐的社会矛盾，使地主阶级内部的一些有识之士深为不满，他们相继起来抨击时弊，要求实行改革。龚自珍就是近代勇敢地疾呼变法、无情地揭露时弊的带头人。

一、"更法""改图"的改革思想

龚自珍揭露和批判了封建社会的黑暗和罪恶。他指出：清王朝的封建统治制度已腐朽不堪，社会危机四伏。尤其是自乾隆末年以来，贫富对立加剧，阶级斗争激化，“各省大局，岌岌乎皆不可以支月日”（《龚自珍全集·西域置行省议》）。封建统治阶级已是“将萎之华，惨于槁木”。全国政治生活死气沉沉，“俄焉寂然，灯烛无光”（《龚自珍全集·尊隐》）。封建统治者一味对农民进行贪得无厌的残酷榨取，人民群众的处境极为悲惨，或“冻馁以死”，或难以谋生。封建官僚集团极端腐败，“官益久，则气愈偷；望愈崇，则谄愈固”（《龚自珍全集·乙丙之际议三》）。士不知耻，百官无能。各级官吏狼狈为奸，蝇营狗苟，贪污腐化，敲诈勒索，无所不至。这些贪官污吏平日只知道寻欢作乐、欺压百姓、抢官夺爵、养尊安富，一旦国家有急，“则纷纷鸠燕逝而已”（《龚自珍全集·明良论二》），上上下下，廉耻丧尽。清王朝的统治已是“日之将夕，悲风骤至”（《龚自珍全集·尊隐》），奄奄待毙了。

政治局势困厄不堪，社会状况如此黑暗，作为地主阶级改革派的龚自珍对此忧心忡忡。他向清王朝最高统治者大声疾呼：要改革现状必须变法，“奈之何不思更法”（《龚自珍全集·明良论四》）。在龚自珍看来，法制是国家之根本，国家能否振兴取决于变法。“更法”“改图”是龚自珍法律思想的核心。当时，对于是否要变法或改革的问题，统治集团内部有不同的看法。龚自珍针对当时流行的“率由旧章”和“拘一祖之法”的迂腐保守的观点，提出了“自古及今，法无不改，势无不积，事例无不变迁，风气无不移易”（《龚自珍全集·上大学士书》）的变法主张。

龚自珍的变法思想是以他的历史进化论观点为基础的。他说：“古人之世，倏而为今之世；今人之世，倏而为后之世，旋转簸荡而不已。”（《龚自珍全集·释风》）法律是特定时代特定社会历史条件下的产物。随着时代的变化和社会的发展，法律也应该变革以适应新的社会需要。

龚自珍的变法思想既不颂古非今，也不偏今废古。他不仅反对一味因循古法，而且反对置古法于不顾而凭空另辟蹊径。他的变法主张基本上是折中今古、兼收并蓄。他提倡“革前代之败”，把适时变法看作医国良丹、当务之急。他曾经写道：“霜豪掷罢倚天寒，任作淋漓淡墨看。何敢自矜医国手，药方只贩古时丹。”（《龚自珍全集·己亥杂诗》）龚自珍在这里讲的“古时丹”，是指宋朝王安石上书仁宗皇帝要求变法。这表明，他要效法王安石，变法更图，改革清朝的弊政。

龚自珍更法改制的目的，是要维持和延长清王朝的封建统治。这是由他的时代局限性和阶级局限性决定的。但是他对清王朝的黑暗统治所进行的揭露和批判，具有历史进步意义。他的振聋发聩的变法改革的呼喊，激励和启迪过当时以及后来的许多进步知识分子。

二、法的概念

法的概念问题是法学中最重要、最基本的问题之一。龚自珍对这个问题的回答，基本上没有摆脱封建主义的窠臼，即他认为法是王者的命令或旨意。他说：“有天下，更正朔，与天下相见，谓之王。佐王者，谓之宰。天下不可以口耳喻也。载之文字，谓之法，即谓之书，谓之礼，其事谓之史。”（《龚自珍全集·乙丙之际箸议第六》）剖析他的法的概念，可以说主要含有两大要素：一是王者之喻，二是文字记载。王者之喻是法的内容，文字记载是法的形式。法就是有一定文字记载的王者之喻。这是典型的中国古典式的法的概念，即认为法就是皇帝的“金科玉律”。在这一概念中，法、书、礼三者往往是不分的。这种法的概念符合封建统治者的需要，同时也符合中国封建社会的现实状况。不论是朝廷颁布和规定的法令、刑律、典章制度，还是日常生活中符合封建统治秩序的纲常礼教，只要它们是皇帝恩准或首肯的，就都被列在法的名义之下，从而都是不可逾越的。

需要指出的是，虽然龚自珍提出的法的概念是封建主义性质的，但是，他在提出这一概念时，有一个前提，即他所讲的王者必须是讲“政道”、合“仁义”的“明君圣主”。对于昏君、暴君，他甚至认为杀之不为罪。因此，他所讲的法在最低限度上也是他认为通情达理的。他说过：“律何本？本人情也。”（《龚自珍全集·春秋决事比》）在阶级社会中，法律的情理实际上首先是符合统治阶级统治需要的情理，因而，龚自珍所讲的情理也只能是符合封建统治的情理。这一点，可以由他的法制概念来证明。他于 27 岁参加乡试时写道：“法制者，教之具也。粲以陈之，其秀而文者，升于国学乡学，而朴而鲁者，亦约束于律令……纲常者，教之原也。明以导之，其驯而愿者，蔚为孝子顺孙，其勇而悍者，亦爱惜其声名，而不至于禽兽之路。”（《龚自珍全集·定庵先生年谱》）在这里，龚自珍把法制看成维护封建统治的工具。法制和封建纲常的关系在于前者是“教之具”，而后者是“教之原”。不论是法制还是纲常，其目的都是培养封建社会的“孝子顺孙”，鼓励有利于封建统治的“秀而文者”，约束不利于封建统治的“朴而鲁者”，镇压危及封建统治的反抗者。可见，龚自珍的法的概念旨在维护摇摇欲坠的清王朝的封建统治，是不足称道的。

三、法律起源论

龚自珍对于法律起源的探讨是与他对于国家政治礼乐等的起源的探讨密不可分的。他认为在历史上法律是与国家政治礼乐同步产生的，是“人自所造，非圣造，非天地造”（《龚自珍全集·壬癸之际胎观第一》）。

龚自珍反对神权主义的政治法律理论，他首先提出了有独到见解的关于“政”的起源的观点。他认为只有“后政”没有“始政”，“政”不外是人自己创造的，只有人是天地的主宰。“政”有一个由小到大、由简单到复杂的发展过程。“后政也者，先小而后大。五人主为政，十人主为政……至于万。为其大政。”（《龚自珍全集·壬癸之际胎观第一》）在他看来，“政”不外是治理众人的事业，只要有人群，就有治理人的事情。龚自珍关于政治起源的论述，排斥了在这个问题上的神学主义观点。

龚自珍还从经济方面探讨国家的起源。他认为国家、皇帝等都是随着农业的不断发展而渐渐形成的。人类最初是没有帝王、没有国家的，帝王和国家的出现，都有一个发展过程。对土地的占有，导致了帝王的出现。他说：“天谷没，地谷茁，始贵智贵力。有能以尺土出谷者，以为尺土主；有能以倍尺若十尺、伯尺出谷者，以为倍尺、十尺、伯尺主；号次主曰伯。帝若皇，其初尽农也。”（《龚自珍全集·农宗》）龚自珍的这一论述，虽然没有说明国家的形成与阶级分化、阶级斗争之间的关系，但力图从经济方面探讨国家的起源，这比君权神授说前进了一步。

至于法律的形成，在龚自珍看来，也是农业社会出现以后的事情。农业的发展促进了宗法制度的形成。法律最初就是以宗法形式出现的。社会发展到一定阶段，“土广而谷众，足以庇其子，力能有文质祭享报本之事，力能致其下之称名，名之曰礼，曰乐，曰刑法”（《龚自珍全集·农宗》）。法律与礼乐的形成都是以农宗为基础的。“礼莫初于宗，惟农为初有宗”（《龚自珍全集·农宗》）。联系农业的发展，探讨宗法制度的形成，这是龚自珍关于法律起源观点的重要特点。在他看来，就法律与礼乐相较而言，对于国家统治来说最根本的是农业宗法制度，有了农业宗法制度，国家统治就能长久维持；没有农业宗法制度，“神尧亦弗得平章”（《龚自珍全集·农宗》）。

龚自珍关于法律、礼乐、国家政治起源的思想，可以说有两个：第一个是历史进化观，即认为它们的产生有一个历史发展过程；第二个是经济观，即认为它们的形成都与农业的发展相联系。这两个基本观点是与法律神定的神学主义理论针锋相对、水火不相容的。较之神学主义法律理论，龚自珍的法律观点无疑是一大进步。不过，他没有也不可能完全正确地揭示法律的起源。

四、经济立法思想

龚自珍非常重视经济领域的立法问题。在他所处的时代，这个问题主要表现为土地法和税法问题。他认为，如果有妥善的法律来规定土地的分配和税赋，那么国家就能兴旺，统治就能长久。他的这方面思想经历了平均贫富、重禄薄敛和专隆大宗三个发展阶段。

他在 25 岁时写了《平均篇》，指出，贫富的尖锐对立势必会导致清朝统治的崩溃。这种情况是逐渐出现的：“其始，不过贫富不相齐之为之尔。小不相齐，渐至大不相齐，即至丧天下。”（《龚自珍全集·平均篇》）为了扭转天下丧亡的危殆局势，他大声提醒统治者：“有天下者，莫高于平之之尚也。”（《龚自珍全集·平均篇》）龚自珍在《平均篇》中所表现的平均主义思想是对当时贫富悬殊的社会现象的强烈反响。然而，由于他是为了更加有效地维护清王朝的封建统治，他后来不可能沿着平均主义的思想路线走下去。

龚自珍从 27 岁起，开始把注意力转到“重禄”和“薄敛”这两个方面。他认为，对于国家统治来说，民心和士气都是重要的。得士气的办法是“重禄”，得民心的办法是“薄敛”，所谓“忠信重禄，所以劝士也；时使薄敛，所以劝百姓也”（《龚自珍全集·平均篇》）。从形式上看，他既讲士气也讲民心。从实质上看，他的立场已经转到官僚士大夫一边：“重禄”，是为了鼓励官僚士大夫阶级，让他们尽可能富足；“薄敛”，即剥削少一点，免得民众造反。

在 32 岁那年，他又写了《农宗》一文，力图通过宗法来规划土地。他的农宗法的立法原则是“专隆大宗”。其理由有二：一是贫富不齐，自古已然；二是为政之道“不得罪于巨室”。他的农宗法方案按照血缘关系，把整个社会划分为“大宗”“小宗”“群宗”“闲民”四个等级，并且依次规划了相应的授田办法。这种农宗法的主要目的就是使富者恒为富、贫者恒为贫，贵贱有差，等级分明，各守本分。可见，龚自珍已经完全站到大地主官僚阶级的一边。

龚自珍的关于经济领域的立法思想，由平均贫富发展到重禄薄敛、由重禄薄敛发展到专隆大宗，是一个在政治上不断倒退的过程。对于一个优秀思想家来说，这不能不是一个缺憾。

龚自珍在近代中国思想史上的地位体现在他在封建专制制度的黑暗恐怖中暴露和批判丑恶的现象；体现在他敢于在“万马齐喑”的沉重窒息的政治空气里毫无顾忌地指陈时弊，疾呼变法；体现在他在封建正统的汉学传统和宋明理义继续占统治地位的年岁里以“非常异议可怪”之论发出晚清思想革命的先锋言论。龚自珍在理论方面没有多少新鲜、独到的创建，但是他慷慨指论天下事的傲骨豪态，为近代的志士仁人树立了一代楷模，开创了一代风气。

第二节　魏　源

魏源（1794 年—1857 年），字默深，湖南邵阳人。他出身于地主家庭，曾专攻《公羊春秋》，并与龚自珍齐名，时人并称“龚魏”。1822 年中举人后，他曾编辑《皇朝经世文编》，这标志着他转向了“经世致用”之学。鸦片战争后，他作为两江总督幕府的成员，参与筹划浙江前线的抗英斗争。他还接受林则徐的嘱托，在林则徐主编的《四洲志》的基础上，编写出我国第一部系统的世界历史地理专著《海国图志》。该书“风行海内”，并对日本的维新运动产生了一定影响。晚年，魏源任江苏知事、知州等职，后病卒于杭州。魏源的著作有《古微堂集》《圣武记》多篇，其法律思想较集中体现在后人编辑的《魏源集》和《魏源全集》中（参见图 16－1）。

图 16－1　《魏源全集》

魏源和龚自珍都是地主改革派的思想代表，二人的思想是一致的。然而，由于魏源的一生跨越鸦片战争前后两个不同的历史阶段，因而他对“变法”的论述以及反对侵略的要求，显得格外突出。同时，其对后来资产阶级改良派的思想影响也更为直接。在法律思想上，如果说龚自珍的主要贡献在于通过对旧制度的批判来论证“变法”的必要，那么魏源的主要特色在于建设性地提出“变法”的纲领和原则。如果说龚自珍“变法”的锋芒主要针对着封建制度的内部问题，那么，随着时代的变化，魏源将这种锋芒引到反对侵略的爱国主义方向。

一、“善治民者不泥古”的改革思想

魏源认为，变法是“大势所趋”。他所说的“大势”，是指“天下大势”（《古微堂集·周书顾命篇发微》），即历史进化发展的趋势，这是他对变法的依据所进行的理论概括。在当时的思想界，理学家恪守朱熹“法先王”的复古思想，认为夏、商、周“三代”是“王道”政治的黄金时代，“三代”的法制是最为理想的法制，而“三代”以下“风俗颓败”，每况愈下。针对这种历史退化论和法制复古论，魏源直接继承唐代柳宗元的进化思想，予以明确的驳斥。他指出：从政治法律制度来看，“三代”不如后世公道、仁慈，“后世之事，胜于三代者三大端：文帝废肉刑，三代酷而后世仁也；柳子非封建，三代私而后代公也；世族变为贡举，与封建之变为郡县何异？三代用人，世族之弊，贵以袭贵，贱以袭贱，与封建并起于上古，皆不公之大者”（《魏源集·默觚·治篇九》）。从生产、生活、风俗等方面来看，“三代”不如后世发达和进步，例如“三代”时“浊河徙决，淤阏千里”（《魏源集·默觚·治篇五》），而现在“九河、九江不存其一”（《魏源集·默觚·治篇五》），水害大大减少；“三代”时人们食用“堇荼荁薇”等野生植物与“蜉蝣蛴螬”等小虫子，而现在这些东西人们不暇以顾；“三代”时吴越一带“被发”“文身”，现在人们衣冠楚楚，谁也不披头散发、赤身露体；等等。因此，他认为，“三代以上，天皆不同今日之天，地皆不同今日之地，人皆不同今日之人，物皆不同今日之物”（《魏源集·默觚·治篇五》）。天、地、人、物都变化了，制度、策略、思想、设置也必须随之而变化。如果在今天，有人还主张跪坐在地上，用手抓着吃饭，赤着脚跳舞，在竹筒上刻字当书，用贝壳当货币，站在马车上打仗，用肉刑来治民，那么这样的人“不谓大愚，则谓大戾”（《魏源集·默觚·治篇五》）。同样，如果有人在今天仍主张恢复“封建”即分封制，恢复井田制，恢复官僚世袭制，那么他们也是“大愚”“大戾”。由此，他得出结论说：“上古之风必不可复”，“三代井田、封建、选举必不可复”；“君子之为治也，无三代以上之心则必俗，不知三代以下之情势则必迂。读父书者不可与言兵，守陈案者不可与言律，好抄袭者不可与言文……善治民者不泥法”（《魏源集·默觚·治篇五》），即主张根据现实的情势进行变法。

二、变法必须“便民”

魏源认为法律制度的演进是历史发展的客观趋势，而这种趋势的发展又遵循着“便民”，即有利于人民的原则，这也是后世之法优越于“三代”之法的主要表现。他指出：“履不必同，期于适足；治不必同，期于利民。”（《魏源集·默觚·治篇五》）例如税赋制度，秦汉以后，自“租、庸、调变而两税，两税变而条鞭（明代的‘一条鞭法’——引者注）；变古愈尽，便民愈甚。虽圣王复作，必不舍条鞭而复两税，舍两税而复租、庸、调也”（《魏源集·默觚·治篇五》），就是因为明代的“一条鞭法”较唐宋的“两税法”

以及以前的“租庸调法”更符合“人情”，更“便民”“利民”。可见，法制依照“便民”的趋势进化，并不以“圣王”个人的意志为转移，即所谓：“天下事，人情所不便者，变可复；人情所群便者，变则不可复。江河百源，一趋于海，反江河之水而复归之山，得乎？”（《魏源集·默觚·治篇五》）以及“天下大势所趋，圣人即不变之，封建亦必当自变”（《古微堂集·周书顾命篇发微》）。在这里，魏源把“圣王”即君主的个人意志与“人情所群便”即多数人的意志对立起来，认为君主的个人意志必须服从于多数人的意志。换句话说，法制的变化和改革也必须按照“人情所群便”“便民”“利民”的原则进行，即：“或利于千万世者，不必利于一时；或利于千万人者，不必利于一夫；或利于千万事者，不必利于一二端。”（《魏源集·默觚·治篇七》）这种思想，已经具有资产阶级改良主义的色彩。

但是，在晚清的社会中，像魏源所说的那样抽象的“人情”“便民”是根本不存在的。实际上，他自己正是站在地主阶级的立场上，代表了地主阶级的要求。因此，“变法”要顺应“人情”“便民”，有着严格的界限和前提。他指出，变法改革是大势所趋，不变是不行的，但是“法”变而“道”不能变：“其不变者，道而已。”（《魏源集·默觚·治篇七》）这个不变之“道”，就是维系封建统治和指导封建法制的“三纲”：“乾尊坤卑，天地定位，万物则而象之，此尊无二上之谊焉。是以君令臣必共，父命子必宗，夫唱妇必从。”（《魏源集·默觚·学篇十》）由此，魏源又回到正统思想“天不变，道亦不变”的轨道。他一方面主张“变”，进行制度改革；另一方面又把这种改革严格限制在维护封建秩序的前提之下。这说明了他所谓的“人情”和“变民”是指地主阶级的要求和利益，他所谓的“变法”充其量是修补式的改良。

三、“师夷之长技以制夷”

“师夷之长技”“去法外之弊”，是魏源变法的具体主张。在鸦片战争之前，魏源对清王朝的内外政策和内部的腐败强烈不满，曾尖锐地指出：“夷烟蔓宇内，货币漏海外，病漕、病鹾、病吏、病民之患，前代未之闻焉。”（《魏源集·明代食兵二政录叙》）鸦片战争的失败，使他义愤填膺、深为感触，提出：“凡有血气者所宜愤悱，凡有耳目心知者所宜讲画也”（《魏源集·海国图志叙》）。为此，他总结了惨痛的历史教训，认为御侮必先强国，强国必先变法：“天下无数百年不弊之法，无穷极不变之法，无不除弊而能兴利之法，无不易简而能变通之法”（《古微堂集》）。他指出“变法”就是除弊，恢复封建法制本应有的面貌：“君子不轻为变法之议，而惟去法外之弊，弊去而法仍复其初矣。”（《魏源集·默觚·治篇四》）

那么，当时的“法外之弊”主要有哪些呢？魏源指出，首先是政治上革除弊政，这是当务之急，因此必须用“去伪、去饰、去畏难、去养痈、去营窟”等措施来革除“人心之寐患”（《魏源集·海国图志叙》），即涤除封建官僚的腐败风气；用“以实事程实功，以实功程实事”（《海国图志·筹海篇三》），即从现实出发，以讲求实效的办法来革除弊政，造就一大批致力于救国为民的人才。其次是经济方面的改革。他明确表达了学习西方先进技术的思想，指出：“欲制夷患，必悉夷情”（《海国图志·筹海篇三》），应该“师夷法技以制夷”，“师夷之长技以为我之长技”（《魏源集·海国图志叙》）。这是魏源在认真研究了中西方的国情之后所得出的反抗侵略的有效方案。可见他主张学习西方是为了强国御敌，而引进西方先进技术是要为我所用，变成自己的东西。在19世纪中期，这种科学的态度是难能可贵的。从某种意义上说，这反映了中国近代社会的发展要求，为后来的先进人士拯救中国、抵抗侵略而寻求真理指明了方向。

魏源所说的“夷之长技”，当时还仅指“战舰”“火器”“养兵练兵之法”。他主张加速发展军事工业，在广东沿海建立造船厂和兵工厂，聘法国、美国的技师传授技术和训练操作；主张改革对漕运、盐政、水利等事业的管理，允许私人开矿，按照西方国家的方法铸造银钱；主张在严禁鸦片贸易的同时，与西方各国进行平等的商品贸易；等等。魏源满怀信心地指出“中国智慧无所不有”（《海国图志·筹海篇三》），中国人民的聪明才智并不亚于西方人民，只要革除“法外之弊”又“师夷长技”，就必定能兵强国富、赶上西方国家：“风气日开，智慧日出，方见东海之民犹西海之民。”（《海国图志·筹海篇三》）魏源的这种强烈的爱国主义思想是可贵的。但是，由于他希望在维持封建制度的前提下，依靠学习西方的先进技术而使中国强盛，所以这是一种幻想。

深度阅读

1.《龚自珍全集》《魏源集》《海国图志》《魏源全集》。

2. 刘新主编：《中国法哲学史纲》，第九章第一、二节，北京，中国人民大学出版社，2005。

3. 俞荣根主编：《中国法律思想史》，第二十章，北京，法律出版社，2001。

4. 李光灿、张国华总主编：《中国法律思想通史》，近代部分，太原，山西人民出版社，2000。

问题与思考

1. 龚自珍为什么提出“更法”“改图”思想?

2. 龚自珍的法律思想的主要内容和特点是什么?

3. 如何评价魏源的法律改革思想?

4. 魏源的“师夷之长技以制夷”思想有何历史影响?

第十七章

太平天国的法律思想

常考知识点

- 洪秀全“除妖安良”“斩邪留正”的法制原则
- 《十款天条》的主要内容
- 洪仁玕“立法善”“设法当”的立法思想
- 洪仁玕“法制以遵循为要”的执法守法思想

第一节 洪秀全

洪秀全（1814年—1864年），原名仁坤，广东花县（今广州花都）人，出生在农民家庭，幼年上过私塾。16岁因家贫辍学，随父兄从事农业生产。18岁在农村任塾师。少年时期的洪秀全生活在农民群众中，了解和熟悉农民的疾苦。1843年，他创立了“拜上帝会”，开始利用宗教形式发动和组织群众，图谋推翻清朝政府。1845年至1846年，洪秀全回乡撰写《原道救世歌》、《原道醒世训》和《原道觉世训》等充满斗争激情的宗教宣传作品，为农民起义积极进行准备工作。1850年，拜上帝会与清政府的矛盾日趋激烈。同年10月，洪秀全命令各地会员到金田村集合，准备进行武装斗争。1851年1月，洪秀全在金田村宣布起义，建立“太平天国”。1853年3月，起义军攻克南京，太平天国定都南京，称之为“天京”。1864年，洪秀全病逝，太平天国运动也因遭到清兵和外国侵略军的联合进攻而失败。

洪秀全的法律思想散见于他撰写的宣传宗教的小册子中，以及他旨准颁布的太平天国的法律、法令、条例、文告和诏书中。

一、“除妖安良”、“斩邪留正”的法制原则

洪秀全在《太平救世歌》中提出：“除妖安良，政教皆本天法；斩邪留正，生杀胥秉至公。”他把封建统治者及其黑暗统治一律斥为“妖”“邪”；把农民群众及其起义斗争视为“良”“正”。他要求对“妖”“邪”严加惩治以确保农民起义斗争的顺利发展。“除妖安良”“斩邪留正”，后来成为太平天国法制的基本原则，集中体现了太平天国农民起义的意志和利益，对于推动太平天国运动的发展起了重要的指导作用。

根据“除妖安良”“斩邪留正”的法制原则，洪秀全仿效摩西十戒，制定了十条法规，这就是太平天国具有根本法性质的《天条书》，也称《十款天条》。第一条是“崇拜皇上帝”。他认为上帝是生养保护人类的，“故凡不拜皇上帝者，是犯天条”。第二条是：“不好拜邪神”，“凡拜一切邪神者是犯天条”。第三条是“凡妄题皇上帝之名及咒骂天者是犯天条”。第四条是“七日礼拜颂赞皇上帝恩德”。第五条是“孝顺父母”。第六条是“不好杀人害人”。人类皆兄弟姊妹，所以“凡杀人害人者是犯天条”。对于这一条，洪秀全曾作过补充：“爷今圣旨斩邪留正，杀妖杀有罪，不能免也。爷诫勿杀，是诫人不好谋害妄杀，非谓天法之杀人也。”意思是说，根据太平天国法制，对“妖”“邪”必须坚决镇压。第七条是“不好奸邪淫乱”，“丢邪眼、起邪心向人，及吹洋烟、唱邪歌，皆是犯天条”。第八条是“不好偷窃劫抢”。第九条是“不好讲谎话”。第十条是“不好起贪心”。

从表面上看，《十款天条》的基本内容是宗教信条。但是，在当时的社会条件和斗争形势下，《十款天条》具有其特定的性质和内容，体现了“除妖安良”“斩邪留正”的法制原则。洪秀全力图通过树立“皇上帝”的权威，启发和组织农民群众反对世俗封建皇帝、反抗清王朝封建专制统治。洪秀全所塑造的皇上帝形象实际上是农民斗争意志的体现。“上帝”对每个人都是一视同仁的，因而，清朝统治者对农民群众的残酷剥削和压迫，是与上帝的意愿相违背的。他通过传言“上帝”的旨意，指明了农民群众反抗封建剥削和压迫、进行斗争的必要性。洪秀全通过将宗教教义与太平天国法律相结合的形式，表达了农民阶级的切身利益要求。

由于《十款天条》集中体现了“除妖安良”“斩邪留正”的原则，因此，它在太平天国法律中具有根本大法的性质。太平天国的其他法律，诸如《太平条规》《太平刑律》等都是以《十款天条》为核心的，而且其中许多条款都是《十款天条》的补充规定或在不同方面的延伸。如，太平天国在一些条例中规定：“凡天条书中各条如有违犯，斩首不留”；“通军大小男女兵将千祈遵天条”。此外，《天朝田亩制度》规定：“凡天下官民，总遵守十款天条及遵命令……民能遵条命及力农者则为贤为良，或举或赏；民或违条命及惰农者则为恶为顽，或诛或罚。”在太平天国，《十款天条》被视为全国官民升贬赏罚的根本准绳。

“除妖安良”“斩邪留正”的法制原则对于维护太平天国纪律和法制、镇压土豪恶霸、抵制帝国主义的经济侵略以及清除某些封建恶习起过重大作用。但是，由于太平天国的刑罚过于严酷，“妖”“邪”的概念缺乏严格的界限和科学的定义，在法律政策上没有明确的规定和阐述，结果，打击面过宽，在许多问题上将太平天国内部的问题当作敌我问题处理，严重地损害了群众的斗争积极性和队伍内部的团结。

二、反封建的财产法思想

洪秀全在财产问题上的平等观是以强烈反抗封建剥削制度为基础的。他力图通过武装斗争和法律手段实现自己的主张。《原道醒世训》中说：“乱极则治，暗极则光，天之道也。”他对封建统治阶级的横征暴敛无比愤慨，对广大农民群众的悲惨境遇给予深厚同情，对人人平等、财产平均的太平理想无限向往。因此，他指明要废除“尔吞我并”贫富悬殊的现象，必须废除维护财产不均现象的封建法律制度。

洪秀全在领导建立太平天国政权的过程中，非常重视从法律上贯彻推行公有制以及主张平均财产。他曾下令太平天国兵将不得有私有财物。“各军营兵将，各宜为公莫为私。”[①] 根据“天下人人不受私，物物归上主”[②] 的财产公有主张，太平天国法律对于破坏“圣库”制度以及其他涉及财产问题的犯罪一向严惩不贷。《太平刑律》规定：“凡私藏金银……定斩不留”；“凡典圣库、圣粮及各典官，如有藏匿盗卖等弊，即属反草变妖，即治以点天灯之罪”。“圣库”制度在实质上是一种平均分配、不承认私有财产的公产供给制度。在太平天国前期，洪秀全力图从法律措施上推行的这种公有制度，对于太平天国储备粮食及其他军需品、扩大队伍起到了积极的作用。

洪秀全还在太平天国的著名法律文献《天朝田亩制度》中提出了实行平均主义的土地分配和产品分配方法。他把土地分为从“尚尚”到“下下”九等，不论男女，按口分授，人多则多分，人寡则寡分，以达到“凡天下田，天下人同耕，此处不足则迁彼处，彼处不足则迁此处。凡天下田，丰荒相通”，“有田同耕，有饭同食，有衣同穿，无处不均匀，无人不饱暖”。这就是洪秀全采用平均主义分配方法所要实现的理想境界。

洪秀全平均主义的财产法思想具有强烈的反封建性质。洪秀全关于平均财产的主张体现了广大农民群众反对封建剥削制度、渴望“耕者有其田”的愿望和要求。然而，分配生产资料和生活资料的绝对平均主义原则毕竟是一种空想，不符合社会发展的客观规律。在小农经济的基础上，在落后的生产技术条件下，不可能出现高度发达的社会生产，不可能避免造成贫富悬殊和分化，从而也就不可能达到“无处不均匀，无人不饱暖”的“太平”境界。因此，以绝对平均主义为原则的《天朝天亩制度》的分配方法在太平天国没有能够得到广泛的推行。“圣库”制度后来也逐渐名存实亡。尤其是洪仁玕执掌朝政以后，提出了一系列的发展资本主义私有经济的法律主张和措施，批判了太平天国前期的绝对平均主义思想。对于洪仁玕的理论和主张，洪秀全曾经表示赞同和支持。

三、男女平等的法律主张

在太平天国运动中，洪秀全曾经提出过妇女解放、男女平等的思想。从“天下一家，共享太平”的理想出发，洪秀全根据宗教教义指出：“天下多男人，尽是兄弟之辈，天下多女子，尽是姊妹之群”。在洪秀全的这一思想的指导下，太平天国制定了一系列保护妇女的合法权益、否定封建夫权和封建买卖婚姻的法律、法令和条例。

早在拜上帝会的教规和太平军的军纪中，洪秀全就提出要严禁娼妓、纳妾、买卖奴婢、缠足、溺婴等，对于那些侵犯妇女权益的违法乱纪行为要严肃处理，严重的要处以死刑。这些有利于妇女解放的主张在后来洪秀全领导制定的太平天国的政策与法令中得到了比较充分的体现。《天朝田亩制度》对妇女的经济地位和婚姻权益问题作出了规定。首先，在财产的分配方面，妇女与男子享有同等的权利。“凡分田照人口，不论男妇”，

---

① 中国近代史学会主编：《太平天国》，第1册，65页，上海，神州国光社，1952。
② 同上书，第1册，322页。

即男女平等分配的原则。其次，规定要保护妇女的婚姻权益，“天下婚姻不论财”；提出“婚娶吉喜等事，总是祭告天父上主皇上帝，一切旧时歪例尽除”。太平天国的婚姻制度在一定程度上保障了男女双方结合自由。结婚时由太平天国的地方官颁发称作“合挥”的结婚证书。此外，还提倡“一夫一妇，理所宜然”；反对以纳妾为合法形式的封建多妻制。

在洪秀全法律思想的指导下，太平天国还通过法律手段强制禁绝娼妓，规定：“倘有习于邪行，官兵民人私行宿娼，不遵条规当娼者，合家剿洗，邻佑擒送皆有赏，知情故纵者一体治罪，明知故犯者斩首不留。”① 为了保护妇女的身心健康和人身权利，太平天国法律规定对强奸犯从严惩处，凡强奸一律斩首示众。

在洪秀全“男将女将尽持刀”“同心放胆同杀妖”口号的鼓舞下，大批妇女参军。太平军中有女兵约四十万，还有身经百战的女将。这些女兵女将在太平天国运动和经济建设中英勇顽强、勇于牺牲，为太平天国政权的建立和巩固，为社会生产的发展，作出了重大贡献。

但是，在妇女问题上，洪秀全也有浓厚的封建思想。如在他所写的《幼学诗》中，就宣扬“妻道在三从，无违尔夫主”。尤其是在太平天国运动的后期，他的封建主义思想越来越严重。他假借上帝之命，在太平天国高级官员中带头实行多妻制，提倡“聘娶妻妾，婚姻天定，多少听天”。他还维护尊长主婚权，提出“凡婚嫁必听其师择配”②。他把太平天国前期那些提倡男女平等和婚姻自由的反封建主张和做法抛弃殆尽，对太平天国运动造成了极为不良的影响。

洪秀全的法律思想在中国法律思想史上占有重要地位。他的法律思想直接表达了被压迫、被剥削的广大农民阶级反抗封建统治的要求和主张。但是，他的思想中也有不少封建主义糟粕。尤其是在太平天国后期，他的皇权思想发作，大搞个人专断，言出即法，滥施刑罚，维护尊卑等级制度和特权。洪秀全思想的两重性，充分暴露了农民阶级的局限性。农民毕竟是小生产者，不是先进生产力的代表。处在封建主义生产方式下的农民阶级不可能产生科学的世界观，他们摆脱不了封建意识形态的影响和束缚。

第二节　洪仁玕

洪仁玕（1822 年—1864 年），字益谦，别字吉甫，广东花县（今广州花都）人。他是洪秀全的族弟，二十二岁加入拜上帝会，二十六岁随洪秀全至广州，向美国传教士索阅《旧约》《新约》等宗教书籍。1851 年太平军金田起义，洪仁玕曾两度前往，均因途中受阻折回。此后，他去香港任教多年。在港期间，他交游广泛，博览群书，较深入地接触了西方近代科学文化知识和资产阶级的政治法律理论。

1859 年春，他到达天京，深受重用，被封为干王，总理全国政务。洪仁玕总理朝政

---

① 中国近代史学会主编：《太平天国》，第 3 册，231 页，上海，神州国光社，1952。

② 同上书，第 3 册，250 页。

期间，奋发有为，在政治、法律、经济、军事、文化等方面提出了一系列改革措施。1864年6月，天京失陷，洪仁玕护送幼天王出走，途中被俘，同年10月英勇就义。

洪仁玕是太平天国运动最坚贞最卓越的领导人之一。他接受了西方近代资本主义文明的影响，主张学习“邦法宏深”的西方资产阶级国家，实行法制，认为“有法制而后有国家”。他针对太平天国后期法纪松弛的现象，提出了“立法善”“持法严”的法制观点。他积极宣传人道主义思想，对太平天国严刑酷罚、滥杀无辜的现象进行了尖锐的批评。他还直接引进和套用了一系列西方国家维护资本主义生产方式的法律措施，在经济和社会方面提出了近代中国第一个有利于发展资本主义的法律方案。

洪仁玕的法律思想散见于他撰写的《资政新篇》《立法制谊谕》《英杰归真》《钦定士阶条例》《钦定军次实录》《洪仁玕自述》等著作中。

一、“立法善”“设法当”的立法思想

高度重视立法，这是洪仁玕法律思想的一个重要方面。他从进化论观点出发，总结了国内外以法治国的历史经验，提出治理国家必须先立法制的主张。

洪仁玕针对太平天国法制不健全的严重问题，指出西方资本主义国家之所以能致富致强，概因其推行法制，法律严明。他认为“立法制”是太平天国的当务之急，治理国家首先要做到有法可依。一切事关统治秩序的重大问题，如“纲常伦纪、教养大典”等，都“宜以立法以为准焉”①。

洪仁玕的立法思想是以进化论观点为基础的。他认为事物总是不断发展变化的，立法应该跟上时代的发展要求。他说：“事有常变，理有穷通。”② 因为事情是发展变化的，所以，有些事情“今不可行而可豫定”，而另一些事情“今可行而不可永定”③。因此，“一切制度考文，无不革故鼎新”④。对于法律制度来说，也应该“视乎时势之变通为律”⑤，要“审时度势”，因时而立法。

法律必须适应时代的发展要求，不断根据社会生活的变化而进行修改。同时，法律制定以后，在一定时期内也要具有稳定性。这就出现了变与不变、定与不定的问题。对此，洪仁玕指出：“实如人心之有定而无定，世事之无定而有定。此立法所以难也，此生弊所以易也。”⑥ 他主张法律的稳定性与灵活性应该统一起来，其基本原则是：“盖法之质在乎大纲一定不易。法之文在乎小纪每多变迁。”⑦ 作为法的具体条例规定，“小纪每多变迁”。洪仁玕关于法律的稳定性和灵活性问题的这一观点是深刻的、辩证的，它是对中国古代变法思想的高度概括和进一步发展。

---

① 中国近代史学会主编：《太平天国》，第2册，527页，上海，神州国光社，1952。
② 同上书，第2册，523页。
③ 同上书，第2册，523页。
④ 同上书，第2册，587页。
⑤ 同上书，第2册，523页。
⑥ 同上书，第2册，528页。
⑦ 同上书，第2册，528页。

洪仁玕立法思想的重要特征，是把“设法”与“用人”紧密结合起来，他对立法者提出了一系列要求。他认为，法律是由人制定的。立什么法、所立之法善或不善，都是与用人得当与否分不开的。洪仁玕认为，“治国必先立政”，而立政的关键“惟在乎设法用人之得其当耳”。立法与用人密切相关，“用人不当，适足以坏法；设法不当，适足以害人”①。他还以商代中兴和周初创业为例，说明国家兴盛的关键在于“立法善”与“用人当”这两个方面。

为了做到“立法善”“设法当”，洪仁玕对“立法之人”提出了新的要求。首先，他强调立法者应该是“贤智”之士，不仅要深谙律例，而且要有高尚的道德。他把“德”作为立法者最重要的素质。其次，立法者必须能够根据发展着的时势“度势行法”，做到“古所无者兴之，恶者禁之，是者损益之”②，批判地继承前人的东西以适应时代发展的需要。洪仁玕尤其强调立法者要善于学习和吸收西方资产阶级法制的新东西，以推动“新天新地新人新世界”的实现。最后，洪仁玕要求立法者洞悉人情，使所立之法能够“稳惬人情”。他说：“立法之人，必先经磨炼，洞悉天人性情……然后推而出之，乃能稳惬人情也。”③ 对于太平天国某些不合人情的立法，洪仁玕是表示反对的。

洪仁玕的立法思想是对太平天国在立法方面经验教训的总结。在他总理朝政之前，太平天国已有的法律中，有的过于苛刻，不易实行；有的流于空想，不合时宜；就一般情形而论，基本上限于一些散乱而无系统的“罚律”。洪仁玕提出这些主张是为了加强和完善太平天国的法制。

二、“法制以遵循为要”的执法守法思想

洪仁玕不仅强调立法的重要性，而且还十分重视执法问题。讲法制，只讲立法是不够的，执法和守法也是法制的重要环节。洪仁玕认为，“法制以遵行为要，能遵行而后有法制”。法律制定以后，关键问题在于“遵行”。

洪仁玕提出，执法者首先要做到依法办事，不畏权贵。法律行之于“在下者”是容易的，难就难在对于官吏犯法能否“认真耳”。洪仁玕提出的禁革法令中明确规定“先要禁为官者”。对于太平天国某些将领假公济私、贪赃枉法的现象，他要求“奉法执法行法之人，有以主之，有以认真耳”④。即使对于高官，也一定要奉行天法。对违法犯罪者要明正典刑，严重的则要处以大辟。

执法者还要做到赏罚严明。在这方面，洪仁玕认为三国时期的诸葛亮是执法的楷模。他总结诸葛亮在执法方面的成功经验有八个字：“器使群材，赏罚严明”。“器使则人无乱法，严明则人皆服法”。为了做到赏罚严明，洪仁玕主张建立赏罚制度。他颁发的《钦定功劳部章程》规定：对远征在外的官兵“有功足录”，“存其劳绩”，待其凯旋后，由朝廷根据功劳大小统一奖赏提拔，不准私与官职，违者“当律以大辟”。为了做

① 中国近代史学会主编：《太平天国》，第 2 册，524 页，上海，神州国光社，1952。

② 同上书，第 2 册，528 页。

③ 同上书，第 2 册，528 页。

④ 同上书，第 2 册，528 页。

到赏罚严明，洪仁玕还建议设立“新闻官”，以便广泛了解和检查各级官吏的执法守法情况。

在执法方面，洪仁玕还提出了“教法兼行”的主张，在强调法律制裁的同时，也重视道德教化。他提出“教以天条”与“齐以国法”相结合，以“开人之蒙蔽以慰其心”，“广人之智慧以善其行”[①]。为了使人人知法守法，他还大力提倡进行法制宣传，建议设立新闻馆，发行报纸，以“昭法律、别善恶、励廉职、表忠孝”[②]，让群众受到法纪教育。在太平天国领导人中，最重视法制宣传的就是洪仁玕。他在行军途中，每到一处，必先将太平天国法律规章公之于众。有时甚至亲自讲说，不厌其烦地解答一些法律问题。

在守法方面，洪仁玕着重强调国家官员应该以身作则，遵守法纪。他要求国家官员“亲自以倡之，真心以践之”[③]，做执法守法的表率。如果“在上者”对违法乱纪的行为“见则鄙之忽之，遇则怒之挞之”，就会收到“民自厌而去之”的良好效果，出现“不刑而自化，不禁而自弭”[④] 的生动局面。如果“在上者”搞特权，知法犯法，则“法立弊生，人将效尤，不致作乱而不已”[⑤]，法制就会崩溃。为了严肃法纪，取信于民，洪仁玕主张对于少数官员结盟联党、贪污受贿、私门请谒、卖官鬻爵、逆命弄兵、吸食贩卖鸦片等不法行为严惩不贷。

三、“罪人不孥”“善待轻犯”的刑法思想

由于受到近代西方资产阶级反封建的人道主义思想的影响，洪仁玕的思想体现了一种人道主义的精神。这一点在他关于刑法问题的论述中表现得尤为突出。

洪仁玕反对株连法，主张“刑止一身”“罪人不孥”。株连法也称缘坐法，即一人犯罪，亲属同坐。在中国，随着封建专制制度的不断强化，株连法愈演愈烈。到了清代，其残酷程度已达到登峰造极的地步。往往一人有罪，满门抄斩，数族被灭，有时受株连的多达千人。这种封建主义的酷刑，在太平天国政权的司法实践中也有所反映。无罪牵连、屈杀无辜的现象不断发生。针对这种现象，洪仁玕提出了“刑止一身”“罪人不孥”的主张，即一人犯罪一人当，不罚及罪犯的家属亲友。他说：“罪人不孥。若讯实同情者及之，无则善视抚慰之，以开其自新之路；若连累及之，是迫之使反也。”[⑥] 洪仁玕的这一主张对于加强太平天国起义队伍内部的团结，扫除太平天国法制中的封建残余，有着重要的意义。

针对太平天国存在的轻罪重刑的现象，洪仁玕认为必须区别罪轻罪重。他主张“善待轻犯”。其办法是：给犯人以饮食号衣，使之修街渠道路，实行劳动改造，轻者移送别

---

① 中国近代史学会主编：《太平天国》，第 2 册，526 页，上海，神州国光社，1952。
② 同上书，第 2 册，527 页。
③ 同上书，第 2 册，524 页。
④ 同上书，第 2 册，525 页。
⑤ 同上书，第 2 册，524 页。
⑥ 同上书，第 2 册，535 页。

县，重者移郡移省，期满释回。这样，“一以重其廉耻，二以免生他患”①，使犯人有改过自新的机会。在当时，太平天国刑律十分严酷，往往不辨罪轻罪重，不察罪与非罪，一律处以死刑。诸如打架、赌博等，都要处以死刑。洪仁玕“善待轻犯”的主张，体现了人道主义精神，在当时是极为可贵的。

洪仁玕还对太平天国的死刑执行方法提出了改革措施。太平天国的死刑执行方法五花八门，残酷至极，有点天灯、五马分尸、斩首示众、桩沙、剥皮等酷刑。对此，洪仁玕提议，对于重罪当死者只采用大架吊死的方法。

洪仁玕主张把《十款天条》与国家法律区别开来。他说：“十款天条治人心恶之未形者，制于萌念之始；诸凡国法，治人身恶之既形者，制其滋蔓之多。”② 定罪量刑必须依据国家法律，而不是宗教信条。宗教信条是解决思想信仰问题的，属于思想教育范畴。国家法律是解决行为是否构成犯罪问题的，属于法律制裁范畴。洪仁玕对“天条”与“国法”所作的区别，含有依法定罪、罪刑法定的意思。

洪仁玕的刑法思想体现了人道主义精神，对于革除太平天国滥刑酷罚、妄杀无辜的现象是对症下药的。

四、发展资本主义的法律主张

在经济和社会方面，洪仁玕在西方国家资产阶级法制的影响下，提出了有利于促进和保护资本主义生产方式、有利于巩固和发展资本主义社会制度的法律措施。

在经济方面，他首先提出要颁行保护私人投资法，认为法律应该准许并鼓励“富民”把资财转化为资本，用来建立银行、招民探矿、雇工开采等。开设银行有两种方法，一是由国家开办，鼓励私人储蓄，法定利息“皆准每两取息三厘”。二是由私人投资办银行，“或三四富民共请立，或一人请立，均无不可”③。他还建议通过法律手段保护私人投资兴办工矿企业。有探得矿藏者，“爵为总领，准其招民采取”，“有争斗抢夺他人之所先者，准总领及地方官严办，务须设法妥善焉”④。他对金融资本和产业资本的剥削率以及雇工的所得都进行了规定。

洪仁玕对当时西方国家实行的劳资法十分感兴趣，他建议太平天国仿效实行。他说：“外国有禁卖子为奴之例……故准富者请人雇工，不得买奴，贻笑外邦。”⑤ 他一方面要求法律禁止奴隶买卖，另一方面要求法律禁止工矿企业使用奴隶劳动，提倡大力推行资本主义雇佣劳动制度。

洪仁玕主张颁行专利法。对于在科学技术方面有所发明创造者，法律应该“准其自售，他人仿造，罪而罚之”。如果专利权人愿意将其发明公之于世，“亦禀明发行”⑥。

---

① 中国近代史学会主编：《太平天国》，第 2 册，537 页，上海，神州国光社，1952。
② 同上书，第 2 册，538 页。
③ 同上书，第 2 册，533 页。
④ 同上书，第 2 册，534 页。
⑤ 同上书，第 2 册，536 页。
⑥ 同上书，第 2 册，533 页。

在社会方面，洪仁玕提出了颁行保险法的主张。他说中国可以学习外国“兴保人物之例”。他提出太平天国法律要禁溺子女，“溺者罪之”[①]。他还提出要大兴社会福利，建医院、办学馆、开设跛盲聋哑院和鳏寡孤独院等。洪仁玕还主张禁除社会游民，使人人参加生产劳动。他认为“九流惰民”不务正业，伤风败俗莫过于此。禁除“惰民”的办法是：在法律上规定每人每天至少要工作三个时辰，达不到这一标准的，“迸诸绝域，以警颓风之渐也”[②]。

洪仁玕在经济和社会方面的法律主张的核心内容，就是维护私有制，鼓励个人发挥才智和作用。这种主张在客观上有利于促进资本主义的发展。它与太平天国严禁私有、推行公有的一贯政策在根本上是不同的。洪仁玕在《资政新篇》中提出的主张比《天朝田亩制度》的规定要实际得多，表现了由封建社会走向资本主义的历史趋向。

洪仁玕的法律思想具有鲜明的资本主义色彩，在许多方面已经超越了其他太平天国领导人以小农经济为基础的狭隘眼界。他关于发展资本主义的主张要比洋务运动的方略早提出几十年，而且更为全面和彻底。洪仁玕已经认识到资产阶级法制较之封建专制主义的进步性。他的法律思想受到近代资产阶级法制的影响，在许多方面主张以法制保护和发展资本主义。

不过，由于阶级和时代的局限，他没有看到资本主义文明的弊端，没有看到发展资本主义所必然带来的新的阶级剥削和压迫，没有看到资产阶级法制在根本上是维护资产阶级的政治经济利益的。

深度阅读

1. 《原道救世歌》《原道醒世训》《原道觉世训》《资政新篇》《洪仁玕自述》。
2. 刘新主编：《中国法哲学史纲》，第九章第三节，北京，中国人民大学出版社，2005。
3. 高旭晨：《中国近代法律思想述论》，第三章，北京，社会科学文献出版社，2014。
4. 王庆成：《太平天国的历史和思想》，北京，中国人民大学出版社，2010。
5. 侯欣一：《中国法律思想史》，第七章第二节，北京，中国政法大学出版社，2008。

问题与思考

1. 为什么说《十款天条》在太平天国具有根本法的性质？
2. 洪秀全与洪仁玕法律思想的联系和区别表现在哪里？
3. 洪秀全男女平等法律思想的进步性与局限性是什么？
4. 洪仁玕“法制以遵循为要”的执法守法思想有何历史价值？

---

① 中国近代史学会主编：《太平天国》，第2册，535页，上海，神州国光社，1952。

② 同上书，第2册，536页。

第十八章

改良派的法律思想

常考知识点

- 康有为的“公羊三世说”与变法思想
- 康有为的君主立宪理论
- 康有为的宪法思想
- 康有为关于宪法的概念、起源、本质、特点的理论
- 康有为的公民权利思想
- 梁启超的变法思想
- 梁启超的法治与人治思想
- 严复的自由人权法治思想
- 严复的司法改良思想

第一节　康有为

康有为（1858年—1927年），字广厦，号长素，广东南海（今佛山南海）人，世称南海先生，出身于封建官僚家庭（见图18－1）。康有为早年受过严格的封建正统教育，后师从同乡朱九江治“济人经世”之学，从整日埋于故纸堆中转为以经营天下为志。1879年，康有为游历香港，“始知西人治国有法度”，认识到中国封建社会的落后，开始广涉西学。

图18－1　康有为

1888年，康有为赴京应试。年底，康有为第一次上书清帝，历陈内忧外患，要求改革时政。1894年，中国在中日甲午战争中的失败，震惊朝野，引起广泛不满。翌年，康有为偕同梁启超等人入京会试，联合各省应试举人联名上书，请求拒和、迁都、练兵、变法；同时，创办《万国公报》，组织强学会，影响迅速波及全国。几年内，全国学会林立，报刊风起，要求变法维新的声势日益浩大。在康有为等人的大力倡导下，终于掀起了1898年的“戊戌变法”运动。在“百日维新”中，康有

为被委派在总理衙门参赞新政。变法失败后，“戊戌六君子”被杀，康有为和梁启超逃亡国外。

康有为一生著述丰富，他的法律思想散见于多部著作中，其中最主要的有《大同书》《孔子改制考》《新学伪经考》等。后人辑有《康有为全集》（参见图 18－2）。

图 18－2 《康有为全集》

康有为继承了中国古代的儒家思想，接受了西方资产阶级进化论的影响。他是近代中国资产阶级改良主义的重要代表人物。他勇敢地宣传维新变法救亡图存的思想，无情地揭露和批判封建君主专制制度；大力提倡学习西方资产阶级法制，以达到救亡图存、振兴中国的目的。康有为对黑暗的封建法制的批判以及对“大同世界不立刑”的憧憬，在当时的社会上产生了巨大的反响，唤起无数进步知识分子和爱国人士为反对专制制度、实现民主自由而斗争。然而，在资产阶级革命运动蓬勃兴起以后，康有为跟不上时代发展的要求，继续鼓吹君主立宪，反对资产阶级革命派的主张，站到革命的对立面，成了保皇党的领袖。

一、“公羊三世说”与变法思想

康有为的法律思想的理论基础是他的“公羊三世说”。他的“公羊三世说”将孔学与西方资产阶级进化论的观点融为一体，为其维新变法提供了理论依据。“公羊三世说”最早传自东汉何休。

何休在《春秋公羊传》中说，孔子于“所传闻之世，见治起于衰乱之中”；于“所闻之世，见治升平”；于“所见之世，著治太平”。

由此，康有为得出据乱世、升平世和太平世的三世概念。他又将太平世和升平世与《礼记·礼运篇》所讲的“大同”“小康”联系起来，认为孔子讲的大同社会状态是太平世、小康社会状态是升平世。同时，康有为还受到西方资产阶级进化论的影响，对严复翻译的赫胥黎的《天演论》一书极为赞叹，“钦佩至不可言喻”[①]。从资产阶级进化论观点出发，康有为认为社会必然由据乱世发展到小康升平世，再由小康升平世发展到大同太平世。

① 梁启超：《与严幼陵先生书》，载梁启超：《饮冰室合集》，第 1 册，北京，中华书局，1989。

康有为的“公羊三世说”具有明显的庸俗进化论的性质，它强调社会发展要按照三世的先后顺序进行，不可越级。康有为创立“公羊三世说”，一方面是为了改造清朝封建君主专制制度，另一方面是为了反对社会革命。但是，他的“公羊三世说”的基本观点是宣传历史的变化和发展。他运用自己精心铸制的这一武器，对封建传统文化和政治法律制度进行了勇敢的挑战。从历史进化论出发，康有为提出了“法久则弊”“变通日法”的观点。他指出，法律是治国之方，随着国家和时代的发展变化，要不断革除旧法、改革时政。他说：“凡法立久则弊生，令行久则奸起。”“奸吏弊窦丛生，至于今日，不稍变通，无以尽利也。”① 如果时代已经发生变化而仍沿用旧法，那么这对国家是不利的。

康有为还尖锐地指出，清朝沿袭下来的封建制度弊病丛生。他揭露道：“然今天下法弊极矣，六官万务所集也，卿贰多而无所责成，司员繁而不分委任……法弊至此，求治得乎？”②

清末法弊严重的现象是封建专制制度发展的必然结果，只有彻底摧毁封建社会制度，才有可能改变国势贫弱的窘况。对此，康有为虽然没有清醒的认识，但是他已经隐约地觉察到了。他针砭时弊、暴露现实的言论，在其著作中俯拾即是。在他看来，当时中国已是千疮百孔，积弊重重，“非雷霆震厉，无以去淤”③。只有进行全面的剧烈改革，才能除弊起衰。

当时需要变法是由于国内法弊丛生，外国侵略势力日益猖狂，步步逼近。康有为指出：“今海外略地已竟，合而伺我，真非常之变局也。”④ 日本在东边“日夜谋我”，“将覇朝鲜而窥我边”；俄国在北边建筑铁路，“祸不旋踵”；英国则“垂涎久矣”，不断作衅；法国“扰我海疆”，以窥中国，局势紧迫已极，“累卵之危，莫有过此”⑤。在这种虎伺狼窥、敌国林立的情况下，若非大讲变法，则无异于坐待自毙。

于是，康有为置个人性命于度外，屡次上书，陈言变法。他要求统治者“变法成天下之治”，“变通新法，以塞和款而拒外夷，保疆土而延国命”⑥。针对清末法弊严重的情况，他提出“宜易新法以治之”⑦。在康有为的倡议和号召下，变法主张一时风靡全国，最终形成中外瞩目的维新变法运动。

康有为提出变法图强要仿效外国、兼采中西。他认为周汉之法符合孔子的思想。康有为还特意撰写了《孔子改制考》一书，为变法改制提供理论依据（参见图 18－3）。变法不仅需要借鉴中国古代改制的经验，还要向西方先进的资本主义国家学习。康有为指出：日本、俄国等之所以能够致富致强，主要是由于学习西方资本主义国家变法图强。日本区区小岛，“近者君臣变法兴治，十余年间，百废俱举”⑧。俄国之所以能够“辟地万里、创霸大地者”，就是因为“师学他国”，变法自强。实行变法，能够富强。不实行变法，结果又会如何呢？康有为指出，波兰、缅甸、印度、土耳其、埃及等国家沦为殖民地（或半殖民地）的原因之一就在于其恪守旧法，缺乏勇于改革的精神。为了避免重蹈覆辙，康有为主张中国仿效西方资本主义国家，制定能够适应新形势的法律。他肯定地

---

① 康有为：《康有为政论集》，69 页，北京，中华书局，1981。

② 同上书，57～58 页。

③④⑤ 同上书，53～55 页。

⑥⑦⑧ 同上书，59 页。

说："今宜采罗马及英美德法日本之律，重定施行。"①

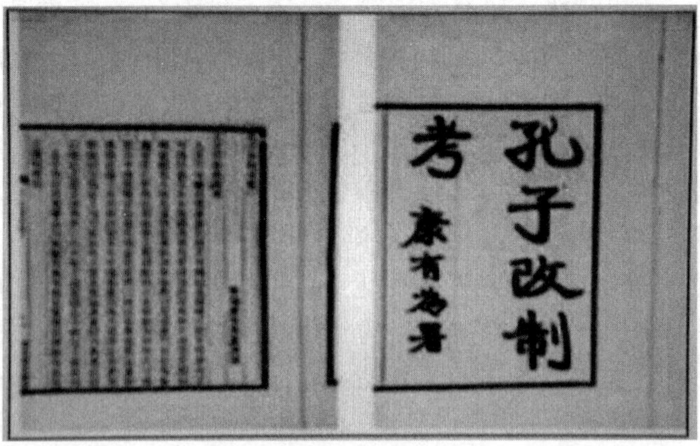

图 18-3 《孔子改制考》

康有为认为变法必须全面彻底才能收到应有的效果。他反对瞻前顾后、畏缩不前。他明确指出："变或可存，不变则削；全变乃存，小变仍削。""能变则全，不变则亡；全变则强，小变仍亡。"② 康有为总结和借鉴了洋务运动以及国外改革的经验，认识到实行变法改制不仅要全面，而且要有重点，重点就是首先改革国家政体。只有改革了政治体制，变法才能彻底。康有为反对纠缠于细枝末节，主张变法要抓住根本。那么，他所讲的变法之本是指什么呢?

在政治法律方面，他提出变法首先要从政治法律制度开始。他说："变法者，须自制度法律先为改定。"(《康有为自编年谱》) 他一再要求统治者"先开制度局而变法律"(《康有为自编年谱》)。为此，他拟有《请改定法律折》《请定立宪开国会折》等奏折，要求立行宪法，召开国会，改定法律，实行"三权分立"的君主立宪政体。

在社会经济方面，康有为提议改钞法，兴铁路，造机器、轮船，开矿铸银，办邮局。他将这六方面措施称为"富国之法"，认为行此法者"国不患贫"。此外，他还提出了"养民之法"③，其主要内容是"务农""劝工""惠商""恤穷"，强调发展经济、安定社会。

在文化教育方面，康有为提出"废八股、兴学校"，改革教育体制。他提倡向西方国家学习数学、化学、物理学等科学文化知识。

为了全面了解西方资产阶级的政治经济理论，他还提出要进一步发展由洋务运动倡导者曾国藩等人开创的"制造局"，翻译兵学、医学之书，进而广泛翻译政治经济方面的"泰西精要之书"。

在军事方面，康有为提出"汰冗兵而合营勇""起民兵而立团练""募新制以精器械""广学堂而练将才""厚海军以威海外"④ 等一系列改革和发展军事力量的有力措施。

在宗教方面，康有为认为宗教是不同于法律的国家统治手段，法律只能约束人的行

① 康有为：《康有为政论集》，215 页，北京，中华书局，1981。
② 同上书，211 页。
③ 同上书，141 页。
④ 同上书，142 页。

为，而宗教能约束人的思想。他说："凡国必有所谓国教也。国教者，久于其习，宜于其俗，行于其地，深入于其人心者是也。"① 在他看来，西方国家的富强与宗教有密切关系。为此，他主张中国也设国教，立孔教为国教，立孔子为中国的改制教主。

康有为变法主张的内容是非常广泛的，几乎涉及社会政治、经济、军事、文化等各个领域。他希望的是一场全面而深刻的社会变革。在他的变法思想中虽然不乏封建保守的观念，但是在资产阶级革命运动兴起以前，他的变法思想的主流是积极的、进步的，顺应了由封建社会向资本主义社会过渡的历史潮流。康有为的变法思想对于戊戌变法运动的形成和发展起了十分重要的指导作用。

二、鼓吹君主立宪

康有为的法律思想中最丰富、最完整的部分是他的宪法思想。他对宪法问题的论述是比较全面、系统的，其核心内容是鼓吹君主立宪。

康有为对封建君主专制制度展开了激烈的批判。他直截了当地宣称，中国封建政治弊端的根源在于"上体过尊而下情不达"：上自皇帝到督抚司道守令，下至平民百姓，其间官级如门堂十重，重重隔绝。各级贪官污吏只知对上一味讨好、巧于逢迎，对民众疾苦无人问津。国家成为封建皇帝的私有财物，封建皇帝可以为所欲为。对此，康有为一针见血地指出："吾国行专制政体……国安得不弱！"② 封建专制制度已经成为社会发展的障碍。

什么是专制政体呢？康有为认为专制政体的根本特征在于以国为私。他说："专制者，君主视国为己有，土地人民皆为其私产也。故君主与国为一，路易十四所谓朕即国家是也。"③ 康有为大声宣布："为君所私有"的专制国家现在已经成为"旧世之义"了。他提出要以"新世之义"即"立宪国为全国人所公有"来取代"旧世之义"。

康有为对封建君主专制制度的批判的可贵之处，不仅在于他尖锐地指斥时弊，而且在于他从理论上对专制国与立宪国作了区分，从而揭开了中国近代宪法思想史的第一幕。

康有为十分重视研究政体问题。他对政体进行分类的根据主要有两个：一是政体的目的，即是为全体人民谋利益还是为统治者个人的私利服务；二是政体的形式，即掌握最高统治权的人数的多少。由此，他大致把政体分为君主专制政体、君主立宪政体和民主共和政体。君主专制政体是以国为私，君主个人掌握一切大权。君主立宪政体与民主共和政体，都属于立宪国范畴，都是以国为公。康有为的宪法理论反对以国为私，主张以国为公。

康有为认为，君主立宪政体与民主共和政体虽然都是以国为公，但也是有区别的。他主张当时的中国只能实行君主立宪政体。其理由归结起来，主要有三点：其一，他认为君主立宪制和民主共和制适用于不同时代。君主立宪制适用于升平世，民主共和制适

① 康有为：《康有为政论集》，142 页，北京，中华书局，1981。

② 同上书，338 页。

③ 同上书，663 页。

用于太平世。他认为当时的中国正在向升平世发展，所以只能适用君主立宪制，民主共和国制此时还行不通。其二，他认为当时的中国的根本问题是要反对以国为私而实现以国为公。实行君主立宪制就是为了反对封建君主专制，实现以国为公。其三，他认为君主立宪制与民主共和制在制度上基本一样，不同的只是前者有所谓的“虚君”。他说：“立宪君主与立宪民主之制，其民权同，其国会内阁同，其总理大臣事权与总统同，名位虽殊，皆代君主者也。”[①] 在这个问题上，康有为是以英美资产阶级国家为参照的。

康有为对西方资产阶级的“三权分立”学说极为推崇。在戊戌变法前后，他一直主张中国应实行“三权分立”制度。如他在向清帝上书中写道：“泰西论政，有三权鼎立之义。三权者，有议政之官，有行政之官，有司法之官也。夫国之政体，犹人之身体也。议政者譬若心思，行政者譬若手足，司法者譬若耳目，各守其官，而后体立事成。”[②]

在康有为看来，资本主义国家强大的原因之一在于实行了“三权分立”制度。他说：“臣窃闻东西各国之强，皆以立宪法开国会之故……自三权鼎立之说出，以国会立法，以法官司法，以政府行政。”[③] 并且，他指出，日本能够崛起是与推行了“三权分立”制度分不开的。由此，他进一步向清朝统治者建议改行“三权分立”制度。他说：“凡司法独立、责任政府之例、议院选举之法，各国通例具存。但命议官遍采而慎择之。”[④] 他认为若中国实行“三权分立”，就会举国上下身为一体、心为一心，天下无敌。

在立法、司法和行政三权中，康有为特别重视立法权。他曾经再三强调议院的重要性。他说：“议院者，合一国之民心，举一国之贤材，而议定一国之政，诚官制第一之本原也。”[⑤] 又说：“无论君主民主之国皆行之。有议院者公而安，无议院者私而危，此大地万国已然之效。”[⑥] 康有为把有没有议院看成国家是为公还是为私的基本标志。

为了论证中国可以实行议院制度，康有为甚至提出春秋时期以前的中国就有类似议院的机构或做法。他把黄帝之合宫、唐虞之衡室、殷之总余、周之明堂比作议院。这种说法显然是牵强附会的，议会制度只是近代资产阶级反封建斗争的产物。但是，康有为之所以要进行这种比附，就是因为封建专制制度与资产阶级议会制度是格格不入的。他强调议会制度应该成为资产阶级民主制度的重要环节，这对于批判封建君主专制制度是有积极意义的。

中国近代民权运动的兴起是与康有为大力倡导民权分不开的。康有为把倡民权、反专制视为中国的当务之急，他说：“夫今救中国之法，何为最急？若民权公议者，亦今日之至急者矣。”[⑦] 然康有为虽主张民权，但是他反对通过暴力革命来实现民权。他对民权与革命的关系进行了论述。他说：“民权自由之与革命，分而为二者也。”“但言民权自由可矣，不必谈革命也。”[⑧] 他断言以暴力革命实现民权的道路是行不通的，在中国，民权

---

① 康有为：《康有为政论集》，682 页，北京，中华书局，1981。
② 同上书，262 页。
③ 同上书，338 页。
④ 同上书，342 页。
⑤⑥ 同上书，356 页。
⑦⑧ 同上书，482 页。

的实现只能循序渐进地去达到。可见，康有为只是一个资产阶级改良主义者，任何激烈的革命措施都为他所反对。尤其需要指出的是，康有为始终迷恋君主立宪制。他对君权的迷信和崇拜，严重地阻碍了他的民权思想的发展，暴露了他的思想的软弱性和妥协性。

三、《大同书》中的“治至刑措”论

康有为反对酷刑。在《大同书》中，他对人间的刑狱之苦表示了强烈的不满，对大同世界“治至刑措”无限向往。他对统治阶级的残酷刑罚进行了批判。他指出：“世愈野蛮，刑罚愈惨。”[①] 有剖腹而用锯者，有以锥穿体者，有油布卷而火焚者，有石压而驴磨者。至于车裂马分、炮焙汤煎、断骨折腰、凌迟寸磔、株连九族等则不一而足。对于这些惨无人道的酷刑，康有为愤慨地说：“伤矣哉，乱世也。”[②]

对于封建统治阶级的监狱的黑暗，康有为是这样描述的：“然不幸而入狱也，桎梏身首，钳锁手足，便溺迫蒸，臭秽交迫，据地眠坐，伸缩不得，蚊大如牛，蝇虫绕侧，衣裳垢而不得浴，饮食秽而或乏，黑暗无光，不见天日。”[③] 加之封建狱吏淫威恐吓、求金取贿、非刑迫索，惨死狱中者不可胜数。即便幸免一死，“而破家毁体、备极惨毒者，非生人所忍言也”[④]。这些描绘封建社会刑狱之苦的文字充分表现了康有为对封建专制主义严刑酷罚的强烈愤慨。

在《大同书》中，康有为对犯罪原因进行了探讨。他认为人类犯罪的最终根源在于私有制和私有观念。他指出，以下九界不除，犯罪现象就不可能消除：国界、级界、种界、形界、家界、业界、乱界、类界和苦界。康有为认为，不消除九界，即使“日张法律如牛毛，日议轻刑如慈母”[⑤]，犯罪现象也不会消失。康有为所讲的九界，可以归结为一个“私”字。为了反对“各有其界而自私之”的现象，康有为特意撰写《大同书》，描绘出一幅消除了九界，从而没有犯罪的所谓的大同理想蓝图。

在他看来，大同世界消除了九界，消除了犯罪的原因，刑罚也就没有存在的必要了。他向读者揭示道：“大同无邦国故无有军法之重律；无君主则无有犯上作乱之悖事；无夫妇则无有色欲之争，奸淫之防……无宗亲兄弟则无有望养、责善、争分之狱；无爵位则无有恃威、怙力、强霸、利夺、钻营、佞谄之事；无私产则无有田宅、工商、产业之讼；无尸葬则无有墓地之讼；无税役关津则无有逃匿欺吞之罪；无名分则无欺凌、压制、干犯、反攻之事。”[⑥] 既然一切犯罪原因及犯罪现象都已消失，那么刑罚还有什么必要呢！由此，康有为十分乐观地指出，“太平之世不立刑”，“大同之世刑措”[⑦]。

康有为描绘的大同世界，虽然取消了刑罚，但是还有四禁：禁懒惰、禁独尊、禁竞争、禁堕胎。此外，大同世界还有各种职业规则。康有为虽然认为太平定世无侵犯刑律之事，但是，他认为那时还有法律存在。对于失职犯规的人，不必再用刑罚，“或少加罚锾（罚金）极矣”[⑧]。

---

① 康有为：《大同书》，33 页，北京，古籍出版社，1956。
②③④ 同上书，34 页。
⑤ 同上书，280 页。
⑥⑦⑧ 同上书，283 页。

康有为的刑法思想有不少深刻、独到的地方。特别是他对犯罪原因的探讨，指出了私有制、国家和阶级的存在是犯罪存在的根源。这在中国法律思想史上是别具一格的，并且接近于科学论断。康有为对阉宦、妇女裹足等封建社会的腐败现象的尖锐批判，对封建法律制度的勇敢揭露，以及对“治至刑措”的大同世界的无限憧憬，都表达了他对人权和民主的强烈追求。他的《大同书》集中国历史上大同理想之大成，对于激发人们批判封建专制制度，向往社会进步有着积极的意义。

但是，他的“太平之世不立刑”的思想，和他的整个“大同”理想一样，是一种主观空想。虽然他写了《大同书》，但他没有也不可能找到一条到达“大同”的路。他对“大同社会”的描绘可谓美妙之极、详尽之极，但没有通向“大同”的道路，描绘得再好，也只不过是空中楼阁而已。

第二节 梁启超

梁启超（1873年—1929年），字卓如，号任公，广东新会（今江门新会）人（见图18-4）。他17岁应广东乡试中举人第八名，翌年，随父入京都，春闱不第，道经上海，得阅介绍西学的书籍，自此开始留心西方文化制度。同年8月，梁启超与陈千秋交识。经陈千秋介绍，梁启超于广州认识康有为，即拜康有为为师。

图18-4 梁启超

1895年，梁启超再次入京会试，与康有为联合各省应试举人上书，陈议变法。同年6月，梁启超参与编纂《中外公报》。7月，京师强学会成立，梁启超任书记员。翌年7月，梁启超于上海任《时务报》主笔，竭力鼓吹变法维新。10月，梁启超主讲时务学堂，并与黄遵宪、谭嗣同组织南学会，创办《湘报》，倡言民权，放论大同。

1898年春，梁启超协助康有为于京师开保国会。4月，经徐致靖推荐，梁启超赏六品衔，办理大学堂及译书局事务。变法失败后，梁启超逃亡日本。

1901—1902年，梁启超先后创办《清议报》及《新民丛报》。此间，他在思想上逐渐与康有为发生冲突，对康有为的提倡设立孔教会、托古改制、反对革命等主张极为不满。1903年，梁启超游美东归后，又趋保皇立宪、反对革命。《新民丛报》后来与《民报》发生关于立宪与革命问题的论战，梁启超成为立宪派代表。

1912年，梁启超组织进步党，9月任熊希龄内阁司法总长，后又任袁政府币制局总裁、宪法起草员以及段祺瑞政府内阁财政总长。1916年，袁世凯复辟帝制，梁启超与蔡锷组织“护国军”讨袁。张勋复辟，他又与段祺瑞兴兵讨张。

1919年，梁启超漫游欧洲，归国后专心致力于社会事业及学术研究。梁启超生平著述甚富，堪称中国近代大思想家、著作家。其研究广泛，涉及政治、法律、经济、历史、宗教、地理等诸多学科领域，对中国学术作出了重要贡献。其著作合编为《饮冰室合集》。其法律思想散见于多部著述中。

一、救亡图存的变法维新思想

在变法维新运动中，梁启超是仅次于康有为的倡言变法的健将。由于受到西方资产阶级进化论的影响，其法律思想中始终包含一种“变”的观念。与康有为相比，梁启超关于变法维新问题的论述更为激越透辟。

为了论证变法维新的必要性，梁启超首先从自然历史方面指出，变化是自然万物的发展规律。他说：“凡在天地之间者，莫不变。昼夜变而成日，寒暑变而成岁，大地肇起，流质炎炎，热熔冰迁，累变而成地球……藉曰不变，则天地人类并时而息矣。”①

不仅自然、人类在变，法律及其他社会现象也在变。梁启超指出，贡助之法变而为租庸调法，租庸调法变而为两税法，两税法变而为“一条鞭法”，如此等等。在历史上，这种变法的例子举不胜举。即使仅就清代而言，变法的例子也不胜枚举。清代在历法、赋法、役法和刑法等诸方面对前代之法都做过不同程度的改革。变法是不以人的意志为转移的社会发展的客观规律。“上下千岁，无时不变，无事不变，公理有固然，非夫人之为也。”② 梁启超的论述有力地驳斥了那种认为祖宗之法不可变，以及清代无变法之例的保守观点和错误看法。

为什么变法会成为“古今之公理”呢？梁启超认为，法久则敝，敝而不变，无异于自取灭亡。他说：“法行十年或数十年或百年而必敝，敝而必更求变，天之道也。”③ 如果一味因循旧法，不顾客观条件的发展变化，那么就会“百事废弛，卒至疲敝，不可收拾”④。结果，不知自变者必然会被“察而变之者”取代。他指出：“法者天下之公器也，变者天下之公理也……变亦变，不变亦变。变而变者，变之权操诸己，可以保国，可以保种，可以保教。不变而变者，变之权让诸人，束缚之，驰骤之。呜呼，则非吾之所敢言矣。”⑤ 在这里，梁启超向统治者指出了不知自变势将亡国的危险，说明变法是社会发展规律，顺之者昌，逆之者亡。

梁启超的“变法维新”主张是为“救亡图存”服务的。他认为清代末年的国情万分危急，变法已是刻不容缓。当时国内法制不善，百事废弃；国外敌国林立，侵扰不断。在这种内忧外患交迫而至的情况下，非变法图强，无以自立。

鉴于洋务运动失败的经验教训，梁启超认识到变法必须全面彻底。只是学习西方的物质文明，并不能从根本上改变中国的落后状态。变法必须从“本原”着手，即彻底改变封建专制主义的政治法律制度。侧重从政治法律制度上讲求变法，这正是康、梁领导的变法维新运动与洋务运动相区别的一个重要方面。在对待西方国家法律制度的态度上，梁启超的主张与张之洞等人“中体西用”的主张是不同的。梁启超认为法律制度无中西之别，西方有的，中国也可以有。他指出：“列国并立，不能无约束，于是乎有公法。”

---

①②③　梁启超：《变法通议自序》，载梁启超：《饮冰室合集》，第1册，北京，中华书局，1989。

④⑤　梁启超：《变法通议·论不变法之害》，载上书。

"官民相处秀莠匪一，于是乎有律例。"[①] 言下之意是，只要有国家，就必然有法律；变法不必区分何为中法、何为西法。只要取之有利，就要大胆采用。"采西人之意，行中国之法，采西人之法，行中国之意。"[②] 这是他对中西法律制度的基本态度。

为了全面改变清朝的封建专制主义法律制度，梁启超提出要学习西方资本主义国家，制定民法、刑法、行政法、诉讼法等国内法。他还进一步提出要研究和发展国际法，为维护国家的主权和独立服务。他曾经对当权者不重视国际法而贻误国事的事情深感不满。他还曾呼吁要废除不平等条约、收回司法主权等。他的这些主张体现了强烈的爱国主义精神。

二、提倡民权和君主立宪

提倡民权和君主立宪，是梁启超变法维新思想的核心内容。

在戊戌变法前后，他曾连续发表文章，鼓吹民权与自由。他大声疾呼：19 世纪为民权之世界，开放民权已成为当今历史的潮流。"是以有国者而欲固其位，则莫如伸民权……处今日生存竞争优胜劣败之世界，非藉民权无以保国权。"[③] 又说："国也者，积民而成。国之有民，犹身之有四肢、五脏、筋脉、血轮也。未有四肢已断，五脏已瘵，筋脉已伤，血轮已涸，而身犹能存者。"[④] 他认为，法国大革命和日本明治维新之所以能使国家强盛起来，是因为其争得并保全了民权。而中国自秦汉以来，历代帝王都把国家视为自己的私产，实行专制独裁，其结果是君权日尊、国威日损。因此，要变法维新，就必须提倡民权。

梁启超以西方资产阶级的民权学说为武器，批判君主专制。这在当时是有积极作用的。但是，他的民权思想有很大的局限性：他并没有冲破资产阶级改良主义的藩篱。他一方面高唱民权，另一方面眷恋君权。他认为民权固救世之善图也，但今日民智未开，"其时未至"，"则毋宁先备君权以转移之"[⑤]。意思是，民权固然是救世的良策，但当今中国的老百姓不开化，还没有条件实行。当务之急是要"先备君权"，等以后有了条件，再慢慢向民权过渡。

他从这种思想出发，在政体问题上也主张实行君主立宪。他说："君主立宪，政体之最良者也。"[⑥] 他认为在当时的中国只能实行君主立宪，而不能实行民主共和。在他看来，中国的国民缺乏自治能力，若勉强实行民主共和政体，则等于拔苗助长，不但无益，反而会制造混乱，促进帝国主义瓜分中国。尊皇权，实行君主立宪，是唯一良策。

和康有为的主张一样，梁启超的君主立宪主张，也包括立宪法、设国会和实行"三权分立"这三个方面。

---

①② 梁启超：《西政丛书序》，载梁启超：《饮冰室合集》，第 1 册，北京，中华书局，1989。

③ 梁启超：《上粤督李傅相书》，载上书。

④ 梁启超：《新民说·叙论》，载梁启超：《饮冰室合集》，第 6 册，北京，中华书局，1989。

⑤ 梁启超：《与严幼陵先生》，载梁启超：《饮冰室合集》，第 1 册，北京，中华书局，1989。

⑥ 梁启超：《立宪法议》，载上书。

（一）立宪法

梁启超受到近代西方资产阶级法治思想的影响，对宪法问题很重视。他把宪法的概念分为广、狭二义。广义的宪法指国家的根本大法，不同政体的国家都有。狭义的宪法指有议会的国家的根本大法。他提倡狭义的宪法概念，认为这一概念可以把专制制度国家的根本大法排除在宪法之外。他说："宪法者何物也？立万世不易之宪典，而一国之人，无论为君主、为官吏、为人民，皆守之者也。"① 又说："世界之政有二种：一曰有宪法之政（亦名立宪之政），二曰无宪法之政（亦名专制之政）。"② 他认为，在封建专制主义国家，君主言出即法、为所欲为，这就无宪法可言。

梁启超提倡颁行宪法，他希望通过宪法来限制君权、发展民权。他认为君权之所以有限，"非臣民限之，而宪法限之也"③。民权只有通过立宪才能得到保障。宪法与民权，二者不可分离，"此实不易之理，而万国所经验而得之也"④。他主张向西方资产阶级国家学习，尽快颁行宪法。为此，他不断向清政府提出立宪的措施与方案，其中包括：改中国为君主立宪国；派朝廷重臣出游欧美，考察其宪法的异同；开立法局，草拟宪法；宪法草案要在全国进行讨论；宪法颁行后，不经全国人民投票不得擅行更改；等等。

（二）设国会

梁启超对国会也很重视。他将国会视为区别专制国和立宪国的重要标志。他说："语专制政体与立宪政体之区别，其唯一之表识，则国会之有无是已。"⑤ 梁启超还从法律和政治方面探讨了国会的性质。从法律方面来说，他指出：虽然各国宪法规定不同，但是有一个共同点，即国会作为国家的"限制机关"，与"主动机关"即行政机关相对，只有在法律上享有对行政机关进行限制的权力的机构才能被称为国会。从政治方面来说，国会是代表全国各方面政治势力的机构，国会议员必须经国民选举产生。

梁启超还对国会组织进行了研究。他从法理上将两院制与一院制作了比较，提出两院制有四个优点：其一，两院制可以避免国会之专横；其二，两院制可以调和国会与其他机关之间的矛盾；其三，两院制议事更为慎重，能避免偏激；其四，两院制有助于发挥政治才干。

（三）实行"三权分立"

梁启超对资产阶级国家实行"三权分立"制度极为推崇。他说："行政、立法、司法三权鼎立，不相侵轶，以防政府之专恣，以保人民之自由。"⑥ 他对孟德斯鸠的分权理论作过比较深入的探讨。他把统一"三权"的统治权称为"体"，把由国会、国务大臣、审判厅分别行使的立法、司法、行政"三权"称为"用"；认为"用"是可分的，而"体"

---

①②③④　梁启超：《立宪法议》，载梁启超：《饮冰室合集》，第1册，北京，中华书局，1989。

⑤　梁启超：《中国国会制度私议悬谈》，载梁启超：《饮冰室合集》，第3册，北京，中华书局，1989。

⑥　梁启超：《论立法权》，载梁启超：《饮冰室合集》，第1册，北京，中华书局，1989。

不可分割。他主张“三权之体皆莞于君主”[①]，即把“三权之体”完全交给君主掌管，“三权”最终统一于君主一人之手。

梁启超围绕着宪法、国会和“三权分立”等问题所进行的理论探讨，比康有为前进了一步。他想通过立宪法、设国会和实行“三权分立”，对君主的权力加以限制，这种思想的积极意义不应被抹杀。但他的资产阶级改良主义的立场，使他的思想陷于自相矛盾之中。民权与君权本来是不可能调和的，在君主制度下，人民不可能真正成为自己命运的主人。梁启超迷恋君权，企图在民权与君权之间进行调和，这只能导致他的民权思想的窒息。如果说在“戊戌变法”失败前他的君主立宪论还有一定的进步作用的话，那么，在“戊戌变法”失败后，尤其是在资产阶级革命兴起以后，他的改良主义的君主立宪论便成了革命运动的对立物。后来，他终于连君主立宪也不要了，一下掉进了“开明专制”的泥坑，极力反对以孙中山为首的资产阶级革命派的主张。

三、法治与人治相结合的思想

在中国法律思想史上，围绕着法治与人治问题所展开的讨论，始终不休。思想家们各持其见，说法不一。

到了近代，为了适应改革的需要，梁启超参照各种观点，采用比较研究方法，明确地以“人治主义”和“法治主义”来概括儒家和法家学说，将这场争论推向了一个新的高潮。

梁启超认为，从法律思想史的角度来看，春秋时期的各家学说可以概括为几大流派：人治主义、法治主义、礼治主义、势治主义和放任主义。其中，最重要的是人治主义和法治主义两大学派。

他在对儒家的人治主义和法家的法治主义进行比较研究后，得出儒家的人治主义优越于法家的法治主义的结论。

对于法治主义，梁启超认为法治主义较之放任主义等其他学派有以下长处。

第一，法治主义区别了道德与法律。根据梁启超的看法，放任主义认为人的意志和行为都是自由的，行为规范只在于良心制裁；法治主义虽然承认意志是自由的，但认为行为不能绝对自由，行为必须由法律来规定，这样，法家就把道德与法律区别开来了。

第二，法治主义使国家治乱不因人而异。梁启超认为依照人治主义，国家遇贤则治，遭愚则乱；法治主义则将国家之治奠基于法律之上，这样，国家治乱就不会因遭贤或遭愚而发生变化。梁启超说：“夫专制国，则治乱续于贤愚者也。而立宪国，则遭贤与遭愚均者也。必遭贤与遭愚均，然后可以厝国于不敝。若此者非法治无以得之。”[②] 只有实行法治，才能使国家治乱不因人而变。梁启超把这一点看成是法治主义的“至精之论”[③]。

第三，法治主义可以使大多数人成为贤者。梁启超说认为人类贤与不贤者居少数，

---

① 梁启超：《论立法权》，载梁启超：《饮冰室合集》，第1册，北京，中华书局，1989。

②③ 梁启超：《先秦政治思想史》，载梁启超：《饮冰室合集》，第9册，北京，中华书局，1989。

而“中人”居多数，以法治国可以使大多数人即“中人”成为贤者。如果没有法律的话，那么唯贤者贤，“中人”多因无法可循而接近于不贤。

第四，法治主义区别了国家与社会。梁启超指出，法家强调以国家法律制裁人的行为，这不仅是国家的权利，也是国家的义务。这样，在法治主义中，国家与社会是两个不同的概念。在梁启超看来，这是法家较之其他各家的优点。他说：“平心论之，则儒家对于国家之观念，实不如法家之明了。非直儒家，即道墨诸家皆然。”① 由此，梁启超也把法治主义称为“国家主义”即注重国家，把其他学派的理论称为“社会主义”即注重社会。

尽管梁启超认为法家的法治主义有以上长处，但是他也指出法家的法治主义有以下缺点。

第一，法治主义缺少民主精神，没有解决立法权问题。法家强调法律出自君主。既然法律由君主个人制定，那么法律必然不能真正起到限制君主的作用。梁启超说：“夫人主而可以自由废法立法，则彼宗所谓‘抱法以待，则千世治而一世乱’者，其说固根本不能成立矣。”② 在他看来，要使君主受到法律的限制，必须实行强调民本主义的现代立宪政体。只有将立法权交由人民掌握，才能使君主受到法律的约束。由此，他把“立法权不能正本清源”③ 看作法家的最大缺点。

第二，法治主义是一种“物治主义”。法家有一种“万事皆归于一，百度皆准于法”④的主张。梁启超认为，这是把人与物、量人与量物混为一谈。量物与量人不同。量物应该用“物准”，量人应该用“心准”。物是死的东西，人则有自由意志。法家过于强调法律的作用，动辄以“物准”即法来衡量人，必然会忽视“法之所不至者”⑤。

第三，法治主义忽视个性自由。法家提出要“齐一其民”。梁启超认为这是用一个模式来要求不同的人们，其结果是“个人个性为国家吞灭净尽”⑥。

根据梁启超的观点，法家的法治主义的上述缺点都能由儒家的人治主义来克服。他认为儒家的人治主义“非持简单肤浅的人治主义”⑦，而是人治与法治的结合。儒家并不忽视法律的作用，儒家只是在重视法律的同时更加强调人的因素，强调道德礼仪的作用。他说：“儒家固甚尊人治者也。而其所以尊之者，非以其人，仍以其法。”⑧ 在梁启超看来，儒家较之法家的优越性在于：其一，儒家坚持“以民意为政治标准”，“民之所好好之，民之所恶恶之”⑨。法家的法治主义缺少民主精神，而重视民主是儒家人治主义的特点。其二，法家忽视道德因素，而儒家重视道德习惯。其三，法家的法治主义忽视个性自由，而儒家强调“尽人性”。

梁启超对于儒家的人治主义和法家的法治主义的论述是为实现其君主立宪主张服务的。为了表明立宪较之专制的优越性，他赞成法家以法治国的观点。他提倡法治与人治相结合，不外是要说明：只有法律是不行的，还需要君主个人来发挥才能。

梁启超对人治与法治问题的论述，在中国法律思想史上堪称一家之言，对于后人做进一步的研究不无借鉴意义。

---

①②③④⑤⑥⑦⑧⑨ 梁启超：《先秦政治思想史》，载梁启超：《饮冰室合集》，第9册，北京，中华书局，1989。

第三节 严　复

严复（1853 年—1921 年），原名宗光，后改名复，字又陵，又字几道，福建侯官（现闽侯）人，曾担任过京师大学堂译局总办、北京大学校长、上海复旦公学校长、安庆高等师范学堂校长，清朝学部名辞馆总编辑。他是清末有影响的资产阶级启蒙思想家、翻译家、教育家、法律思想家，是中国近代史上向西方国家寻找真理的“先进的中国人”之一。

严复 14 岁时进入洋务派办的福州马尾船政学堂学习，24 岁时被派赴英国留学学习海军，1879 年 6 月（光绪五年五月）毕业于伦敦格林威治皇家海军学院。在英国学习期间，严复接触学习到了全新的资本主义政治制度。他不仅阅读了大量关于西方政治法律制度的科学论著，而且走入社会，实地考察了英国社会的政治情况，经常进入法庭观看法官审判案件。这些经历使严复认识到，先进的政治法律制度是西方国家富强之所在，是西方国家优于封建国家的根本原因。这成为他向西方国家寻求富强之法的开端，也是他后来系统地传播西方资产阶级学术思想，形成“平等自由”为宗旨的法律思想的基础。

甲午战争的失败后，严复投入到以“救亡图存”为宗旨的变法活动中。严复是第一个比较全面、系统地将西方资产阶级的学术思想和政治法律制度介绍到中国来的启蒙思想家，他的政治法律思想多蕴含在其发表的论著和翻译的著作中，形成了一套以“变法”“自由”“法治”为中心的法律思想，强调自由和民主对当时中国的重要意义，康有为称赞他是“精通西学第一人”。后人编有《严复集》和《严复全集》，是研究严复法律思想的重要资料。

一、以自由人权法治实现中国富强的思路

在今人论及戊戌改良思潮的著述中，人们经常把严复同康有为、梁启超、谭嗣同等并称，这在一定意义上说是有其合理性的。因为，严复的确同其他改良派代表人物一起，共同促进并促成了轰轰烈烈的改良运动的发生。然而，细加分析，严复同其他改良派代表人物的思路实际上是有着很大差异的，之所以这么说，主要是因为在 1898 年暴风骤雨般的“百日维新”过程当中，严复一直使自己置身于事外，尽管他同戊戌变法的个别成员如梁启超、林旭等交往甚厚，但他并没有成为康有为核心集团的一员。更为重要的是，严复与康有为等变法领袖在整体思想倾向上应该说是双向度的，如果说戊戌变法本身具有双重意义，即作为一个变法的伟大尝试，它是一场翻天覆地的政治法律制度的改革运动，而作为一次文化观念的革新，它又是一场意义深远的思想启蒙的新文化运动，那么，我们可以清晰地看到，以康有为为代表的变法领袖更着眼于制度层面变革的实际运作，而严复则更加重视观念思想层面的文化变革。总体来看，严复的法律思想遵循着以自由人权法治实现中国富强的完整逻辑思路。

严复为什么形成其独特的法律思想逻辑思路呢？为了弄清这个问题，必须从严复一生的经历和功绩谈起。严复早年留学英国，钻研西书，专门从事译书工作。可以说，严复对中国近代思想启蒙最大的贡献是翻译了大量的西方政治法律著作，其中对中国近代法律思想发展影响至深的著作包括《天演论》、《进化论与伦理学》、《原富》、《群己权界论》（《论自由》）、《法意》（《论法的精神》）、《社会通诠》、《穆勒名学》等，严复通过对斯宾塞、赫胥黎、穆勒、亚当·斯密、孟德斯鸠等西方政治法律思想家著作的翻译和研究，发现了西方列强强大的根本原因不仅仅在于西方的船坚炮利，也不仅仅在于西方繁荣的经济、令人赞羡的议会政治，甚至不仅仅在于西方权力制衡的政治体制，西方富强的真正原因应该在其思想和价值观领域中去寻找。正是顺着这一思路，严复发现了西方之所以强大的根本原因在于对个人自由人权法治观念的推崇和高扬。严复的这一思路，“与康有为相比，虽然两人都从关切中国富强问题出发，去观察体认西方宪政文化，或者说两人都把西方的宪政文化看作是富强中国的工具，疗愈中国贫弱的药方，但不同的是，康有为着眼的是制度，希望通过引入西方式的议院制度、立宪制度以改进中国已失灵的国家机器；而严复则真诚而深切地皈依了西方思想家的进化论，并从进化论的理论框架中找到了西方宪政文化中蕴藏着的个人自由所释放出来的活力与西方强大的关系。康有为虽然也赞同进化论，但他所看重的是进化的结果，即西方的立宪制度。而严复则企图寻求西方进化而中国停滞的原因。在严复看来，西方宪政文化蕴涵的自由价值不是西方进化的结果，而是原因。正是个体自由所迸发出来的活力才导致了西方的宪政制度及其强大的结果。”① 由于“严复这里所谈的‘自由’，其主要含义就是稍后思想界普遍谈论的人权。”② 因此，严复对近代中国法律问题思考的独特思路，与康梁及其以前甚至以后的许多法律思想家的思路不同。

然而，必须强调的是，严复之所以如此看重西方文化中自由人权法治价值，其实也并不在于他对个人自由人权法治的绝对信仰，而在于他从内心深处认为，自由人权法治能够导致国家富强。因此，严复对自由人权法治的本来含义仍然存在着某种程度的误解。美国学者本杰明·史华兹认为，严复关于自由人权法治的思想与他的启蒙导师穆勒的自由人权法治思想实际上仍然存在着差距，如“穆勒认为个人自由不只是获得经济增长和解放、提高人的‘才能’的一种手段，个人自由本身就是一种目的”③，而严复则把自由人权法治更多地看作实现国家富强的一种工具性的手段。穆勒的目的在于“急于为个人自由立桩，划出一个合理合法的范围。为要这样做，他非常倾向于给予社会应有的报答，但他的主要目的是保护个人身上最独特的价值不受社会干涉。他所捍卫的，不仅是那种使工商业家和才智超群者得以在社会发展自己的自由，而且甚至可能也包括笨拙的和最低能的人们坚持他们自己的存在方式的自由。”④ 而严复的目的则在于使中国富强，他的思路是：中国要由弱至强，就必须从文化基因改良入手，即通过引进西方的自由人权法治以激发每一个中国人的活力，达到国富民强的目的。正是在这一思想意识指引下，穆

① 王人博：《宪政文化与近代中国》，179页，北京，法律出版社，1997。

② 熊月之：《中国近代民主思想史》，248页，上海，上海人民出版社，1986。

③④ ［美］本杰明·史华兹：《寻求富强：严复与西方》，125页，南京，江苏人民出版社，1995。

勒关于自由人权的内容“就立即被严复以斯宾塞·达尔文主义的语言塞进那些含有‘适者生存’意思的领域，即把自由作为提高社会功效的工具，并因此作为获得富强的最终手段”[①]。由此我们看到，严复与康有为、梁启超等关于中国法律思想近代化的的具体思路虽然有所不同，即康梁侧重制度领域的法律建设，而严复侧重思想领域的自由人权法治保障，但他们的最终目的是一致的，他们都是放眼西方、胸怀中国，无论是康梁强调的立宪，还是严复强调的自由法治，其本身都不是目的，而是一种工具性的手段。因此，从具体思路来说，严复的思路是与康梁立宪主张不同的自由人权法治思路，但从整体目的的角度来说，严复仍然是冀望于通过高扬自由人权法治达到国家富强。

严复在中国历史上首先开创了自由人权法治的思路，并且是中国历史上最早以自由人权法治立论的人。不同的时期，严复对自由人权法治关注的重点是不同的，概而言之，严复对自由人权法治内容的思考主要集中在天赋自由人权、言论自由、经济自由、有限政府等几方面。

第一，天赋自由人权。严复天赋自由人权的思想无疑来自西方，尤其是直接来自卢梭的天赋人权论。严复说：“卢梭《民约》，其开宗明义，谓斯民生而自由，此语大为后贤所呵。”[②] 严复学着卢梭的口吻说：“民之自由，天之所畀”，“唯天生民，各具赋畀，得自由者乃为全受。故人人各得自由，国国各得自由，第务令毋相侵损而已。侵人自由者，斯为逆天理，贼人道。其杀人伤人及盗蚀人财物，皆侵人自由之极致也。故侵人自由，虽国君不能，而其刑禁章条，要皆为此设耳。”[③] 严复从天赋自由人权的思想出发，对中国古代社会侵犯自由人权的状况给予了一定程度的揭露和批判。严复认为，中国历代政治法律制度和儒家思想在创设增强个人活力的自由和保障人权方面不仅没有作出任何努力，反而千方百计地违背天意，限制自由人权。秦代以后的法律制度“固不足以自由而自治也，于是加束缚弛骤，奴使而虏用之，俾吾之民智无由以增，民力无由以奋，是蚩蚩者亦长此困苦无聊之众而已矣”[④]。正是对天赋自由人权的摧残，导致中国社会积贫积弱，虽然经过数千年积累，最后仍然是“才未逮，力未长，德未和”[⑤]。

第二，言论自由。为了“开民智、鼓民力、兴民德”，严复认为，应当首重言论自由人权。在这里，严复吸收并按照自己的意图发展了穆勒关于思想自由和言论自由的观点，因为“穆勒已证明了思想自由是通向真理的唯一道路”，而严复则力图证明为了达到“开民智、鼓民力、兴民德”这样的功利目的，“只有在一个思想自由的环境里才能得到发展”。[⑥] 严复赞同西方思想家关于言论自由源于“人有说话的权利”这一简单伦理的主张，认为言论自由作为基本人权之一无非是“人有说话权利”的客观化和规范化。他说：“须知言论自繇，只是平实地说实话求真理。一不为古人所欺，二不为权势所屈而已。使理

① ［美］本杰明·史华兹：《寻求富强：严复与西方》，126 页，南京，江苏人民出版社，1995。
② 严复：《严复集》，第 1 册，133 页，北京，中华书局，1986。
③ 同上书，3 页。
④ 同上书，23 页。
⑤ 同上书，35 页。
⑥ ［美］本杰明·史华兹：《寻求富强：严复与西方》，126～127 页，南京，江苏人民出版社，1995。

真事实，虽出之仇敌，不可废也。使理谬事诬，虽以君父，不可从也。此之谓自繇。”①

第三，经济自由。如前所述，国家富强是严复梦寐以求的理想，为此，他特别重视经济自由问题。严复不仅花很大精力翻译了亚当·斯密的《原富》，而且将经济自由视为自由人权中的重要一环。在严复看来，个人自由伦理一旦走入经济领域，便会转化为通过解放个人活力而为国家富强做贡献的经济自由。总的来看，严复对经济自由问题的关注更多地集中在对传统社会压制经济自由的讥讽上，但与此同时，在那个特定的时代背景下，他能够看到经济自由作为一种人权价值而存在，的确已属不易。

第四，有限政府。在人类历史上，尤其是近代以来，凡是自由主义思潮的代表人物，几乎都认为要想保护人权、实行法治，就必须对政府的权力予以限制，造就一个有限政府。严复在中国开创了自由人权思路的先河，既然他从个人自由伦理中看到了国家富强的奥秘，那么，他就可以合乎逻辑地赞同政府有限论。在严复看来，政府只不过是一个社会警察，政府的作用最多只是“去其所以困吾民之才、德、力者，使其无相欺、相夺而相患害”，也就是“民所求其上者，保其性命财产，不过如是而已。”② 严复赞同有限政府主张，认为国家和政府不要打扰民众生活。严复坚信，保障民之自由人权的国家必然是一个富强的国家，能够保障民之自由人权的政府必然是一个与专制相对立的有限法治政府。只有在这种有限法治政府的条件下，制定确保民众自由的宪法，而不是颁布管制民众活动的刑法，即“立宪者，立法也，非立所以治民之刑法也”③，才能通过“自由为体，民主为用”④ 的方式，最终以法治实现国富民强。

二、“自由为体，民主为用”

在英国留学期间，严复深受西方平等自由观的影响，十分赞赏西方国家体现这种平等自由思想的政治、法律制度。19 世纪末，在世界资本主义力量愈加雄厚，而中国封建制度日益腐败的情况下，他更深切地感到“身贵自由，国贵自主”，在论及西方诸国所以强大时，严复用一句话概括说：“盖彼以自由为体，以民主为用。”⑤

严复认为，东西文化的根本差异就在于“自由不自由异耳”⑥，而“夫自由一言，真中国历古圣贤之所深畏，而从未尝立以为教者也”⑦。中国虽有与“自由”相类似的“恕”和“絜矩”之道，但只是关于礼俗伦理和待人接物的方式上的，尚未上升到关于人的本质层面；而西方的自由观念则认为，得到自由的人才是完整的，即使是国王也不能侵犯个人的自由，立法的根本目的，也是为了保障自由。在《论世变之亟》一文中，严复从各个方面比较了中外的不同，“如中国最重三纲，而西人首明平等；中国亲亲，而西人尚

---

① 严复：《严复集》，第 1 册，134 页，北京，中华书局，1986。
② 同上书，35 页。
③ 严复：《严复集》，第 5 册，1284 页，北京，中华书局，1986。
④ 严复：《严复集》，第 1 册，23 页，北京，中华书局，1986。
⑤ 同上书，11 页。
⑥ 同上书，2 页。
⑦ 同上书，2～3 页。

贤；中国以孝治天下，而西人以公治天下；中国尊主，而西人隆民；中国贵一道而同风，而西人喜党居而州处；中国多忌讳，而西人众讥评。其于财用也，中国重节流，而西人重开源；中国追淳朴，而西人求欢虞。其接物也，中国美谦屈，而西人务发舒；中国尚节文，而西人乐简易。其于为学也，中国夸多识，而西人尊新知。其于祸灾也，中国委天数，而西人恃人力”①。通过批判反思中学传统，严复指出，正因为轻视真理追求，中学才长期停滞不前；正因为缺乏自由传统，中国才无缘于富强，酿成沉重的民族和国家危机。

严复把自由理解为个体与群体的关系，即个人和社会的关系。他强调个人的自由，但总体上却重群体、重社会，“两害相权，己轻，群重”，社会自由高于个人自由，因此，自由是有限制的，自由要受到法律的约束，他认为，“自繇者凡所欲为，理无不可，此如有人独居世外，其自繇界域，岂有限制？为善为恶，一切皆自本身起义，谁复禁之？但自入群而后，我自繇者人亦自繇，使无限制约束，便入强权世界，而相冲突。故曰人得自繇，而必以他人之自繇为界。”② 如果个人与社会出现矛盾，不是“群己并重”，而是要“舍己为群”，牺牲个人自由以服从社会群体自由是每个人的义务。同时，严复区分了“国群之自由”和“小己之自由”，来表达政治民主与个人自由的区别。在涉及国家权力的政治制度、法律制度上，严复强调划分国权与私权的界域，国权不得侵犯人权和公民权利；在事关公民私权利（如自由，特别是思想言论自由）上，群（国家和社会）己（个人）权界不是“己轻群重”而是“己重”，个人基本权利与自由高于国家权力，不受国家权力的侵犯。严复的这种思想，既吸纳了英法德自由主义的观点，也继承了中国传统法律文化的整体性、伦理性思想，是在“亡国灭种、四分五裂”的民族危机和社会危机的特定背景下产生的。

严复的这种自由观直接决定了他的自由主义经济法制观。严复主张义利统一，要实现利民和国家富强，就必须效法西方，在法律制度上给个人经济活动以最大限度的自由。严复提倡经济自由、经济民主，反对国家干涉经济，主张用法律来保障民间资本或民族资本主义的发展，把对个人自由的侵犯看成“遏阻生财”的大害，而经济自由的法律、政策则是民力恢张、物产丰裕的保障。他批判礼教派首领张之洞“要变法不要民权”的理论，认为民无权，法就不可能变，法不变，私人就不可能得到经济活动的自由和保障，国家就不可能达到富强。

严复认为，国家立法的总原则是，法律要以平等自由为宗旨。为此要做到：第一，立法指导思想上要确立凡是法律都要为确保人民的平等自由而立的原则。严复继承了卢梭和孟德斯鸠的法律思想，他认为，任何一个人的自由都是天赋的，国家颁布的法律和政令的唯一目的就是确保国家和人民的自由，“唯天生民，各具赋畀，得自由者乃为全受。故人人各得自由，国国各得自由……故侵人自由，虽国君不能，而其刑禁章条，要皆为此而设耳。”③ 第二，要确立“三权分立”原则，废除皇帝身兼“三大物”（宪法、国

① 严复：《严复集》，第1册，3页，北京，中华书局，1986。
② 同上书，132页。
③ 同上书，3页。

家、国王）。严复十分赞成孟德斯鸠提出的“三权分立”原则，他在《法意》的按语中写道，“中国自秦以来，无所谓天下也，无所谓国也，皆家而已。一姓之兴，则亿兆为之臣妾。其兴也，此一家之兴也，其亡也，此一家之亡也。天子之一身，兼宪法国家王者三大物，其家亡，则一切与之俱亡，而民人特奴婢之易主者耳”①，“盖中国之制，自天子至于首宰，皆以一身，而兼刑宪政三权者也，故古今于国事犯，无持平之狱”②。第三，法律要保证人民的思想言论自由权。“为思想，为言论，皆非刑章所当治之域。思想言论，修己者之所严也，而非治人者之所当问也。问则其治沦于专制，而国民之自由无所矣。”③第四，要建立近代化的诉讼制度，废除封建主义的刑讯逼供制度。要避免冤错案件，确保公民的自由，应建立一套完备的诉讼制度，并培养一批明察秋毫、严格依法办事的法官。

三、进化论与变法思想

严复主张进行社会改革，变法图强，提出了“法与时移”的观点。“法与时移”的主张虽然在我国由来已久，从商鞅、韩非到近代的魏源、梁启超等都提出过“法与时移”的主张，但此前的相关主张都是仅基于对历史经验的总结，严复则以达尔文的进化论为指导，提出了更为系统、完整的变法主张。严复认为，达尔文“物各竞存，最宜者立”的观点不仅适用于动植物界的“物竞宜存”，也适用于人类社会的发展规律。他认为，当时出现的强国侵食弱国，正是生存竞争、自然淘汰的结果。面对中国民族危机严重的现状，严复认为，“物竞者，物争自存也；天择者，存其宜种也。”④ 面临彼时无以自存、无以遗种的时刻，中国若再不改变腐朽的政治法律制度，实行变法，必然会被淘汰。

至于如何做到法与时移，严复认为，“法与时移”就是法要因时、因地、因人而立。首先，法要因时而立。严复把法比喻为人们使用的器具和行走的道路：“法犹器也，犹道涂也。经时久而无修治精进之功，则格扞芜梗者势也。以格扞芜梗而与修治精进者并行，则民固将弃此而取彼者亦势也。此天演家言所谓物竞天择之道固如是也。”⑤ 因此法律要因时而常常修改。其次，法要因地而立。严复以王安石变法失败的教训为例，指出法只有与各国情况相吻合才能实现好的效果。王安石变法失败并非法不良、意不美，而是“坐不知其时之风俗人心不足以行其政故也。”⑥ 再次，法要因人而立。严复认为，国家颁布法律，要与民力、民智、民德相适应，“国之强弱贫富治乱者，其民力、民智、民德三者之征验也，必三者既立而后其政法从之。于是一政之举，一令之施，合于其智、德、力者存，违于其智、德、力者废。”⑦

---

① 严复：《严复集》，第4册，948页，北京，中华书局，1986。
② 孟德斯鸠：《法意》，95页，北京，北京时代华文书局，2014。
③ 严复：《严复集》，第4册，973页，北京，中华书局，1986。
④ 严复：《严复集》，第1册，16页，北京，中华书局，1986。
⑤ 同上书，23页。
⑥ 同上书，13页。
⑦ 同上书，25页。

严复提出的因时、因地、因人“法与时移”的思想，包含了一定的唯物主义的因素，对批判封建主义，推动变法维新起到了一定积极作用。但严复把达尔文“物竞天择，适者生存”的进化论运用到社会政治法律生活中，是社会达尔文主义的观点，他将社会历史发展的错综复杂的内容总括在片面的生存斗争中，简化了社会历史发展的复杂性。同时，严复受到了赫胥黎庸俗进化论的影响，他强调事物的发展只能循序渐进，否定突变与飞跃，在实践上只承认一点一滴的改良，不仅反对孙中山领导的辛亥革命，甚至认为康有为和梁启超的维新变法运动也过于激进，这种庸俗的进化论也最终导致严复在晚年倒向了保皇派。

四、司法改良思想

从推崇孟德斯鸠的“三权分立”思想出发，严复认为独立的司法权是区分宪政国与专制国的标志。在英国留学期间，他常常参加英国法院的开庭审判，英国作为世界上第一个废除了封建式刑讯逼供、实行公开审判和法庭辩论制度的国家，其先进的诉讼制度给严复留下了深刻的印象。在翻译《法意》一书时，严复加入了大量的按语，多次比较了中西司法的差异，并惊呼西方司法之先进，中国司法之落后，痛陈治外法权之危害，指出进行司法改良非常必要。严复认为西方之所以能实现司法近代化，原因在于其民众素质高，人才丰富，制度民主。中国则完全相反，不具备实行近代司法的条件。严复认为，清末司法改革的困境在于，一边是司法制度亟须转型，一边是民智未开、无人才可用，不适宜行使西方近代司法制度的社会现实，因而，最合适的司法改革道路是司法改良。严复的司法改良思想大致可以分为审判制度的改良、刑狱制度的改良以及对收回治外法权的渴求。

（一）审判制度的改良

严复将英国的司法现状与中国司法现状进行了对比，认为中国的司法权是“主上固有之权”，国家司法权并不具备独立性质，君主可凭主观意志改变审判结果。而英国的司法权则是处于一种“无上”的地位——“今盎格鲁国民，其法庭咸称无上，示无所屈，其所判决，虽必依国律，而既定之后，王者一字不能易也。王者之特权，存诸肆赦而已，然亦不常用也”①。并且，中国官员在进行审判的过程中往往缺乏相关法律知识的支撑，常常蔑视审判流程规范，且经常依赖于使用刑讯而不是正当辩护得出审判结果。而刑讯的结果常常是被告人“敲朴呼号，血肉横飞”，“宛转求死不得”，往往屈打成招，造成许多冤案。

严复说：“夫泰西之所以能无刑讯而情得者，非徒司法折狱之有术，而无情者不得尽其辞也。有辩护之律师，有公听之助理，抵瑕蹈隙，曲证旁搜……而吾国治狱，无此具也。又况诪张之民，誓言无用，鹘突之宰，惟勘不明，则舍刑讯，几无术矣。”② 西方司

① 严复：《严复集》，第 4 册，952 页，北京，中华书局，1986。

② 同上书，994 页。

法制度的科学性、专业性和其中贯彻的民主平等的原则值得中国学习。对此，他总结了八个要点："则律令为专学，一也。律师为专业，二也……有陪审听谳之员，三也。其除授斥撤必由法寺，四也。诏糈之供，径出于民，五也。分狱为孤理密涅与司域尔，六也。当谳之际，理官独尊，七也。理官之糈，皆其至优，八也。"①

基于对中国现实的考虑，严复并不支持在中国直接实行三权分立，设议院和法院等机构。他认为，中国此时民智未开，民风不纯，无法实施高度的民主政治，也没有近代司法可以生长的土壤，审讯制度不可能得到根本性的改变。对此，他提出了改良之法：一是设立法律学堂，抓紧培养相关专业人才；二是改良听讼之方，减少刑讯的使用和力度，使中国的审判方式尽量接近西方司法之专业化、科学化和民主化。但是这不代表严复反对在中国实行民主政治，反对确立系统完善的近代司法体系，他认为，民主政治、近代司法是一个最终目标，而这个目标的实现并不是能够一步到位的，需要循序渐进。

（二）刑狱制度的改良

刑狱是我国司法制度的重要组成部分，刑狱制度的内容构成了历朝法典的主要内容，在维护历朝历代统治和威慑民众方面曾发挥着巨大作用，中华法系自先秦开始逐渐形成一整套的刑狱制度。严复认为，中国刑狱制度的最大弊端是自秦朝开始刑讯合法化，并且直到清末依旧十分盛行。

严复对刑讯制度持否定态度，支持废除刑讯。他认为，首先，刑讯太过残酷，"吾国治狱之用刑讯，其惨酷无人理，伈于五洲，而为此土之大诟久矣。"② 其次，刑讯体现了司法以贵治贱的本质，不符合民主平等原则。中国的司法官是高于民众的父母官，"以贵治贱，故仁可以为民父母，而暴亦可为豺狼"③，西方废除刑讯但依然可以正常司法是因为"所由于教化，所由于法制，所由于生计，实缺其一，皆不必能"④。

严复主张通过废除刑讯改良中国刑狱制度，但对于如何进行法制、教化和生计的改良，严复又指出："谋变法者，不于其本而求之，而一切为其纵舍，将从此得二弊焉：刑不足以禁奸，而民玩法，一也；否则改良之事，徒为空文，而地方之吏，仍行其所习惯，二也。"⑤对于中国能否快速效法西方，做到"无刑讯而法能行"，严复又持消极的态度。他认为一是改良非一日之功，二是清政府已腐朽至极，清末新政本末倒置、急功近利，注定会失败。

对于中国废除刑讯制度但又无法迅速建立起近代司法制度，严复表达了担忧，对于以哪种方法代替刑讯制度来帮助审判的进行，严复没有提出具体的办法和措施，只是表现出对西方司法制度的认可，并把希望寄于近代教育的普及。他在《原强》中提出，一个国家的强弱存亡决定于三个基本条件："一曰血气体力之强，二曰聪明智慧之强，三曰德性义仁之强。"他幻想通过体、智、德三方面教育增强国威，通过鼓民力、开民智、兴

① 严复：《严复集》，第4册，900页，北京，中华书局，1986。
② 同上书，954页。
③ 同上书，969页。
④ 同上书，954页。
⑤ 同上书，1025页。

民德，最终达成刑狱制度改良的目的。

（三）论治外法权

收回治外法权是严复司法改良思想的重要组成部分，体现了他对司法主权的重视和对国家主权的捍卫。同时他的方法又不是激进的、革命的，而是在考虑现实情况的基础之上循序渐进地改良，这也是严复司法改良的主导思想。

严复对治外法权持坚定的反对态度，认为这意味着对主权的侵犯，“约中载明某国之民倘有犯法情事，其裁判刑罚均归本国所设各口领事办理……而自此约成，中国之各口无安土，居民无宁岁矣！”[①]“今夫一国所有之主权，质而言之，亦兵与刑已耳。吾国往日交涉之不幸，实举兵与刑二者皆弃之。”[②]严复敏锐地认识到，治外法权将给中国带来极大的危害，一国之内同时适用多个国家的法令，不仅会导致国家的混乱，而且还是对主权的侵犯。

对于如何收回治外法权，严复认为，这是一件非常困难的事，其难点在于我国的审判制度和刑狱制度没有改良。崇尚民主法治的西方人断然不会接受封建法制的制裁。因而要想收回治外法权，必须要进行法制的改良。但他深知当时的中国无法快速建立近代司法体系，无法全面改良法制制度。退而求其次，严复又提出了权宜之计，即在京师开设议律馆，聘请西方法律专家厘定专律，由各国特派法官与我国专派知律大臣共同会理。就当时的情况来看，严复的这些权宜之计并无实际作用。

总体来说，严复主张向西方学习先进思想以救亡图存，认为自由是东西方思想差异的根本，并主张通过教育来提升国民素质。他认为，一国的强弱存亡、国际社会中的优胜劣汰，均取决于国民素质的高低。只有拥有高素质的国民，一个国家才能在国际竞争中取得胜利。在翻译《群己权界论》一书时，严复强调了社会自由与个人自由、国家权力与个人权利之间的边界。一方面，个人自由要服从社会群体自由，才能实现整体的最大的自由，否则会落入弱肉强食的无自由状态。另一方面，国家是侵害个人自由，尤其是思想言论自由最大的威胁，要警惕国家权力对个人权利的侵害。对此，严复抨击了封建统治阶级“立法愚民”的宗旨，提出了以民为主的立法准则，主张在提高国民素质的基础上，通过设立符合民力、民智、民德的良好法律实现变法图强。但也应看到，严复的法律思想有着明显的新兴资产阶级两面性的特点。出身于小资产阶级家庭，在洋务派主办的学堂读书、工作多年的严复，既有厌恶封建制度、主张社会改革的一面，又有革命不彻底，向封建统治阶级妥协的一面。纵观严复的法律思想的演变过程，其中既有积极、进步的主张，也有保守、落后的思想。他力图通过改良主义来挽救中国的民族危机，但又深刻受到了庸俗进化论的影响，认为社会发展应当先按照自然规律循序渐进，不应当以人力强行改变。对于解决当时的社会问题，严复既不赞成革命，也不支持君主立宪制改革，而是寄希望于通过办教育来开民智、兴民德。这种思想固然有先进的一面，但

① 严复：《论国家于未立宪以前有可以行必宜行之要政》，载卢华、吴剑修编《严复论学集》，87页，北京，商务印书馆，2019。

② 同上书，87页。

在近代中国民族危亡的时刻，这种温和的改良思想无法力挽狂澜拯救中国。严复希望通过教育改良国民素质以救国的思想也最终导致他在戊戌变法之时未能积极参与，并在辛亥革命推翻封建帝制后堕落为保皇派。

深度阅读

1.《大同书》《康有为政论集》《饮冰室合集》《严复集》。

2. 俞荣根：《论梁启超的法治思想》，载《孔子研究》，1996（1）。

3. 李泽厚：《中国近代思想史论》，天津，天津社会科学院出版社，2003。

4. 马小红：《中国法律思想史研究》，上编，第四章第二节，北京，中国人民大学出版社，2007。

5. 杨鹤皋：《中国法律思想史》，第十八章，北京，北京大学出版社，2004。

问题与思考

1. 康有为的变法思想为什么要托古改制?
2. 康有为的君主立宪理论的真正目的是什么?
3. 为什么说康有为是中国宪法理论的鼻祖?
4. 康有为对中西宪法起源的看法为什么迥然不同?
5. 如何评析梁启超的法律思想中的善变特点?
6. 梁启超的法治理论的贡献和局限表现在哪里?
7. 如何客观看待改良派在中国近代法律思想史上的地位?
8. 严复法律思想的特点是什么?
9. 如何理解严复的自由人权法治思想与救亡图存的关系?

第十九章

法律改革派的法律思想

常考知识点

- 沈家本的法理学理论
- 沈家本的刑法理论
- 沈家本的立法修律法律原则
- 沈家本的改良监狱思想
- 沈家本对法律文化近代化的贡献

本章主要研究以沈家本为代表的法律改革派的法律思想。

图 19-1　沈家本

沈家本（1840 年—1913 年），浙江归安（今湖州吴兴）人，1883 年中进士，历任天津知府、山西按察使、刑部左侍郎、大理寺正卿、法部右侍郎等职，1902 年任修订法律大臣，1909 年兼资政院副总裁。图 19-1 为沈家本像。

生活在国难频仍、危机四伏的动荡时代的沈家本，立志以法治国、以法强国。他在深入研究中国古代法律、继承中国古代优秀法律思想的同时，接受了西方资产阶级法律学说的影响，成为清末著名的法学家。他在长期担任司法官吏期间，对中国古代法律做了大量的收集、整理和考证工作。在借鉴西方资产阶级国家法律的基础上，他对清末法律进行了较多的删改，并制定了一些具有资本主义性质的法规。

他还积极组织力量大量翻译西方资本主义国家的法律著作，创立法律学堂，提倡法学研究。他对于清末修律和法学事业的发展起了非常重要的推动作用。

沈家本在法学方面的著述甚丰，他的法律思想主要散见于《沈寄簃先生遗书》《寄簃文存》以及其他大量未刊遗著中。沈家本的部分文存被附录于《历代刑法考》一书之后。后人整理有《沈家本全集》（参见图 19-2）。

图 19-2 《沈家本全集》

一、重视法理学研究

清朝末年，来自全国各方面的要求维新变法的呼声不断高涨。为了适应改革法制的时代需要，沈家本大力提倡推求法理、重视法学研究。他主张考定历代法制沿革，推阐法典义例，参稽明辨律与律之异同、律与例之异同，博审古今中外律例轻重的原因等。深入探求法理，对于法律工作者是不可忽视的。不明沿革，“必至修一例而贻害无穷”。不明义理，“必至断一案而情法失当”①。因此，他把法理学研究看成是法律工作的先导。他是这样论述“明法”与“明理”的关系的：“法之修也，不可不审，不可不明；而欲法之审、法之明，不可不穷其理，而欲穷其理，舍讲学又奚由哉？”② 要明法先要明理，而明理的重要途径就是提倡法理学研究。

沈家本认识到近代各国的法律著作浩如烟海，这就要求法律工作者能够“于诸法之繁”中“挈其纲领、析其条目”，能够“挟其精微、辨其疑似”。在庞杂的法律著作面前，法学家只有“会而通之”才能做到“折中而归一”，寻找到切中时弊的药方。在清末法律亟待变革之际，沈家本以为提倡法理学研究是当务之急。他曾为此大声疾呼：“然则议法者欲明乎事理之当然，究其精义之所在，法学之讲求乌可缓乎？”③

沈家本不仅从司法实践和法制改革方面强调法理学研究的重要性，还通过法理学在中国的发展过程来说明恢复和发展法理学的必要性。他指出：法理学在战国时期最为发达。当时法律人才辈出，有李悝、商鞅、慎到、申不害和韩非等，自秦朝李斯建议废弃诸子百家、学法令者以吏为师以后，“法令之书，藏之官府；天下之士，厄于闻见”④，法学遂衰。汉代学者保留了战国法家的流风余韵，法学为当时所重。自魏设置律博士一官，下及唐宋，代有此官，通法学者，不绝于世。元代不设律博士，提倡法学之风又衰。明

① 沈家本：《历代刑法考》，2232 页，北京，中华书局，1985。
② 同上书，2234 页。
③ 同上书，2239 页。
④ 同上书，2142 页。

承元制，沿至清代，法学一蹶不振。尤其是清代，“研究法学而为世所重者不过数人，国无专科，群相鄙弃”[①]。清代由名卿纪昀所编纂的《四库全书总目提要》不仅收录法律书目甚少，而且有按语曰：“刑为盛世所不能废，而亦盛世所不尚，所录略存梗概，不求备也。”对此，沈家本极为愤慨，多次严厉斥之“是直诏天下以法令为不必学”，“将举世无一明法之人，持法者但以鲁莽灭裂从事，如是而欲政平讼理，能乎？否乎？”[②] 名公巨卿尚且视法学无足轻重，其余小吏就可想而知了。清末法学之衰，由此可见一斑。因此，沈家本认为，及时恢复和发展法学，在清朝末年尤为必要。

沈家本已经觉察到，法律和法学发达与否，与政治的关系极大。从法学在中国古代的盛衰过程来看，“清明之世，其法多平；陵夷之世，其法多颇”[③]，法学之盛衰与政治之变化“实息息相通”[④]。法学盛衰与政治的关系表现在两方面：一方面，“当学之衰也，可决其政之必衰”[⑤]。这一方面的典型例子是“秦尚督责，法敝秦亡；隋逞淫威，法坏隋灭”[⑥]。法学盛衰即使不能必然导致政治盛衰，也能对政治产生重要影响。“萧何造律而有文景之刑措；武德修律而有贞观之治”[⑦]。另一方面，沈家本也意识到，在法律、法学与政治的关系中，主导因素仍然是政治。政治腐败，就会产生“有法而不守，有学而不用”的现象。历史上的法学繁盛时期，都是与统治者重视法律、提倡法学分不开的。正如沈家本指出：“必上以为重而后天下群以为重，未闻有上轻视之而天下反重视之者。”[⑧]

为了推动法学的发展，沈家本极力主张恢复律博士这一官职。沈家本考证，律博士一职最早由魏卫觊建议设置，该职主要负责教授和研究法律。上自曹魏，下迄赵宋，代有此官，对于法学的发展起了推动作用。

沈家本指出：法学为专门之学，必须有专人进行研究。其理由在于“其析理也精而密，其创制也公而允，以至公至允之法律，而运以至精至密之心思，则法安有不善者；及其施行也，仍以至精至密之心思，用此至公至允之法律，则其论决又安有不善者”[⑨]。析理精密固然是法学的特点，但是，创制公允不是法学家所能做到的。在封建社会中，所谓的“至公至允”的法律只能是符合封建统治阶级需要的法律，对于被统治阶级来说，它们不可能是公允的。况且，封建社会的法学家往往是封建专制制度的最得力的维护者。

沈家本渴望法理学能够在中国由衰而盛，实现“人人有法学之思想，一法立而天下共守之，而世局亦随法学为转移”[⑩] 的局面。他把希望寄托在清政府的所谓的“宪政”上，指望在“宪政”的推动下实现“法学之起衰”[⑪]。在沈家本表示此番奢望时，清朝统治已接近尾声。不久，腐败的清政府被辛亥革命推翻了。在清政府的极端专制主义统治下，法学是不能真正得到繁荣的。但是，清政府的专制统治迫使许多中国先进人物向西

---

① 沈家本：《历代刑法考》，2143 页，北京，中华书局，1985。

② 同上书，2276 页。

③④⑤⑥⑦ 同上书，2143 页。

⑧⑨ 同上书，2060 页。

⑩ 同上书，2144 页。

⑪ 同上书，2240 页。

方寻求真理，从反面推动人们去探究法理、重视法学，沈家本就是他们中的一个。沈家本在长期的研究过程中，对一系列法理学问题形成了自己的看法。

（一）法律的概念

沈家本对法律的概念进行了探讨。他指出："法者，天下之程式，万事之仪表。"① 他认为法与律是同一的："律，法也。"② 沈家本在对法律在历史上的不同表现形式进行研究后指出：在法的表现形式中，律是最重要的，例不过是对律的补充，"律者，一成不易者也；例者，因时制宜者也"③，"立例以辅律，贵依律以定例"④。

在法的起源问题上，沈家本的基本看法是：有人群就有争端，从而必须设官立法。他说："人不能无群，有群斯有争，有争斯有讼，争讼不已，人民将失其治安。裁判者，平争讼而保治安者也。"⑤ 沈家本没有能够揭示人群"争端"的阶级内容，从而也就不可能说明法的产生与阶级斗争的关系。但是，他已经隐约觉察到法的起源与官的起源是分不开的，是与社会政治斗争的激烈程度密切相关的。

（二）法律的作用

沈家本不仅从表现形式方面探讨了法律的概念，而且极为重视法的内容和作用。他认为"法令为政治得失之所系"⑥，治理国家不能没有法律。沈家本的法治主义思想是十分明确的，正如他所表明的："窃惟为政之道，首在立法以典民。"⑦ 不过，沈家本的法治主张与先秦法家的法治主义是有所不同的。他接受了儒家仁政学说和西方近代资产阶级民主思想的影响，认为法家的学说具有专制主义性质，它"以刻核为宗旨，恃威相劫，实专制之尤"⑧。沈家本还盛赞西方资产阶级法制，"以保护治安为宗旨，人人有自由之便利，人人不得稍越法律之范围"⑨。资产阶级法制并没有真正给人民自由，这些话反映出沈家本改革封建法制的愿望。

沈家本认为实行法治要以仁道为宗旨。他指出："律者，民命之所系也。其用甚重而其义至精也。根极于天理民彝，称量于人情世故。"⑩ 既然法律如此重要，那么统治者在用法时就不可不慎，否则就会出现"寡恩积怨而人心以离"的局面。鉴于历史经验教训，沈家本对法律的基本态度是：既"不偏重乎法"，也不"废法而不用"⑪，"国不可无法，有法而不善与无法等"⑫。这一思想表明他的法治主张与那种"恶法优于无法"的论调是判然有别的。

---

① 沈家本：《历代刑法考》，2243 页，北京，中华书局，1985。
② 同上书，809 页。
③ 同上书，2220 页。
④ 同上书，2263 页。
⑤ 同上书，2235 页。
⑥ 同上书，2276 页。
⑦ 同上书，2032 页。
⑧⑨ 同上书，2240 页。
⑩ 同上书，2207 页。
⑪ 同上书，2241 页。
⑫ 同上书，2239 页。

（三）法权统一

沈家本在总结中国古代历史经验的基础上，接受了近代西方主权理论和法律面前人人平等思想的影响，深切认识到法权统一对于维护和加强国家政治统治的重要性。他说："法不一，则民志疑"，"法一，则民志自靖"①。针对清末法权不一的弊端，他批驳了那种因循守旧反对变革的谬论，指出："未可拘泥旧规，致法权不能统一。"②

沈家本关于法权统一的思想包括以下几方面内容：首先，立法宗旨应该统一。他针对利用法律泄私愤的弊端，再三强调"立法宗旨一定不得两歧"③。法律中不可既有"国家惩戒之意"，又存"私人报复之心"④。其次，法律规定必须统一。沈家本提出："欲安民和众，必立法之先统于一。"⑤ 从法律规定必须统一的主张出发，他对清朝法律规定旗人犯遣军流徒各罪享有减等换刑的特权，进行了愤怒谴责。他多次提议在立法方面取消旗人与民人之间的不平等待遇，主张"旗人犯遣军流徒各罪，照民人一体同科"。沈家本从法律面前人人平等的原则出发，反对法律上的不平等现象。再次，执法方面应统一。他主张执法者要严格按照法律量刑定罪，严禁任意出入人罪，对于执法枉法者则要"问罪加严"⑥。最后，国家司法主权必须统一。沈家本愤怒谴责帝国主义国家在中国享有治外法权，指出："西国首重法权，随一国之疆域为界限……乃独于中国不受裁制。"⑦ 他向清政府提出收回治外法权。

沈家本关于法权统一的思想批判了封建主义等级特权观念，有利于维护国家主权和民族尊严，表现出强烈的民主主义和爱国主义精神。

（四）法律与道德教化

沈家本在重视法律的同时，强调道德教化的作用。他谴责"后世教育之不讲，而惟刑是务"⑧ 的残酷的封建专制主义统治。就法律与道德之间的关系而言，沈家本明确主张"化民之道，固在政教不在刑威"⑨，即道德教化是第一位的，法律刑罚是第二位的。"明刑弼教"这一传统的儒家观点在沈家本那里得到了较为深入的阐发。

沈家本关于德主刑辅、明刑弼教的思想，不仅受到儒家仁政学说的影响，而且来自他本人对大量案件所作的实际观察。他提醒统治者"舍道德而言刑名，其刑名必不得其中"⑩，主张教养为主、惩治为辅。

（五）持平执法

沈家本十分重视执法问题。他在总结长期司法工作经验的基础上认识到：在某种意

---

① 沈家本：《历代刑法考》，2032 页，北京，中华书局，1985。
② 同上书，2033 页。
③④ 同上书，2100 页。
⑤ 同上书，2033 页。
⑥ 同上书，2057 页。
⑦ 同上书，2024 页。
⑧ 同上书，2286 页。
⑨ 同上书，2025 页。
⑩ 同上书，2094 页。

义上，执法工作要比立法工作更为复杂，更为重要。他指出："有国家者，非立法之难，而用法之难也"[①]，"法善而不循法，法亦虚器而已"[②]。法律制定以后，关键的问题就是如何持平执法。在沈家本看来，如果法律严苛而执法平允，则能去立法之弊："一代之法，不徒在立法之善，而在用法得其平"[③]。从这一认识出发，沈家本强调要以仁恕之心执法，指出："用法而行之以仁恕之心，法何尝有弊?"[④] 他谴责商鞅、李斯执法刻薄造成人心背离，认为这是"用法之过，而岂法之过哉"[⑤]，赞赏汉郭躬"平刑审断"[⑥]。从正反两方面的历史经验教训中，沈家本得出结论说："恕心用三字，实为平刑审断之本，酷虐残暴之人，习焉而不察者，皆由其心之不恕也。恕则仁心自生，酷虐残暴之为，即有不忍为之者矣。"[⑦]

用法"得其平"的前提在于执法者"得其人"。沈家本重视执法者的作用，强调："有其法者，尤贵有其人矣。大抵用法者得其人，法即严厉亦能施其仁于法之中。用法者失其人，法即宽平亦能逞其暴于法之外也。"[⑧] 只有"得其人"才能以仁恕之心执法。由此，沈家本十分重视培养法律人才，提倡执法者知法。沈家本还奏请拨款设立法律学堂，并且亲自赴日本请知名之士担任主讲。

处在半殖民地半封建社会的特定历史条件下，沈家本的法理学思想表现出鲜明的时代特色，这就是对极端封建专制主义的尖锐批判以及对中国贫弱落后、备受欺凌的悲惨处境的强烈不满。他对于法律的作用和意义的论述，表明他希望通过加强法制扭转当时政治腐败、危机四伏的严重局面。他关于法权统一的观点，既批判了封建专制主义和等级特权现象，也抨击了帝国主义在中国肆横无忌的罪恶。他强调道德教化和持平执法，更是针对封建末世滥杀无辜、刑狱黑暗的极端封建专制统治。所有这些，表明他的法理学思想是向西方寻求真理、积极学习资产阶级法制的结果。

二、中西结合的修律思想

沈家本继承了中国古代的变法思想，认为"法律之损益，随乎时运之递迁……推诸穷通久变之理，实今昔之不宜相袭也"，"法律之为用，宜随世运为转移，未可胶柱而鼓瑟"[⑨]。从"法与时转""治与时宜"的观点出发，他提出了自己的变法主张。

沈家本在主持修订法律期间，始终坚持"参考古今，博稽中外"[⑩] 的修律原则。他既反对数典忘祖、一味推崇西法，也反对门户之见、一概摒弃西法。他认为不论是在法律方面还是在法学方面，中西各有所长。

沈家本对近代西方资产阶级法学理论极为赞叹："其学说之嬗衍，推明法理，专而能

---

① 沈家本：《历代刑法考》，44 页，北京，中华书局，1985。

② 同上书，47 页。

③ 同上书，1369 页。

④⑤ 同上书，2141 页。

⑥⑦ 同上书，1747 页。

⑧ 同上书，51 页。

⑨ 同上书，2027 页。

⑩ 同上书，2210 页。

精。流风余韵，东浙三岛，何其盛也!”[①] 西方法学著作之丰富，“吾国不能多见”[②]。

日本在明治维新以后，积极学习西方法学理论和研究西方法律制度，因此，日本法学界也是“名流辈出，著述日富”[③]。沈家本以此说明西方法学确有可学之处。沈家本在指出西方法学盛况空前的同时，不断提醒人们不要忘记中国历史上也有法学繁盛的时候，不要厚今薄古、崇西鄙中。他批驳那种认为“今日法理之学日有新发明”而鄙弃中国古代法理学成就的观点，指出：“理固有日新之机”，但新学说之所以能出现，“故就前人之成说而推阐之，就旧日之案情而比附之”，旧学说“大可与新学说互相发明”[④]。

由此，沈家本提出法学研究要结合古今、甄采中西。他说：“当此法治时代，若但征之今而不考之古，但推崇西法而不探讨中法，则法学不全，又安能会而通之，以推行于世?”[⑤] 他特别强调：“吾国旧学，自成法系，精微之处，仁至义尽，新学要旨，已在包涵之内”，“新学往往从旧学推演而出。事变愈多，法理愈密，然大要总不外‘情理’二字。无论旧学、新学，不能舍情理而别为法也”[⑥]。沈家本还从实践与理论的关系方面指出：中学“多出于经验”，西学“多本于学理”，“不明学理，经验者无以会其通；不习经验，则学理亦无从证其是。经验与学理正两相需也”[⑦]。正是由于中国古代法学与西方近代法学各有所长，所以法学者应当“保其所有而益其所无”[⑧]。

针对那些盲目崇尚西法的人，沈家本指出他们“未必皆能深明其法之原本，不过借以为炫世之具，几欲步亦步，趋亦趋”[⑨]。对于那些拘泥旧法、故步自封的人，沈家本也是反对的，认为不能“鄙薄西人，以为事事不足取”[⑩]。为了使修律能够符合清末统治阶级的需要，沈家本明确提出：“我法之不善者，当去之。当去而不去，是之为悖。彼法之善者，当取之。当取而不取，是之为愚。”[⑪]

沈家本不仅在理论上深入阐述了中西结合的修律原则，而且致力于将这一原则贯彻到修订法律的活动中去。沈家本的中西结合的修律思想在下述修律内容中得到了集中体现。

（一）反对重刑酷刑

沈家本通过中法与西法的相互考证，发现资产阶级革命以前的西方国家的刑法较中国封建法律更为残酷。然而，在资产阶级革命以后，由于“政治日致美善”，因而刑法逐渐改而从轻。到了清末，已经是“中重而西轻者为多”[⑫]。经过中法与西法的比较研究，从“治国之道，以仁政为先”的古代儒家理论出发，沈家本提出刑法应当“改重为轻”，“裁之以义而推之以仁”[⑬]，并且他以此思想为指导，对大清刑律进行了大量删改。

---

①② 沈家本：《历代刑法考》，2239 页，北京，中华书局，1985。
③ 同上书，2240 页。
④ 同上书，2225 页。
⑤ 同上书，2223 页。
⑥ 同上书，2240 页。
⑦⑧ 同上书，2217 页。
⑨⑩ 同上书，2235 页。
⑪ 同上书，2236～2237 页。
⑫⑬ 同上书，2024 页。

在大清刑律中，最残酷的刑罚有凌迟、枭首和戮尸。对此，沈家本提议尽行废除。他还对这三大酷刑的缘起进行了探讨，认为唐代以前没有凌迟。凌迟最早见于《辽史·刑法志》。元明治同，清代则相因未改。枭首在秦汉时只被用来对付外族，六朝开始列入正刑，隋代删除，明代复用，清承明制。戮尸一刑，秦代以后各代均无此法，明代万历年间始定法例。通过对这三种酷刑的缘起的探讨，沈家本力图说明它们并非从来就有的，不是不可废除的。他还愤然指出："刑至于斩，身首分离已为至惨……气久消亡，刀锯犹难幸免，揆诸仁人之心，当必惨然不乐。"① 针对那种认为酷刑有助于惩治犯人、警戒众人的观点，沈家本指出，如果说戮尸之类酷刑的目的在于惩治犯人，则被刑者已死，"魂魄何知"？如果说目的在于警戒众人，则"习见习闻，转感召其残忍之性"②，效果适得其反。因此，沈家本上奏"请将凌迟、枭首、戮尸三项一概删除"③。

沈家本还提出废除刺字刑。他认为，刺字对于"习于为非者"来说，"适予以标识助其凶横"；而对"偶罹法网"者来说，"则黥刺一膺，终身僇辱"④，有过无由自新。刺字刑"未能收弼教之益"，非"仁政所宜出"⑤。因此，沈家本提出"请将刺字款目，概行删除"⑥。

至于缘坐法，沈家本认为"以一人之故而波及全家，以无罪之人而科以重罪"，此为"不正之法，反害于民"，"今世各国，咸主持刑罚止及一身之义，与罪人不孥之古训，实相符合"⑦。从中国古代儒家思想和近代西方资产阶级法律学说出发，沈家本提出要废除缘坐法。在沈家本的提议和坚持下，凌迟、枭首、戮尸、刺字和缘坐诸项在大清新刑律中被删除了。

（二）死刑执行方法

沈家本不仅反对各种酷刑，而且反对在市场上执行死刑。他认为行刑一事"与斯民心情相关"，行刑应该有助于教化，"杜其残忍之端，而导之于仁爱之路"⑧。古代刑人于市的目的在暴恶。沿至清代，京师处决重囚多在四达通衢的菜市口，"示众以威，俾之怵目而惊心"⑨。此种死刑执行方式不仅没有达到教育的目的，反而"有妨碍于教育"，"容易别酿事端"，而且"有乖政体"⑩。沈家本从维护清政府利益的角度出发，提议"嗣后京师处决重囚，别设刑场一所"⑪，除有关人员外，其余人等一概不准入视。这样，既能做到防卫严密以免意外，又能使"斯民罕睹惨苦情状，足以养其仁爱之心，于教育之端，实大有裨益也"⑫。

刑律草案规定有斩与绞两种死刑执行方法。日本法学者冈田对此提出异议，认为没有必要区分斩重绞轻，既然都是处死，身首异处与不异处无区别。他主张死刑只采用一

---

①②③ 沈家本：《历代刑法考》，2025页，北京，中华书局，1985。
④ 同上书，2026页。
⑤⑥ 沈家本：《寄簃文存·卷一·奏议》。
⑦ 沈家本：《历代刑法考》，2026页，北京，中华书局，1985。
⑧ 同上书，2060页。
⑨⑩⑪ 同上书，2061页。
⑫ 同上书，2062页。

种执行方法。对于冈田的意见，沈家本开始是持反对态度的。他在《死刑唯一说》一文中进行了反驳。沈家本开始之所以对冈田的意见持反对态度，主要是由于他害怕保守派舆论的压力。后来，他在《奏刑律草案告成分期缮单呈览并陈修订大旨折》中明确提出“死刑仅用绞刑一种”。

从主张酌减死罪到提倡斩绞并用，从提倡斩绞并用到赞同仅用绞刑，这种转变揭示了沈家本不断接受西方资产阶级理论的影响而与封建专制主义进行斗争的思想发展过程。

（三）主张罪刑相宜

重刑主义是极端封建专制主义在定罪量刑问题上的一个重要表现。沈家本继承了中国古代的优秀思想，接受了西方资产阶级法制观的影响，针对封建重刑主义，提出了罪刑相宜的主张。

封建社会后期制定的清朝律例，对于犯罪行为，往往不分情由、不别轻重，一律同科。例如，清律对于戏杀、误杀和擅杀三项就不加区别。对此，沈家本指出：“戏杀，初无害人之意，死出意外，情节最轻。误杀，虽有害心，而非互斗之人，亦初意之所不及。擅杀，情节轻重不等，而死者究系有罪之人”①，这几项犯罪在西方国家“仅处惩投禁锢之刑”②，但是，清朝律例不加区分“皆照斗杀拟绞监候，秋审缓决一次，即准减流”③。沈家本认为，清律这一规定的错误在于罪刑不等和刑名不一。根据戏杀、误杀、擅杀的主、客观条件，对它们不应一律按死罪处理，这是罪行与刑罚不一致。既定为绞罪，实际上往往在秋审后改为流刑，这是罪名与刑罚不一致。因此，沈家本提出将这几项“虚拟死罪”改为流徙。

根据清朝律例，凡有以财行求及说事过钱者，一律根据其所予之赃，“与受财人同科”④。这是将行贿与受贿混为一谈，是罪刑不一的表现。对此，沈家本指出：“情罪轻重，自有等差，乃轻重等差，一概不论，古人立法，恐不如是之武断也。”⑤ 沈家本认为，官吏受贿枉法，应从重处罚，“此一定之法也”⑥。但是，说事过钱者的情况就不同了，“其中有休戚相关势难漠视者；有乡党交鸿情面难却者为之往来奔走。初非为图利起见，论其心，但欲为负罪者求解免耳。法之枉不枉非所计也，亦不敢必也”⑦。沈家本提出“此条例文亟应修改，庶昭平允”⑧。

（四）罪行法定，反对比附

从“法无明文不为罪”的原则出发，沈家本反对“比附”断案。他称赞“晋刘颂有正文名例所不及皆勿论之请”，“唐赵冬曦有勿用加减比附之议”；主张“律无正条者不得

---

①②③ 沈家本：《历代刑法考》，2029页，北京，中华书局，1985。
④ 同上书，2057页。
⑤ 同上书，2058页。
⑥ 同上书，2057页。
⑦ 同上书，2057～2058页。
⑧ 同上书，2058页。

处罚”[①]；并且指出比附的弊病有很多：其一，与立宪宗旨相违背。立宪应该是立法、司法和行政三权分立。如果法官“以类似之文致人于罚”[②]，那么就等于司法兼立法。其二，人的品性不同，严酷慈祥不一，如果法律无条而任其比附，那么就会出现轻重偏畸的现象，使审判不能统一。比附无异于律外科罪，“必至有恣意轻重之弊”[③]。其三，比附容易使人民对法律失去依赖。为了弥补取消比附后留下的空白，沈家本根据新的社会关系和形势的需要制定了一些新的罪名，同时也对大清律例进行了大量删略。鉴于“人情万变，断非科条数百所能赅载者”[④]，沈家本也主张审判官有充分的裁量权，提出“各刑酌定上下之限，凭审判官临时审定”[⑤]，并别设酌量减轻条例，以补其缺。

（五）改良监狱

沈家本认为，设立监狱的宗旨应该是明刑弼教，“监狱者，感化人而非苦人、辱人者也”[⑥]。从这一认识出发，他批判封建狱吏“武健严酷”，揭露封建监狱“惨毒之方，残刻之状，难以偻指”[⑦] 的黑暗现象。为了顺应改良监狱的历史潮流，沈家本提出了四项改良监狱的措施：其一，改建新式监狱。其二，培养监狱官吏。狱吏必须先进监狱学校学习刑法、刑事诉讼法及监狱规则等，考试及格者方可充任看守。其三，颁布监狱规则。其四，编辑监狱统计，包括人员统计和行政统计。

由沈家本负责修订的《大清新刑律草案》于 1907 年告成。这部“参用欧美科条”并由外国法学家参加起草的刑律草案，不论是在内容上还是在形式上都与中国传统封建法典有重要区别。它初步确认了“法律面前人人平等”的原则，取消了旧法典中因“官秩”“服制”“良贱”所形成的在刑的适用上的差别，取消了旧法典的重刑主义原则，死刑规定大量减少。这样一部仿效资产阶级刑法典的新刑律草案自然会受到保守派的非难。保守派势力的代表张之洞、劳乃宣等人对沈家本的修律活动疯狂排挤，这导致了近代法律思想史上著名的礼教派与法理派的大论战。当时兼掌学部的军机大臣张之洞首先发难，他因刑律草案没有“奸通无夫妇女治罪”的条文，攻击刑律草案“蔑弃礼教”。各省疆吏也随声附和。大学堂总监督刘廷琛指责新刑律“不合吾国礼俗者，不胜枚举”，“礼教可废则新律可行，礼教不可废则新律必不可尽行”。提学劳乃宣对刑律草案攻击最烈，他指出“干名犯义”“犯罪存留养亲”“亲属相奸”“亲属相盗”“亲属相殴”“故杀子孙”“杀有服卑幼”“妻殴夫”“无夫奸”“子孙违教令”诸款原在清律中都有特别规定，现在被沈家本全部删除，大失明刑弼教之义，“应逐一修入刑律正文”。

作为新律起草主持人，沈家本对于礼教派的攻击自然不会袖手旁观。他愤慨著论，对礼教派的攻讦进行了回击。他指出，劳乃宣等人所提诸条，或不必另立专条，或根本不应规定于刑律中，“全是教育上事”[⑧]。在这场论战中，站在沈家本一边的人有冈田朝太郎、董康，以及宪政编查馆、法律馆中的一些人。其中杨度所写《论国家主义与家族主义的区别》、吴廷燮所写《用旧说议律辩》二文，极力为新刑律草案辩护，对礼教派进行

①②③　沈家本：《历代刑法考》，2191 页，北京，中华书局，1985。

④⑤　同上书，2191 页。

⑥⑦　同上书，2237 页。

⑧　同上书，2286 页。

了批驳。尽管当时同情沈家本的也不乏其人，然而，朝廷中保守势力毕竟占优势。资政院会议对于“无夫奸”一条进行了投票表决，反对票居多数。在法律馆将修改稿交送法部后，一向墨守旧律的法部尚书廷杰又于新刑律后附加暂行章程五条，提出对于加害皇室及内乱外患罪加重处罚、对于无夫奸处刑、对于尊亲属有犯不得适用正当防卫等。暂行章程强调维护封建专制制度和封建礼教，是对具有资产阶级思想倾向的新刑律草案的限制和抵制。沈家本也由于在修律工作中在一定程度上表现出对封建礼教的反抗精神，很快失去清廷的信任。1910 年，沈家本修订法律大臣的职务由刘若曾取代。

沈家本的法律思想在近代中国法律思想史上占有重要的地位。他接受了西方资产阶级法律观的影响，继承了中国古代德主刑辅、以仁统法的法律思想，对封建末世极端专制主义的法律制度和法学观点进行了揭露和批判，对近代中国法学和法律思想的发展起了积极的作用。在他的法律思想的指导和推动下，法律馆删除了清律中极端落后和野蛮的部分条文，制定了一些具有资产阶级性质的法规。虽然由沈家本负责修订的新法，由于礼教派反对而大多数条款没有得到实施，但他在法学上的建树是值得肯定的。

深度阅读

1. 《寄簃文存》《历代刑法考》《沈家本全集》。
2. 刘新主编：《中国法哲学史纲》，第九章第六节，北京，中国人民大学出版社，2005。
3. 沈小兰、蔡小雪：《修订法律大臣沈家本》，北京，人民法院出版社，2012。
4. 杨鸿烈：《中国法律思想史》，第五章，北京，中国政法大学出版社，2004。
5. 李贵连：《沈家本传》，北京，法律出版社，2000。

问题与思考

1. 沈家本的法理学理论包括哪些主要内容？
2. 如何理解沈家本的罪刑法定思想的理论意义？
3. 沈家本立法修律的指导思想是什么？
4. 为什么说沈家本是中国近代真正的法律改革家？
5. 如何评价沈家本对法律文化近代化的历史贡献？

第二十章
革命派的法律思想

常考知识点

- 孙中山的民权与法治相结合思想
- 五权宪法思想的产生
- 五权宪法思想的内容
- 五权宪法思想的意义
- 五权宪法思想的历史局限
- 孙中山的司法改革思想

本章主要研究孙中山的法律思想。

孙中山（1866年—1925年），名文，字德明，号逸仙，生于广东香山县（今中山）一个农民家庭；幼年时期家境穷困，6岁即参加农业劳动；青少年时期先后在檀香山、广州、香港等地读书。图20-1为孙中山先生像。

图20-1　孙中山

1892年，孙中山在香港西医书院学习结业后，便积极从事革命活动。1894年，中日甲午战争爆发，孙中山在当时流行的改良主义思潮的影响下，曾上书李鸿章，提出变法自强的主张。李鸿章未予理睬。从此，孙中山放弃了对清朝政府和平改良的幻想，于当年赴檀香山创立兴中会。1895年以后，他曾多次组织武装起义，但都没有成功。

1905年，孙中山在日本组织中国同盟会，提出了"驱除鞑虏，恢复中华，创立民国，平均地权"的革命纲领（参见图20-2）。同年11月，他在《民报》发刊词中，第一次提出了"三民主义"的学说，并以此为推翻帝制、建立共和国的政治理论纲领。孙中山领导的革命党人经过长期不屈不挠的斗争，终于在1911年发动武昌起义，推翻清朝政府的统治，结束了延续两千多年的中国封建君主专制制度。

1912年元旦，孙中山在南京就任临时大总统，宣布中华民国成立。但辛亥革命的成果很快被袁世凯篡夺。孙中山在极为险恶的环境中，继续领导了反对袁世凯的斗争和反

图 20-2 孙中山手书的中国同盟会纲领

对北洋军阀段祺瑞的护法斗争，但都失败了。

正当孙中山处境十分艰难的时候，俄国十月革命爆发，紧接着中国五四运动爆发，中国共产党随后诞生。这就给孙中山带来了新的希望。在国际无产阶级和中国共产党的帮助下，孙中山毅然采取了“联俄、联共、扶助农工”的三大政策，并据此重新解释三民主义，改组国民党，同中国共产党结成了反帝反封建的统一战线，实现了第一次国共合作，从而推动了大革命的蓬勃发展。

1925年，孙中山应邀北上商讨国事，突然病逝。在弥留之际，他还向往着一个独立、自由、平等、富强的新中国。孙中山不愧为一个追求真理、不断进步，为革命鞠躬尽瘁，战斗到最后一息的伟大的民主主义战士。

孙中山的思想丰富，著作很多。他的法律思想，主要表现在以下三个方面。

一、法治与民主相结合的思想

孙中山的法律思想是和他的三民主义政治主张紧密结合在一起的。三民主义包括民族主义、民权主义和民生主义三部分，其中民权主义是核心。孙中山自己就说过，“民权主义，就是政治革命的根本”①。他提倡民权主义，就是要推翻君主专制制度，建立民主共和国。

封建君主专制制度是中国人民长期遭受苦难的根源。特别是到了近代，封建专制主义与帝国主义相结合，使中国人民陷入灾难的深渊。孙中山对这种封建专制制度深恶痛绝。他大声疾呼：“中国数千年来都是君主专制政体，这种政体，不是平等自由的国民所堪受的。”② 因此，他主张以革命手段彻底铲除君主专制制度。铲除君主专制制度之后，用什么来代替它呢？孙中山说：“由平民革命以建国民政府，凡为国民皆平等以有参政权。大总统由国民公举。议会以国民公举之议员构成之，制定中华民国宪法，人人共守。敢有帝制自为者，天下共击之！”③ 这就是要用资产阶级民主共和制度代替君主专制制度。孙中山这一主张的提出，在中国近代史上具有划时代的意义。

首先，从中国近代民主革命的历史进程来说，推翻帝制、创立民国的主张的提出，

①② 《孙中山选集》，上卷，75页，北京，人民出版社，1956。

③ 同上书，69页。

标志着中国民主革命斗争进入了新阶段。毛泽东同志说过，中国反帝、反封建的资产阶级民主革命，正规地说起来，是从孙中山先生开始的①。

其次，从中国政治制度的发展史来看，孙中山破天荒地在中国历史上提出了推翻君主专制制度、建立民主共和国的主张。君主专制制度在中国延续了两千多年。在这种制度下，皇帝至高无上，三纲五常是万古不变的教条。从秦汉开始，直到以孙中山为首的资产阶级革命派登上历史舞台，还没有一个人提出过推翻君主专制的主张。孙中山不但提出了这种主张，而且领导人民推翻帝制、建立共和国，并庄严宣布，敢有帝制自为者，天下共击之！这在中国政治制度上是个翻天覆地的变化，在中国思想史上的影响，也是划时代的。

最后，从中国法律思想的发展来说，推翻帝制、建立共和国思想的提出，也标志着中国法律思想的发展进入了一个新的阶段。

在封建君主专制制度下，“朕即国家”，皇帝可以以言代法，也可以以言废法。这样，也就没有什么真正的法治可言。先秦时期法家代表人物曾提出过“以法治国”的主张，但他们有一个无法克服的矛盾：一方面提倡“以法治国”，另一方面维护君主专制。这样的“法治”，是和专制紧密结合在一起的。

在西方，近代意义上的法治，是在资产阶级革命初期由一些启蒙思想家提出来的。他们把民主与法治结合起来，作为反对封建专制主义的理论武器，在历史上曾起了一定的进步作用。

在中国近代史上，资产阶级改良派康有为、梁启超曾提出用君主立宪代替君主专制的主张，并且很重视宪法和法律在治国中的作用。但他们都没有彻底否定君权，不敢否定君主存在的必要性，因此，也就没有能够真正把法治与民主结合在一起。孙中山却与此不同。他对清朝封建专制制度进行了无情的揭露与批判，并明确提出推翻专制，建立共和国与实行三民主义、五权宪法的主张，在中国历史上第一次把争取法治和争取民主的斗争结合了起来。图 20－3 为孙中山手书“天下为公”。

图 20－3　孙中山手书“天下为公”

1897 年，孙中山在《伦敦蒙难记》中指出：在封建专制制度的禁锢下，“无论为朝廷之事，为国民之事，甚至为地方之事，百姓均无发言或与闻之权；其身为官吏者，操有审判之全权，人民身受冤枉，无所吁诉。且官场一语，等于法律，上下相蒙相结，有利则各饱其私囊，有害则各委其责任。贪婪勒索之风，已成习惯；卖官鬻爵，贿赂公行……国家之法律，非平民所能与闻……是故中国之人民，无一非被困于黑暗之中”。这是对封

① 参见《毛泽东著作选读》，上册，298 页，北京，人民出版社，1986。

建专制制度的愤怒控诉，也是对封建法制的无情揭露。要想使中国人民对国事有发言权，对国家之法律能够“与闻”，就必须推翻专制，建立共和国。

经过辛亥革命推翻清王朝的统治之后，孙中山于1912年亲自颁布了《中华民国临时约法》，用国家根本法的形式，宣告了封建专制制度的灭亡和资产阶级民主共和制度的诞生，确认了“主权在民”的原则。临时约法规定，“中华民国由中华人民组织之”（第1条），“中华民国之主权属于国民全体”（第2条）。这在中国国家制度史上是一大创举，也是孙中山的法治与民主相结合思想的集中体现。孙中山自己说过：在南京订出来的民国约法里头，只有“中华民国主权属于国民全体”的那一条，是兄弟所主张的，其余都不是兄弟的意思①。

由于历史和阶级的限制，孙中山认不清袁世凯的反动本质，没有发动人民群众和依靠人民群众的力量，幻想依靠一部约法来束缚袁世凯的手脚和保障人民的权利，拱手把政权交给了袁世凯。事实说明，政权交出之日，也就是资产阶级共和制度完结之时。袁世凯把大权一弄到手，不费吹灰之力，就把约法撕得粉碎。严酷的现实使孙中山认识到：只要军政大权落到反动派手中，任何法律也起不了作用，既保不住共和，也保不住民权。他总结约法被撕毁的教训所得出的结论是，“宪法之所以能有效力，全恃民众之拥护，假使只有白纸黑字之宪法，决不能保证民权，俾不受军阀之摧残……宪法之成立，唯在列强及军阀之势力颠覆之后耳”②。孙中山在实际斗争中总结经验教训，追求真理，不断进步。他对法治必须与民主相结合的认识，也达到了一个新的高度。

二、五权宪法思想

孙中山很重视宪法的作用。五权宪法思想是孙中山的法律思想的重要组成部分。孙中山的法律思想的可贵之处，就在于他把宪法与民权紧密结合起来，把宪法视为保障民权的工具。“政治上的宪法，就是支配人事的大机器……我们现在来讲民治，就是要把机器给予人民。”③ 他关于五权宪法的主张，就是在这种思想指导下提出的。1906年，他在《三民主义与中国前途》一文中说：“兄弟历观各国的宪法，有文宪法是美国最好，无文宪法是英国最好。英是不能学的，美是不必学的”，因为，“当时的宪法，现在已经是不适用的了。兄弟的意思，将来中华民国的宪法，是要创一种新主义，叫做‘五权分立’。”1924年，他在《五权宪法》一文中又说：“我们要想把中国弄成一个富强的国家，有什么方法可以实现呢？这个方法，就是实行五权宪法。”提倡五权宪法，是孙中山的法律思想中最具有特色之处，也是孙中山自己最得意之作。他曾经自诩地说，他提倡五权宪法、主张五权分立，“这不但是各国制度上所未有，便是学说上也不多见，可谓破天荒的政体”④。

五权宪法的具体内容是什么呢？孙中山在阐明他的五权宪法思想时说：“我们现在要

---

① 参见《孙中山选集》，下卷，北京，人民出版社，1956。
② 同上书，522页。
③ 同上书，582～583页。
④ 《孙中山选集》，上卷，81页，北京，人民出版社，1956。

集合中外的精华，防止一切的流弊，便要采用外国的行政权、立法权、司法权，加入中国的考试权和监察权，连成一个很好的完璧，造成一个五权分立的政府。”①

孙中山又说：“把全国的宪法，分作立法、司法、行政、弹劾、考试五个权，每个权都是独立的。”② 可见，五权宪法的基本内容就是立法、司法、行政、考试、监察五权分立。

为什么要提倡五权宪法呢？孙中山说，这是因为欧美的“三权分立”制不完备，并存在许多弊病，如“英国虽然是把政权分开了，好像三权分立一样，但是后来因为政党发达，渐渐变化。到了现在，并不是行三权政治，实在是一权政治。英国现在的政治制度，是国会独裁”③。孙中山认为，只有实行“五权分立”，才能弥补欧美“三权分立”的不足，并可防止其流弊：把考试权从行政权中分出来，可以防止选举和任免制度中的流弊，使德才兼备的人才得到任用。把监察权从立法权中分出来，官吏枉法，可以弹劾，可以保证官吏真正成为人民的公仆，使政府为人民办事。

为了防止欧美“三权分立”制的流弊，孙中山还提出了“权能分立”说。他把国家权力分为“政权”与“治权”。“政权”指选举、罢免、创制、复决四权。“治权”指立法、司法、行政、考试、监察五权。孙中山主张把“政权”交给人民，把“治权”交给政府：“要把国家的政治大权，分开成两个。一个是政权，要把这个大权完全交到人民的手内，要人民有充分的政权，可以直接去管理国事。这个政权，便是民权。一个是治权，要把这个大权完全交到政府的机关之内，要政府有很大的力量治理全国事务。这个治权，便是政府权。”④

孙中山特别强调，要“用人民的四个政权，来管理政府的五个治权”⑤。人民有权直接监督和管理政府，政府应成为人民的公仆。他把政府比作机器，把人民比作管理机器的工程师：“人民对于政府的态度，就好比是工程师对于机器一样”⑥，政府的一切活动，随时要受人民的指挥。如何才能保证人民能够直接指挥政府呢？孙中山认为，关键在于使人民能够行使选举、罢免、创制、复决这四大民权：人民有了选举权与罢免权，“对于政府之中的一切官吏，一面可以放出去，又一面可以调回来，来去都可以从人民的自由”。人民有了创制权，“如果大家看到了一种法律，以为是很有利于人民的”，便“自己决定出来，交到政府去执行”。人民有了复决权，“若是大家看到了从前的旧法律，以为是很不利于人民的”，便“自己去修改，修改好了之后，便要政府执行修改的新法律，废止从前的旧法律”⑦。孙中山认为，这样一来，政府的一动一静，人民随时都可以进行指挥，人民的权力也可以得到扩充，政府的威力便可以发展。他断言：有了这种政权与治权，就能够“造成万能政府，为人民谋幸福”，“便可以破天荒在地球上造成一个新世界”⑧。

---

① 《孙中山选集》，下卷，763页，北京，人民出版社，1956。
② 同上书，583页。
③ 同上书，580页。
④ 同上书，756页。
⑤ 同上书，761页。
⑥ 同上书，757页。
⑦ 同上书，759页。
⑧ 同上书，764页。

然而，孙中山提出的“五权宪法”和“权能分立”说有着理论上的缺陷。他没有摆脱英雄史观的束缚。他把人民群众看成“阿斗”。他虽然认为人民应该有权管理国家，但又不承认人民有管理国家的能力。他也没有摆脱资产阶级唯心主义国家观与法律观的束缚，认为国家是一种互助团体，是“载民之舟”①。他认不清法的阶级本质和法对经济基础的依存关系，从而夸大了法的作用，认为只要有了“五权宪法”，实行“权能分立”，就能够“把治人和治于人的两个阶级，彻底来打破”②。这种思想带有明显的主观和空想的色彩。

孙中山逝世以后，国民党顽固派背叛了他的政治主张，建立了大地主、大资产阶级的封建法西斯专政。他们口头上标榜“制宪”，也设立五院，但孙中山五权宪法思想的民主精神完全被阉割了。孙中山的理想没有能够实现。

但是，我们不能因此就抹杀五权宪法思想的进步意义。孙中山的五权宪法思想充满着真诚的民主主义精神。他提倡五权宪法，坚持了人民主权的原则。他反复强调，实行五权宪法，是为了“实行民治”，“把机器给予人民，让他们自己去驾驶，随心所欲，去驰骋翱翔”③。他提倡“权能分立”的目的，是使人民能够有效地监督与管理政府，政府能够有效地为人民办事。在政府与人民的关系上，人民是主人，政府和官吏都是人民的公仆。他说：“夫中华民国者，人民之国也，君政时代则大权独揽于一人，今则主权属于国民之全体……国中之百官，上而总统，下而巡差，皆人民之公仆也。”④ 这些思想都闪耀着民主主义的光辉。

孙中山的五权宪法思想是在学习与借鉴中外思想遗产的基础上提出来的。他提出的考试权和监察权是借鉴于我国古代的考试制度和监察制度的，但这种借鉴是以彻底否定专制制度和“去掉君权”为前提的。他认为，学习西方，不能生吞活剥。他说：中国的社会既然是和欧美的不同，所以管理社会的政治，自然也是和欧美不同，不能完全仿效欧美……把外国管理社会的政治硬搬进来，那便是大错⑤。孙中山吸收西方的东西，是在批判中吸收，在吸收中发展。

孙中山的“五权分立”说借鉴了孟德斯鸠的“三权分立”说，但“五权分立”比“三权分立”有所发展。孟德斯鸠虽然在原则上反对君主专制，不过他只是主张用君主立宪对君权实行某些限制。而孙中山彻底否定君权，他既反对君主专制，也反对君主立宪。

不仅如此，孙中山还对西方的议会制度进行了尖锐的批判，他说，“外国人所希望的‘代议政体’，以为就是人类和国家的长治久安之计，那是不足信的”，“现在的代议士都变成了‘猪仔议员’。有钱就卖身，分赃贪利，为全国人民所不齿”⑥。他在《中国国民党第一次全国代表大会宣言》中，一针见血地指出，“近世各国所谓民权制度，往往为资产阶级所专有，适成为压迫平民之工具”，并明确主张，民权应“为一般平民所共有，非少

---

① 《孙中山选集》，上卷，438 页，北京，人民出版社，1956。
② 《孙中山选集》，下卷，759 页，北京，人民出版社，1956。
③ 同上书，583 页。
④ 《孙中山选集》，上卷，157 页，北京，人民出版社，1956。
⑤ 《孙中山选集》，下卷，728 页，北京，人民出版社，1956。
⑥ 同上书，722 页。

数人所得而私也”。孙中山的“五权分立”说比西方的“三权分立”说前进了一大步，可以说是“青出于蓝，而胜于蓝”了。

三、锐意改革法律制度

在封建君主专制制度下，人民的权利与自由被剥夺殆尽，国家的立法与司法人民不得与闻，而封建统治者的繁法苛律条条都指向广大人民群众。孙中山对此深恶痛绝，他说，在清王朝统治下，“集会有禁，文字成狱，偶语弃市，是人民之集会自由、出版自由、思想自由，皆已削夺净尽”①。他又说：“前清起自草昧之族，政以贿成，视吾民族生命，曾草菅之不若。教育不兴，实业衰息，生民失业，及其罹刑网也，则又从而锻炼周纳，以成其狱，三木之下，何求不得？彼虏不察，奖杀勖残，杀人愈多者，立膺上考，超迁以去，转相师法，日糜吾民之血肉以快其淫威。试一检满清史馆之所记载，其所谓名臣能吏者，何莫非吾民之血迹泪痕所染成者也。”②

孙中山不仅在言论上对封建法制进行了无情的揭露和批判，而且在辛亥革命后立即着手进行法制改革，荡涤繁苛，铲除封建法制的余毒。

1912 年 3 月，孙中山以大总统的身份，连续发布命令，禁止刑讯，禁止体罚。为什么要禁止刑讯、禁止体罚呢？孙中山解释说：“刑罚之目的在维持国权、保护公安……国家之所以惩创罪人者，非快私人报复之私，亦非以示惩创使后来相戒，盖非此不足以保持国家之生存，而成人道之均平也。故其罚之程度，以足调剂个人之利益与社会之利益之平为准，苛暴残酷，义无取焉。”③ 也就是说，刑罚的目的在于维护国权、维护社会秩序，而不是私人报复。因此，刑罚的程度，应该“以足调剂个人之利益与社会之利益之平为准”④。刑罚的适用，应采取罪刑相适应的原则。既然如此，苛暴残酷皆不可取，刑讯与体罚概属被禁止之列。孙中山从“提倡人道，注重民生”出发，“对于亡清虐政，曾声其罪状，布告中外人士。而于刑讯一端，尤深恶痛绝，中夜以思，情逾剥肤”。为此，他发布法令，今后“不论行政、司法官署，及何种案件，一概不准刑讯。鞫狱当视其证据之充实与否，不当偏重口供。其从前不法刑具，悉令焚毁。仍不时派员巡视，如有不肖官司，日久故智复萌，重煽亡清遗毒者，除褫夺官职外，付所司治以应得之罪”⑤。

下令禁止刑讯后不久，孙中山又下令禁止体罚。他在《禁止体罚令》中指出：“近世各国刑罚，对于罪人或夺其自由，或绝其生命，从未有滥加刑威，虐及身体，如体罚之甚者。盖民事案件，有赔偿损害、回复原状之条，刑事案件，有罚金、拘留、禁锢、大辟之律，称情以施，方得其平……夫体罚制度为万国所摒弃，中外所讥评。”可是，在民国建立之后，旧的封建司法传统根深蒂固、积习难改，中世纪的野蛮刑罚各处仍在使用，造成许多冤案。连上海这样“开通最早”的城市也在因袭故习，使用体罚，并且“施及妇女”。为此，必须“申明禁令，迅予革除”，“不论司法、行政各官署，审理及判决民、刑案件，不准再用笞杖、枷号及他项不法刑具。其罪当笞杖、枷号者，悉改科罚

---

① 《孙中山选集》，上卷，339 页，北京，人民出版社，1956。

②③④⑤ 《孙中山全集》，第 2 卷，157 页，北京，中华书局，1982。

金、拘留”①。

孙中山在改革司法制度方面的另一项主张，就是提倡司法独立，强调“司法为独立机关”。为了使司法人员能够胜任称职，孙中山主张“所有司法人员，必须应法官考试合格人员，方能任用”②。与此相联系，孙中山还主张建立律师制度。他说：“查律师制度与司法独立相辅为用，夙为文明各国所通行。观各处既纷纷设立律师公会，尤应亟定法律，俾资依据。”③

过去，在中国长期的封建专制制度下，皇帝独揽全国的立法、司法、行政大权，各级行政官吏也集行政与司法于一身。皇帝独裁，行政专横，个人擅断，以言代法，百弊丛生。清朝末年，封建统治者也曾在形式上模仿西方资本主义国家的司法制度，标榜“司法独立”，但丝毫没有改变封建专制主义的实质。孙中山针对封建司法制度的流弊，提出了司法独立和建立律师制度的主张。这也是司法制度方面的一项重要改革措施。虽然这项措施没有来得及切实付诸实施，但它反映了孙中山锐意改革司法制度的革命精神。

孙中山把改革司法制度、荡涤繁苛，视为当务之急。与此同时，他十分重视立法制度的改革。他认为要改革法律制度，就必须改变“官场一语，等于法律”和“国家法律，非人民所能与闻”的局面，把立法权交给人民。人民不仅应该享有选举权和罢免权，而且应该享有创制权和复决权。

主张把立法权交给人民、人民应该有权管理法律，是孙中山的法治与民主相结合思想的又一体现。尽管他的这种主张和他的五权宪法思想一样没有能够实现，但他的立法权归人民、人民自己来管理法律的民主主义精神是不可磨灭的。

综上可以看出：民主是孙中山法律思想的核心，法治必须与民主相结合是孙中山法律思想的主线。

孙中山提出的关于推翻帝制、建立共和国的思想；人民是国家的主人，政府和官吏是人民的公仆的思想；立法权应归人民，人民自己管理法律的思想；以民主主义思想为指导，荡涤繁苛，改革司法制度的思想，在中国近代法律思想发展史上都具有划时代的意义。虽然这些思想是在吸收西方资产阶级政治法律思想的基础上提出的，但是他在吸收过程中有所创造和发展，有着明显的民族特色。

孙中山的法律思想也有某些缺点，但这应该在当时的历史条件下加以说明，不可苛求于前人。

深度阅读

1. 《孙中山选集》《孙中山全集》。
2. 刘新：《试论孙中山的法律思想》，载《政治与法律》，1986（4）。
3. 王云飞：《再论孙中山“五权宪法”》，载《中国法学》，2003（5）。

---

① 《孙中山全集》，第2卷，225页，北京，中华书局，1982。
② 同上书，281页。
③ 同上书，274页。

4. 俞荣根主编：《中国法律思想史》，第二十五章，北京，法律出版社，2001。

问题与思考

1. 为什么说法治与民权相结合是孙中山法律思想的主要特色？
2. 五权宪法思想超越了西方三权宪法理论了吗？
3. 如何理解五权宪法思想的历史价值？
4. 五权宪法思想的历史局限表现在哪里？
5. 为什么说孙中山的法律思想在中国近代法律思想史上具有划时代的意义？

图书在版编目（CIP）数据

中国法律思想史 / 刘新，王振东主编．-- 7 版．
北京：中国人民大学出版社，2024．8．--（新编 21 世纪法学系列教材 / 曾宪义，王利明总主编）．-- ISBN 978-7-300-33068-6

Ⅰ．D909．2

中国国家版本馆 CIP 数据核字第 2024MW1098 号

普通高等教育“十一五”国家级规划教材
新编 21 世纪法学系列教材
总主编　曾宪义　王利明
中国法律思想史（第七版）
主　编　刘　新　王振东
副主编　曹　磊
Zhongguo Falü Sixiangshi

出版发行	中国人民大学出版社		
社　　址	北京中关村大街 31 号	**邮政编码**	100080
电　　话	010－62511242（总编室）		010－62511770（质管部）
	010－82501766（邮购部）		010－62514148（门市部）
	010－62515195（发行公司）		010－62515275（盗版举报）
网　　址	http://www.crup.com.cn		
经　　销	新华书店		
印　　刷	北京溢漾印刷有限公司	**版　　次**	2000 年 3 月第 1 版
开　　本	787 mm×1092 mm　1/16		2024 年 8 月第 7 版
印　　张	23 插页 1	**印　　次**	2024 年 8 月第 1 次印刷
字　　数	520 000	**定　　价**	58.00 元

《　　　　　　　　》※任课教师调查问卷

为了能更好地为您提供优秀的教材及良好的服务，也为了进一步提高我社法学教材出版的质量，希望您能协助我们完成本次小问卷，完成后您可以在我社网站中选择与您教学相关的1本教材作为今后的备选教材，我们会及时为您邮寄送达！如果您不方便邮寄，也可以申请加入我社的**法学教师QQ群：436438859（申请时请注明法学教师）**，然后下载本问卷填写，并发往我们指定的邮箱（cruplaw@163.com）。

邮寄地址：北京市海淀区中关村大街59号中国人民大学出版社1202室收

邮　　编：100080

再次感谢您在百忙中抽出时间为我们填写这份调查问卷，您的举手之劳，将使我们获益匪浅！

基本信息及联系方式※：

姓名：＿＿＿＿＿＿ 性别：＿＿＿＿＿＿ 课程：＿＿＿＿＿＿＿＿＿＿＿＿

任教学校：＿＿＿＿＿＿＿＿＿＿＿＿＿＿ 院系（所）：＿＿＿＿＿＿＿＿＿＿

邮寄地址：＿＿＿＿＿＿＿＿＿＿＿＿＿＿ 邮编：＿＿＿＿＿＿＿＿＿＿＿＿

电话（办公）：＿＿＿＿＿＿ 手机：＿＿＿＿＿＿ 电子邮件：＿＿＿＿＿＿

调查问卷※：

1. 您认为图书的哪类特性对您使用教材最有影响力？（　　）（可多选，按重要性排序）

   A. 各级规划教材、获奖教材　　B. 知名作者教材

   C. 完善的配套资源　　D. 自编教材

   E. 行政命令

2. 在教材配套资源中，您最需要哪些？（　　）（可多选，按重要性排序）

   A. 电子教案　　B. 教学案例

   C. 教学视频　　D. 配套习题、模拟试卷

3. 您对于本书的评价如何？（　　）

   A. 该书目前仍符合教学要求，表现不错将继续采用。

   B. 该书的配套资源需要改进，才会继续使用。

   C. 该书需要在内容或实例更新再版后才能满足我的教学，才会继续使用。

   D. 该书与同类教材差距很大，不准备继续采用了。

4. 从您的教学出发，谈谈对本书的改进建议：＿＿＿＿＿＿＿＿＿＿＿＿＿＿＿＿

＿＿＿＿＿＿＿＿＿＿＿＿＿＿＿＿＿＿＿＿＿＿＿＿＿＿＿＿＿＿＿＿＿＿＿＿＿＿

＿＿＿＿＿＿＿＿＿＿＿＿＿＿＿＿＿＿＿＿＿＿＿＿＿＿＿＿＿＿＿＿＿＿＿＿＿＿

选题征集：如果您有好的选题或出版需求，欢迎您联系我们：

联系人：黄　强　联系电话：010-62515955

索取样书：书名：＿＿＿＿＿＿＿＿＿＿＿＿＿＿＿＿＿＿＿＿＿＿＿＿＿＿＿＿

书号：＿＿＿＿＿＿＿＿＿＿＿＿＿＿＿＿＿＿＿＿＿＿＿＿＿＿＿＿＿＿＿＿

备注：※为必填项。